Charlene Spina 11a

Materialien SII · Biologie

Zellbiologie

Schroedel

Materialien SII · Biologie

Zellbiologie

Herausgegeben und bearbeitet von
Dr. Peter Gilbert, Karlsruhe
Dr. Karl-Heiz Scharf, Dillingen
Prof. Dr. Rainer Stripf, Heidelberg

Druck A ^{6} / Jahr 2010
Alle Drucke der Serie A sind im Unterricht parallel verwendbar.

Redaktion: Heike Antvogel, Stefan Schleicher, Frauke Spilker
Illustrationen: Brigitte Karnath, Tom Menzel, Frank Wohlgemuth
Einbandgestaltung: Janssen Kahlert Design & Kommunikation
Satz: O & S Satz GmbH, Hildesheim
Druck und Bindung: westermann druck GmbH, Braunschweig

ISBN 978-3-507-**10912**-4

Inhalt

Was ist Leben?

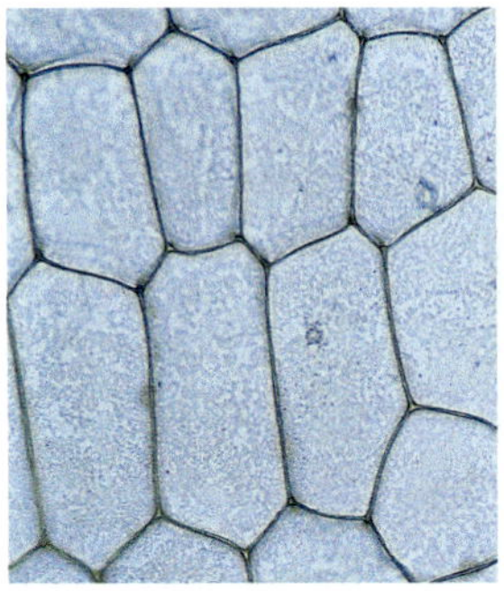
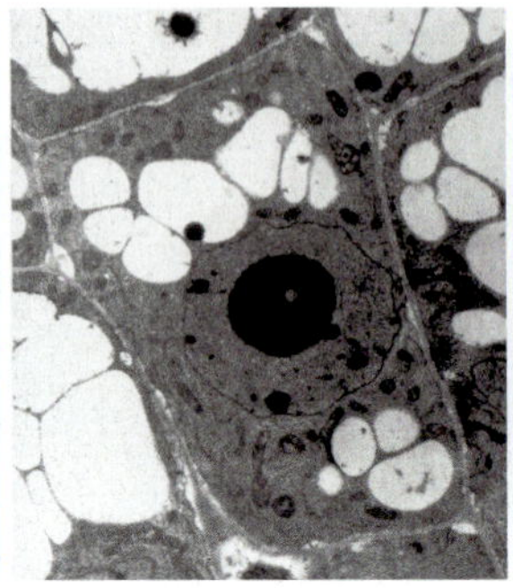
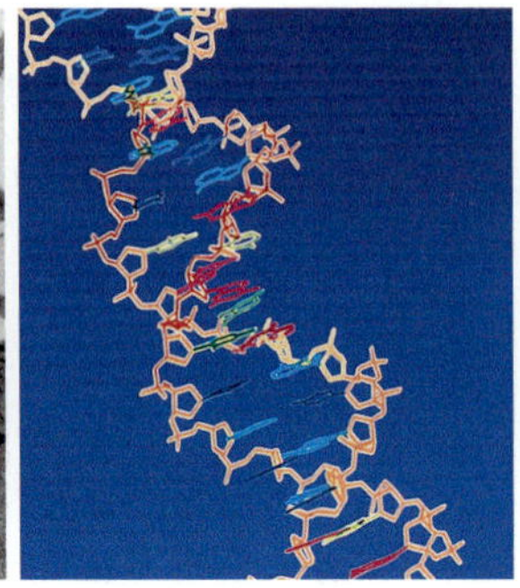
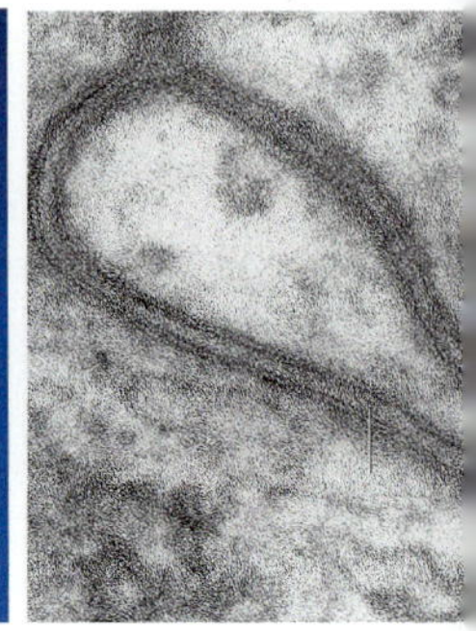

In der belebten Natur gibt es eine ungeheure Vielfalt der Formen und Größen. Man denke etwa an einen Wasserfloh, ein Bakterium, eine Eiche oder an einen Bussard. Sie alle sind in ihrer Gestalt an ihren Lebensraum angepasst.

Es gibt schätzungsweise 1,5 Millionen Tierarten und 400 000 Pflanzenarten. Trotz dieser ungeheuren Formenfülle lassen sich im mikroskopischen Aufbau und hinsichtlich der Funktionsprinzipien ganz bestimmte universale Grundmuster erkennen. So stößt man bei der mikroskopischen Betrachtung immer auf die Tatsache, dass alle Lebewesen aus den gleichen Grundbausteinen aufgebaut sind oder im Extremfall aus nur einem Grundbaustein bestehen: der **Zelle.** Diese ist überraschend komplex aufgebaut.

Alle Kennzeichen des Lebens, wie Wachstum, Stoffwechsel, Fortpflanzung, Vererbung, Reizbarkeit und Bewegung, lassen sich auf die Eigenschaften der Zelle zurückführen. Daher wird in diesem Buch als Leitfaden die Zelle vor dem Hintergrund der Lebenserscheinungen betrachtet.

Die Zellenlehre (Cytologie) hat zum Ziel, Struktur und Funktion von Zellen zu erforschen. Die moderne **Zellbiologie** geht weit über dieses Verständnis hinaus und bezieht Methoden der Biochemie, Molekulargenetik, Immunbiologie sowie Stoffwechsel- und Entwicklungsphysiologie mit ein.

Lebewesen bestehen aus Zellen. Das erste Kapitel widmet sich daher der Zelle als einfachste lebensfähige Form in der Hierarchie der biologischen Organisation. Erst mit der Erfindung von Instrumenten, wie Licht- und Elektronenmikroskop, konnte sich diese Erkenntnis entwickeln. Sie eröffneten den genaueren Blick auf Gestalt und Größe der Zellen.

Die Zelle – kleinste Funktionseinheit des Lebens. Die Zelle ist die Bau- und Funktionseinheit der Organismen. Alle Lebewesen lassen sich auf zwei Grundtypen von Zellen zurückführen. So unterscheiden sich z. B. die Zellen der Bakterien wesentlich von jenen vielzelliger Pflanzen und Tiere. Insbesondere Pflanzen- und Tierzellen sind komplex aufgebaut und zeigen eine differenzierte innere Struktur. Ein „Rundgang“ durch diese Zelltypen soll die Zusammenhänge zwischen dem Aufbau und den damit verbundenen Funktionen verdeutlichen.

Organische Stoffe – Moleküle des Lebens. Auf allen biologischen Organisationsebenen besteht ein Zusammenhang zwischen Bau und Funktion. Dies gilt nicht nur für die Zelle und ihre Strukturen, sondern auch für die Ebene der Moleküle. Durch die Verbindung kleiner organischer Moleküle können riesige Makromoleküle mit spezifischen Funktionen entstehen. Zu den Molekülen des Lebens gehören die Kohlenhydrate, die Lipide, die Pro-

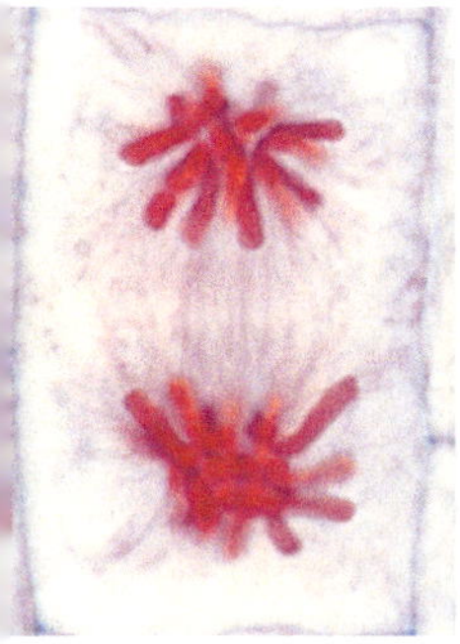
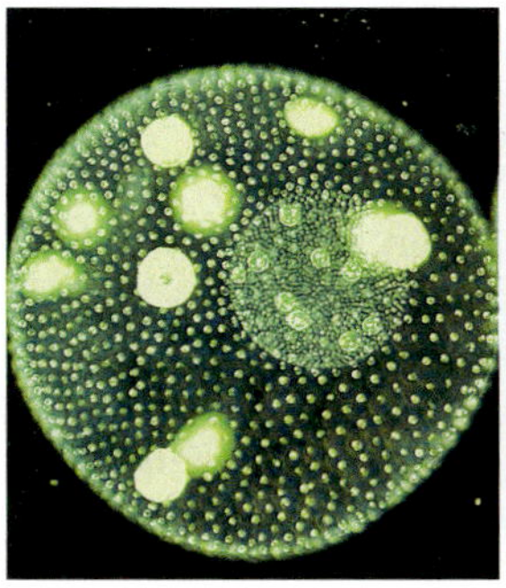
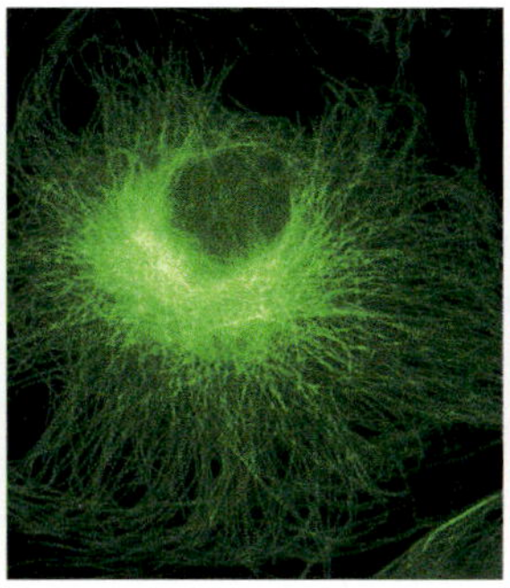
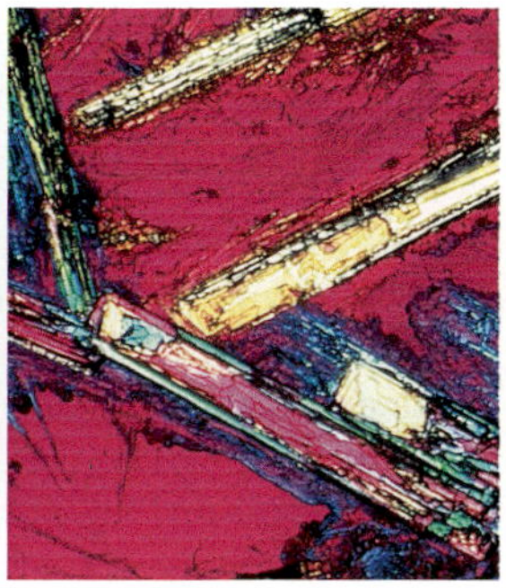
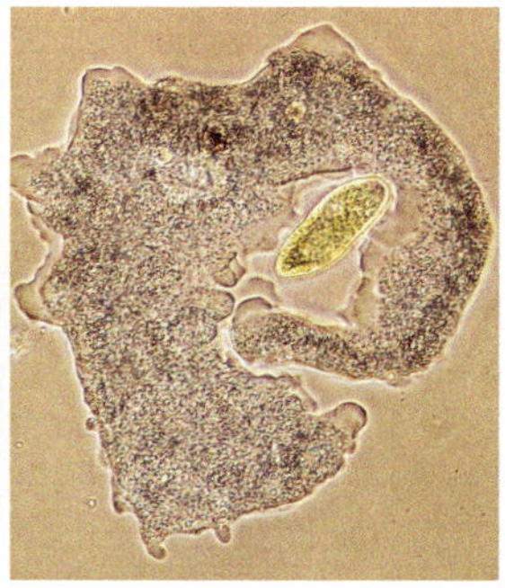

teine und die Nucleinsäuren. Ohne diese organischen Moleküle sind die Lebensvorgänge nicht denkbar. Das Milieu, in dem sich diese Vorgänge abspielen, ist das Wasser.

Leben existiert in abgegrenzten Einheiten. Eine lebende Zelle wird von einer Membran begrenzt. Allerdings ist diese Grenze nicht absolut. Eine Membran ist ein komplexes Gebilde mit vielfältigen Eigenschaften. Sie stellt eine Barriere dar, die einen gezielten Stoffaustausch mit der Umgebung ermöglicht; Membranen sind selektiv permeabel.

Lebewesen vermehren sich. Lebewesen können nicht spontan aus Unbelebtem entstehen, sondern nur durch Ausgliederung von Zellen oder Zellkomplexen von bereits vorhandenen Organismen. Diese wesentliche Erkenntnis wurde von RUDOLF VIRCHOW 1855 in dem grundlegenden Satz „omnis cellula e cellula“ (jede Zelle stammt von einer Zelle ab) zum Ausdruck gebracht. So erfolgt speziell die geschlechtliche Fortpflanzung durch Teilung und Verschmelzung von Zellen. Selbst die größten tierischen und pflanzlichen Vielzeller können sich nicht anders als über Einzelzellen fortpflanzen. Auf der Zelle als Elementareinheit des Lebendigen beruht also auch die Kontinuität des Lebens.

Zellen auf allen biologischen Organisationsebenen. Auch auf anderen Organisationsebenen wie Geweben, Organen und Organismen sind Zellen als grundlegende Struktur- und Funktionseinheiten erkennbar. Jede Zelle eines Vielzellers enthält in ihrem Kern die gesamte Erbinformation des Organismus, obwohl seine verschiedenen Zellen in Bau und Funktion extrem unterschiedlich sein können.

Form und Bewegung bei lebenden Zellen. Bewegung ist ein wichtiges Kennzeichen des Lebendigen. Sie ist bei Tieren ein sehr auffälliges Merkmal. Auch bei einzelnen Zellen kann man Bewegungserscheinungen beobachten.

Katalysatoren des Lebens: Enzyme. Die lebende Zelle kann mit einer chemischen Fabrik im Kleinstformat verglichen werden. In winzigen Räumen spielen sich die vielfältigsten Reaktionen ab, bei denen Stoffe verändert werden. Man spricht von Stoffwechsel. Die Reaktionen sind genau aufeinander abgestimmt und werden durch Enzyme katalysiert. Alle bisher bekannten Enzyme sind Proteine.

Stoffwechsel – die Zelle als offenes System. Zellmembranen sind zwar Zellgrenzen, sie weisen jedoch für verschiedene Substanzen eine unterschiedliche Durchlässigkeit auf. Für den Stoffwechsel der Zelle ist dies von großer Bedeutung. Die verschiedenen Stoffwechselvorgänge führen dazu, dass ständig ein Strom von Stoffen durch die Zelle fließt. An den Beispielen Atmung und Fotosynthese werden zentrale Stoffwechselvorgänge lebender Systeme vorgestellt.

Lebewesen bestehen aus Zellen

1 Pflanzen- und Tierzellen im Lichtmikroskop

Bei der mikroskopischen Untersuchung eines Lebewesens stößt man immer wieder auf die Tatsache, dass es aus Zellen aufgebaut ist oder im Extremfall aus nur einer Zelle besteht. Die Zelle ist die Bau- und Funktionseinheit aller pflanzlichen und tierischen Organismen.

Pflanzenzellen. Für eine mikroskopische Untersuchung eignen sich die Zellen des Zwiebelhäutchens. An ihnen lassen sich wesentliche Bauteile pflanzlicher Zellen erkennen. Die **Zellwand** gibt der Zelle eine feste Gestalt. Der Zellinhalt erscheint nahezu strukturlos. Das an die Zellwand anschließende **Plasma** wird nach außen durch die lichtmikroskopisch nicht sichtbare **Zellmembran** begrenzt, es liegt der Zellwand in dünner Schicht an. Die **Vakuole** bildet den zentralen Raum der Zelle, sie ist vom Plasma umgeben und von diesem durch eine Membran abgetrennt. Der etwas stärker lichtbrechende **Zellkern** befindet sich im Plasma, er liegt bei voll ausgebildeten Zellen immer nahe an der Zellwand. Weil man beim Mikroskopieren durch die Zellen hindurchsieht, entsteht jedoch gelegentlich der falsche Eindruck, der Kern liege in der Zellmitte.

Tierzellen. Zur Untersuchung eignen sich Zellen der menschlichen Mundschleimhaut. Ein Präparat von Mundschleimhautzellen enthält eine große Zahl voneinander getrennter Zellen. Gelegentlich findet man auch noch Gewebestücke, bei denen der Zellverband teilweise erhalten ist. Die Strukturen des **Plasmas** sind durchsichtig. Für mikroskopische Untersuchungen ist es daher oft notwendig, sie anzufärben, um den Kontrast des Objekts zu erhöhen. Der **Zellkern** tritt dann deutlich hervor. An den Zellrändern sind viele der flachen Mundschleimhautzellen umgeschlagen. Daran erkennt man, wie dünn und biegsam diese Zellen sind. Tierzellen besitzen keine feste Zellwand wie die Pflanzenzellen, sondern nur die dünne elastische **Zellmembran.** Ein weiterer Unterschied zur Pflanzenzelle fällt ebenfalls auf: Die für Pflanzenzellen typische Vakuole fehlt allen tierischen Zellen.

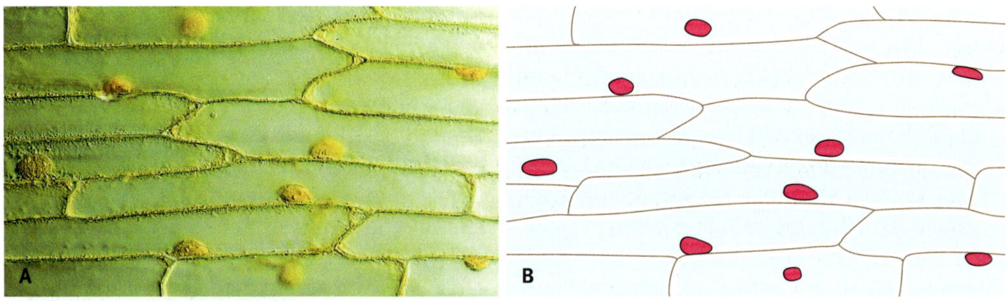

8.1 Zwiebelhäutchen. **A** LM-Bild (ungefärbt); **B** Schema

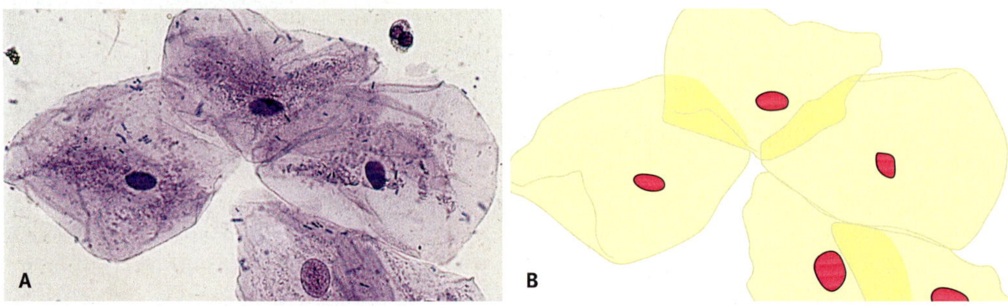

8.2 Zellen der Mundschleimhaut. **A** LM-Bild (gefärbt mit Methylenblau); **B** Schema

Das Lichtmikroskop

STECKBRIEF

Das *Lichtmikroskop (LM)* ist im Wesentlichen eine Kombination von zwei in einem bestimmten Abstand angeordneten Linsensystemen, dem Objektiv und dem Okular. Das *Objektiv* entwirft vom Objekt ein vergrößertes Zwischenbild. Durch das als Lupe wirkende *Okular* wird dieses weiter vergrößert. Meist sind mehrere Objektive in einen drehbaren Revolver eingesetzt, damit sie schnell gewechselt werden können. Je stärker die Objektivvergrößerung, desto geringer wird der Abstand zwischen Objekt und Objektträger (Arbeitsabstand). Ein stärkeres Objektiv muss daher sehr vorsichtig eingeschwenkt werden. Auch das Okular ist auswechselbar. Die *Gesamtvergrößerung* des Mikroskops erhält man durch Multiplikation von Objektiv- und Okularvergrößerung. Jede mikroskopische Untersuchung sollte mit der schwächsten Vergrößerung beginnen. Man erhält so einen ersten Überblick über das Objekt und kann eine optimale Präparatstelle auswählen.

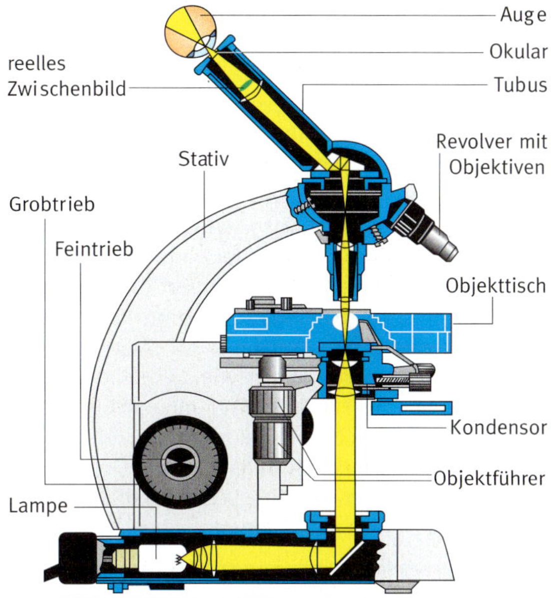

9.1 Lichtmikroskop (Schema)

Kontraststeigerung bei der Lichtmikroskopie

PHYSIK

Zellen sind meist farblos und durchsichtig. Die Zellbestandteile absorbieren kaum sichtbares Licht, sodass sie nicht voneinander unterscheidbar sind. Mit Hilfe von *Farbstoffen,* die mit unterschiedlicher Affinität an verschiedene Zellbestandteile binden, erzeugt man unterschiedliche Lichtabsorption und damit einen stärkeren Kontrast. Dadurch werden die verschiedenen zellulären Strukturen unterscheidbar. Eine besondere Färbemethode wird in der *Fluoreszenz-Mikroskopie* verwendet: Man benutzt Antikörper, an die fluoreszierende Farbstoffe gekoppelt sind. Diese Antikörper binden spezifisch an Proteine, die charakteristisch für bestimmte Zellstrukturen sind. Mit UV-Licht bestrahlt fluoreszieren die Farbstoffe farbig.

Die *Phasenkontrast-Mikroskopie* ist eine weitere Möglichkeit, Kontraste farbloser Objekte zu verstärken. Sie macht sich den unterschiedlichen Brechungsindex der verschiedenen Zellbestandteile zu Nutze. Wenn Licht durch eine Zelle dringt, wird die Phase der Lichtwelle durch den unterschiedlichen Brechungsindex der Strukturen verändert: Dicke oder dichte Strukturen, z. B. der Zellkern, verschieben die Phase der Lichtstrahlen stärker als benachbarte dünnere Regionen, z. B. das Cytoplasma. Das Phasenkontrast-Mikroskop erzeugt nun aus den so entstehenden Phasenunterschieden sichtbare Hell-Dunkel-Unterschiede. Auch im ungefärbten Präparat werden damit verschiedene Zellstrukturen sichtbar.

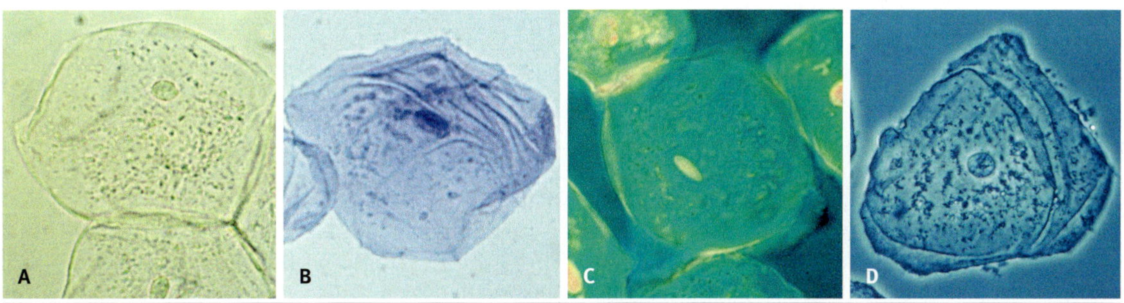

9.2 Mundschleimhautzellen (LM-Bilder). **A** Hellfeld (ungefärbt); **B** Hellfeld (gefärbt); **C** Fluoreszenz; **D** Phasenkontrast

PHYSIK

Auflösungsvermögen des Lichtmikroskops

Die Leistungsfähigkeit des menschlichen Auges wird begrenzt durch die Eigenschaften der Linse und durch die Anzahl der Lichtsinneszellen der Netzhaut. Mit bloßem Auge kann man zwei Punkte nur dann voneinander unterscheiden (auflösen), wenn ihr Abstand mehr als 0,1 mm beträgt. Diesen Wert bezeichnet man als das *Auflösungsvermögen* des Auges. Das Auflösungsvermögen eines Lichtmikroskops ist durch die Qualität der eingebauten Linsen in Objektiv und Okular begrenzt. Außerdem limitiert die Wellenlänge des Lichts das Auflösungsvermögen. Aufgrund physikalischer Gesetzmäßigkeiten können zwei Punkte nur dann aufgelöst werden, wenn deren Abstand mindestens so groß ist wie die halbe Wellenlänge des verwendeten Lichtes. Bei Licht der Wellenlänge 600 nm ist das Auflösungsvermögen des Lichtmikroskops also auf etwa 300 nm begrenzt. Oberhalb der sinnvollen Vergrößerung (ca. 1500-fach) wird das betrachtete Objekt zwar größer dargestellt, es ist aber nicht möglich, zusätzliche Details zu erkennen.

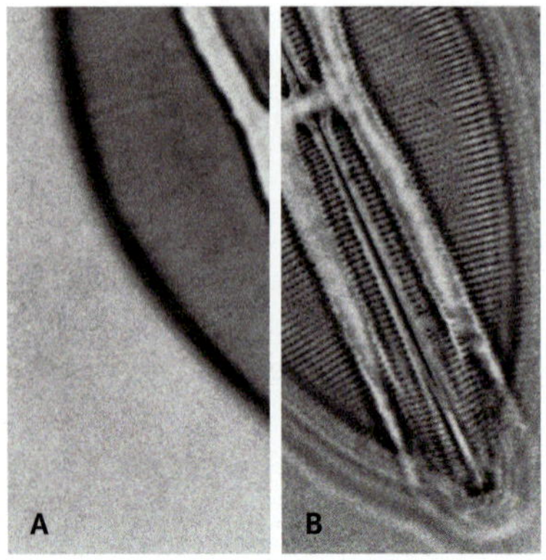

10.1 Kieselalge *Navicula* (LM-Bilder). Geringes **(A)** und hohes Auflösungsvermögen **(B)**

GESCHICHTE

Meilensteine der Zellbiologie

Seit der Entdeckung der Zellen vor ca. 350 Jahren ist es das Ziel der Zellbiologie, die Zelle in ihrer Gesamtheit zu verstehen. Das Sichtbarmachen der Zellstrukturen ist hierfür wesentlich. Im Rückblick auf die Geschichte erkennt man, dass neue Erkenntnisse über den Aufbau der Zellen immer dann gewonnen werden konnten, wenn neue technische Geräte oder Analyseverfahren entwickelt wurden. Entwicklungen und Ergebnisse aus der Biochemie und der Molekularbiologie haben ebenfalls wesentlich dazu beigetragen, die Funktion der Zellen genauer zu verstehen. Im Folgenden ist eine Auswahl wichtiger Meilensteine zusammengestellt.

1665 ROBERT HOOKE: Zellen im Flaschenkork („cells")
1680 ANTONY VAN LEEUWENHOEK: Einzeller und Bakterien
1838/39 MATTHIAS SCHLEIDEN, THEODOR SCHWANN: Zelltheorie („Alle Lebewesen sind aus Zellen aufgebaut")
1855 RUDOLF VIRCHOW: Zellvermehrung durch Teilung („Omnis cellula e cellula")
1872 ERNST ABBE: Theorie der optischen Abbildung – Grundlage der modernen Lichtmikroskopie
1906 RAMON Y CAJAL, CAMILLO GOLGI: Fixierungs- und Färbetechniken
1931 ERNST RUSKA: Elektronenmikroskop
1943 ALBERT CLAUDE: Trennung und Funktionsanalyse von Zellbestandteilen
1953 FRANCIS CRICK, JAMES D. WATSON: Bau des DNA-Moleküls
1983 KARY B. MULLIS: Vervielfältigung von Nucleinsäuren
1984 HARTMUT MICHEL: Röntgenstrukturanalyse – Aufklärung von Proteinstrukturen
2001 die Entschlüsselung des Genoms des Menschen und der Maus eröffnet neue Analysemöglichkeiten

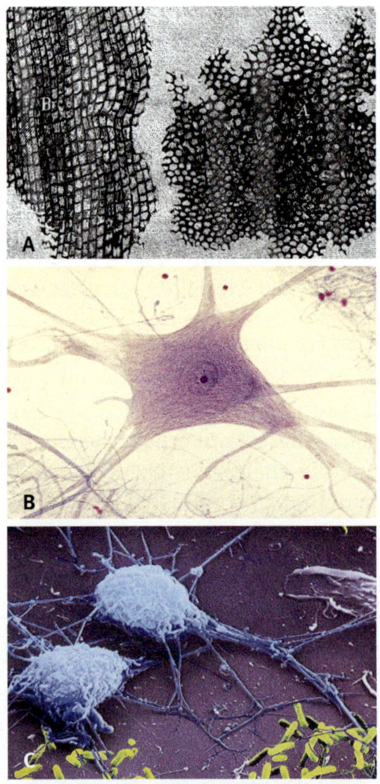

10.2 Bilder von Zellen im Wandel der Zeit.
A Korkzellen (Handzeichnung);
B Nervenzelle (LM-Bild);
C Makrophagen (EM-Bild)

Pflanzliche Zellen im Lichtmikroskop

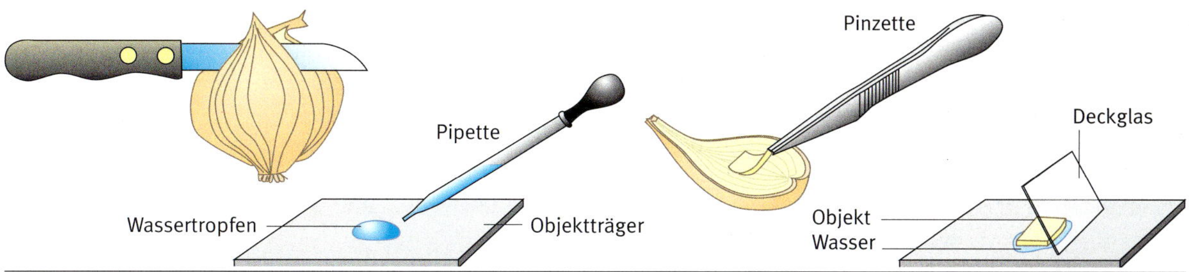

11.1 Präparation der Epidermis von der Innenseite der Zwiebelschuppe

Material: Mikroskop mit Zubehör, Pinzette, Pipette, Präpariernadel, Leitungswasser, (rote) Zwiebeln, Blätter von Haselwurz und Wasserpest, Rasierklinge oder Skalpell (an einer Seite mit Klebeband „entschärft"), Messer, Methylenblau-Lösung

1 Epidermis der Zwiebelschuppe

Durchführung 1: Eine Zwiebel wird in Sektoren geschnitten und in „Zwiebelschuppen" zerlegt. Mit der Rasierklinge werden auf der Innenseite wenige Quadratmillimeter große Flächen eingeschnitten. Mit der Pinzette wird das „Zwiebelhäutchen" abgezogen und in einen kleinen Tropfen Wasser auf einen Objektträger gelegt. Unter spitzem Winkel wird ein Deckglas aufgelegt. Dann wird zunächst mit kleiner Vergrößerung mikroskopiert.

Durchführung 2: Zunächst wird ein kleines Stückchen Zwiebelepidermis präpariert. Zur Färbung wird es in einen kleinen Tropfen Methylenblau-Lösung auf einen Objektträger gegeben und ein Deckglas aufgelegt.

Aufgabe:
Zeichnen Sie einen Ausschnitt bei kleiner und eine einzelne Zelle bei ungefähr 400-facher Vergrößerung, wobei die Nachbarzellen angedeutet werden sollen. Vergleichen Sie das gefärbte mit dem ungefärbten Präparat; wie sind die Unterschiede zu erklären?

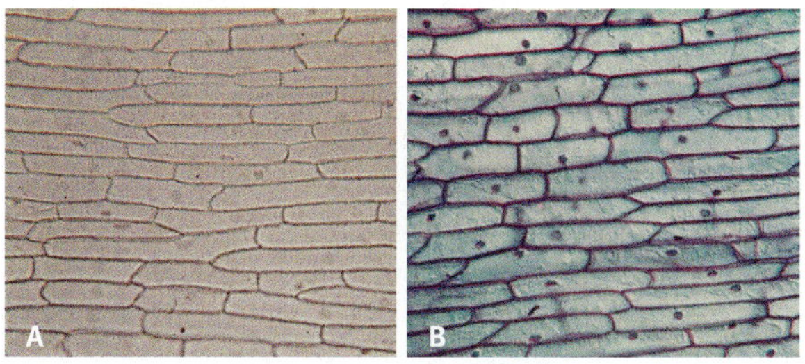

11.2 Epidermiszellen des Zwiebelhäutchens (LM-Bilder).
A Frischpräparat; **B** Methylenblaufärbung

2 Blatt der Wasserpest

Durchführung: Vom Spross der Wasserpest wird ein Blättchen abgerissen, in einen Tropfen Wasser auf den Objektträger gelegt, ein Deckglas aufgelegt und mikroskopiert.

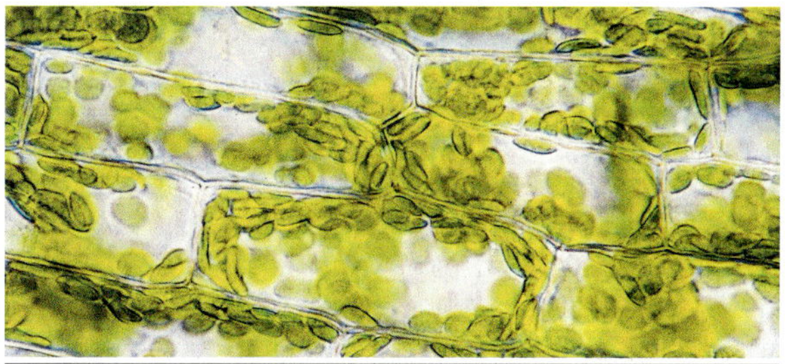

11.3 Blattzellen der Wasserpest (LM-Bild)

3 Epidermis der Haselwurz

Durchführung: Von der Unterseite des Blattes wird etwas Epidermis abgezupft und in einen Tropfen Wasser auf den Objektträger gelegt, ein Deckglas aufgebracht und mikroskopiert.

Aufgabe:
Vergleichen Sie die Zellen von Haselwurzepidermis, Zwiebelschuppe und Wasserpest. Erläutern Sie den Zusammenhang zwischen Form und Funktion der Zellen.

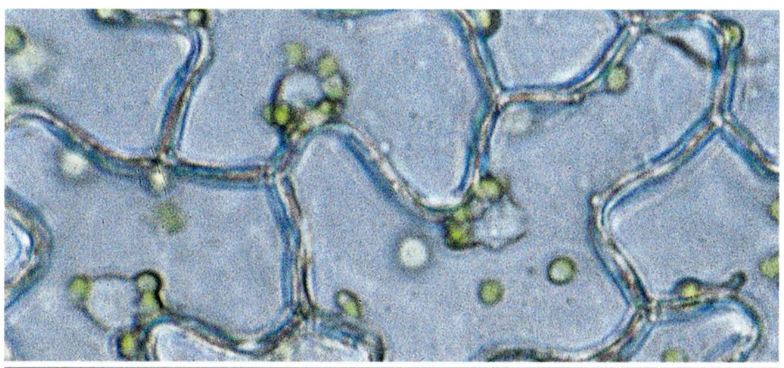

11.4 Untere Epidermis des Haselwurzblattes (LM-Bild)

Tierische Zellen im Lichtmikroskop

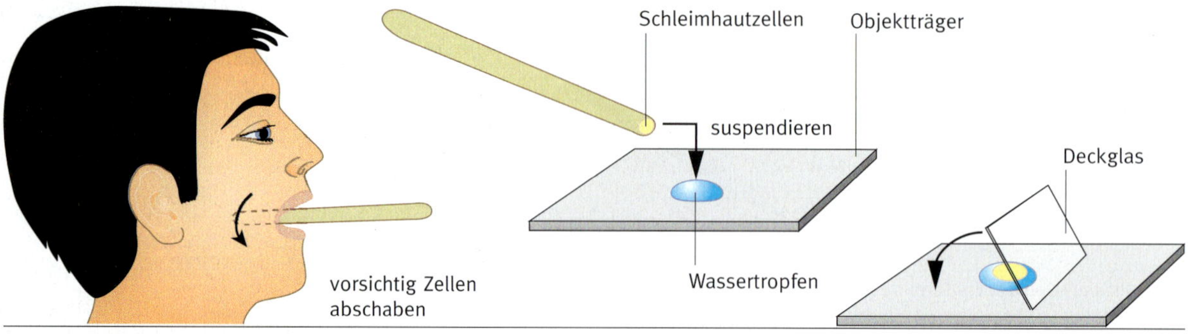

12.1 Präparation von Mundschleimhautzellen

1 Mundschleimhautzellen

Material: Mikroskop mit Zubehör, Holzspatel (Zündhölzer), Methylenblaulösung oder mit Färbemittel vorbeschichteter Objektträger zur Blutuntersuchung (Arzt/Krankenhaus)

Durchführung: Wenn man mit einem Holzspatel oder einem abgeflachten Ende eines Zündhölzchens vorsichtig an der Innenseite der Wange entlangstreicht, kann man (ohne sich zu verletzen) Epithelzellen der Mundschleimhaut abschaben. Die abgeschabten Zellen werden dann vorsichtig in einem Wassertropfen auf dem Objektträger suspendiert. Das Deckglas wird unter spitzem Winkel aufgelegt. Um die Zellen anzufärben, werden sie direkt in einen Tropfen Methylenblaulösung gebracht oder auf einen mit Färbemittel vorbeschichteten Objektträger in einem Wassertropfen suspendiert und nach der vom Hersteller angegebenen Wartezeit mikroskopiert.

Aufgabe:
Zeichnen Sie eine Zelle aus dem ungefärbten und aus dem gefärbten Präparat.

2 Blutzellen

Material: Mikroskop mit Zubehör, Blut (Schwein, ungerinnbar gemacht, oder „Testblut“, Blutbank), Holzspatel (Zündhölzer), mit Färbemittel vorbeschichteter Objektträger zur Blutuntersuchung (Arzt/Krankenhaus) oder Dauerpräparat

Durchführung: Auf einen mit Farbstoff vorbeschichteten Objektträger wird ein Tropfen Blut aufgebracht. Mit dem Deckglas wird dieser vorsichtig zu einer dünnen Schicht auseinandergedrückt (nicht ausgestrichen!). Bei starker Vergrößerung kann man Rote Blutzellen (Erythrocyten) und Weiße Blutzellen (Leukocyten) voneinander unterscheiden.

3 Leberzellen

Material: Mikroskop mit Zubehör, ca. 5 g frische Kalbsleber, 5 ml 8 %ige Rohrzuckerlösung, Orcein-Essigsäure (Xn, C), spitze Präparierschere, kleines Glasschälchen, Teesieb, Verbandmull

Durchführung: Zerschneiden Sie das Leberstückchen in der Rohrzuckerlösung so intensiv, dass eine braunrote Suspension entsteht. Filtrieren Sie durch das mit mehreren Schichten Verbandmull ausgelegte Sieb. Fertigen Sie ein Präparat an, indem Sie einen Tropfen des Filtrats auf einen Objektträger ausstreichen. Geben Sie einen Tropfen Orcein-Essigsäure zu und mikroskopieren Sie nach Auflegen eines möglichst großen Deckglases.

Aufgaben:
a) Vergleichen Sie die mikroskopierten tierischen Zellen mit pflanzlichen Zellen bezüglich Form und Aufbau. Zeichnen Sie ein verallgemeinerndes Schema einer tierischen und einer pflanzliche Zelle, mit dessen Hilfe Sie die beobachteten Unterschiede darstellen können.
b) Welche im Vergleich zu allen anderen mikroskopierten Zellen ungewöhnliche Besonderheit im Zellaufbau fällt Ihnen bei den Erythrocyten auf?

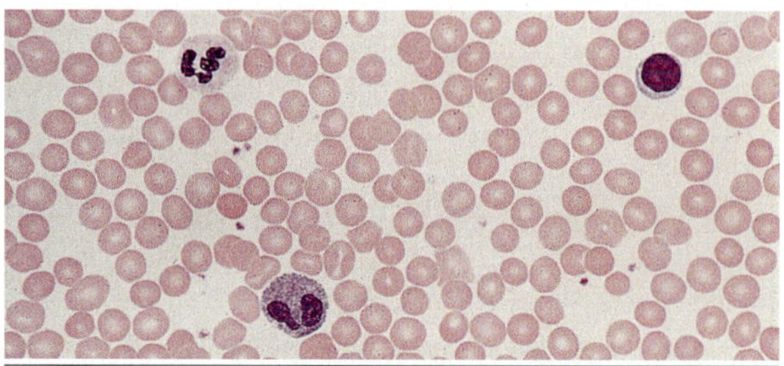

12.2 Erythrocyten und Leukocyten (LM-Bild, gefärbt)

Größenmessungen im Lichtmikroskop

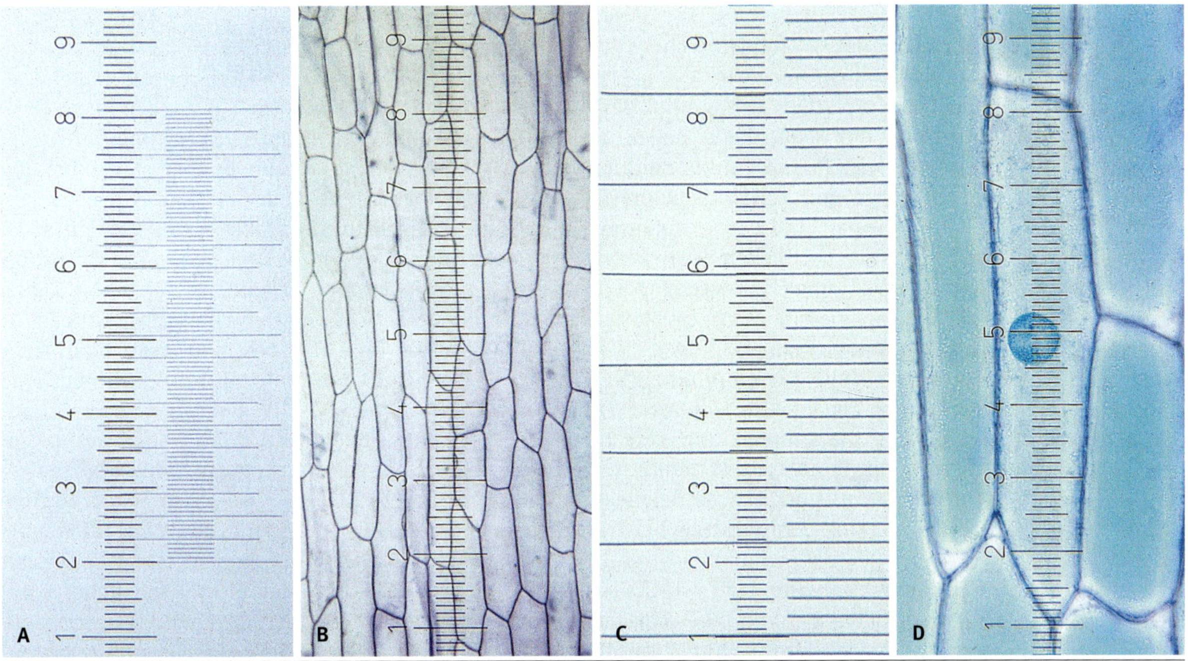

13.1 Eichung des Okularmikrometers und Größenmessung. A Eichung bei 60-facher Vergrößerung; **B** Längenmessung bei 60-facher Vergrößerung; **C** Eichung bei 240-facher Vergrößerung; **D** Längenmessung bei 240-facher Vergrößerung

1 Größenmessungen

Material: Mikroskop mit Zubehör, Präparat eines Zwiebelhäutchens und von Blutzellen (Präparationsanleitungen S. 11 und S. 12), Okularmikrometer, Objektmikrometer

Durchführung: Zur Messung von Zellgrößen kann man nicht einfach einen Maßstab – und sei er auch noch so klein – an die winzigen Objekte anlegen. Selbst transparentes Millimeterpapier ist hierfür ungeeignet, es würde allenfalls grobe Abschätzungen gestatten.

Größen können mit dem Mikroskop gemessen werden, indem man einen Maßstab an die Stelle im Okular einbringt, an der das Zwischenbild entsteht (Abb. 9.1). Einen solchen Maßstab nennt man *Okularmikrometer.* Es handelt sich dabei um ein kleines durchsichtiges Scheibchen mit eingravierter Stricheinteilung (10 mm in 100 Teilen), das genau auf die Sehfeldblende des Okulars passt. Das Zwischenbild wird beim Mikroskopieren zusammen mit dem eingelegten Maßstab von der Augenlinse des Okulars vergrößert.

Zum Einlegen des Okularmikrometers muss man die Augenlinse des Okulars abschrauben. Dann legt man das Okularmikrometer auf die Sehfeldblende des Okulars und schraubt die Augenlinse wieder auf. Im Handel sind auch komplette Messokulare erhältlich.

Der Okularmaßstab erlaubt zunächst noch keine absolute Messung, da er beim Objektivwechsel gleich groß bleibt und nacheinander mit verschieden stark vergrößerten Bildern des Objekts zur Deckung gebracht wird. Für jede Okular-Objektiv-Kombination muss das Okularmikrometer also geeicht werden.

Zur Eichung des Okularmikrometers benutzt man einen Maßstab bekannter Länge, der anstelle des Präparats auf den Objekttisch gelegt wird, das *Objektmikrometer.* Diese Skala, die in ein Glasplättchen eingraviert ist, ist im Allgemeinen 1 mm lang und in 100 Teile von je 10 µm eingeteilt. Dieses Glasplättchen ist auf die Mitte eines Objektträgers aufgeklebt. Die beiden Skalen von Okularmikrometer und Objektmikrometer werden nahe beieinander in parallele Lage gebracht. Für jedes Objektiv wird nun der Abstand zweier Teilstriche im Okularmikrometer ermittelt und für die anschließende Messung notiert.

Aufgaben:

a) Messen Sie die Länge einer Zelle des Zwiebelhäutchens.

b) Bestimmen Sie den Durchmesser des Zellkerns und schätzen Sie anschließend die Dicke der Zellwand dieser Zellen.

c) Bestimmen Sie die Größe von Erythrocyten und Leukocyten und vergleichen Sie die Größe von Zellen des Zwiebelhäutchens mit diesen Zellen.

2 Gestalt und Größe von Zellen

Die Zellen des Zwiebelhäutchens und der Mundschleimhaut sind zwei Beispiele, die weitgehend die typische Grundgestalt der pflanzlichen bzw. tierischen Zelle zeigen. Entsprechend den vielfältigen Funktionen der vielen verschiedenartigen Zellen in einem Organismus sind Gestalt und Größe außerordentlich variabel. Im menschlichen Körper kennt man beispielsweise über 200 verschiedene Zelltypen. Diese Vielfalt erscheint zunächst erstaunlich, entwickeln sich doch alle Zellen eines Organismus aus einer einzigen Vorläuferzelle, der Eizelle. Die Differenzierung der Zellen, also die Entwicklung verschiedener Zelltypen mit ihren spezifischen Funktionen, wird durch An- und Abschalten bestimmter Gene während der Entwicklung bewirkt.

Zellformen. Die Blätter sind wie alle krautigen Organe der Pflanzen von einer einschichtigen Lage von Zellen, der Epidermis, umschlossen. In der Epidermis der Wurzel haben manche Zellen schlauchartige Ausstülpungen, die Wurzelhaare. Sie dienen der Aufnahme von Wasser und Mineralsalzen. Palisadenzellen sind zylinderförmige, parallel stehende Zellen des Blattes, die für die Fotosynthese verantwortlich sind. Für den Transport von Wasser und Mineralsalzen von der Wurzel zu den übrigen Pflanzenorganen besitzen die Pflanzen Leitungsbahnen im Holz. Sie sind aus übereinanderstehenden und miteinander verbundenen, röhrenförmigen Zellen aufgebaut. Die größte einzellige Alge ist die Schirmalge *Acetabularia*, diese Zelle kann bis etwa 9 cm hoch werden. Vielgestaltige Zellen mit derber Zellwand sind die Pollenkörner.
Wie bei den Pflanzen sind auch beim tierischen und menschlichen Körper die äußeren und inneren Oberflächen von zelligen Hautschichten überzogen. Man nennt sie Epithelien. Im unter der Haut liegenden Bindegewebe findet man bei vielen Tieren verzweigte Pigmentzellen. Sie sind mit Farbstoffen wie dem braunen Hautpigment Melanin gefüllt und geben der Haut ihre Farbe. Leberzellen zeigen die typische Form von Drüsenzellen. Die Fortsätze der Nervenzellen, die Neuriten, die teilweise vom Rückenmark bis in die Fußspitzen reichen, können beim Menschen bis zu 1 m lang sein. Im Gegensatz zur plasmareichen, rundlichen Eizelle ist die Spermazelle wesentlich kleiner und begeißelt.

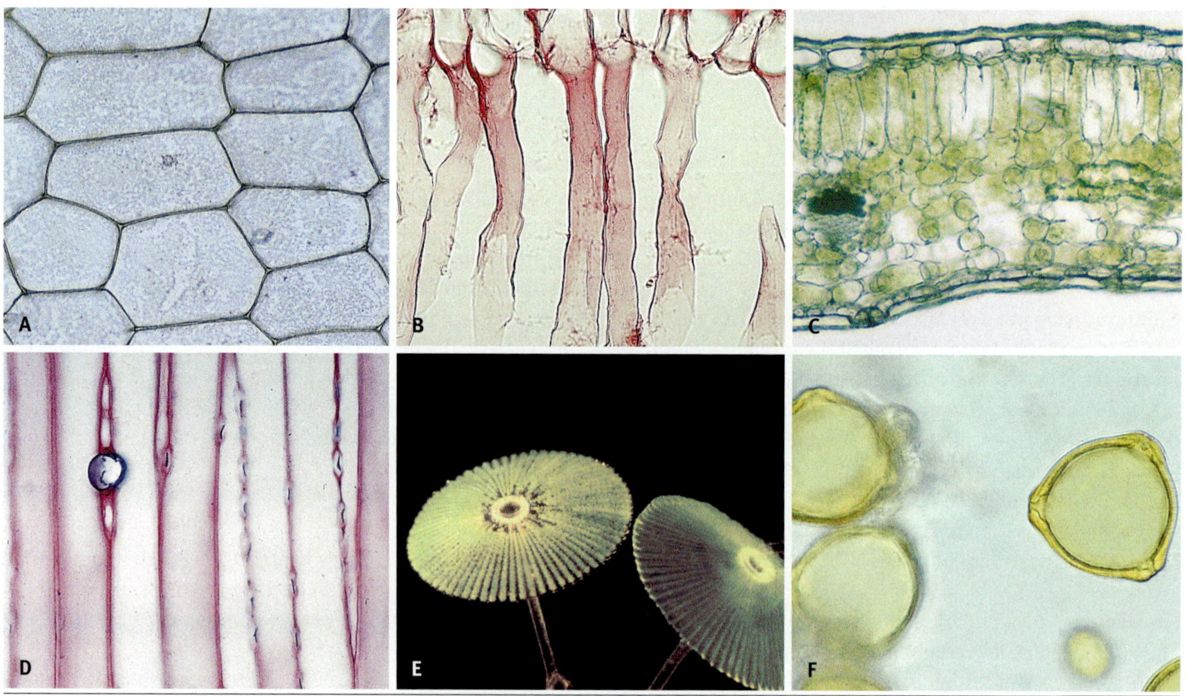

14.1 Pflanzliche Zellen (LM-Bilder). **A** Zellen einer Blattepidermis; **B** Wurzelhaarzellen; **C** Palisadenzellen im Blatt; **D** Zellen der Leitungsbahnen im Holz; **E** einzellige Schirmalge *Acetabularia;* **F** Pollenkörner

Zellgrößen. Die kleinsten Zellen findet man unter den Bakterien. Die Mikrokokken sind kaum 0,2 µm, die meisten Bakterien zwischen 0,5 und 20 µm groß. Unter den Einzellern gibt es neben kleinen Formen mit etwa 20 µm Länge auch größere, wie z. B. das Augentierchen *Euglena,* dessen große Arten 500 µm erreichen können.

Bei den vielzelligen Pflanzen und Tieren liegen die Zellen meist in einem geringeren Größenbereich zwischen 5 µm und 100 µm. Nur in seltenen Fällen sind Zellen weit größer oder kleiner als diese Grenzwerte. Die größte tierische Zelle ist mit etwa 5 cm die Eizelle der Vögel. Faserzellen von Pflanzen erreichen Längen bis zu 55 cm. Meist sind die Zellen jedoch nur in einer Richtung stark vergrößert, wie beispielsweise die Fortsätze der Nervenzellen.

Obwohl die Zellgrößen zwischen weit auseinanderliegenden Extremen variieren, bestehen Gesetzmäßigkeiten für die unteren und oberen Grenzwerte. Der untere Grenzwert ist vermutlich dadurch gegeben, dass das Volumen der Zelle ausreichen muss, um den Zellkern und die anderen Bestandteile unterzubringen, die für das Leben und die Funktion unbedingt notwendig sind. Für das obere Extrem sind die Diffusionswege in der Zelle ein wichtiger begrenzender Faktor: Die für die Funktion der Zelle notwendigen Teilchen bewegen sich ungerichtet, die Diffusionsgeschwindigkeit ist daher sehr gering. Dies ist beispielsweise der Grund, warum der Zellkern seine Steuerungsfunktion nur für eine begrenzte Plasmamenge erfüllen kann. Bei wachsenden Zellen wie im Bildungsgewebe der menschlichen Haut, kommt es daher zur Zellteilung, sobald das Zellvolumen eine bestimmte Größe überschritten hat.

Lebensdauer der Zellen. In einem vielzelligen Organismus ist die Lebensdauer der Zellen sehr unterschiedlich. Kurzlebige Zellen findet man beispielsweise in sich abnutzenden Geweben wie der Haut. Langlebige Zellen sind z. B. Nerven- und Skelettmuskelzellen. Diese Zellen können so alt werden wie der Organismus selbst. Die Lebensdauer der Zellen wird durch bestimmte Gene gesteuert. Diese Gene bilden nach Ablauf einer bestimmten Lebenszeit Substanzen, die den *programmierten Zelltod,* die *Apoptose,* auslösen. Während der Entwicklung eines Organismus spielt die Apoptose eine zentrale Rolle: Nicht mehr benötigte Zellen sterben nach einiger Zeit, sie werden abgebaut und durch andere ersetzt.

1 Erläutern Sie, warum die Größe der Zellen nur in einem bestimmten Bereich variieren kann.

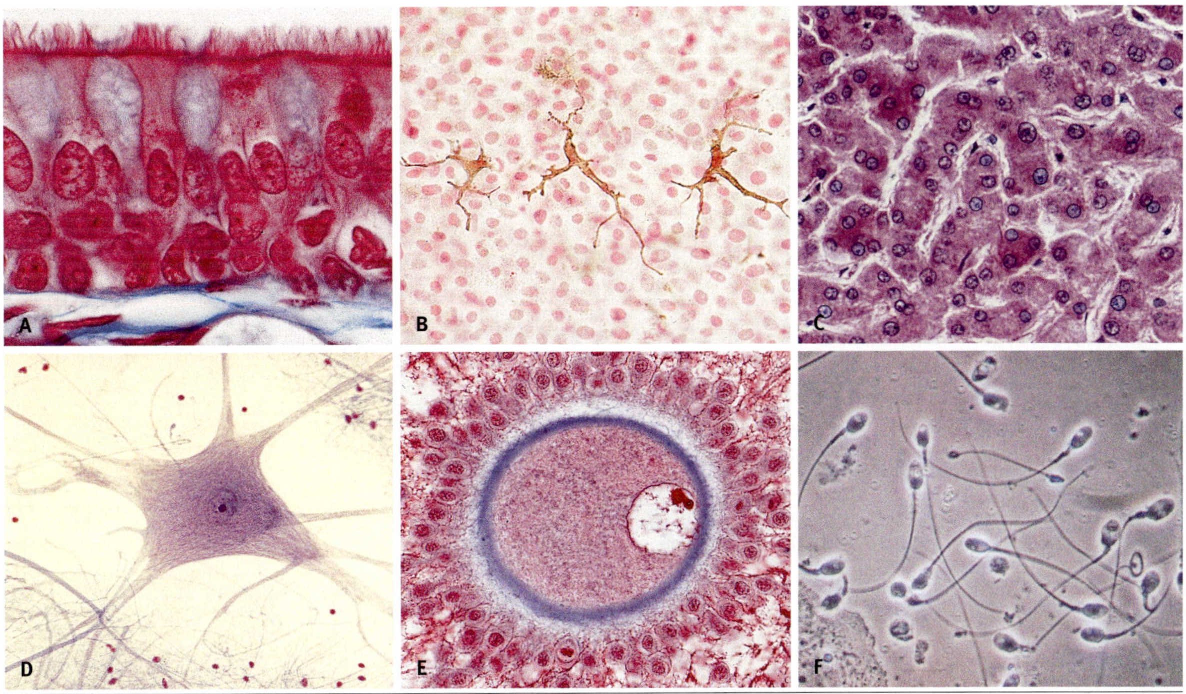

15.1 Tierische Zellen (LM-Bilder). **A** Flimmerepithel-Zellen; **B** Pigmentzellen; **C** Leberzellen; **D** Nervenzelle; **E** Eizelle; **F** Spermazellen

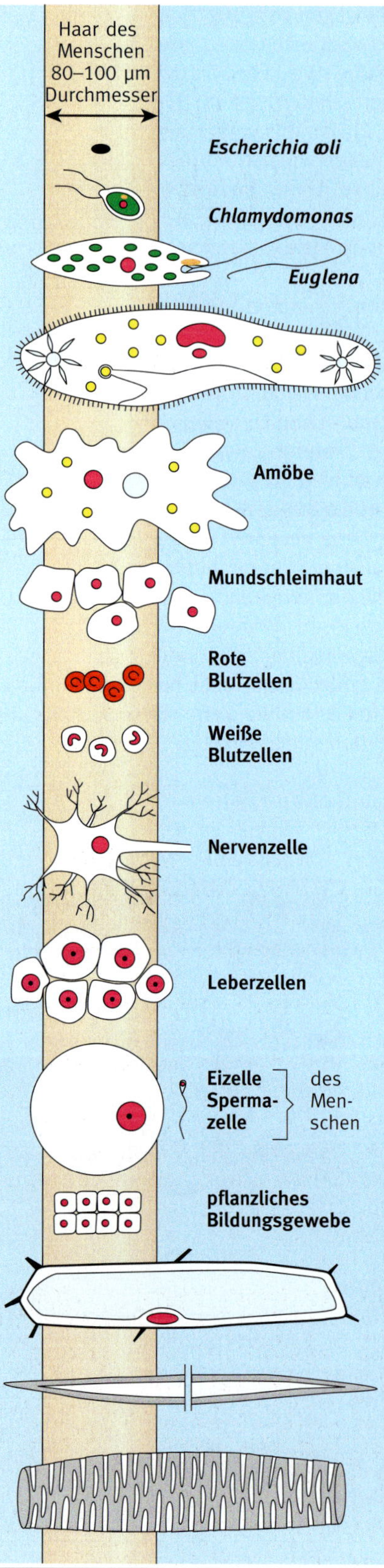

Zelle	Beschreibung	Durchschnittsgröße in µm
Escherichia coli	Colibakterium, Zellen rundlich oder stäbchenförmig, einzeln oder in kurzen Ketten, im Darm des Menschen und der Wirbeltiere	1 – 5 lang 0,5 breit
Chlamydomonas	grüner Flagellat mit zwei Geißeln, im Süßwasser	20
Euglena	„Augentierchen", mit einer langen Geißel, zahlreiche unterschiedlich große Arten im Süßwasser	55 – 170
Paramecium	„Pantoffeltierchen", feste Gestalt, mit Wimpern zur Fortbewegung, zwei Zellkerne	300
Amöbe	„Wechseltierchen", ohne feste Gestalt, mit „Scheinfüßchen"	200 – 600
Mundschleimhaut	Deckgewebe (Epithel) der Mundhöhle, aus plattenförmigen Zellen bestehend	70
Rote Blutzellen	Zellen ohne Kern, mit rotem Blutfarbstoff (Hämoglobin), scheibenförmig, in der Mitte eingedellt	7,5
Weiße Blutzellen	kernhaltig, amöboid beweglich, Abwehrfunktion	12
Nervenzelle	Zelle aus dem Zentralnervensystem, mit kürzeren reizaufnehmenden Fortsätzen (Dendriten) und einem langen ableitenden Fortsatz (Axon)	7 – 100 Axon bis 1m
Leberzellen	zeigen ähnlich wie die Mundschleimhautzellen die Grundgestalt tierischer Zellen	30
Eizelle des Menschen	Zelle mit viel Zellplasma	~200
Spermazelle des Menschen	bestehend aus Kopf, Mittelstück und Schwanz	Schwanzlänge bis 58
pflanzliches Bildungsgewebe	junge, noch teilungsfähige Zellen aus der Wurzelspitze	20
Zwiebelepidermiszelle	Zelle aus dem Zwiebelhäutchen, zeigt den typischen Bau einer Pflanzenzelle	50 – 400
pflanzliche Faserzelle	beiderseits lang zugespitzt, unterschiedlich lang	bis 55 cm
Glied einer Netztrachee	Tracheen der Pflanzen = Wasserleitungsbahnen, durch Auflösung der Querwände der einzelnen Zellen (Tracheenglieder) entstanden	400

16.1 Zellformen und Zellgrößen

Gestalt und Größe von Zellen

1 Zellen des Fliederblatts

Material: Mikroskop mit Zubehör, Zeichenmaterial, Rasierklinge in Halterung, Holundermark, Styroporblock oder Möhre, spitze Pinzette, Blätter vom Flieder

Durchführung 1: Das Fliederblatt wird ziehharmonikaartig gefaltet und im schlitzförmig eingeschnittenen Block aus Holundermark, Styropor oder einer Möhre eingeklemmt. Überstehendes Material wird mit der Rasierklinge entfernt. Um eine Serie dünner Blattquerschnitte zu erhalten, wird in einem Zug am Holundermark entlanggeschnitten. Die Schnitte werden einzeln in einem Wassertropfen bei kleinster Vergrößerung begutachtet. Die dünnsten Schnitte sind die aussagekräftigsten, sie werden für die weiteren Untersuchungen verwendet.

Aufgaben 1:

a) Im Blattquerschnitt sind verschiedene Zelltypen erkennbar. Fertigen Sie zur Dokumentation eine beschriftete Übersichtsskizze an, in der die Charakteristika dieser Zellen erkennbar sind. Ein entsprechendes Präparat ist in Abbildung 14.1 C zu sehen.

b) Zeichnen Sie je eine Zelle mit angedeuteten Nachbarzellen aus den beiden Zellschichten im Inneren des Blattes und der begrenzenden Zellschicht der Ober- oder Unterseite. Erläutern Sie, wie sich die Funktion der jeweiligen Zellschichten im Bau der einzelnen Zellen widerspiegelt.

Durchführung 2: Zupfen Sie mit der spitzen Pinzette an der Unterseite des Fliederblatts. Es löst sich ein dünnes, farbloses Häutchen. Ein kleines Stückchen dieser Haut wird in Wasser mikroskopiert.

Aufgabe 2:
Zeichnen Sie einen Ausschnitt mit mehreren Zellen. Wie steht diese Zellform mit der Funktion der Zellen in Zusammenhang, die Sie in Aufgabe 1 beschrieben haben? In dem Präparat finden sich auch die in Abbildung 17.1 dargestellten Zellen. Welche Aufgabe haben diese Zellen?

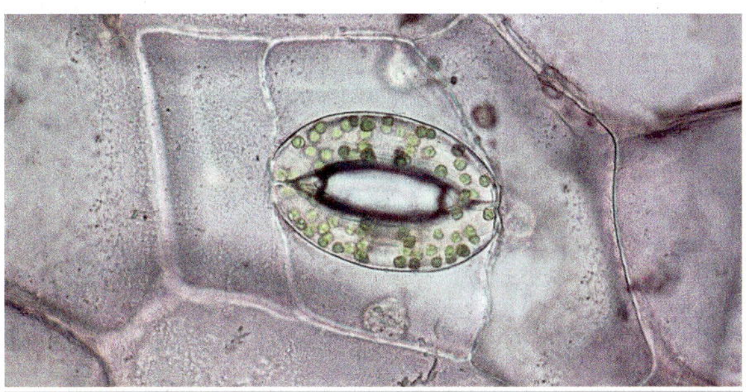

17.1 Spaltöffnung im Fliederblatt (LM-Bild)

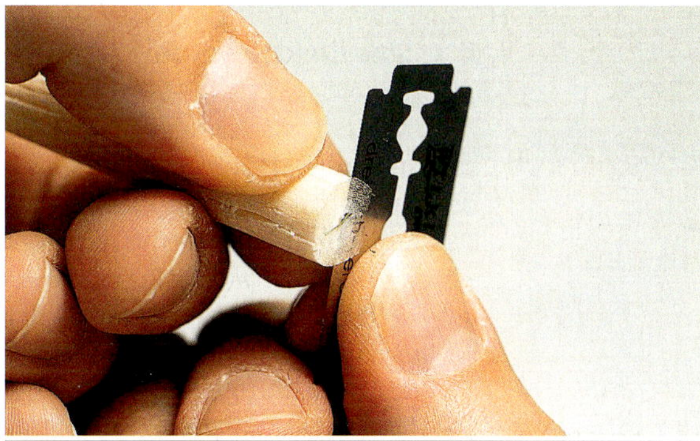

17.2 Herstellung eines Blattquerschnittes

2 Zellen der menschlichen Haut

Material: Mikroskop mit Zubehör, Zeichenmaterial, Dauerpräparat: Querschnitt durch verhornte Haut

Durchführung: Mikroskopieren Sie das Präparat zunächst bei kleinster Vergrößerung, um die verschiedenen Schichten der Haut zu erkennen. Bei ungefähr 200-facher Vergrößerung sollen dann die äußeren Schichten genauer untersucht werden.

Aufgaben:
Die Haut hat unter anderem die Aufgabe, die darunterliegenden Zellschichten mechanisch zu schützen sowie das Eindringen von Krankheitserregern und das Austreten körpereigener Stoffe zu verhindern. Die Hornschicht besteht aus abgestorbenen Zellen. Diese werden in den unteren Hautschichten gebildet, wandern dann nach außen, wobei sie verhornen und absterben.

a) Zeichnen Sie einen Ausschnitt mit mehreren Zellen aus den oberen Hautschichten.

b) Vergleichen Sie bei hoher Vergrößerung Zellen der Hornschicht mit lebenden Zellen aus den darunterliegenden Schichten. Beschreiben Sie Unterschiede und erklären Sie, woran man erkennen kann, dass die Zellen der Hornschicht nicht mehr leben.

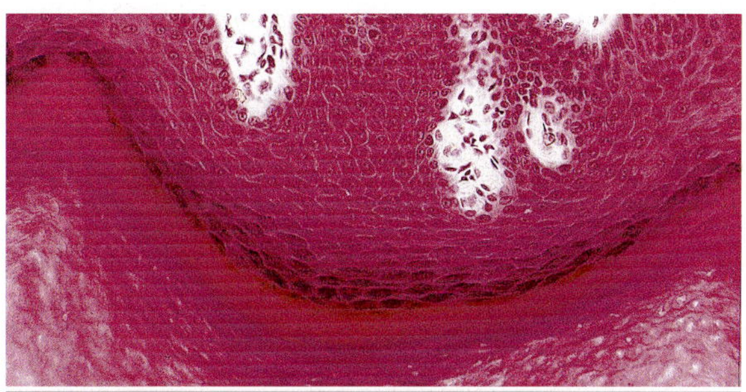

17.3 Verhornte menschliche Haut (LM-Bild, Querschnitt)

3 Elektronenmikroskop und Rasterelektronenmikroskop

3.1 Das Elektronenmikroskop

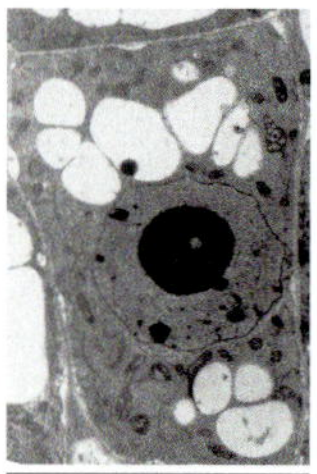

18.1 Pflanzenzelle mit Vakuolen (TEM-Bild)

In den letzten 40 Jahren hat das **Elektronenmikroskop (EM)** sehr viel zur Aufklärung der komplexen Struktur der Zellen beigetragen. Das Auflösungsvermögen ist erheblich größer als das des Lichtmikroskops. Daher können mit dem Elektronenmikroskop Strukturen und Details erkannt werden, die bei lichtmikroskopischer Betrachtung unentdeckt bleiben.
Die Leistungsfähigkeit des Lichtmikroskops ist begrenzt durch die Wellenlänge des sichtbaren Lichts. Auch das beste Lichtmikroskop kann zwei Punkte nur dann auflösen, wenn deren Abstand mindestens 300 nm beträgt. Elektronenmikroskope arbeiten mit *Elektronenstrahlen*, die eine wesentlich kürzere Wellenlänge als sichtbares Licht haben. Das Auflösungsvermögen verbessert sich dadurch um ein 1000-faches gegenüber dem Lichtmikroskop. Es können noch Strukturen von 0,2 bis 0,3 nm aufgelöst und 2 000 000-fache Vergrößerungen erreicht werden.
Als Elektronenquelle dient beim Elektronenmikroskop ein auf etwa 2500 °C erhitzter Wolframdraht. An dieser *Glühkathode* liegt eine Hochspannung von etwa 100 000 Volt. Die austretenden Elektronen werden in dem zwischen Kathode und Anode aufgebauten, sehr starken elektrischen Feld bis auf zwei Drittel der Lichtgeschwindigkeit beschleunigt. Aus der Öffnung in der Mitte der Anode tritt ein schneller und damit kurzwelliger Elektronenstrahl in die Mikroskopröhre. Da Elektronen sogar von den Molekülen und Atomen der Luft abgelenkt werden, muss die Säule des Elektronenmikroskops luftleer gepumpt werden.
Im Elektronenmikroskop verwendet man *elektromagnetische Felder*, die durch ringförmige Elektromagnete erzeugt werden, als *elektromagnetische Linsen*. Von Glaslinsen würden die Elektronenstrahlen absorbiert werden. Die elektromagnetischen Linsen wirken auf den Elektronenstrahl wie die Glaslinsen des Lichtmikroskops auf den Lichtstrahl.
Der vom *Kondensor* gebündelte Elektronenstrahl durchdringt das Präparat, das in die Mikroskopröhre eingebracht wurde. Dieser Typ des Elektronenmikroskops wird daher als **Transmissionselektronenmikroskop (TEM)** bezeichnet. Das *Objektiv* erzeugt ein vergrößertes Bild, es entspricht also in seiner Funktion den vergrößernden Linsen des Lichtmikroskops.
Elektronenstrahlen sind für das menschliche Auge nicht sichtbar. Die bei der Durchstrahlung des Objekts erzeugte unterschiedliche Elektronenverteilung muss deshalb auf einem Leuchtschirm in ein sichtbares Bild umgewandelt werden. Das Prinzip entspricht hierbei der Bildentstehung auf dem Bildschirm eines Fernsehgeräts.

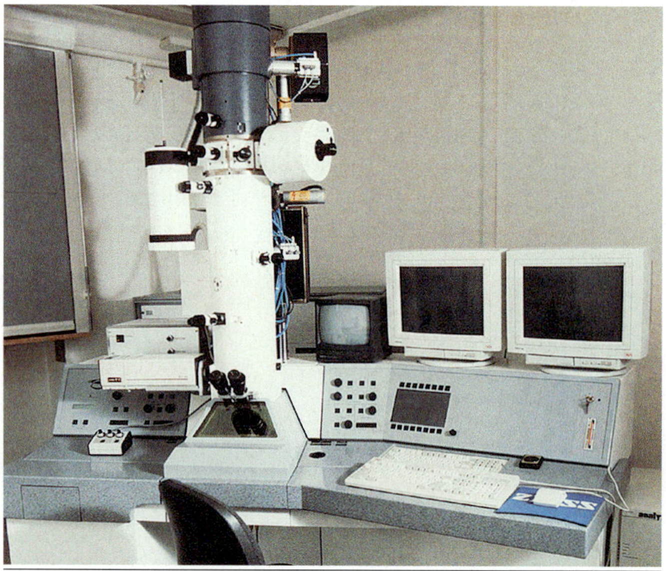

18.2 Transmissions-Elektronenmikroskop (TEM-Bild)

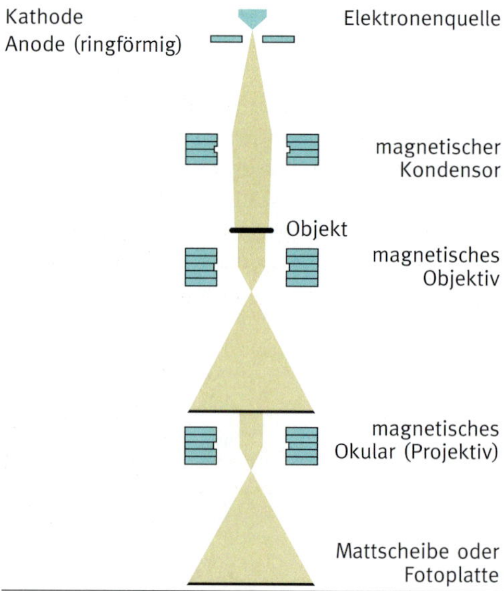

18.3 Strahlengang im TEM

3.2 Herstellung elektronenmikroskopischer Präparate

Der Präparationsweg für elektronenmikroskopische Untersuchungen umfasst, vergleichbar der Lichtmikroskopie, die Schritte Fixieren, Entwässern, Einbetten und Schneiden.

Fixierung. Die Untersuchungsobjekte müssen zunächst fixiert werden. Erreicht wird dadurch die notwendige Stabilisierung, um das Gewebe unbeschädigt schneiden zu können. Die Fixierung sollte so schonend wie möglich geschehen, damit die Strukturen der Gewebe und die Zellen naturgetreu erhalten bleiben. Als Fixierungsmittel verwendet man beispielsweise Glutaraldehyd.

Entwässerung, Einbettung. Elektronenmikroskopische Präparate müssen wasserfrei sein, da selbst Spuren von Wasserdampf den Elektronenstrahl ablenken würden. Jedes Präparat wird deshalb beispielsweise mit Alkohol entwässert, ehe es in ein Einbettungsmittel gegeben wird. Fixiertes Gewebe ist zu weich, um ultradünne Schnitte anfertigen zu können. Die Gewebeprobe wird daher in ein hartes, gut schneidbares Kunstharz eingebettet.

Herstellung von Ultradünnschnitten. Für die Elektronenmikroskopie ist es wichtig, das eingebettete Gewebe in sehr dünne Scheiben zu schneiden. Erreicht wird dadurch eine gute Durchlässigkeit für die Elektronenstrahlen. Man erhält nur dann klare Bilder, wenn die Gewebescheiben so dünn sind wie der Durchmesser des zu untersuchenden Zellorganells. Die beobachteten Strukturen werden sonst von darüber- und darunterliegenden Zellbestandteilen überlagert. Für die Elektronenmikroskopie benötigt man Schnitte von ca. 50 nm Dicke. Derartig dünne Schnitte lassen sich nur mit einem Spezialgerät, dem *Ultramikrotom,* herstellen. Dabei wird das eingebettete Objekt mit Glas- oder Diamantmessern geschnitten.

Objektträger. Als Objektträger für die Ultradünnschnitte verwendet man eine Kunststofffolie, die auf kleine Kupfernetze oder Kupferringe als Träger aufgebracht ist. Beobachtbar sind nur die nicht von den Stegen des Kupfernetzes verdeckten Bereiche des Präparats.

Kontraststeigerung. Zelluläre Strukturen sind nahezu vollständig durchlässig für Elektronenstrahlen, unbehandelte Präparate sind daher für die Elektronenmikroskopie nicht geeignet. Der Kontrast des Objekts kann mit Schwermetallionen gesteigert werden, die von verschiedenen zellulären Strukturen unterschiedlich stark gebunden werden. Osmiumtetroxid zum Beispiel bindet gut an Lipide und mit unterschiedlicher Affinität an verschiedene Proteine. Je mehr Osmiumionen an eine Struktur gebunden sind, desto stärker wird der Elektronenstrahl abgelenkt und desto dunkler erscheinen diese Strukturen im elektronenmikroskopischen Bild.

1 Erläutern Sie die Herstellung eines Präparates für die Elektronenmikroskopie.

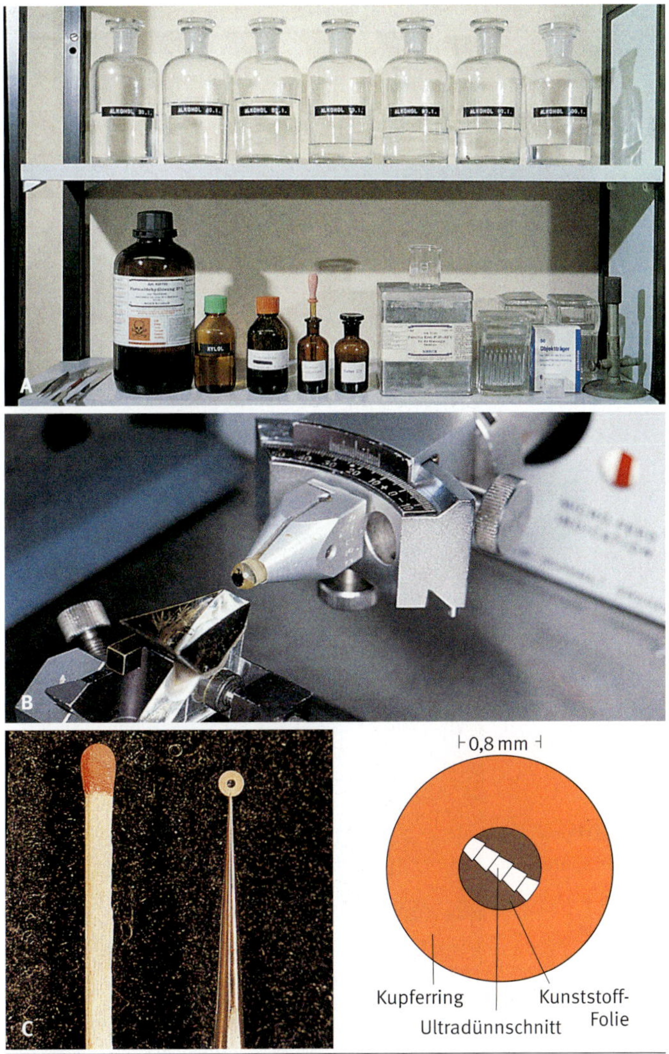

19.1 Präparation für die Elektronenmikroskopie. A Präparations-Hilfsmittel, z. B. Fixierlösung, Kontrastmittel, Alkohollösungen zur Entwässerung, Kunstharzlösungen; **B** Ultramikrotom; **C** Objektträger

20.1 Gefrierbruchtechnik.
A Gefrieren und Brechen;
B Ätzen;
C Bedampfen;
D EM-Bild

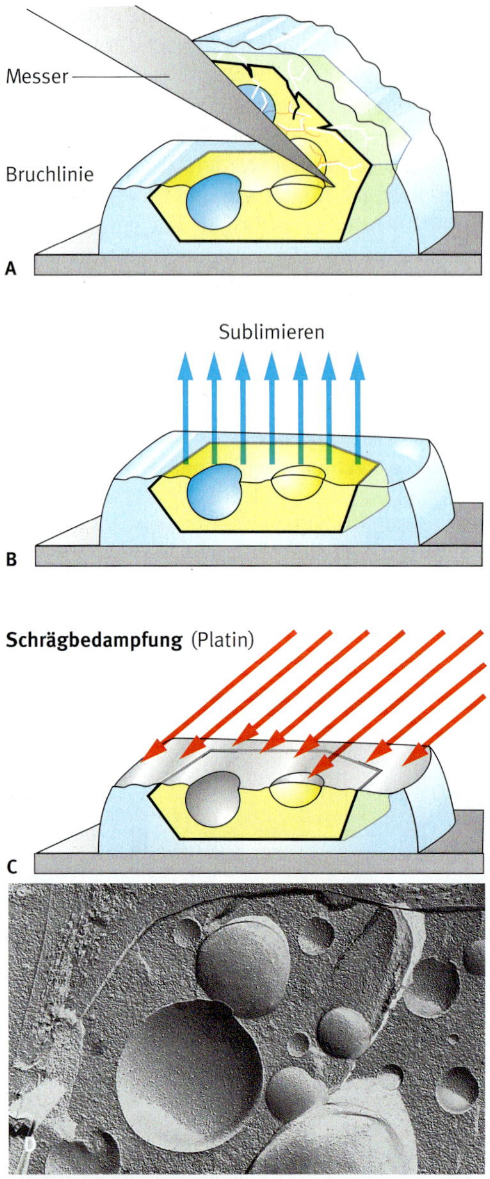

Gefrierbruchtechnik. Mit dieser Präparationstechnik erhält man räumlich wirkende elektronenmikroskopische Bilder. Man nutzt dabei die Eigenschaft von gefrorenem Gewebe, beim leichtesten Schlag zu brechen.

Das Untersuchungsobjekt wird sehr schnell eingefroren, um die nach dem Zelltod sofort beginnenden Veränderungen so gering wie möglich zu halten *(Kryofixierung)*. Mit Hilfe eines schräg gestellten Messers werden die Zellen aufgebrochen *(Gefrierbruch)*. Die dabei entstehenden Bruchflächen folgen häufig den biologischen Strukturen der Zelle und legen so neben den verschiedenen Organellen auch Membranporen oder ähnliche Strukturen frei. Nach dem Gefrierbruch können zusätzlich Wassermoleküle von der Bruchfläche sublimiert werden *(Gefrierätzung)*. Dabei sublimiert Wasser aus dem gefrorenen Präparat (–100 °C) an das noch kältere Messer (–196 °C). Die wasserärmeren Strukturen bleiben so als Relief stehen.

Die reliefartige Oberfläche der Proben wird nun zur Kontrastverstärkung einer *Metallbedampfung* unterzogen. In schrägem Winkel wird dabei z. B. Platin aufgebracht. Erhabene Stellen der Oberfläche erhalten dadurch eine Beschichtung und werden undurchlässig für Elektronen, benachbarte Vertiefungen bleiben schwermetallfrei und damit elektronendurchlässig. Zur mechanischen Verstärkung wird nun zusätzlich eine Kohlenstoffschicht aufgebracht. Der so entstehende Platin-Kohlenstoffabdruck haftet zunächst an den Zellstrukturen, die dann in einem Säurebad abgelöst werden.

Im TEM betrachtet man also nicht die biologischen Strukturen selbst, sondern einen Abdruck ihrer Oberfläche.

20.2 Negativkontrastierung.
A Bakteriophage;
B Herstellung eines Präparats

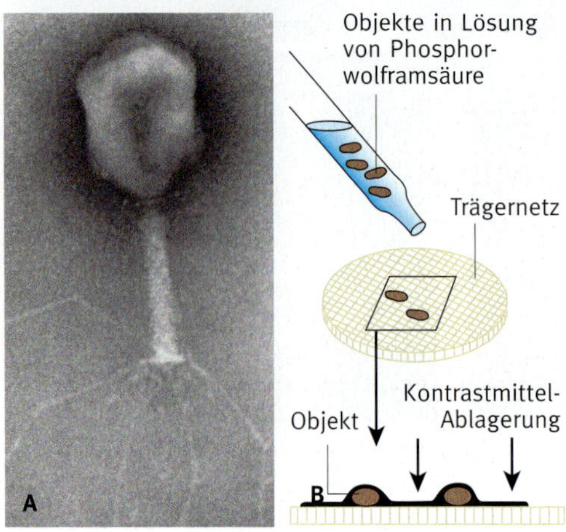

Negativkontrastierung. Mit dieser Methode zur Kontraststeigerung kann man kleine Objekte, wie Makromoleküle oder Viren, sichtbar machen.

Man bringt das biologische Objekt auf ein EM-Trägernetz, das mit einem dünnen Kohlenstofffilm beschichtet ist. Eine Schwermetallsalzlösung, z. B. Uranylacetat, wird als Kontrastierungsmittel zugegeben. Die Schwermetallionen binden überall auf dem Kohlenstofffilm. An Stellen, an denen das Objekt aufliegt, wird dies behindert. Die Umgebung wird daher elektronendichter als das Objekt selbst, das hell – also im negativen Kontrast – erscheint.

3.3 Das Raster-Elektronenmikroskop

Das **Raster-Elektronenmikroskop (REM)** ermöglicht im Gegensatz zum TEM dreidimensionale Abbildungen von biologischen Objekten. Mit dem REM kann man große, nicht geschnittene Objekte betrachten und erhält plastische Bilder der Oberfläche von Zellen oder Geweben. Daher eignet sich diese Technik, um *Oberflächenstrukturen* zu untersuchen.

Das Verfahren zur Bilderzeugung beim REM ist ein anderes als beim TEM, obwohl beide mit Elektronenstrahlen und elektromagnetischen Linsen arbeiten. Das TEM verwendet zur Bildentstehung Elektronen, die durch die Probe hindurchdringen, das REM hingegen nutzt hierfür Elektronen, die von der Oberfläche der Probe gestreut oder emittiert werden.

Auch bei der Rasterelektronenmikroskopie wird die zu untersuchende Probe fixiert und entwässert. Da nur die Oberfläche betrachtet wird, muss das Objekt nicht geschnitten werden. Die Oberfläche des Präparats wird mit einer dünnen Schicht aus Gold oder aus einem anderen Schwermetall bedampft. Das so behandelte Objekt wird zeilenweise mit einem stark gebündelten Elektronenstrahl abgetastet. Beim Auftreffen dieser *Primärelektronen* auf die Oberfläche des Objekts werden dort Elektronen herausgeschlagen. Diese *Sekundärelektronen* werden in einem Detektor gesammelt. Der Detektor misst für jeden Punkt des Objekts die Zahl der emittierten Sekundärelektronen. Die Zahl der an einem bestimmten Punkt frei werdenden Sekundärelektronen hängt von der dortigen Oberflächengeometrie ab, sie wird vom Auftreffwinkel des Primärelektronenstrahls beeinflusst: Je steiler der Auftreffwinkel, desto mehr Sekundärelektronen entstehen an dieser Stelle. Aus Erhebungen beispielsweise können mehr Sekundärelektronen austreten als aus Vertiefungen. Durch die Umwandlung dieser Unterschiede im Detektor wird ein stark vergrößertes Bild der Oberfläche des Präparats aufgebaut. Da die Elektronenstrahlen das Objekt nicht durchdringen, können mit dem REM ausschließlich Oberflächenstrukturen untersucht werden. Die Vergrößerungsmöglichkeit ist auf ca. 20 000-fach begrenzt.

1 Vergleichen Sie die Leistung von TEM und REM.

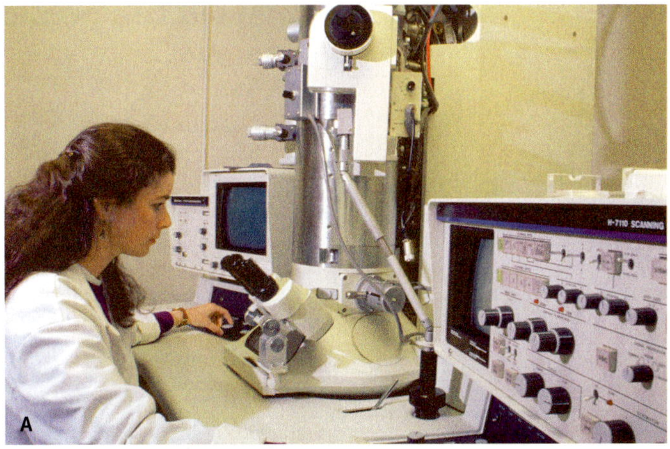

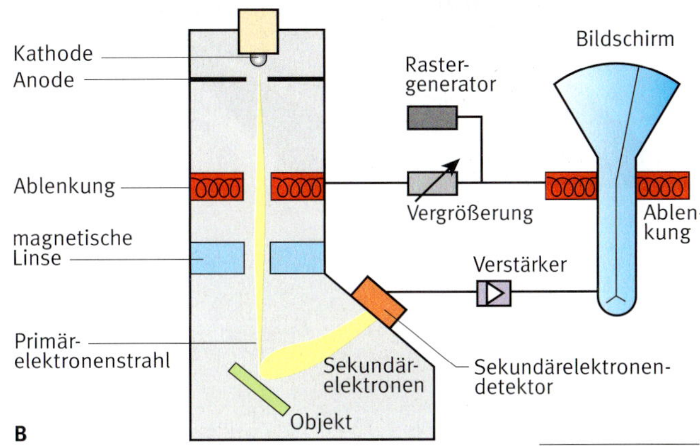

21.1 Rasterelektronenmikroskop. **A** Foto; **B** Schema

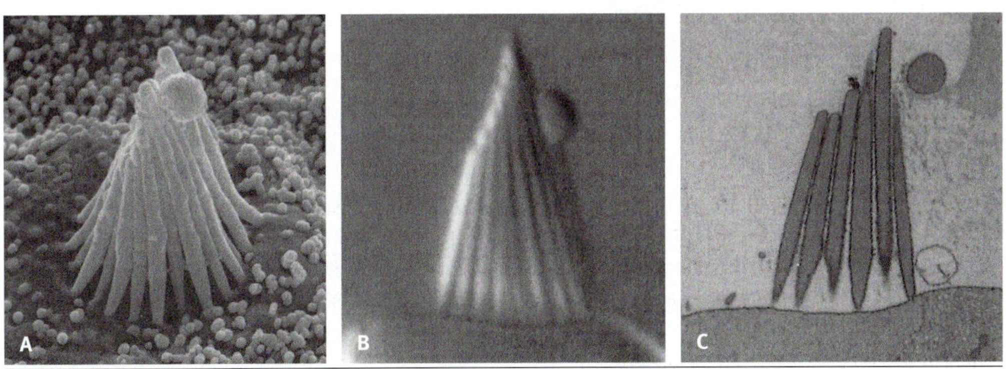

21.2 EM-Bilder von Stereozilien einer Haarzelle im Innenohr. A REM; **B** Interferenzphasenkontrast; **C** TEM

4 Organisation der Lebewesen

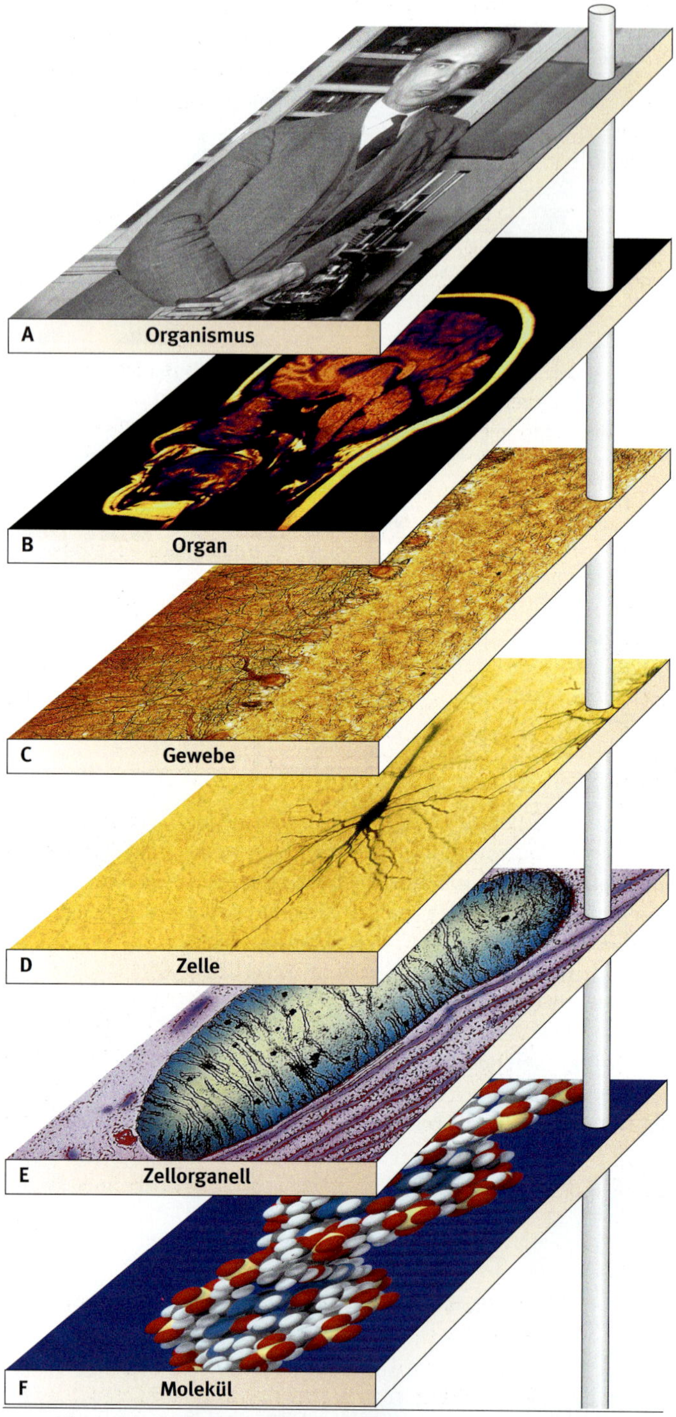

22.1 Hierarchie der Strukturebenen. A Organismus: Der Neurobiologe A. F. HUXLEY; **B** Organ: Gehirn Gesamtbild (Magnetresonanz-Bild); **C** Gewebe: Kleinhirn (LM-Bild). **D** Zelle: Neuron (Pyramidenzelle) im Hippocampus (LM-Bild); **E** Organell: Mitochondrium (EM-Bild); **F** Moleküle und Atome: DNA (Kalottenmodell)

Organismus. Jeder Organismus, wie beispielsweise der Mensch, ist die Einheit, an der sich alle Merkmale des Lebendigen erkennen lassen. Er funktioniert nur durch das Zusammenspiel aller seiner Organisationsebenen.

Organ. Bei vielzelligen Organismen laufen die Lebensfunktionen jeweils in Organen ab, die aus verschiedenen Geweben aufgebaut sind. Die Gewebe ergänzen sich zur Erfüllung bestimmter Aufgaben. So ist das Gehirn für das Gedächtnis und für Steuerungsvorgänge verantwortlich.

Gewebe. Im Gehirn übernimmt der Verband der Nervenzellen die Verarbeitung und Speicherung von Informationen. Einen solchen Verband gleich gebauter Zellen mit gleichen Aufgaben nennt man Gewebe.

Zelle. Da die einzelnen Zellen im vielzelligen Organismus auf bestimmte Aufgaben spezialisiert sind, unterscheiden sie sich in ihrem Aussehen stark. Die Zelle ist das Organisationsniveau, auf dem erstmals eigenständiges Leben möglich ist.

Zellorganell. Zellen sind in Reaktionsräume mit spezifischer Funktion untergliedert, die Organellen. Das Mitochondrium beispielsweise ist ein Reaktionsraum, in dem ATP erzeugt wird, das die Zelle für viele Stoffwechselvorgänge benötigt.

Moleküle und Atome. Die Eigenschaften von Atomen bestimmen Struktur und Reaktionsweise der Moleküle, aus denen Lebewesen aufgebaut sind, wie beispielsweise die DNA. Die strenge Ordnung der Atome in diesem Makromolekül ermöglicht die Codierung der Erbinformation.

Jede Strukturebene eines Organismus ist also die Voraussetzung der darüberliegenden Ebene. Auf jeder Ebene kommen neue Eigenschaften hinzu, die erst durch das Zusammenwirken der Strukturen möglich werden. Lebewesen sind also viel mehr als nur die Summe ihrer einzelnen Bestandteile. Deutlich wird dies an den Leistungen eines Organismus, die weit über die Funktionen seiner einzelnen Organe hinausgehen.

Lebewesen bestehen aus Zellen

1 Pflanzliche und tierische Zellen unterscheiden sich in wesentlichen Bauplanmerkmalen. Diese Unterschiede sind auch dafür verantwortlich, dass pflanzliche Zellen viel größer werden können als tierische Zellen.

a) Skizzieren Sie eine typische tierische und eine typische pflanzliche Zelle und erläutern Sie Unterschiede und Gemeinsamkeiten des Bauplans der beiden Zelltypen.

b) Welche Bauplanmerkmale bestimmen den Größenunterschied zwischen pflanzlichen und tierischen Zellen? Berücksichtigen Sie, dass die Zellgröße unter anderem durch Diffussionswege begrenzt wird.

2 Die Bilder von Weißen Blutzellen in der Abbildung sind mit verschiedenen mikroskopischen Techniken aufgenommen.

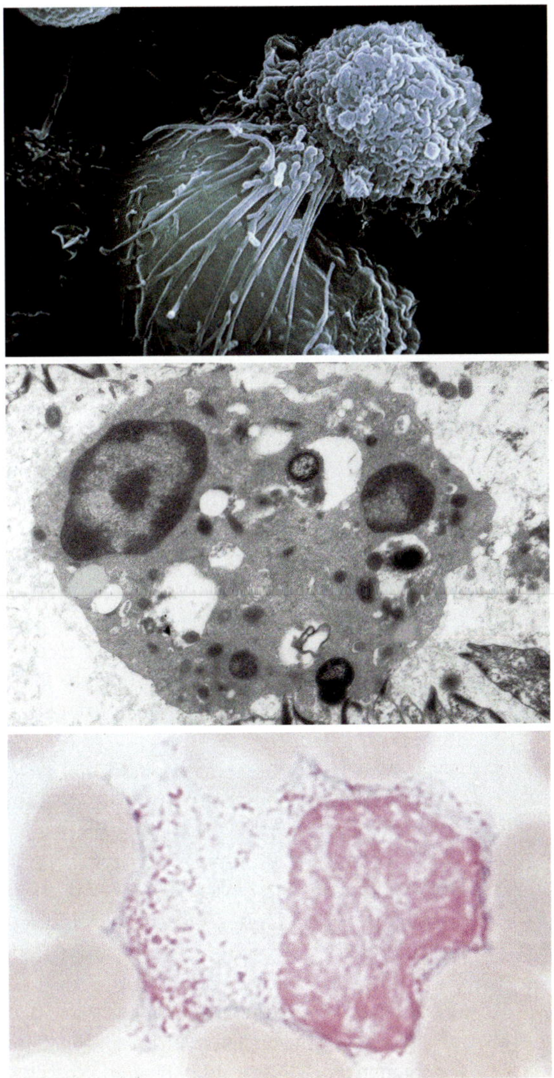

a) Geben Sie an, mit welcher Art von Mikroskopie die Bilder hergestellt sind und begründen Sie.

b) Vergleichen Sie die drei mikroskopischen Techniken unter folgenden Aspekten: verwendete Strahlungsart, Bildentstehung, maximale Vergrößerung, Auflösungsvermögen.

3 Schätzen Sie, in wie viele Scheiben ein Blatt dieses Buches mit einem Ultramikrotom geschnitten werden könnte, wenn eine Schnittdicke von 50 nm eingestellt ist.

4 Erläutern Sie, welches Mikroskop würden Sie benutzen, wenn Sie Folgendes untersuchen wollen:

a) die Formveränderung einer lebenden Weißen Blutzelle des Menschen

b) die Einzelheiten der Oberflächenstruktur eines menschlichen Haares

c) die genaue Struktur eines Zellbestandteils einer menschlichen Leberzelle.

5 Die Abbildung zeigt einen Querschnitt durch ein Laubblatt. Es sind verschiedene Zelltypen zu erkennen. In der unteren Zellschicht findet man besonders spezialisierte Zellen, die den Stoffaustausch regeln.

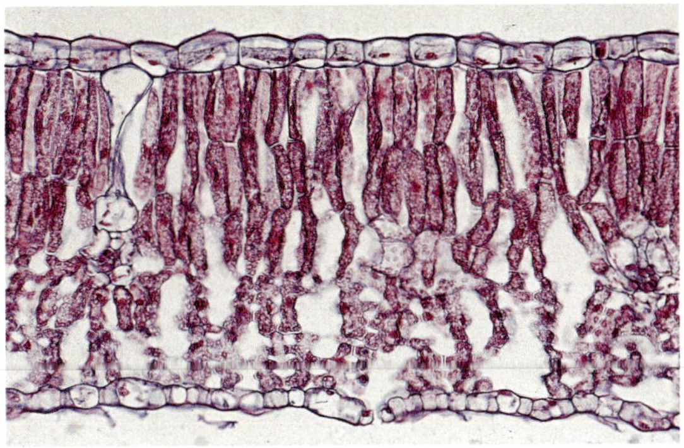

Beschreiben Sie den Bau der verschiedenen Zelltypen eines Laubblattes und leiten Sie daraus die Funktion der jeweiligen Zellschicht ab.

6 Der Ordnung aller Lebewesen liegt eine Hierarchie der Strukturebenen zu Grunde.
Beschreiben Sie die Hierarchie der Strukturebenen eines pflanzlichen Organismus an einem konkreten Beispiel analog zur Darstellung für den menschlichen Organismus (S. 22). Erläutern Sie an diesem Beispiel, dass auf einer übergeordneten Organisationsebene Eigenschaften auftreten, die auf den einfacheren Ebenen noch nicht vorhanden waren.

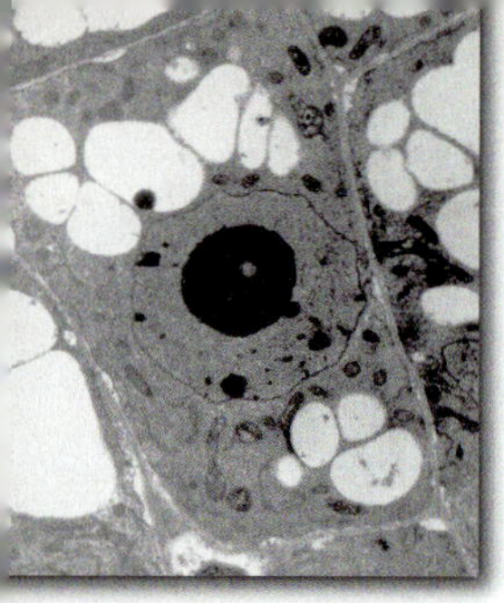

Die Zelle – kleinste Funktionseinheit des Lebens

1 Cytoplasma und Zellbestandteile

1.1 Cytoplasma

Bei der lichtmikroskopischen Untersuchung eines Zwiebelhäutchens lässt sich in den Zellen ein durchscheinender, leicht körniger Inhalt erkennen, in dem der Zellkern eingebettet ist: das **Cytoplasma.** Das Cytoplasma (kurz auch: Plasma) ist der Ort vielfältiger Stoffwechselvorgänge. Es ist nach außen durch eine Zellmembran, das *Plasmalemma*, abgeschlossen. Im Unterschied zur tierischen Zelle ist das Cytoplasma der Pflanzenzelle außen zudem noch von einer Zellwand begrenzt.
Bereits die lichtmikroskopische Betrachtung zeigt, dass das Plasma keine strukturell einheitliche Masse ist. Vielmehr lassen sich zahlreiche abgegrenzte, voneinander sehr verschiedene Strukturelemente erkennen. Dazu gehören die Plastiden und die an der Grenze der lichtmikroskopischen Sichtbarkeit liegenden Mitochondrien. Weitere Strukturen erschließt das Elektronenmikroskop, z. B. cytoplasmatische Membransysteme, Ribosomen und Filamente. Alle Zellbestandteile haben innerhalb der Zelle bestimmte Funktionen zu erfüllen. Sie stellen gleichsam die „Organe der Zelle" dar und werden deshalb als **Zellorganellen** bezeichnet.

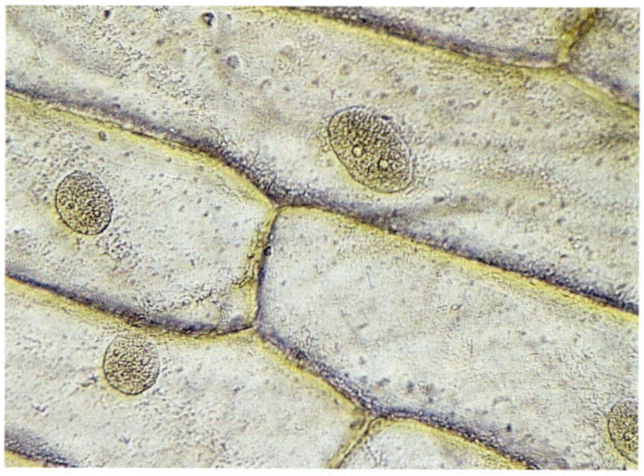

24.1 Zellen aus der Zwiebelepidermis mit Kern und darin enthaltenen Kernkörperchen (LM-Bild)

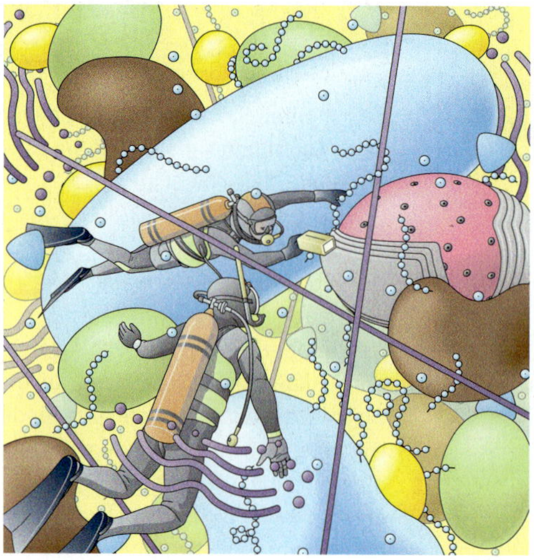

24.2 Virtuelle Reise durch das Cytoplasma

Die Organellen sind in das gallertartige Cytoplasma eingebettet, dessen Konsistenz zwischen dem flüssigen *Sol-* und dem festeren *Gelzustand* wechseln kann. Ein besonderes *Zellskelett* aus Filamenten stützt das Cytoplasma und hält es in Form. Ein Taucher wäre in diesem halbflüssigen Medium mit seinen zahlreichen Strukturen in seiner Bewegungsfreiheit eingeschränkt.
Das Cytoplasma ist durch ein vielfältiges System von Membranen in zahlreiche abgeschlossene Räume aufgeteilt, die man als **Kompartimente** bezeichnet. Auf diese Weise können verschiedene Stoffwechselvorgänge unabhängig voneinander ablaufen. Viele Enzyme des Stoffwechsels kommen nicht frei im Plasma gelöst vor, sondern sind an Membranen gebunden oder liegen in membranumschlossenen Organellen. Diese Aufteilung der Zelle in getrennte Reaktionsräume bezeichnet man als *Kompartimentierung.*
Das Cytoplasma besteht aus zahlreichen, großenteils organischen Stoffen: Proteine, Lipide, Polysaccharide, RNA, kleine organische Moleküle. Es enthält aber auch anorganische Stoffe: anorganische Moleküle und Ionen. Mit 60 bis 90 % ist der Wassergehalt ziemlich hoch.

1 Stellen Sie eine Hypothese auf, wie sich der Wassergehalt von reifen Früchten, keimfähigen Samen und Nüssen unterscheidet.

1.2 Zellkern und Kernhülle

Im Allgemeinen besitzen die Zellen einen einzigen, stets vom Cytoplasma eingeschlossenen **Zellkern,** den **Nucleus.** Im Innern des Zellkerns befindet sich das *Kernplasma.* Es besteht aus einer durchsichtigen flüssigen Grundsubstanz und einem Gerüst feinster Fäden, das allerdings erst nach Färbung mit speziellen basischen Kernfarbstoffen sichtbar wird. Man bezeichnet es deshalb als **Chromatin.** Diese Färbbarkeit beruht auf dem Gehalt an Desoxyribonukleinsäure (DNA). Das Chromatin liegt in Form von *Chromosomen* vor, die sich während der Kernteilung verdichten und erkennbar werden. In ihrer Molekularstruktur, der Grundsubstanz der Chromosomen, ist die genetische Information enthalten.
Das Kernplasma zeigt im Elektronenmikroskop nur schwach erkennbare Strukturen. Eine davon ist das **Kernkörperchen,** auch **Nucleolus** genannt, der einzeln oder zu mehreren vorkommen kann. Er fällt im Zellkern durch seine starke Anfärbbarkeit auf und besteht vorwiegend aus Nucleinsäuren. Hier werden die Bausteine der Ribosomen synthetisiert. Der Zusammenbau der Ribosomen erfolgt außerhalb des Zellkerns im Cytoplasma.
Im Elektronenmikroskop zeigt sich die äußere Begrenzung des Kerns in Gestalt von zwei Membranen von je etwa 7,5 nm Dicke, die **Kernhülle.** Diese steht gelegentlich mit dem Endoplasmatischen Retikulum in Verbindung. Innerhalb der Doppelmembran des Zellkerns liegt ein Spalt von etwa 20 nm Breite. Die Hülle enthält in regelmäßigen Abständen Poren, die **Kernporen.** Es handelt sich dabei nicht um einfache Löcher in der Kernhülle, sondern um kompliziert gebaute Kanäle von etwa 60 bis 100 nm Durchmesser. Sie ermöglichen einen kontrollierten Austausch von Stoffen zwischen dem Kerninnenraum und dem umgebenden Plasma. Während der Kernteilungsvorgänge löst sich die Kernhülle vollständig auf und wird anschließend in den Tochterzellen neu gebildet.
Der Kern ist die **„Steuerzentrale"** der Zelle. Er enthält die Erbinformation, die für Zellteilung und Steuerung der Stoffwechselvorgänge verantwortlich ist. Zellen, die keinen Kern mehr besitzen, wie die Roten Blutkörperchen des Menschen, leben daher nur relativ kurze Zeit.

STECKBRIEF

Zellkerne des Wimpertierchens

Bereits bei ungefärbten, lebenden Zellen ist im Lichtmikroskop der stärker lichtbrechende Zellkern (Nucleus) erkennbar. Mit Methylgrün gefärbte Kernbereiche des Pantoffeltierchens *(Paramecium caudatum)* zeigen, dass sie aus zwei Zellkernen bestehen: Der Großkern (Makronucleus, G) dient der Stoffwechselsteuerung der Zelle, der Kleinkern (Mikronucleus, K) ist für die sexuellen Prozesse verantwortlich. Diese Differenzierung zeigen die meisten Wimpertierchen.

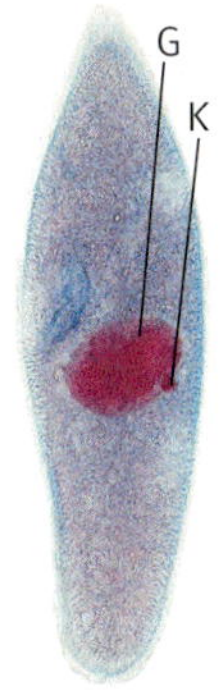

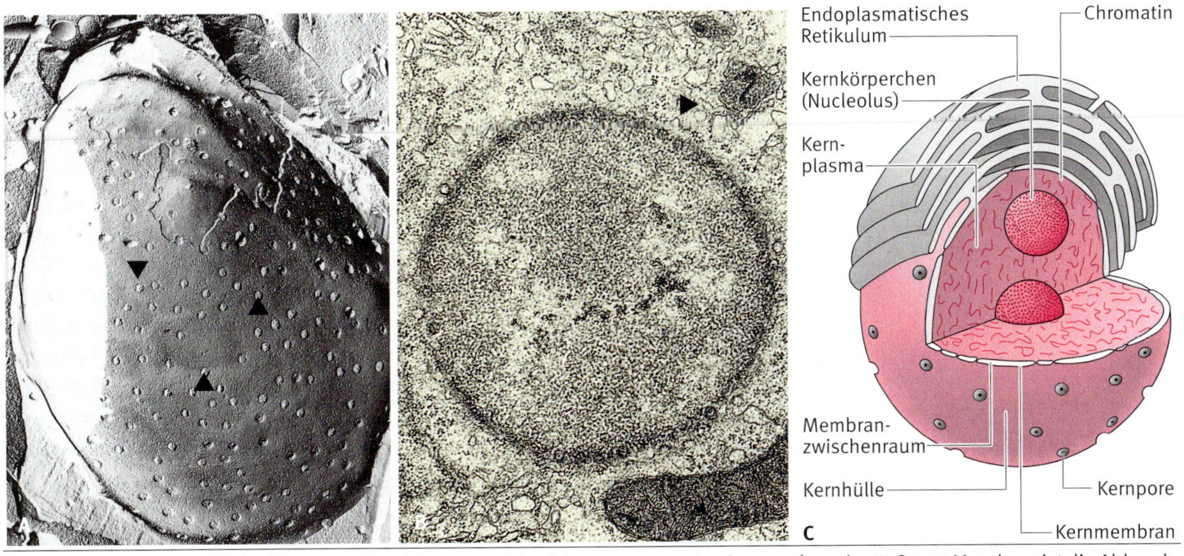

25.1 Zellkern. A EM-Bild (Gefrierätzung), ▲ Kernporen, Kernhülle aus zwei Membranen (von der äußeren Membran ist die Abbruchkante erkennbar); **B** TEM-Bild, ▲ Kernhülle; **C** Schema

1.3 Endoplasmatisches Retikulum

Im Elektronenmikroskop lässt sich innerhalb des Zellplasmas ein weit verzweigtes Hohlraumsystem erkennen, das **Endoplasmatische Retikulum (ER).** Der Name heißt übersetzt so viel wie „innerplasmatisches Netzwerk". Dabei handelt es sich um ein Membransystem in Form von flächigen Hohlräumen, Röhren oder Bläschen, das bestimmte Bereiche des Plasmas abgrenzt. Man nennt sie **Zisternen** des ER. Auch die Kernhülle ist ein Teil des ER. Der Membranzwischenraum der Kernhülle steht mit dem ER-Hohlraum (Lumen) in Verbindung. Auf elektronenmikroskopischen Aufnahmen lassen sich Verbindungen zwischen äußerer Kernmembran und ER erkennen. Meist sind weite Bereiche des ER mit kleinen, etwa 25 nm großen Körperchen besetzt, den Ribosomen. Man nennt diese ribosomenreichen Membranabschnitte **raues ER.** Die ribosomenfreien Abschnitte heißen **glattes ER.**

26.1 Endoplasmatisches Retikulum.
A TEM-Bild;
B Schema

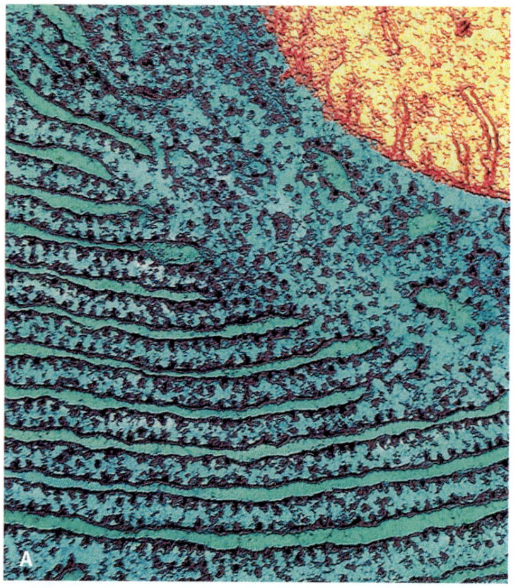

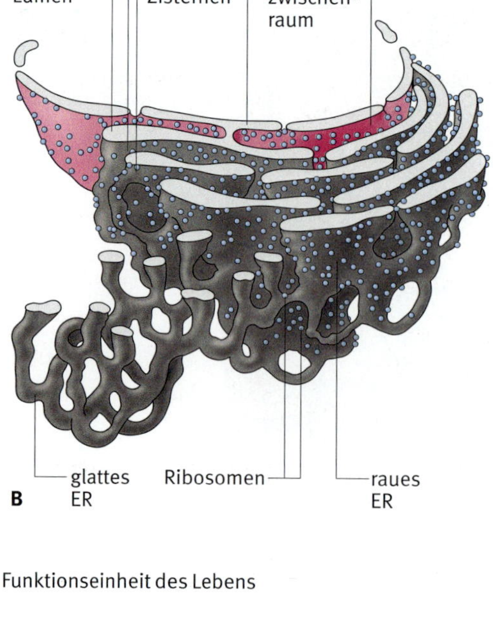

Zellen mit starker Proteinsynthese, z. B. Sekretzellen der Bauchspeicheldrüse, besitzen ein gut entwickeltes raues ER. Man hat nachweisen können, dass an den Ribosomen des ER die **Proteinbiosynthese** abläuft. Die dort gebildeten Proteinketten gelangen in das Kanalsystem des ER und werden hier weitertransportiert. Das ER hat also auch **Transportfunktion.** Die sekretorischen Proteine verlassen schließlich das ER eingeschlossen in kleinen Membranbläschen, die sich von der ER-Membran abschnüren. Bei der Verschmelzung der Bläschen beispielsweise mit den Membranen der Zellen der Bauchspeicheldrüse wird das Hormon Insulin ins Blut ausgeschüttet.

Auf der Oberfläche von ER-Membranen sind zahlreiche Enzyme gebunden, die Stoffwechselreaktionen katalysieren. Hier können körpereigene Stoffe, z. B. Steroidhormone und Membranlipide, sowie körperfremde Substanzen, z. B. Arzneimittel, umgesetzt werden. Besonders am glatten ER von Leberzellen laufen wichtige Umwandlungsprozesse ab, wie z. B. die Entgiftung von Arzneimitteln. Das ER hat also auch die Funktion der **Stoffumwandlung.** Manche Arzneimittel führen, wenn sie in die Leber gelangen, innerhalb weniger Tage zu einer Verdoppelung der Oberfläche des glatten ER sowie zu einer starken Vermehrung von „Entgiftungsenzymen". Auch beim Kohlenhydratstoffwechsel ist das glatte ER beteiligt. Im ER der Leberzellen werden Kohlenhydrate in Form des Polysaccharids Glykogen synthetisiert und gespeichert.

Eine besondere Form des glatten ER ist das Kanalsystem, das man in Muskelfasern findet. Es heißt **Sarkoplasmatisches Retikulum.** Seine feinen Kanälchen umgeben die Muskelfibrillen wie ein Netzwerk. Die Aufgaben bei der Muskelbewegung sind unter anderem Aufnahme, Speicherung und Abgabe von Calcium-Ionen, den Regulatoren der Muskelkontraktion.

1 Recherchieren Sie weitere Hinweise darauf, dass die Kernmembran ein Teil des Endoplasmatischen Retikulums ist.

1.4 Ribosomen

Die **Ribosomen** sind typische Bestandteile des rauen Endoplasmatischen Retikulums. Aufgrund ihrer geringen Größe von etwa 20 nm waren sie bis 1953 unentdeckt geblieben. Auf manchen elektronenmikroskopischen Bildern sind die Ribosomen wie zu einer spiralig gewundenen Perlenkette aufgereiht. Sie werden dann als **Polyribosomen** oder einfach als *Polysomen* bezeichnet.

Ribosomen lassen sich im Elektronenmikroskop als zwei verschieden große **Untereinheiten** erkennen. Die Molekülmasse der Ribosomen und dieser Untereinheiten bestimmt man dadurch, dass man ihre Sedimentationsgeschwindigkeit in einer Ultrazentrifuge misst. Der Sedimentationswert (S-Wert, S = Svedberg-Einheit) ist von der Größe und von der Dichte abhängig. Die Ribosomen von Bakterien sind etwas kleiner und leichter als die der Pflanzen und Tiere. Auch die Chloroplasten und Mitochondrien der Zellen von Pflanzen und Tieren besitzen Ribosomen. Diese haben aber die Größe und Dichte von Bakterienribosomen. In allen Ribosomen fand man *Ribonucleinsäure* und Proteine.

Die Ribosomen sind die **Orte der Proteinbiosynthese.** Zellen mit hoher Proteinsyntheseleistung besitzen besonders viele Ribosomen (z. B. in menschlicher Leberzelle einige Mio.). Einzelne Aminosäuren werden an den Ribosomen zu Proteinketten aneinandergefügt. Nach den „Anweisungen" der Erbinformation im Kern der Zelle, die auf der Desoxyribonucleinsäure festgeschrieben ist, werden die Aminosäuren in vorgegebener Reihenfolge verknüpft. Die Botenfunktion von der DNA des Zellkerns zu den Ribosomen übernimmt eine besondere RNA, die Boten-RNA (messenger-RNA, mRNA). Die einzelnen Aminosäuren werden durch eine weitere Form der RNA, die transfer-RNA (tRNA), zu den Ribosomen gebracht.

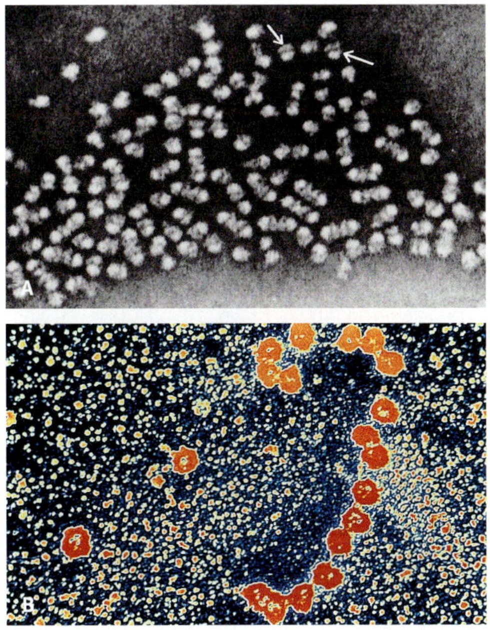

27.1 Ribosomen (TEM-Bilder).
A Beide Untereinheiten sind erkennbar;
B Polyribosomen

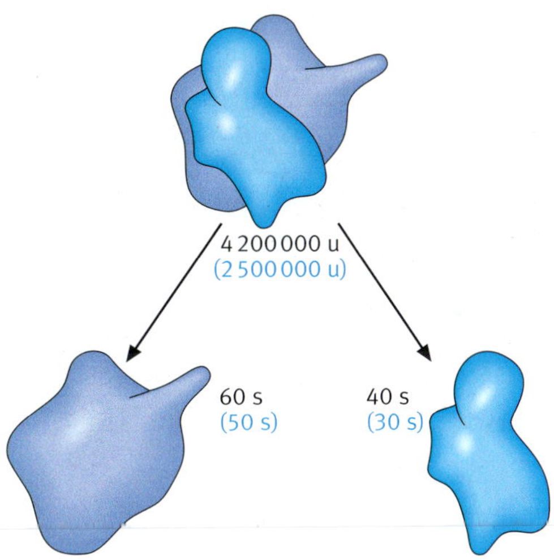

27.2 Ribosomen der Pflanzen und Tiere (Schema, in Klammern jeweils die spezifischen Werte der Bakterienribosomen)

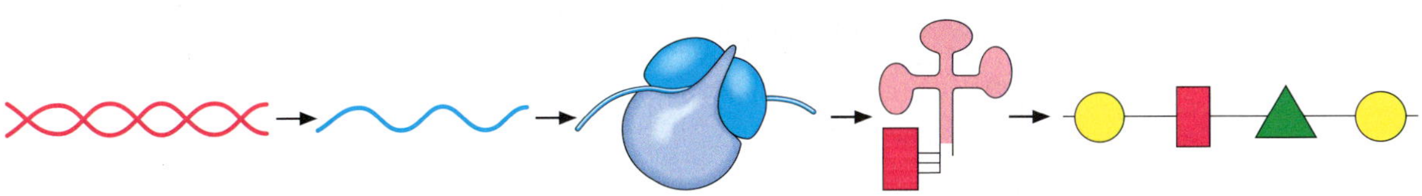

27.3 Zentrale Stellung des Ribosoms bei der Proteinbiosynthese in der Zelle

28.1 **Dictyosom.**
A TEM-Bild;
B TEM-Bild (Gefrierätzung);
C Schema

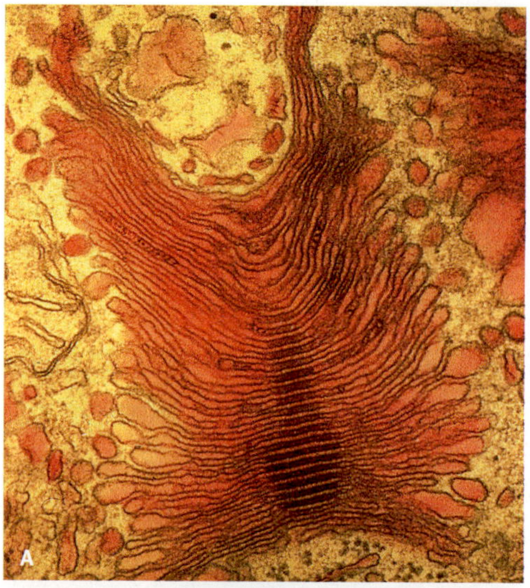

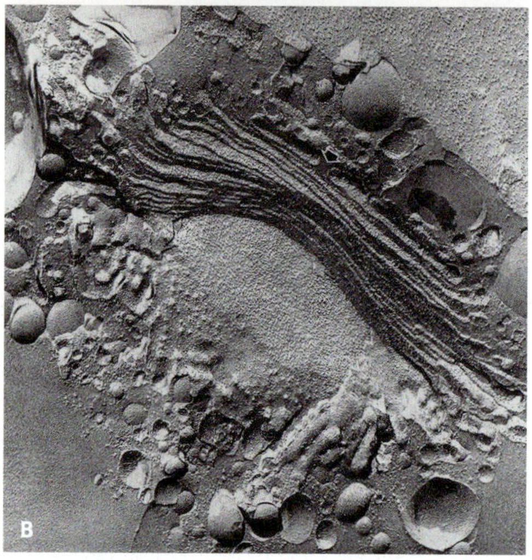

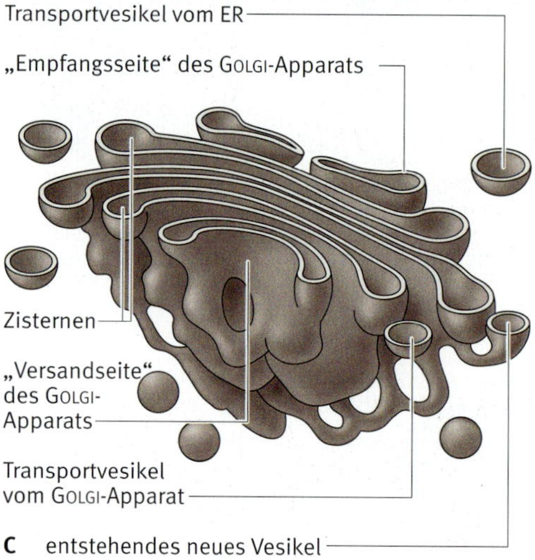

1 Nennen Sie die Aufgaben von Dictyosomen in pflanzlichen und tierischen Zellen.

1.5 Dictyosomen (GOLGI-Apparat)

Schon 1898 hatte der Italiener CAMILLO GOLGI nach Behandlung von Geweben mit Silbersalzlösung im Lichtmikroskop bläschenförmige Strukturen entdeckt. Elektronenmikroskopische Untersuchungen zeigten später, dass es sich dabei um kleine Stapel von Membranzisternen handelte. Diese Membranstapel werden **Dictyosomen** genannt. Im Elektronenmikroskop lassen sich Stapel von 4 bis 10 flachen Hohlräumen erkennen. Man nennt diese Scheibchen mit etwa 2 bis 3 µm Durchmesser **GOLGI-Zisternen.** An den Rändern sind diese Zisternen oft durchbrochen und schnüren Bläschen ab, die **GOLGI-Vesikel.** Man nimmt an, dass diese durch Teilung auseinander hervorgehen, aber auch aus Material des Endoplasmatischen Retikulums neu entstehen können. Je nach Zelltyp können wenige große, aber auch viele kleine Dictyosomen pro Zelle vorkommen. Die Gesamtheit der Dictyosomen in einer Zelle bezeichnet man als **GOLGI-Apparat.**

In pflanzlichen Zellen sind die Dictyosomen an der **Bildung von Zellmembran und Zellwand** beteiligt. Durch Zusammenfließen der Membranen vieler GOLGI-Vesikel entsteht bei der Zellteilung die erste trennende Membran. Der Vesikelinhalt wird nach außen abgegeben und dient zum Aufbau der Zellwand. Beim Sonnentau, einer Fleisch fressenden Pflanze, geht die Bildung des klebrigen Fangschleims auf die Aktivitäten der Dictyosomen zurück.
In tierischen Zellen sind die Dictyosomen hauptsächlich an der **Bildung proteinhaltiger Sekrete** beteiligt, vor allem an solchen mit einem Kohlenhydratanteil, den Glykoproteinen. Die Proteine solcher Sekrete werden aber nicht in den Dictyosomen selbst, sondern an den Ribosomen des ER gebildet und von dort zu den Dictyosomen gebracht. In GOLGI-Vesikeln verpackt werden diese Glykoproteine weitertransportiert. Zellen, die auf die Produktion von Schleim spezialisiert sind, wie die Becherzellen der Dünndarmwand, haben sehr aktive Dictyosomen.

Dictyosomen besitzen einen **polaren Aufbau.** Auf einer Stapelseite nehmen sie die neu synthetisierten Proteine auf (Empfangsseite), verarbeiten sie in den Vesikeln weiter und geben sie auf der anderen Seite ab, z. B. an Lysosomen (Versandseite).

1.6 Vesikel und Membranfluss

Die Membransysteme in der Zelle stellen keine starren Strukturen dar. Durch den Austausch von membranumschlossenen Bläschen, den **Vesikeln,** zwischen den verschiedenen Membranen der Zelle ergibt sich vielmehr ein dynamisches System. Man kann von einem regelrechten **Membranfluss** sprechen. So können z. B. Vesikel vom Endoplasmatischen Retikulum abgeschnürt werden und zu neuen GOLGI-Zisternen verschmelzen. In pflanzlichen Zellen können ER-Vesikel auch in die Vakuolenmembran integriert werden und ihren Inhalt in die Vakuole abgeben. Nur die Membranen der Mitochondrien und der Plastiden nehmen an diesen Austauschprozessen nicht teil. Vorgänge, bei denen Stoffe aus der Zelle ausgeschleust werden, ohne dass die Zellmembran durchwandert wird, bezeichnet man als **Exocytose.** Umgekehrt können auch Stoffe in die Zelle gelangen, indem sich an der Zellmembran Vesikel bilden, die sich anschließend ins Zellinnere hineinbewegen. Dieser Vorgang wird **Endocytose** genannt.

Werden feste Partikel, z. B. Bakterien, in die Zelle aufgenommen, nennt man dies *Phagocytose.* Wenn gelöste Stoffe durch Endocytose in die Zelle aufgenommen werden, spricht man von *Pinocytose.* Im Zellinneren verschmelzen die Vesikel mit kleinen, mit Verdauungsenzymen gefüllten Bläschen, den *Lysosomen.*

Die **rezeptorvermittelte Endocytose** ist an Rezeptorproteine gebunden, die in die Membran eingelagert sind. In der Regel liegen sie gehäuft in *coated pits* (engl. *coat,* überziehen; *pit,* Grube), die auf der Cytoplasmaseite mit einer Proteinschicht bedeckt sind („Stachelsaum"). Sobald die Rezeptorproteine durch von außen kommende Substanzen besetzt sind, stülpt sich die Membran ein: Es entstehen mit einer Proteinschicht ummantelte Vesikel, die *coated Vesikel.* Auf diese Weise kann eine Zelle ganz bestimmte Stoffe aufnehmen, z. B. Cholesterin, selbst wenn diese Stoffe im umgebenden Milieu in relativ geringer Konzentration vorliegen.

Lysosomen

STECKBRIEF

Lysosomen sind bläschenförmige Strukturen, die man in den meisten Zellen finden kann. Sie sind die Verdauungsorganellen der Zellen. Lysosomen enthalten etwa 40 hydrolytische Enzyme, die Eiweißstoffe, Nucleinsäuren, Lipide oder Polysaccharide spalten. Mit diesen Enzymen sind sie an der Verdauung des Inhalts von Nahrungsvakuolen, aber auch von nicht mehr benötigten Bestandteilen von Zellorganellen beteiligt. Die lysosomalen Enzyme wirken optimal bei pH 5, der im Inneren der Bläschen aktiv aufrechterhalten wird. Durch Transportproteine in der Lysosomenmembran können Abbauprodukte auch wieder nach außen abgegeben werden. Lysosomen sind membranumschlossene Reaktionsräume, in denen Abbauprozesse gefahrlos ablaufen können, ohne dass es zu einer Selbstzerstörung der Zelle kommt.

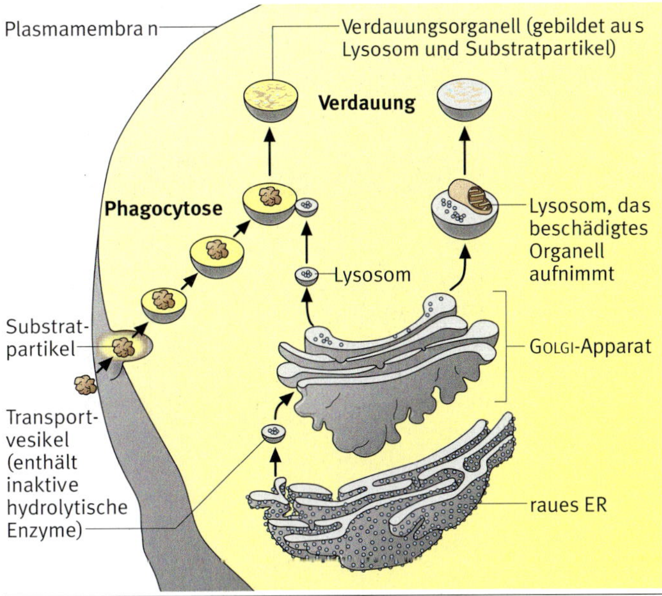

29.1 Membranfluss (Schema)

1 Erläutern Sie die folgende Aussage:
Die Kompartimentierung der eukaryotischen Zelle ist dynamisch.

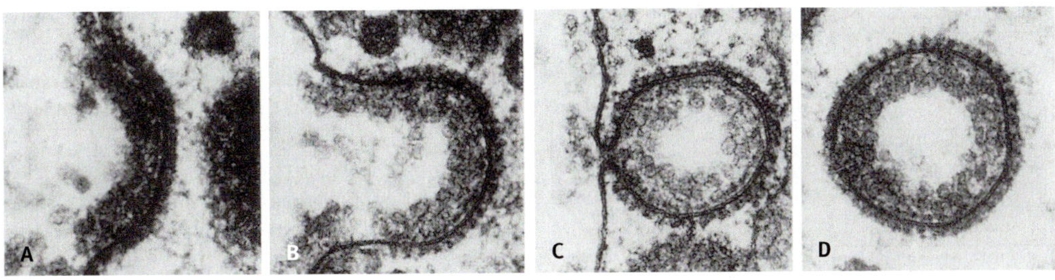

29.2 Rezeptorvermittelte Endocytose (A bis D, TEM-Bilder)

1.7 Mitochondrien

Bereits gegen Ende des letzten Jahrhunderts fand man mit dem Lichtmikroskop in tierischen und pflanzlichen Zellen kleine runde oder längliche Körperchen. Man nannte sie **Mitochondrien** („Fadenkörnchen"). Erst das Elektronenmikroskop gab Aufschluss über den Feinbau dieser Zellorganellen. Mitochondrien lassen sich relativ leicht aus aufgebrochenen Zellen isolieren. So konnte man schon früh biochemische Untersuchungen über ihre Aufgaben im Zellstoffwechsel durchführen. In einer Rattenleberzelle findet man etwa 1000 Mitochondrien. In manchen Zellen mit hohem Energiebedarf, z. B. in Eizellen, können es 100 000 sein. Die etwa 1 bis 10 µm langen Mitochondrien zeigen einen so typischen Feinbau, dass sie praktisch auf allen elektronenmikroskopischen Aufnahmen sofort identifiziert werden können. Sie sind von einer Doppelmembran umgeben. Jede einzelne Membran ist 7,5 nm dick. Ein Zwischenraum von 10 nm trennt diese Membranen. Die innere ist vielfach eingestülpt, was zu einer Vergrößerung der inneren Oberfläche des Mitochondriums führt. Mitochondrien aus Zellen der Nebennierenrinde z. B. haben röhrenförmige Einstülpungen *(Tubuli)*, solche aus Muskelzellen beispielsweise sind lamellenartig gestaltet *(Cristae)*. Der Innenraum des Mitochondriums ist ausgefüllt von einer feingranulären Grundsubstanz, der **Matrix.**

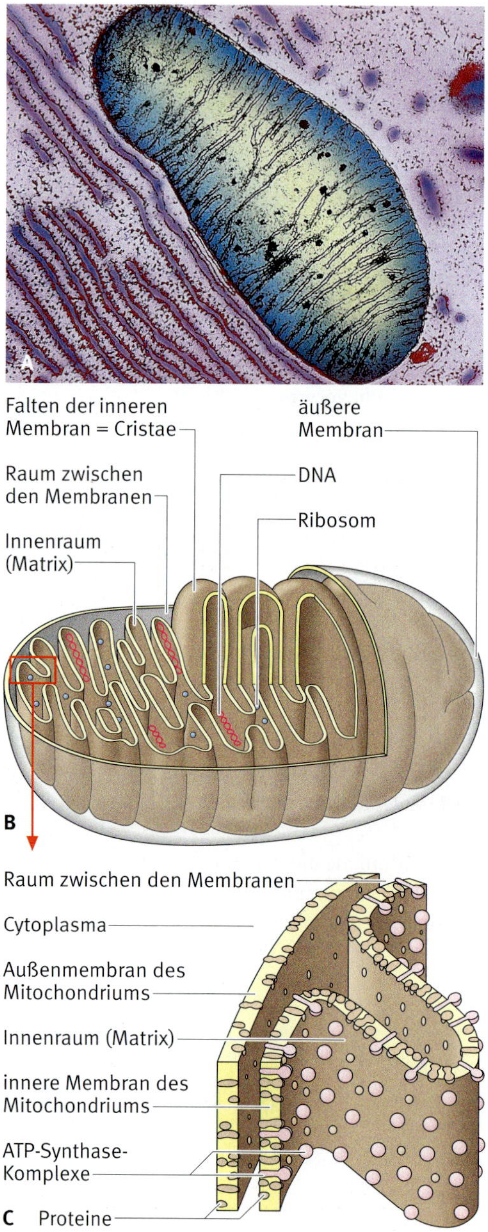

30.1 Mitochondrium. **A** TEM-Bild; **B** Schema; **C** Ausschnitt aus B

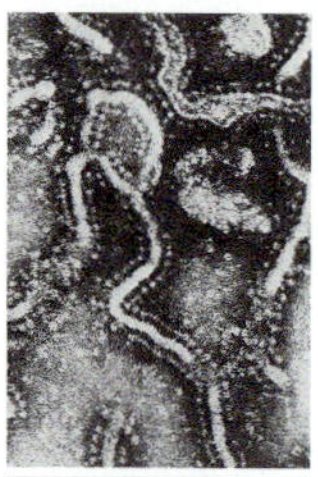

30.2 Innere Membran des Mitochondriums (EM-Bild, Negativkontrastierung)

Mitochondrien sind diejenigen Organellen der Zelle, in denen die Energiegewinnung abläuft. Man bezeichnet sie deshalb auch als die **„Kraftwerke der Zelle"**. Biochemische Untersuchungen haben gezeigt, dass sie alle Enzyme für die Zellatmung enthalten. Daneben besitzen sie auch Enzyme für den Fettabbau und für einen Teil des Kohlenhydratabbaus, also für Stoffwechselvorgänge, die der Energiegewinnung dienen. An der inneren Mitochondrienmembran findet im Verlauf der Zellatmung die Bildung von Adenosintriphosphat (ATP) statt. Sie vollzieht sich an den ATP-Synthase-Komplexen, die im Elektronenmikroskop als Knöpfchen sichtbar sind. ATP ist die chemische Speicherform für Energie in der Zelle. Der plasmatische Innenraum der Mitochondrien, die Matrix, enthält eine Vielzahl von Enzymen. Sie katalysieren so wichtige Reaktionsfolgen wie den Zitronensäurezyklus. Auch der Abbau von Fettsäuren und der Umbau von Aminosäuren aus dem Aminosäurestoffwechsel der Zelle findet in der Mitochondrienmatrix statt. Daneben findet man in ihr auch etwa drei bis sechs ringförmige DNA-Moleküle. Die Informationen auf diesen DNA-Ringen codieren einen Teil der Mitochondrienproteine. Für die Mehrzahl der Mitochondrieneiweißstoffe liegt die Erbinformation allerdings auf der DNA des Zellkerns.

1 Nennen Sie wichtige Aufgaben der Mitochondrien. Schlagen Sie im Register nach, wo auf diese Aufgaben näher eingegangen wird.

1.8 Plastiden

Mikroskopiert man ein Moosblättchen oder das Blatt einer Wasserpflanze mit 300- bis 400-facher Vergrößerung, so findet man in jeder der Zellen zahlreiche grüne Körperchen, die **Chloroplasten.** Sie sind in allen grünen Pflanzenteilen enthalten und meist kugelig oder linsenförmig. Bei Algen können sie auch größer und sehr unterschiedlich geformt sein. Chloroplasten sind die **Orte der Fotosynthese.**

Die für die Fotosynthese notwendigen Farbstoffe sind das grüne **Chlorophyll** und daneben die gelben bis orangeroten **Carotinoide.** In belichtetem grünem Blattgewebe sind in den Chloroplasten Körnchen von Assimilationsstärke nachweisbar. Der grüne Farbstoff Chlorophyll besteht aus dem blaugrünen Chlorophyll a und dem gelbgrünen Chlorophyll b. Die Carotinoide bestehen aus den beiden Untergruppen der Carotine und Xanthophylle. Die Carotine sind aufgrund ihrer Molekülstruktur unpolar, Xanthophylle und Chlorophylle sind polar. Die Carotinoide sind in den Chloroplasten meist vom Chlorophyll überdeckt. Dies zeigt sich in der nach Chlorophyllschwund auftretenden Gelbfärbung (herbstliche Laubfärbung, Reifen des Getreides). Vor dem Laubfall wird das wichtige Spurenelement Magnesium, das sich im Zentrum des komplexen Chlorophyll-Moleküls befindet, in die Sprossachse zurückgeholt. Im Frühjahr steht es für den Neuaufbau des Chlorophylls in den Chloroplasten der Blätter zur Verfügung. Zur vollständigen Entwicklung benötigen Chloroplasten Licht.

In den Zellen reifer Früchte, z.B. der Tomate, und vieler Blüten befinden sich statt der Chloroplasten orangefarbene Körnchen, die **Chromoplasten.** Durch ihren Gehalt an Carotinoiden sind die Chromoplasten gelb bis orangerot gefärbt.

In den farblosen Zellen von Speicherorganen (Samen, Knollen, Wurzelstöcken) erkennt man kleine, unauffällige Körnchen ohne Farbstoffe, die **Leukoplasten.** Hier bauen sie aus Zucker Reservestärke auf.

Chloroplasten, Chromoplasten und Leukoplasten bilden untereinander eine nahe verwandte Gruppe von Zellorganellen: die **Plastiden.** Diese gehen aus gemeinsamen Vorstufen, den *Proplastiden*, hervor.

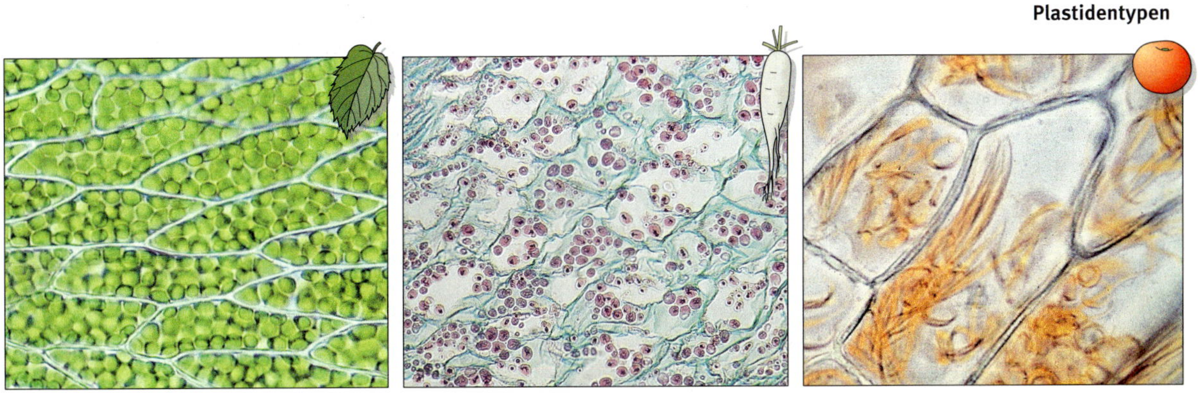

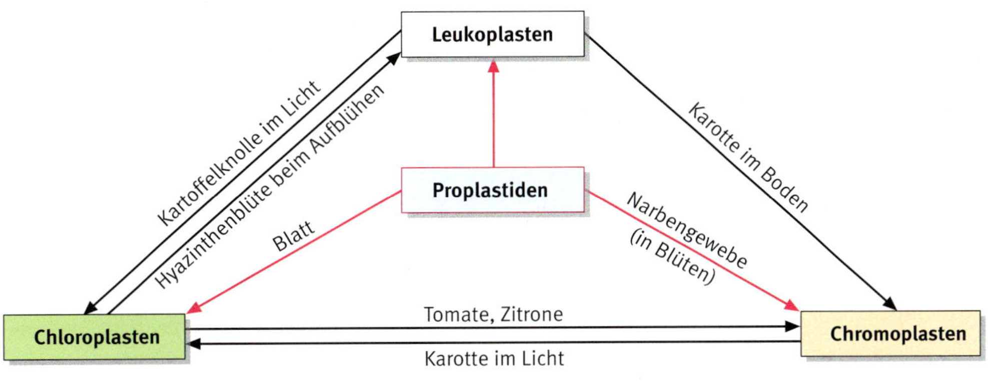

31.1 Plastiden und Umwandlungsmöglichkeiten bei Plastidentypen

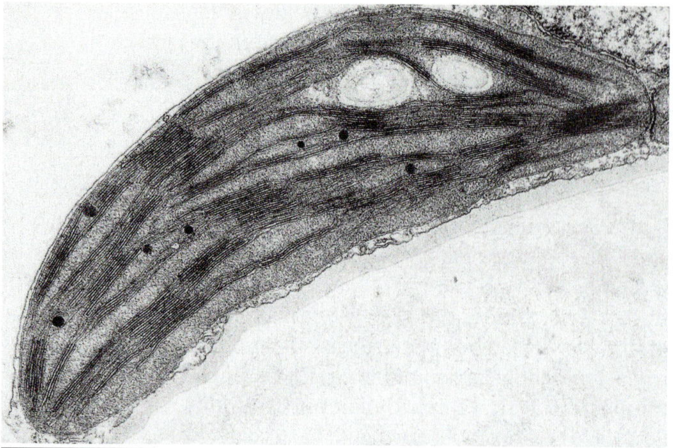

32.1 Chloroplast (TEM-Bild)

Der charakteristische Feinbau der 5 bis 10 µm großen linsenförmigen Chloroplasten erschließt sich im Elektronenmikroskop. Eine durchgehende Doppelmembran umschließt den Chloroplasteninnenraum. Dieser wird von zahlreichen mehr oder weniger parallelen, flachen Doppelmembranen, den **Thylakoiden,** durchzogen. In manchen Bereichen sind die Thylakoide, die das Chlorophyll enthalten, geldrollenartig dicht gestapelt. Man nennt diese Stapel **Grana** (Einzahl: Granum). Die Thylakoide entstehen aus der inneren Chloroplastenmembran, die sich bei der Bildung der Grana vielfach übereinanderschichtet (Oberflächenvergrößerung). Die Grundsubstanz, in die die Thylakoide eingelagert sind, nennt man **Stroma.** Im Stroma sind die Thylakoide als einzeln liegende Stromathylakoide angeordnet.

Grana- und Stromathylakoide bilden ein zusammenhängendes Membransystem. Dieses gliedert den Innenraum eines Chloroplasten in zwei komplett getrennte Reaktionsräume.

Das Stroma selbst ist chlorophyllfrei. In ihm laufen aber wichtige Stoffwechselprozesse ab. Hier werden Stärke und Fette synthetisiert und als Stärkekörnchen und Fetttröpfchen abgelagert. Im Stroma liegen auch mehrere ringförmige DNA-Moleküle, die die Synthese bestimmter Eiweißstoffe codieren.

Die Thylakoidmembranen bestehen aus einer Lipiddoppelschicht mit auf- und eingelagerten Eiweißstoffen. Diese sind im Wesentlichen Enzyme und Komplexe aus Eiweiß- und Farbstoffmolekülen. Chlorophylle und Carotinoide bilden in der Membran zusammen mit bestimmten Proteinen Funktionseinheiten für den Ablauf der Fotosynthese. Diese werden als **Fotosysteme** bezeichnet.

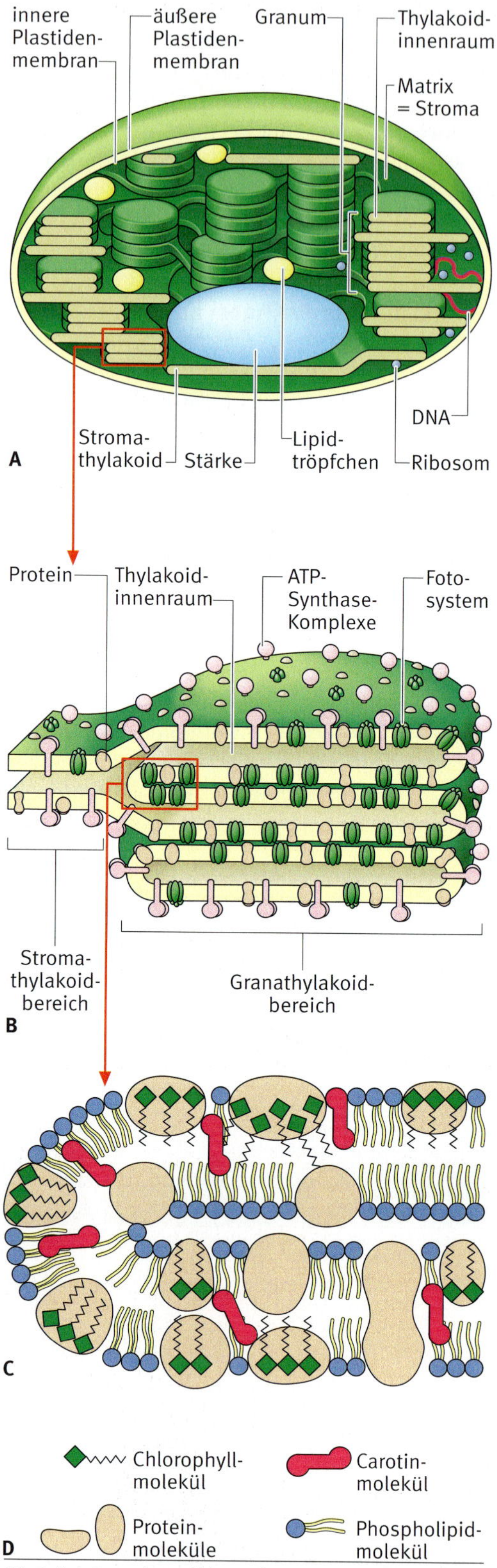

32.2 Feinbau eines Chloroplasten. A Chloroplast; **B** Granathylakoid; **C** Thylakoidmembran; **D** Bestandteile der Thylakoidmembran

Plastiden und Plastidenfarbstoffe

1 Chloroplastenformen

Materialien und Geräte: Wasserprobe mit grünen Fadenalgen aus Tümpel oder Gartenteich, Torfmoos *(Sphagnum)*, Mikroskop mit Zubehör, Zeichenmaterial

Durchführung:
a) Fertigen Sie ein mikroskopisches Präparat der Wasserprobe mit den Fadenalgen an. Beschreiben und zeichnen Sie die Form der Chloroplasten. Untersuchen Sie auch in der Wasserprobe möglicherweise enthaltene grüne Einzeller auf die Form ihrer Chloroplasten hin.
b) Entfernen Sie ein oder zwei junge Blättchen von der Spitze des Moosstämmchens und mikroskopieren Sie.

2 Chromoplastenformen

Materialien und Geräte: Tomate, Möhre, Hagebutte, Mikroskop mit Zubehör, Rasierklinge

Durchführung: Entnehmen Sie mit der Pinzette von der Tomate und der Hagebutte etwas Fruchtfleisch. Verrühren Sie es je für sich in einem Tropfen Wasser auf einem Objektträger. Fertigen Sie von der Möhre einen dünnen Schnitt an und legen Sie diesen in einen Tropfen Wasser auf einen Objektträger. Mikroskopieren Sie nach Auflegen des Deckglases die Chromoplasten in den drei Präparaten.

3 Herstellung einer Rohchlorophylllösung

Materialien und Geräte: dunkelgrüne Blätter (Spinat, Brennnessel o.a. Blätter), Brennspiritus (F), Reibschale, Quarzsand, Filtrierpapier, Trichter, Glasgefäß

Durchführung: Zerreiben Sie fein zerschnittene Blätter mit Quarzsand unter schrittweisem Zusatz von Spiritus. Filtrieren Sie die Lösung. Sie kann im Dunkeln mehrere Stunden aufbewahrt werden.

4 Trennung der Blattfarbstoffe

Materialien und Geräte: alkoholische Rohchlorophylllösung aus V 3 (F), Benzin (F, Xn), Reagenzglas

Durchführung: Vermischen Sie mehrere Milliliter der Lösung im Reagenzglas mit etwa derselben Menge Benzin unter Zusatz von ein bis zwei Tropfen Wasser. Schütteln Sie kräftig. Stellen Sie das Glas in einen Ständer und beobachten Sie einige Minuten.

5 Chromatografie der Blattfarbstoffe

Materialien und Geräte: alkoholische Rohchlorophylllösung aus V 3 (F), Benzin-Isopropanol-Gemisch 10 : 1 als Fließmittel (F, Xn), dest. Wasser, Chromatografie-Fertigplatten, passender Behälter mit Deckel, Pipette oder Pinsel

Durchführung: Tragen Sie den Farbstoffextrakt mit Glaskapillare oder Pinsel 1,5 bis 2 cm vom unteren Plattenrand als schmalen Streifen auf. Wiederholen Sie nach dem Trocknen den Vorgang mehrmals. Füllen Sie das mit einem Tropfen Wasser versetzte Fließmittel ca. 5 mm hoch in die Küvette ein. Stellen Sie die Platte ein und verschließen Sie das Gefäß, bis das Fließmittel fast die Oberkante erreicht hat.

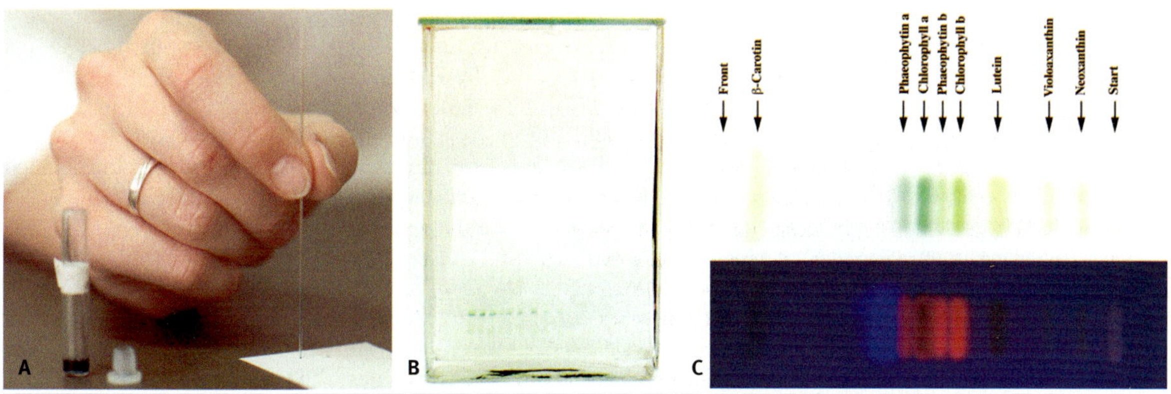

33.1 Dünnschichtchromatografie. A Auftragen; **B** Entwickeln; **C** Chromatogramm (Blattextrakt der Erbse)

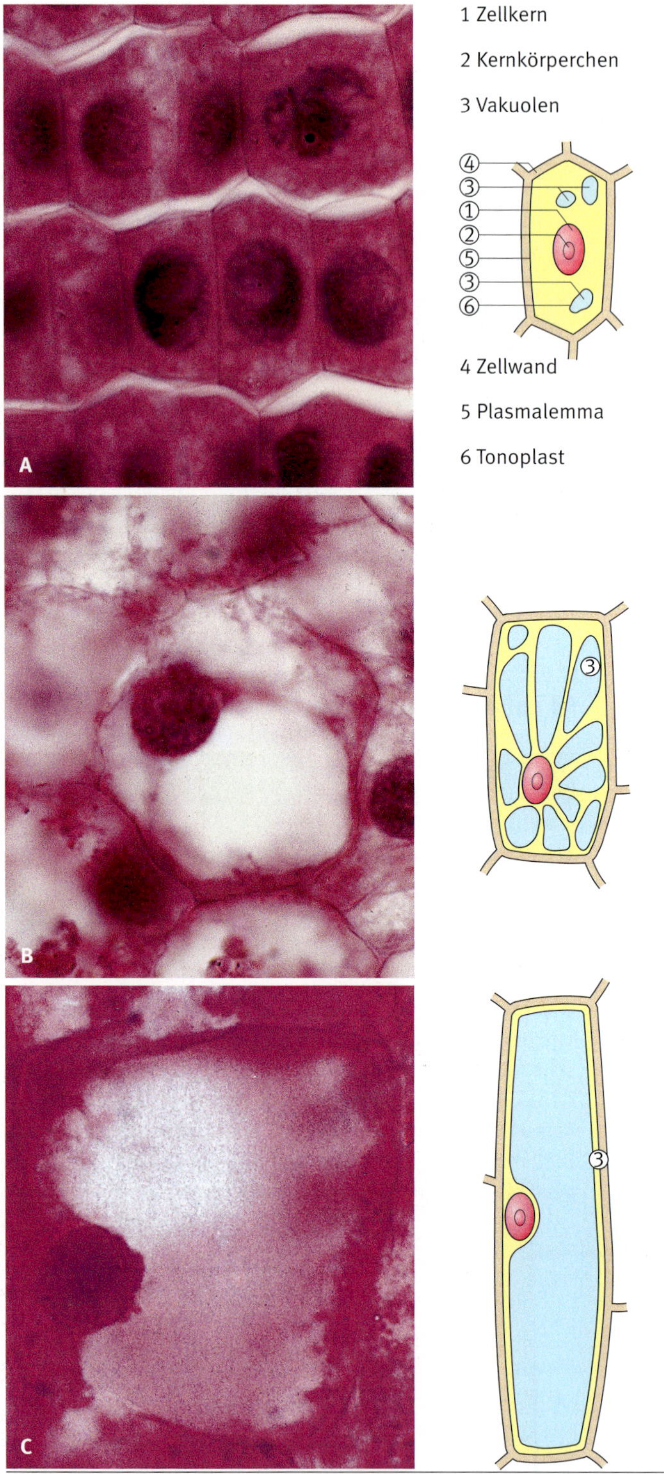

34.1 Vakuolenbildung bei Pflanzenzellen. A Embryonale Zellen; **B** Zellen im Streckungswachstum mit Vakuolenbildung; **C** Zelle nach Abschluss des Streckungswachstums mit einer einzigen großen Vakuole

1 Recherchieren und erläutern Sie, welche besonderen Inhaltsstoffe der Vakuole es gibt. Erläutern Sie deren Bedeutung für die Pflanze.

1.9 Vakuolen

Pflanzliche Gewebe sind unterschiedlich saftreich. Dies zeigt sich beispielsweise beim Zerdrücken des Stängels verschiedener Pflanzen. Beim Presssaft von Pflanzenteilen handelt es sich um den Zellsaft, der in besonderen Hohlräumen des Cytoplasmas, den **Vakuolen,** eingeschlossen ist. Die mit Zellsaft gefüllte Vakuole ist ein charakteristischer Bestandteil der Pflanzenzelle, der den tierischen Zellen fehlt. Sie ist von einer Membran, dem **Tonoplasten,** umschlossen und so gegen das Cytoplasma abgegrenzt.

In embryonalen, d. h. jungen, noch teilungsfähigen Zellen des Bildungswebes, füllt das Cytoplasma den gesamten Zellraum gleichmäßig aus. Bei Beginn der Zellvergrößerung treten im Plasma kleine Hohlräume auf, die mit Zellsaft gefüllt sind. Beim Zellwachstum vermehrt sich das Cytoplasma nur unwesentlich, sodass sich die anfangs nur kleinen Vakuolen zwangsläufig vergrößern und ineinanderfließen. Dadurch kommt es zur Ausbildung eines zunächst von Plasmaschichten, später nur noch von Plasmafäden durchzogenen Saftraumes, der sich entsprechend vergrößert. Schließlich kann sich das Plasma mitsamt den Zellorganellen ganz an die Zellwand zurückziehen.

Der **Zellsaft** ist eine wässrige Lösung zahlreicher organischer und anorganischer Stoffe. Bei spezialisierten Zellen herrscht oft ein bestimmter Stoff vor. So enthalten viele Blütenblätter in ihrem Zellsaft rote, blaue oder gelbe Farbstoffe. Es lassen sich zwei Stoffgruppen in der Vakuole unterscheiden: Ein Teil der Substanzen sind **Reservestoffe,** die vorübergehend aus dem Stoffwechsel der Zelle herausgenommen und bei Bedarf wieder in ihn zurückgeführt werden. In Früchten kommen besonders Traubenzucker (Glucose) und Fruchtzucker (Fructose), in der Zuckerrübe und im Zuckerrohr Rohrzucker (Saccharose) vor.
Bei der zweiten Stoffgruppe handelt es sich um **Stoffwechselendprodukte,** die von der Pflanze nicht mehr benötigt werden. Diese „*inneren Exkrete*“ könnten sogar für die Pflanze selbst giftig wirken, wenn sie nicht durch eine Membran vom übrigen Cytoplasma abgetrennt wären, z. B. das Mitosegift Colchicin der Herbstzeitlose. Sie dienen den Pflanzen z. T. als Fraßschutz.

Auftrennung von Zellbestandteilen

Für manche Untersuchungen ist es günstig, Zellen aufzubrechen und ihre Bestandteile zu isolieren, um sie anschließend einzeln zu untersuchen. Das Verfahren heißt **Zellfraktionierung** und ist zu einer wichtigen Methode der Zellbiologie geworden.

Homogenisierung. Zunächst wird das Gewebe in einer Pufferlösung bei einem pH-Wert um 7 zerkleinert. In einem Glasgefäß mit eingeschliffenem Kolben, einem Homogenisator, werden die Zellen schonend aufgebrochen. Der Kolben wird dazu drehend auf- und abbewegt, wodurch die Zellen zwischen Kolben und Glaswand hindurchgepresst werden und aufplatzen. Der entstandene dünnflüssige Brei aus unzerstörten Zellen und Zellbestandteilen, das Zellhomogenat, wird jetzt weiterverarbeitet.

Differenzielle Zentrifugation. In einer verdünnten, gepufferten Rohrzuckerlösung werden die Zellbestandteile in der Zentrifuge voneinander getrennt. Die Teilchen setzen sich während der Zentrifugation in der Reihenfolge abnehmender Größe und Dichte als Niederschlag ab.
Zur Auftrennung wählt man verschiedene Umdrehungsgeschwindigkeiten. Die dabei auftretenden Zentrifugalbeschleunigungen werden als Vielfaches der Erdbeschleunigung g ($g = 9{,}81\ m/s^2$) angegeben. Moderne Ultrazentrifugen erreichen Geschwindigkeiten von über 130 000 Umdrehungen pro Minute. Auf die Zellbestandteile wirkt dabei die 1 000 000-fache Erdbeschleunigung ein. Mit ihnen lassen sich sogar so kleine Teilchen wie Proteinmoleküle sedimentieren.

Dichtegradientenzentrifugation. Bei diesem Verfahren bringt man die Probe auf einen Dichtegradienten. Das ist eine Lösung von Rohrzucker oder Caesiumchlorid, die mit von unten nach oben abnehmender Dichte in ein Zentrifugenglas eingebracht wird. Auf die Oberfläche eines solchen Gradienten bringt man jetzt eine Probe des Zellhomogenats und zentrifugiert in der Ultrazentrifuge. Hierbei sedimentieren die Zellbestandteile jeweils nur so weit, bis sie in die Zone ihrer Dichte gelangen. Mit dieser Methode kann man Teilchen von gleicher Größe, aber geringem Dichteunterschied auftrennen.
Für die Dichtegradientenzentrifugation verwendet man häufig Proben, die bereits durch differenzielle Zentrifugation vorgereinigt wurden.

1 Erläutern Sie den Unterschied zwischen differenzieller Zentrifugation und Dichtegradientenzentrifugation.

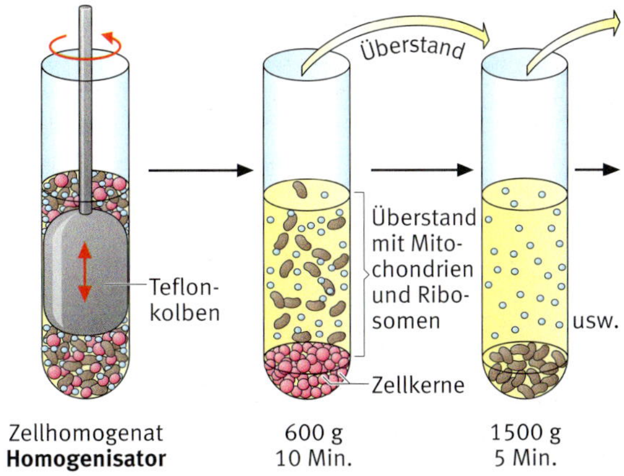

35.1 Homogenisierung und differenzielle Zentrifugation. Diese Methode dient der Anreicherung von Zellbestandteilen.

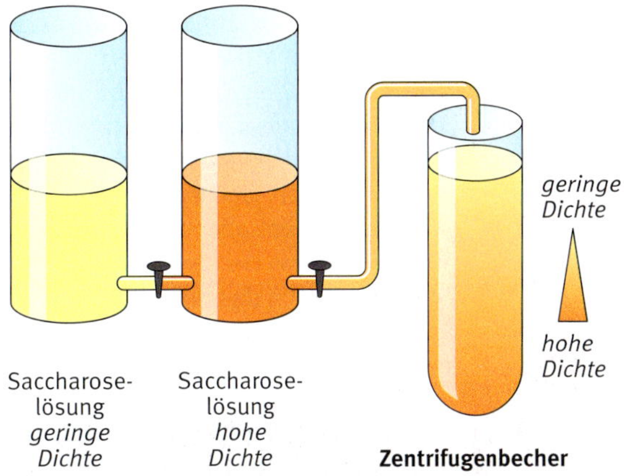

35.2 Herstellung eines Dichtegradienten

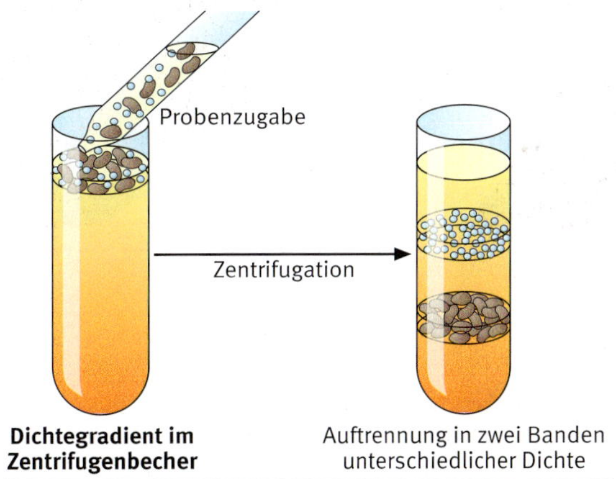

35.3 Dichtegradientenzentrifugation. Durch Anstechen des Plastikzentrifugenbechers am Boden können die Proben vorsichtig entnommen werden.

1.10 Die Zellwand

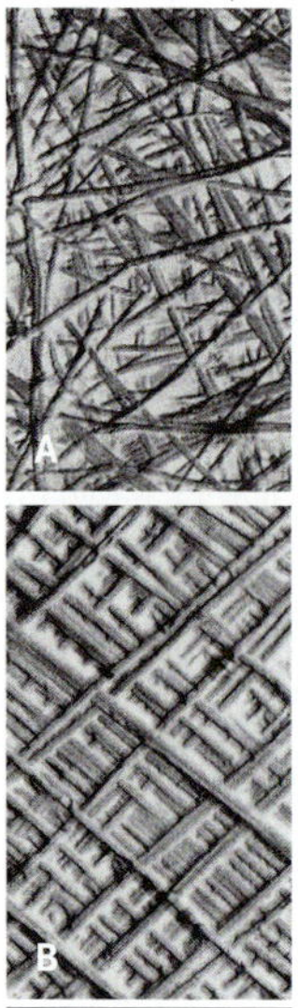

36.1 Texturen der Zellwand (EM-Bilder). **A** Streuungstextur der Primärwand; **B** Paralleltextur der Sekundärwand

Die typische Pflanzenzelle ist im Gegensatz zur tierischen Zelle von einer Zellwand umschlossen. Zusätzlich zur Zellmembran schließt diese den lebenden Inhalt der Pflanzenzelle nach außen ab. Sie verhindert, dass dieser sich durch Wasseraufnahme zu stark ausdehnt und platzt. Zudem hält die Zellwand die Zelle stabil.

Der wichtigste Baustoff der Zellwand ist die **Cellulose.** Sie ist dadurch auch die häufigste organische Substanz auf der Erde. Chemisch betrachtet handelt es sich bei der Cellulose um ein Polysaccharid, bei dem 10^3 bis 10^4 Glucosemoleküle unter Wasseraustritt zu einem langen, fadenförmigen Molekül verbunden sind. 50 bis 100 Fadenmoleküle der Zellulose bilden eine *Elementarfibrille.* Die Elementarfibrillen verlaufen abschnittsweise parallel *(Micellen).* Dazwischen sind sie untereinander durch herüberziehende Cellulosemoleküle vernetzt. Jeweils 15 bis 20 Elementarfibrillen sind wiederum zu **Mikrofibrillen** mit einer Dicke von jeweils 20 bis 30 nm gebündelt.

Das Cellulosegerüst ist in eine Grundsubstanz eingebettet. Diese besteht vorwiegend aus quellbaren Polysacchariden, wie Pektinen und Hemicellulosen, aber auch aus Proteinen. Bei der Verholzung der Zellwand wird die Grundsubstanz durch das *Lignin* (Holzstoff) ersetzt. Dadurch wird die Druckfestigkeit der Zellen wesentlich erhöht.

Eine neue Zellwand wird jeweils bei der Zellteilung gebildet. In der Äquatorialebene wird eine dünne Haut, die **Zellplatte,** angelegt. Sie bleibt als *Mittellamelle* in der fertig ausgebildeten Zellwand dauernd erhalten. Bei der Fruchtreife wird in manchen Fällen die Mittellamelle aufgelöst, sodass das Fruchtfleisch breiig wird.

Von den beiden benachbarten Zellen her werden auf die Zellplatte die **Primärwände** aufgelagert. In diesen noch dehnungsfähigen Schichten sind die Mikrofibrillen regellos gelagert *(Streuungstextur).* Mit dem Wachstum der Zelle muss sich die junge Zellwand ausweiten *(Flächenwachstum).* Diese plastische Dehnung führt zu einer Wandverdünnung. Sie wird ausgeglichen durch wiederholte Auflagerung neuer Fibrillennetze. Je jünger die aufgelagerte Schicht, umso weniger wird ihr Fibrillennetz gedehnt. Dieses Wachstum der Primärwand hält an, bis die Zelle ihre endgültige Größe erreicht hat.

Nach Fertigstellung der Primärwand setzt das *Dickenwachstum* der Zellwand ein. Nunmehr werden relativ starre Schichten beiderseits aufgelagert. So entsteht die *Sekundärwand,* die den Hauptteil der Zellwand ausmacht. In ihr sind die Mikrofibrillen schichtenweise parallel gelagert, oft aber von Schicht zu Schicht gekreuzt *(Paralleltextur).* Dies führt zu erhöhter Stabilität der Zellwand. Die zum Schluss des Wachstums angelagerte Schicht ist die Abschlusslamelle *(Tertiärwand).*

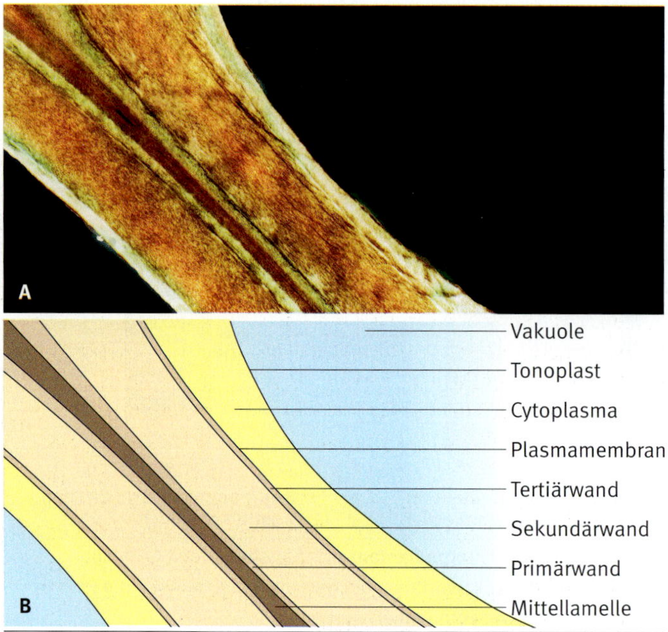

36.2 Zellwand der Pflanzen. A TEM-Bild; **B** Schema

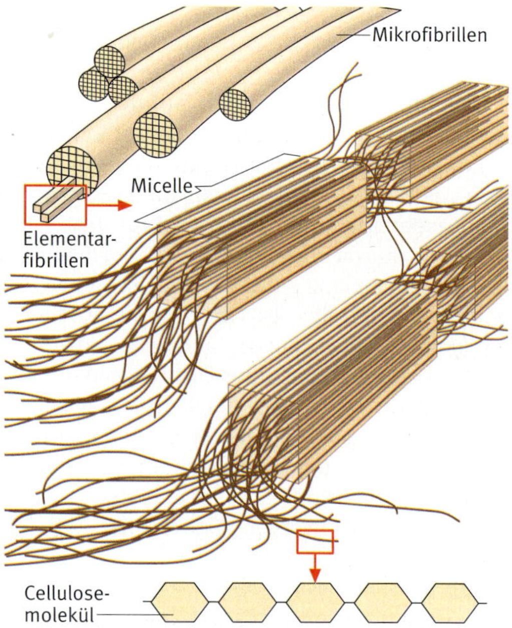

36.3 Feinbau der Mikrofibrillen

2 Zellen im Vergleich

2.1 Eucyte und Protocyte

Trotz erheblicher Unterschiede in Größe, Form und Inhalt lassen sich die Zellen der einzelligen und vielzelligen Pflanzen, Tiere und Pilze auf einen einheitlichen Grundbauplan zurückführen. Insbesondere sind sie alle durch den Besitz eines echten Zellkerns ausgezeichnet. Man fasst diese Organismen deshalb als *Eukaryoten* zusammen. Die Organisationsform ihrer Zellen bezeichnet man als **Eucyte.** Ihnen stehen die Bakterien und Blaualgen (Cyanobakterien) gegenüber, denen ein membranbegrenzter Zellkern fehlt. Sie bilden die Gruppe der *Prokaryoten.* Die Organisationsstufe ihrer Zellen ist die **Protocyte.**

Die Größe der meisten Eucyten schwankt zwischen 10 bis 50 µm. *Bakterien* dagegen sind nur 0,2 bis etwa 5 µm groß. Allerdings gibt es auch Algen von nur 1 µm Zellgröße.
Die Erbsubstanz (DNA) liegt bei der Procyte frei im Plasma, d.h., eine Kernhülle fehlt. Bei *Escherichia coli* und anderen daraufhin untersuchten Bakterien hat der DNA-Doppelstrang die Form eines geschlossenen Ringmoleküls. Der ca. 1 mm lange Faden liegt stark aufgeknäuelt vor. Er wird als *Kernäquivalent* oder *Nucleoid* bezeichnet. Bei manchen Bakterien kommen noch kleine ringförmige DNA-Stücke vor, die *Plasmide.*
Wie bei der Eucyte ist das Cytoplasma der Protocyte außen von einer semipermeablen Zellmembran begrenzt. Anders als die Eucytenmembran ist sie bei Bakterien aber Träger von Atmungsenzymen. Sie hat also zusätzlich die Funktion von Mitochondrien, die der Procyte fehlen. Durch Einstülpungen der Zellmembran wird die physiologisch aktive Oberfläche vergrößert. Der Procyte fehlen Plastiden, Dictyosomen und das Endoplasmatische Retikulum. Die Ribosomen sind kleiner als bei der Eucyte.

Die Bakterienzellwand besteht im Gegensatz zur pflanzlichen Cellulosewand aus *Murein.* Dieser Stoff besteht aus langen Polysaccharidketten, die durch kurze Peptide vernetzt sind. Er bildet ein einziges makromolekulares Netz, den *Murein-Sacculus.*

1 Vergleichen Sie die Zellwände von Bakterien und Pflanzen.

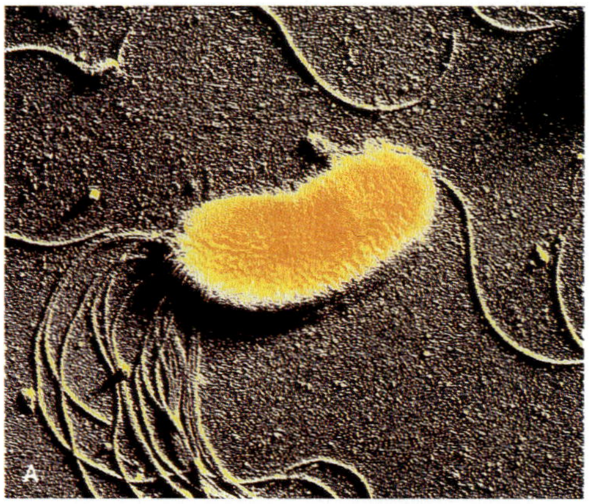

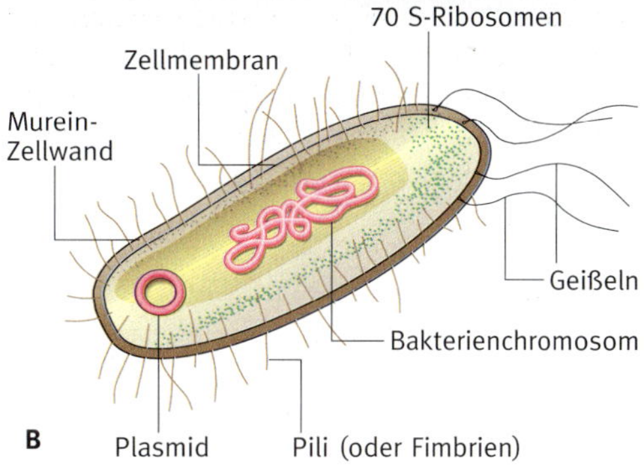

37.1 Bakterium.
A EM-Bild;
B Schema

STECKBRIEF

Cyanobakterien

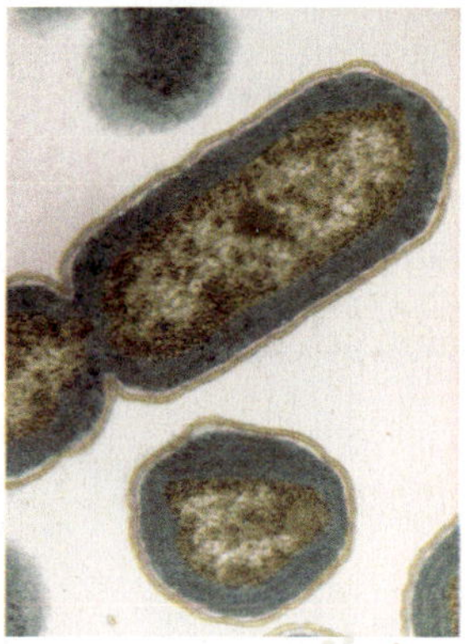

Cyanobakterien, die früher „Blaualgen" genannt wurden, haben mit den Bakterien die Merkmale der Prokaryoten gemeinsam. Sie kommen als Einzelzellen, Zellkolonien oder Zellfäden vor und werden kaum größer als 10 µm. Mit grünen Pflanzen haben sie die Fotosynthese gemeinsam. Im äußeren Bereich des Plasmas besitzen die Cyanobakterien Chlorophyll führende Lamellen. Als einzige Gruppe von Prokaryoten, die Fotosynthese betreiben, können sie Wasser spalten und Sauerstoff durch Lichteinfluss freisetzen.
Der Sauerstoff in der Atmosphäre wurde vermutlich von Cyanobakterien im Meer vor mehr als zwei Milliarden Jahren gebildet. Wahrscheinlich wurde er zunächst von gelösten Eisenionen gebunden. Das entstandene Eisenoxid wurde über einige hundert Millionen Jahre als Sediment abgelagert. Nach dieser Phase wurde das Meerwasser mit Sauerstoff gesättigt. Danach konnte er ausgasen und sich in der Atmosphäre ansammeln.

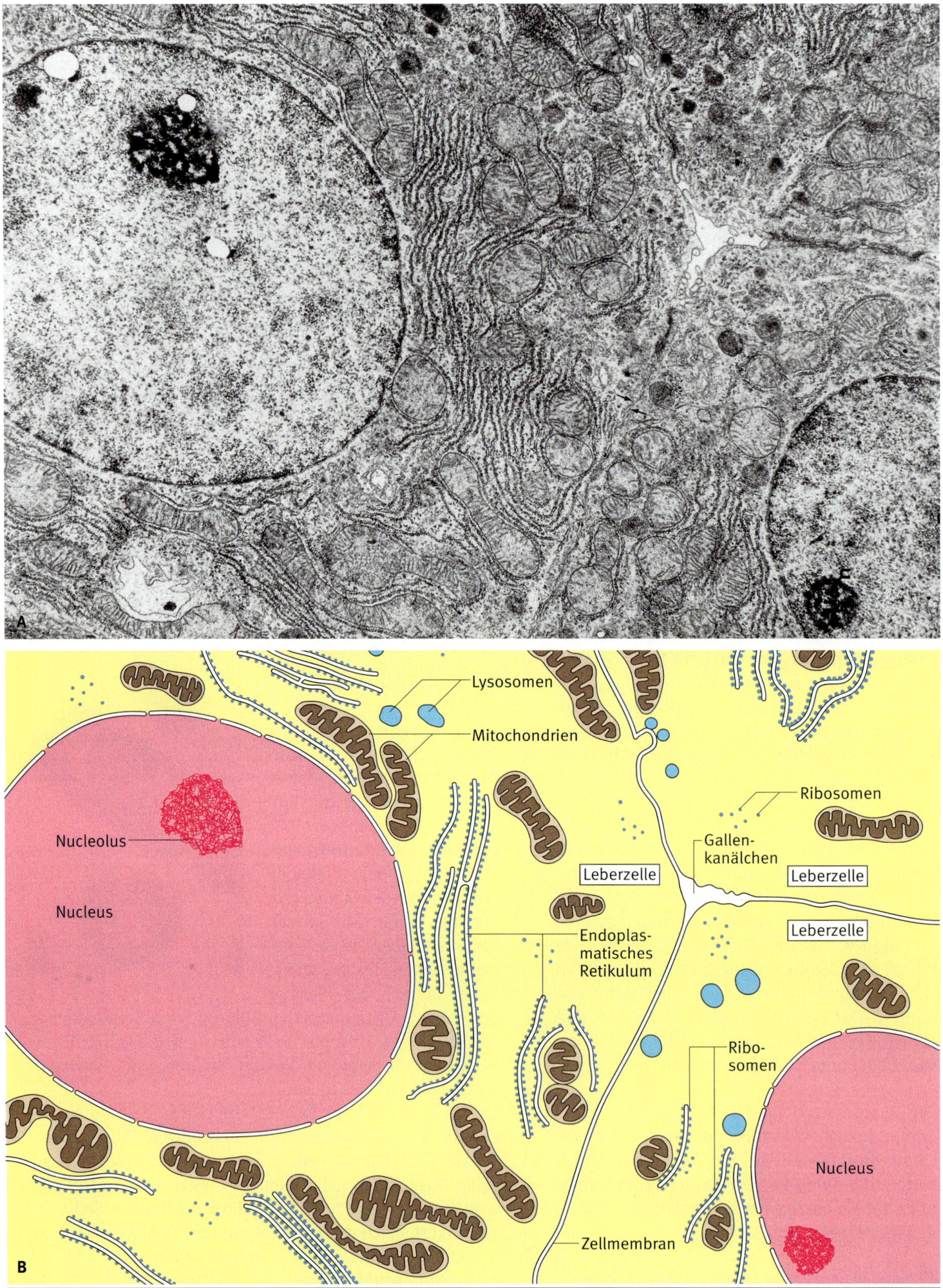

38.1 Tierische Zelle (Leberzelle). A TEM-Bild; **B** Schema

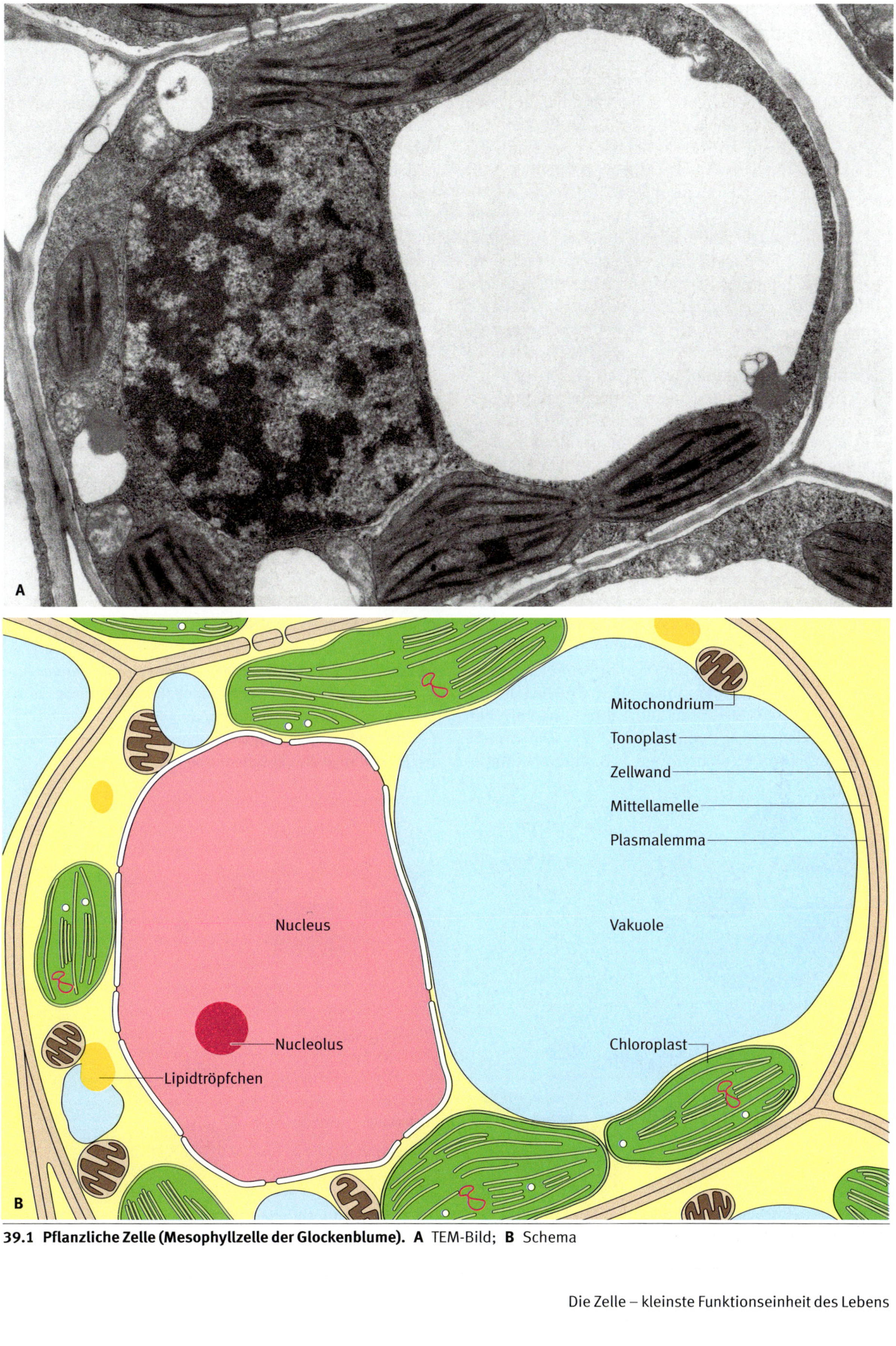

39.1 Pflanzliche Zelle (Mesophyllzelle der Glockenblume). A TEM-Bild; **B** Schema

Evolution von Mitochondrien und Plastiden

Die meisten Wissenschaftler nehmen an, dass sich Zellen, wie sie heute vorkommen, aus zellähnlichen Vorstufen entwickelt haben. Die ersten Prokaryoten traten vor mehr als drei Milliarden Jahren auf, die Eukaryoten vor etwa 1,5 Milliarden Jahren. Auf einen gemeinsamen Ursprung von Protocyte und Eucyte weisen viele Übereinstimmungen hin, z. B. die Einheitlichkeit des Erbmaterials und des genetischen Codes. Da die Eucyte, im Gegensatz zur Protocyte, Mitochondrien und Plastiden besitzt, schlagen Wissenschaftler zwei Hypothesen vor, wie sich die Organisationsstufe der Eucyte entwickelt haben könnte.

Endosymbiontenhypothese. Nach dieser Hypothese gab es in einem frühen Erdzeitalter amöbenähnliche „Ur-Eucyten". Sie haben bakterienartige Prokaryoten durch Phagocytose in ihren Zellleib aufgenommen. Diese wurden aber nicht verdaut, sondern lebten im Plasma der Wirtszelle als Symbionten weiter, sie entwickelten sich zu Mitochondrien. Auf ähnliche Weise entstanden die Plastiden: In die Zelle wurden cyanobakterienähnliche Prokaryoten aufgenommen, die ebenfalls eine Dauersymbiose mit ihr eingegangen sind. Nach dieser Vorstellung geht die innere Membran der beiden Organellen auf die aufgenommenen Prokaryoten zurück, die äußere Membran stammt vom Plasmalemma der Wirtszelle ab. Tatsächlich weichen innere und äußere Membran in ihrer chemischen Zusammensetzung voneinander ab. Die innere Membran von Mitochondrien z. B. enthält Komponenten, die auch in der Plasmamembran von Bakterien, nicht aber von Eukaryoten enthalten sind. Für diese Hypothese lassen sich weitere Argumente anführen: Mitochondrien und Plastiden haben die Fähigkeit der Selbstvermehrung. Sie besitzen eine eigene DNA. Diese ist – wie bei Prokaryoten, aber im Gegensatz zur DNA des Zellkerns – nicht mit Proteinen verbunden. Mitochondrien, Plastiden und Prokaryoten enthalten 70-S-Ribosomen, das Cytoplasma der Eucyte dagegen 80-S-Ribosomen. Die Zusammensetzung von Proteinen und Nucleinsäuren der Mitochondrien weist auf die Verwandtschaft mit Cyanobakterien hin. Bei Plastiden zeigen die entsprechenden Befunde ebenfalls eine Verwandtschaft zu den Cyanobakterien auf.

Kompartimentierungshypothese. Diese Hypothese sagt aus, dass durch Membraneinstülpungen kleine DNA-Ringe, Plasmide genannt, gegen das Cytoplasma abgegrenzt wurden. Dabei wurden im Falle der Mitochondrien Atmungsenzyme, im Falle der Plastiden Fotosyntheseenzyme, die jeweils in der Membran enthalten waren, einbezogen. Dieser Vorgang vollzog sich allmählich mit der zunehmenden Kompartimentierung der Zelle.

1 Nach der Endosymbiontenhypothese sind bakterienähnliche Prokaryoten und cyanobakterienähnliche Lebewesen von „Ur-Eucyten" aufgenommen worden. Stellen Sie Vermutungen an, in welcher zeitlichen Reihenfolge dies geschehen sein könnte.

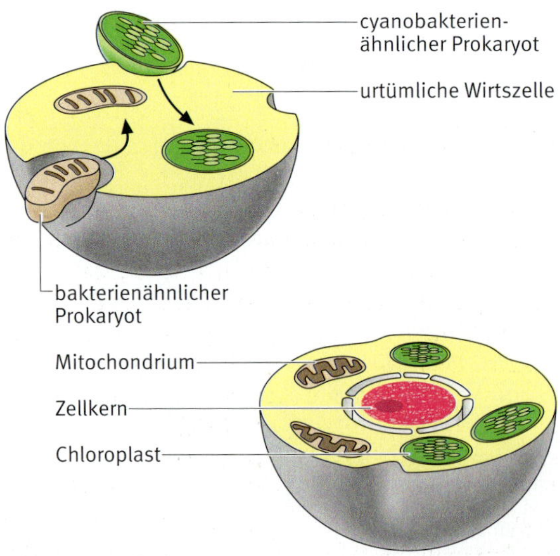

40.1 Endosymbiontenhypothese

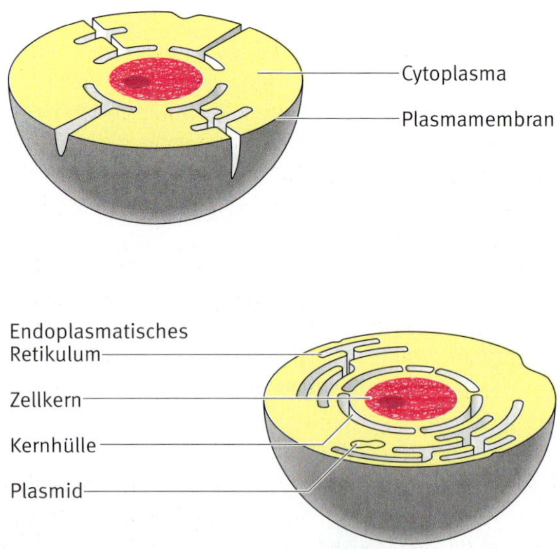

40.2 Kompartimentierungshypothese

Bakterien in extremen Lebensräumen

Bakterien haben in der Natur verschiedenste ökologische Nischen besetzt und sind biochemisch sehr unterschiedlich aufgebaut. Bakterien, die man gewöhnlich im Boden, im Wasser und in lebenden Organismen vorfindet, werden häufig zur Gruppe der **Eubakterien** gezählt. In extremen Lebensräumen, wie heiße und saure Quellen, Salzseen, Sümpfe oder Tiefsee, findet man zumeist die **Archaebakterien (Archaea)**, die andere Zellwandbestandteile und Stoffwechselwege als die Eubaktereien besitzen.
Innerhalb der Archaebakterien werden verschiedene Gruppen unterschieden. Die *Methanogenen* beziehen ihre Energie, indem sie Wasserstoffgas (H_2) benutzen, um Kohlenstoffdioxid (CO_2) zu Methan (CH_4) zu reduzieren. Ihr Lebensraum sind Sümpfe und sauerstofffreie Sedimente stehender Gewässer. Dort haben andere Mikroorganismen den Sauerstoff, der die Methanogenen töten würde, verbraucht. Das entstehende Methangas steigt an diesen Orten in Blasen auf (Sumpfgas). Die *extrem Halophilen* besiedeln Orte mit hohem Salzgehalt, z. B. das Tote Meer. *Extrem Thermophile* leben an heißen Standorten mit Temperaturen von 60 °C bis 80 °C, z. B. in heißen Quellen. Als Voraussetzung dafür besitzen die Thermophilen sehr hitzebeständige Enzyme.

41.1 Extrem Halophile in Salzgewinnungsanlagen aus Meerwasser. Der purpurrote Überzug wird durch einen Bakterienfarbstoff (Rhodopsin) verursacht.

ÖKOLOGIE

Wachstum bei Bakterien

Bakterien durchlaufen als Prokaryoten weder Mitose noch Meiose. Sie vermehren sich ausschließlich asexuell durch Zweiteilung. Hierbei verläuft die Synthese der DNA fast kontinuierlich. Bei der Zweiteilung der Bakterien wird die verdoppelte DNA an die Plasmamembran gebunden. Durch die Verlängerung der Zelle werden die DNA-Moleküle getrennt. Unter günstigen Bedingungen bildet ein einzelnes Bakterium eine Kolonie von Nachkommen. Unter *Wachstum bei Bakterien* versteht man daher meist die Teilung von Zellen und die Vergrößerung der Population und nicht die Vergrößerung der einzelnen Zelle.
Verschiedene Bakterienarten haben unterschiedlich optimale Wachstumsbedingungen. Diese hängen z. B. vom Nährstoffangebot ab. Aber auch der pH-Wert und die Temperatur spielen eine wichtige Rolle. Dies muss man bei der Haltbarkeit von Lebensmitteln berücksichtigen.

Das Wachstum einer Bakterienkultur lässt sich grafisch darstellen, wenn man die Logarithmen der Lebendzellzahl gegen die Zeit aufträgt. Eine typische **Wachstumskurve** zeigt mehrere Phasen, die immer nacheinander auftreten. Der Zeitraum zwischen der Impfung einer Nährlösung mit Bakterien bis zum Erreichen der maximalen Teilungsrate heißt *Anlaufphase* (lag-Phase). Hier stellen sich die Zellen auf die neuen Wachstumsbedingungen ein. Die *exponentielle (logarithmische) Phase* (log-Phase) ist durch eine konstante maximale Teilungsrate gekennzeichnet. *Escherichia coli* beispielsweise teilt sich bei 37 °C alle 20 Minuten. In der *stationären Phase* wachsen die Zellen nicht mehr. Die Ursache liegt z. B. in der Begrenzung des Substrats oder in der Ansammlung giftiger Stoffwechselprodukte. Der stationären Phase folgt schließlich die *Absterbephase.*

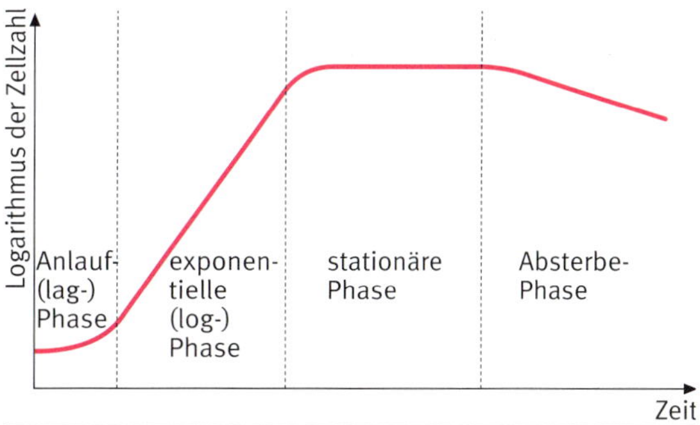

41.2 Wachstumskurve bei Bakterien

MIKROBIOLOGIE

Tabakmosaik
einzelstr. RNA
6,5 kb
Wirt: Pflanzen

Grippe (Orthomyxo)
einzelstr. RNA
14 kb
Wirt: Säugetiere

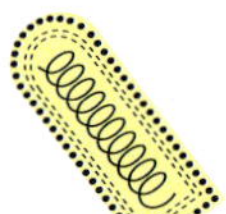

Tollwut (Rhabdo)
einzelstr. RNA
11–15 kb
Wirt: Säugetiere

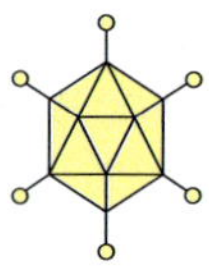

Krebs (Adeno)
doppelstr. DNA,
30–45 kbp
Wirt: Säugetiere

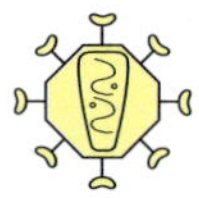

Aids/HIV (Retro)
einzelstr. RNA,
7–10 kb
Wirt: Säugetiere

Phage λ
doppelstr. DNA
48502 bp
Wirt: Bakterien

2.2 Viren und Phagen

Bakterien und Viren werden im Zusammenhang mit Infektionskrankheiten oft gemeinsam genannt. Bakterien sind Prokaryoten, was aber sind Viren?

Viren sind nichtzelluläre Partikel, die aus Nucleinsäure (DNA oder RNA) bestehen, welche von einer als *Capsid* bezeichneten Proteinhülle umschlossen ist. In einigen Fällen sind am Aufbau der Proteinhülle zusätzlich Lipoproteine beteiligt. Viren haben keinen eigenen Stoffwechsel und sind deshalb nicht zu eigener Energiegewinnung fähig. Zu ihrer Vermehrung sind sie auf Wirtszellen angewiesen, deren Stoffwechsel sie umschalten und zur Erzeugung neuer Viruspartikel zwingen. Dabei verhalten sie sich streng wirtsspezifisch. Als Wirtszellen können Zellen von Mensch, Tier und Pflanzen sowie Bakterien dienen. Viren, die Bakterien befallen, werden **Bakteriophagen,** kurz auch *Phagen,* genannt.

Viren sind viel kleiner als Bakterien. Im Lichtmikroskop sind sie nicht erkennbar. Ihre Größe liegt zwischen 20 nm, wie beim Poliovirus, und 300 nm (= 0,3 µm), wie beim Pockenvirus. Im Elektronenmikroskop erscheinen sie entweder kugelig-vielflächig oder stäbchenförmig. Während Bakterien sowohl DNA als auch RNA enthalten, umschließt die Proteinhülle der Viren entweder nur DNA oder nur RNA. Viren zeigen kein Wachstum und können sich auch nicht teilen. Da ihnen damit wesentliche Kennzeichen des Lebendigen fehlen, betrachtet man sie nicht als Lebewesen.

Der Befall der Wirtszellen und die Vermehrung der Viren soll am Beispiel von T-Phagen des Bakteriums *Escherichia coli* dargestellt werden: Der polyedrische, 100 nm große „Kopf" enthält die DNA. Der aus verschiedenen Teilen aufgebaute, 100 nm lange „Schwanz" enthält das Enzym Lysozym. Mit Hilfe der Schwanzfasern heftet sich der Phage an einer Stelle der Bakterienwand an. Solche Anheftungsstellen werden an dort vorhandenen spezifischen Rezeptoren „erkannt". Hieraus erklärt sich die Wirtsspezifität der Phagen. Das Lysozym löst die Zellwand des Bakteriums lokal auf und durch Kontraktion der Scheide des Schwanzes wird die DNA in das Bakterium injiziert. Der Stoffwechsel des Bakteriums wird nun auf die Produktion von Phagen umgestellt. Aufgrund der Information der Virus-Nucleinsäure werden neue Phagen-DNA und Phagenproteine gebildet. Diese Teile setzen sich dann durch Selbstorganisation zu neuen Phagen zusammen. In einer Bakterienzelle können so innerhalb von 30 Minuten bis zu 200 Phagen entstehen. Das Phagen-Lysozym löst die Bakterienzellwand auf und die Phagen werden freigesetzt. Die Zelle stirbt dabei ab. Diese Art der Phagenvermehrung wird als **lytischer Zyklus** bezeichnet. Da die Phagen nach ihrer Freisetzung sogleich wieder neue Wirtszellen infizieren können, werden sie *virulente Phagen* genannt.

Anders verhalten sich die *temperenten Phagen.* Sie werden nach der Infektion der Bakterienzelle zunächst nicht vermehrt, sondern ihre DNA wird als *Prophage* in die DNA des Bakteriums eingebaut und mit dieser bei den Zellteilungen vermehrt. Nach Induktion durch äußere Faktoren (Strahlen, Chemikalien, Temperatur) kann der Phage aber wieder aktiviert, d. h. virulent werden. Dieser Weg der Phagenvermehrung heißt **lysogener Zyklus.**

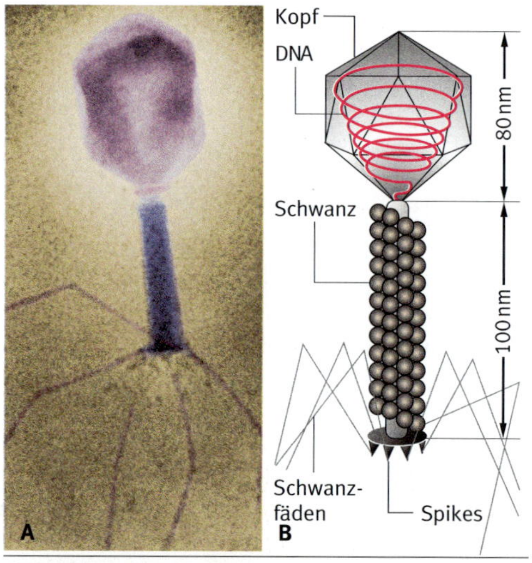

42.1 Bakteriophage T4. A EM-Bild; **B** Schema

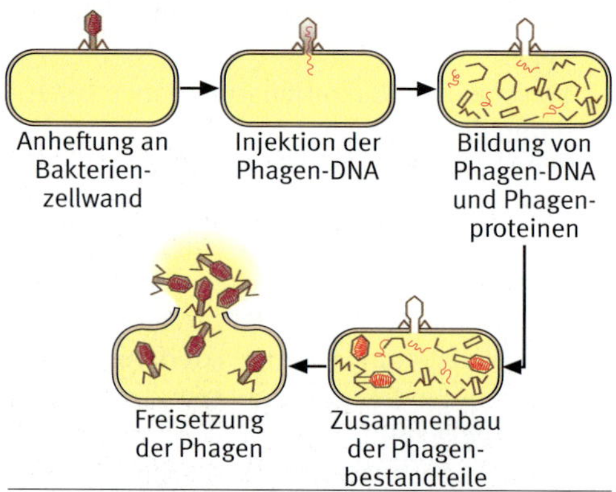

42.2 Vermehrung eines Bakteriophagen

Die Zelle – kleinste Funktionseinheit des Lebens

1 Erstellen Sie eine Tabelle, in der Bau und Funktion der Bestandteile des Zellkerns zusammengestellt sind.

2 Kartoffelknollen, die bei ihrer Entwicklung partiell über die Bodenoberfläche emporwachsen, ergrünen an dieser Seite. Ebenso bekommen Kartoffeln, die längere Zeit im Licht lagern, einen Grünschimmer. Erklären Sie diese Erscheinungen.

3 Erstellen Sie eine Tabelle, in der Sie die Aufgaben der einzelnen Zellorganellen stichpunktartig beschreiben.

4 Vergleichen Sie jeweils das EM-Bild mit dem Schema in den Abbildungen 38.1 und 39.1. Versuchen Sie, neben den in diesen Abbildungen gezeichneten Organellen in der EM-Aufnahme weitere zu finden.

5 Stellen Sie mit Hilfe der Abbildungen 38.1 und 39.1 in einer Tabelle Gemeinsamkeiten und Unterschiede von Pflanzen- und Tierzelle zusammen.

6 In den Abbildungen A bis D sind Ausschnitte aus Organellen elektronenmikroskopisch abgebildet. Fertigen Sie nach den Abbildungen beschriftete Skizzen an. Um welche Organellenausschnitte handelt es sich jeweils? Beschreiben Sie die Funktion der Organellen.

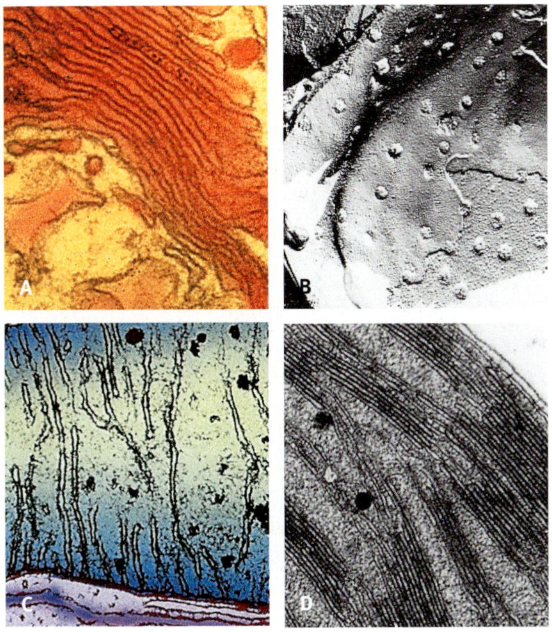

7 Stellen Sie in einer Tabelle die Eigenschaften von Viren (Phagen) und lebenden Zellen gegenüber und machen Sie daran Gemeinsamkeiten und Unterschiede deutlich.

8 Eine junge *Escherichia coli*-Suspension in der exponentiellen Wachstumsphase wird mit einer Suspension der Bakteriophagen T2 versetzt. Der Versuch ist so angelegt, dass jedes Bakterium von einem Phagen infiziert wird. Nach Infektion der Zellen werden die freien Phagen inaktiviert. Nach starker Verdünnung werden in regelmäßigen Abständen, z. B. alle fünf Minuten, Suspensionsproben entnommen und mit einem Überschuss Bakterien jeweils auf Agarschalen ausplattiert. Nach Bebrütung der Agarschalen bei 37 °C wächst jeweils ein Bakterienrasen, in dem helle Flecken entstehen. Die Bakterien werden an diesen Stellen lysiert, da nach der Infektion in ihnen neue Phagen gebildet werden. Die frei werdenden Phagen infizieren danach die benachbarten Bakterien. Da von einem Bakterium viele Phagen produziert werden, entstehen schließlich in dem Bakterienrasen sichtbare Löcher. Die Anzahl der Löcher entspricht der Zahl der dem Agar bei der Beimpfung zugesetzten infizierten Bakterien. In den Proben bleibt die Anzahl der lochbildenden Einheiten bei fünf für 25 Minuten praktisch unverändert (Latenzzeit) und steigt dann innerhalb der nächsten zehn Minuten auf 235 an (Plateau). Wie viele Phagen sind durchschnittlich pro infiziertem Bakterium freigesetzt worden? Ordnen Sie der Wachstumskurve die Phasen aus Abbildung 42.4 zu.

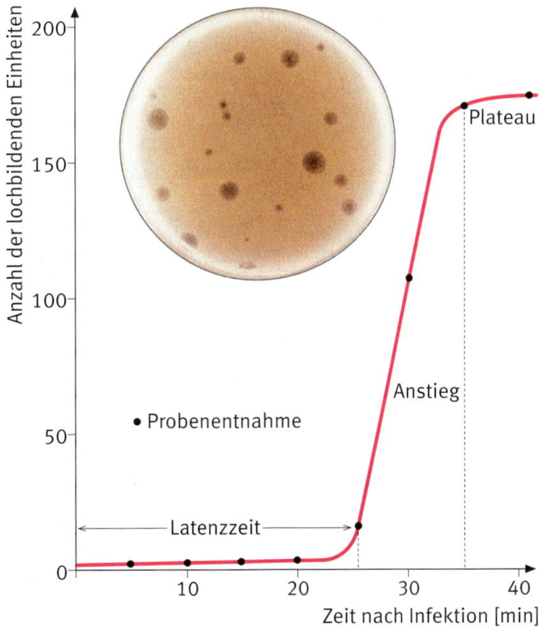

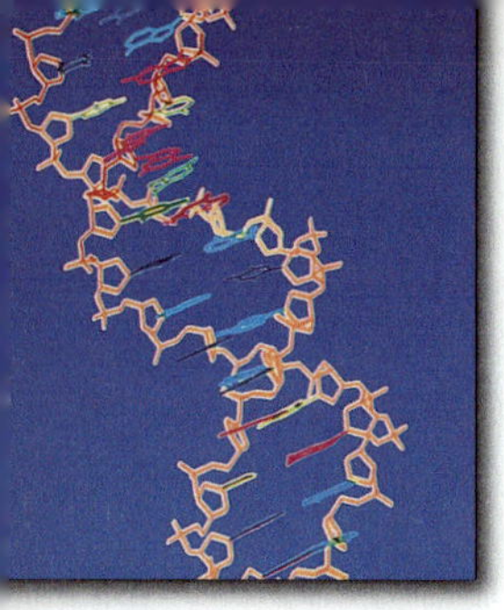

Organische Stoffe – Moleküle des Lebens

1 Organische Stoffe im Medium Wasser

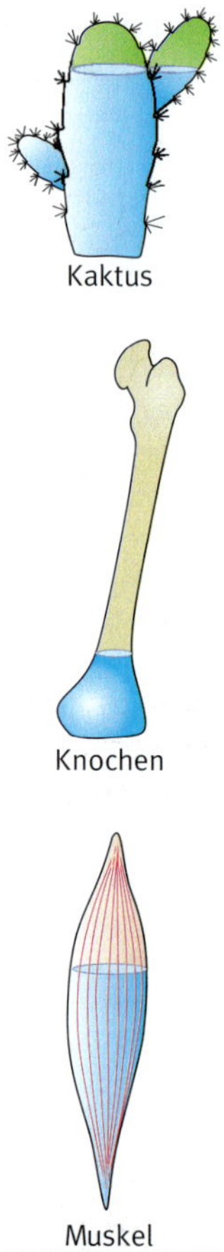

44.1 Wassergehalt verschiedener Gewebe

In den Reaktionsräumen der Zelle, den Kompartimenten, laufen unterschiedliche chemische Reaktionen ab. Stoffe werden auf- und abgebaut, gespeichert und zwischen den Zellen ausgetauscht. Bei der chemischen Analyse von Zellen sind im Wesentlichen immer folgende Stoffe nachweisbar: anorganische Ionen und organische Moleküle, wie Proteine, Lipide, Kohlenhydrate und Nucleinsäuren. Diese kommen immer im Medium Wasser vor. Der menschliche Körper besteht zu etwa 60 % aus Wasser. Diese Menge darf nicht wesentlich abnehmen, da ansonsten Stoffwechselstörungen die Folge sind. Schon der Verlust von wenigen Litern beeinträchtigt den Organismus beträchtlich. Bei 20 % Wasserverlust, wie bei schwerem Brechdurchfall in Folge von Cholera, tritt der Tod ein. Wüstentiere wie das Dromedar sind gut an den Wassermangel der Trockengebiete angepasst. Sie können lange dursten. Dabei wird ihrem Körper bis zu 40 % Wasser entzogen. Sie gleichen diesen Wasserverlust aber schnell wieder aus, wenn sie an eine Wasserstelle kommen. Sie können auch Wasser „gewinnen", das beim Abbau des im Höcker gespeicherten Fettes entsteht.

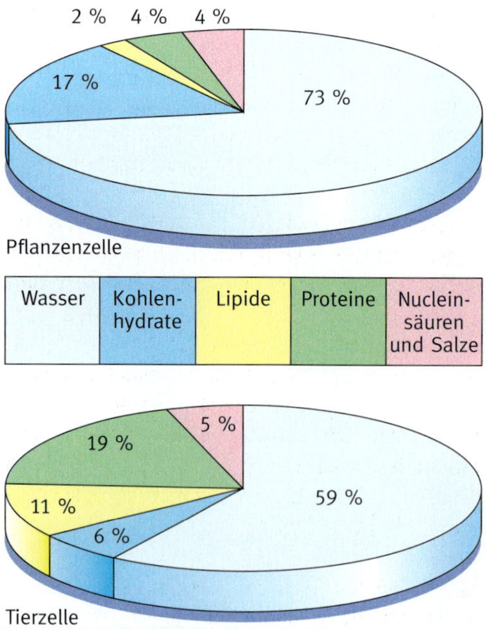

44.2 Durchschnittlicher Gehalt von Bau- und Inhaltsstoffen der Zelle

Pflanzen bestehen durchschnittlich zu 70 bis 80 % aus Wasser. Als Wasserspeicher ausgebildete Pflanzenteile, wie die Kakteensprosse, können über 90 % Wasser enthalten. Der Wassergehalt verschiedener Pflanzen kann aus der Differenz von Frischgewicht und Trockengewicht bestimmt werden. Besonders wasserarm sind die Samen, sie können Jahre überdauern. Erst durch Wasseraufnahme quellen sie, um dann auszukeimen.

Die große Bedeutung des Wassers für Pflanze, Tier und Mensch geht auf besondere Eigenschaften des Wassermoleküls zurück. Im H_2O-Molekül, das in einem Winkel von 105° gebaut ist, werden die Bindungselektronen stärker vom Sauerstoffatom angezogen. Dies hängt mit der größeren Elektronegativität des Sauerstoffatoms (3,5) im Vergleich zu den Wasserstoffatomen (2,1) zusammen. Durch die Ladungsverschiebung innerhalb des Moleküls bildet der Sauerstoff den negativen Pol (δ^- = negative Teilladung). Die Wasserstoffatome markieren den positiven Pol (δ^+ = positive Teilladung). Das Wassermolekül hat somit zwei Pole. Es ist ein *Dipolmolekül*. Die Bindungen zwischen Sauerstoffatom und Wasserstoffatomen sind *polare Elektronenpaarbindungen*.

Die Dipoleigenschaften des Wassermoleküls haben besondere Bedeutung für die Strukturen der Zelle. Die Fähigkeit der Wassermoleküle, **Wasserstoffbrückenbindungen** auszubilden, beeinflusst die biochemischen Abläufe im Zellinneren und die Lebensvorgänge auf der Erde überhaupt. Bei den Bindungen handelt es sich um schwache Anziehungskräfte zwischen dem negativ polarisierten Sauerstoffatom eines Wassermoleküls und den positiv polarisierten Wasserstoffatomen eines anderen Wassermoleküls. Die Moleküle werden dadurch untereinander vernetzt.

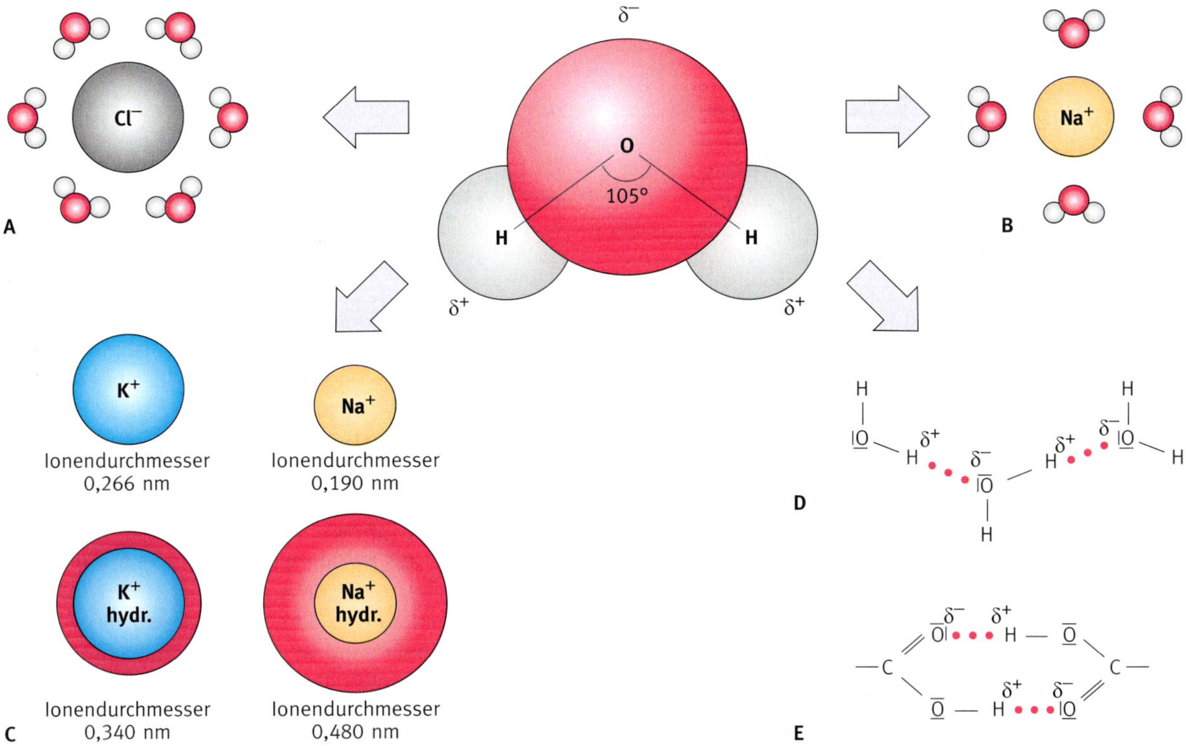

45.1 Besondere Eigenschaften des Wassermoleküls. A/B Wasser als Dipolmolekül umgibt Ionen mit einer Hülle. Dabei hängt die Orientierung der Wassermoleküle von der Ladungsart des Ions ab; **C** Ionendurchmesser des K^+- und Na^+-Ions im nicht hydratisierten und hydratisierten Zustand; **D** Wasserstoffbrückenbindungen zwischen Wassermolekülen; **E** Wasserstoffbrückenbindungen zwischen Carboxylgruppen, z. B. von Proteinen

Der Eiskristall ist deswegen besonders fest, weil die Wassermoleküle sehr regelmäßig angeordnet sind.
Auch Makromoleküle in der Zelle können, neben anderen chemischen Bindungen, über Wasserstoffbrücken miteinander verbunden sein. Wasserstoffbrückenbindungen, wie zwischen Carboxylgruppen (–COOH) von Proteinen, spielen hierbei, neben Anziehungskräften zwischen positiv und negativ geladenen Gruppen, eine wichtige Rolle.
Auch an der Grenzfläche von Wasser und Luft sind die Wassermoleküle untereinander und mit darunterliegenden Molekülen durch Wasserstoffbrücken verbunden. Infolge der dadurch entstehenden *Oberflächenspannung* werden leichte Lebewesen getragen, wie beispielsweise ein Wasserläufer.

Bringt man Kochsalz in Wasser, so löst es sich schnell auf. Das Ionengitter des Kochsalzes, das im kristallinen Zustand durch Anziehungskräfte der Na^+- und Cl^--Ionen fest zusammenhält, zerfällt. Verantwortlich dafür sind ebenfalls die polar gebauten Wassermoleküle. Beim Lösen von Salzen in Wasser werden die gegenseitigen Anziehungskräfte der Ionen, die *Ionenbindungen,* im Salzkristall geschwächt, indem sich an die Ionen Wassermoleküle anlagern. Die Ionen werden vollständig mit einer Hülle aus Wassermolekülen, der **Hydrathülle,** umgeben. In der Lösung können sie sich dadurch relativ frei bewegen. Unser Blut enthält eine Vielzahl solcher geladener Ionen. Die Hydrathülle schirmt sie gegeneinander ab und hält sie in Lösung.
Moleküle mit Gruppen, die stark polarisiert sind (z. B. –OH oder –C=O), sind wegen der Wasserstoffbrücken, die sie mit Wassermolekülen ausbilden, auch gut wasserlöslich und werden deshalb als **hydrophil** („wasserliebend") bezeichnet. Unpolare Moleküle dagegen, wie alle Kohlenwasserstoffe, lösen sich schlecht in Wasser und werden als **hydrophob** („wasserfeindlich") bezeichnet.

45.2 Wasserläufer

1 Vergleichen Sie mit Hilfe der Fachliteratur Atombindung, Ionenbindung, Wasserstoffbrückenbindung und VAN-DER-WAALSsche-Kräfte in einer Tabelle miteinander.

2 Kohlenhydrate

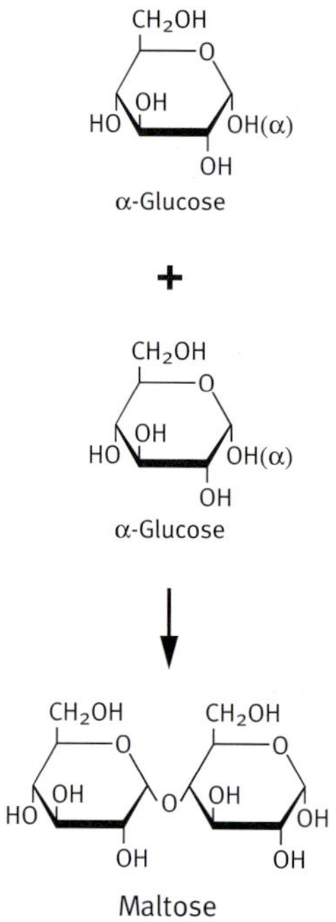

46.1 Verknüpfung von α-Glucose-Molekülen zu Maltose

Untersucht man die organischen Baustoffe von Pflanzen und Tieren, so findet man als mengenmäßig bedeutendste Stoffgruppe die Kohlenhydrate. Sie kommen in Mikroorganismen ebenso vor wie im menschlichen Organismus. Aufgrund der großen Verbreitung der Kohlenhydrate werden sie durch Nahrungsmittel mit fast jeder Mahlzeit aufgenommen.

Zucker, wie *Traubenzucker (Glucose)* und *Fruchtzucker (Fructose)*, sind in der Nahrung zwar mengenmäßig unbedeutend, spielen aber für den Stoffwechsel der Zelle, zum Beispiel als Ausgangssubstanzen für die Synthese von Speicherstoffen, eine wichtige Rolle. Auch Nucleinsäuren, die Träger der Erbinformation, enthalten Zucker, und zwar *Ribose* oder *Desoxyribose,* als Bausteine.

Die Einfachzucker, also die **Monosaccharide,** unterscheidet man nach der Zahl der C-Atome im Molekül, wobei vor allem die *Hexosen* mit sechs C-Atomen und die *Pentosen* mit fünf C-Atomen biologische Bedeutung haben.

Zu den **Oligosacchariden** zählt man vereinbarungsgemäß Moleküle, die aus zwei bis zehn Monosaccharidmolekülen bestehen. Aus dieser Gruppe sind die **Disaccharide,** die Zweifachzucker, am häufigsten. Das wichtigste Disaccharid ist die *Saccharose,* die uns als Rohr- oder Rübenzucker bekannt ist. Sie besteht aus einem Molekül Glucose und einem Molekül Fructose, die über eine 1,2-Verknüpfung verbunden sind. In Pflanzen kommt Saccharose normalerweise in geringer Konzentration vor. Sie ist die Transportform für die bei der Fotosynthese gebildete Glucose. Manche Pflanzen speichern Rohrzucker in hohen Konzentrationen als Reservestoff. Zuckerrohr beispielsweise enthält 10 bis 20 % Saccharose. Ein weiteres Disaccharid ist die *Maltose* (Malzzucker), die aus zwei Glucose-Molekülen entsteht.

Die **Polysaccharide,** Vielfachzucker, bestehen aus über zehn bis zu mehreren tausend Monosaccharideinheiten. Sie sind Riesenmoleküle, die als Reservestoffe von Pflanzen und Tieren große biologische Bedeutung haben.
Stärke und *Cellulose* sind typische Syntheseprodukte der grünen Pflanzen. Sie dienen als Reserve- bzw. Gerüstsubstanzen. Stärke besteht aus unverzweigten Glucoseketten, der Amylose, und sehr großen, verzweigten Kettenmolekülen, dem Amylopektin. Die Glucoseeinheiten sind wie bei der Maltose verknüpft. Nach der Stellung der OH-Gruppe am C-Atom 1 unterscheidet man α und β-Glucose. Je nachdem welche Molekülart untereinander verknüpft wird, ergeben sich die Produkte Maltose oder Cellobiose. Aus Cellobiose baut die Pflanze Cellulose auf, bei ihr sind die Glucoseeinheiten durch β-1,4-Verknüpfungen verbunden. Die Cellulose macht etwa die Hälfte aller auf der Erde vorkommenden organischen Kohlenstoffverbindungen aus.
Das *Glykogen* wird auch als tierische Stärke bezeichnet. Es ist ähnlich aufgebaut wie Amylopektin, jedoch stärker verzweigt. Es dient in Leber und Muskel als schnell verfügbarer Speicherstoff.
Chitin, ein stickstoffhaltiges Polysaccharid, bildet die Gerüstsubstanz im Außenskelett der Gliederfüßler. Es ist ähnlich aufgebaut wie die Cellulose.

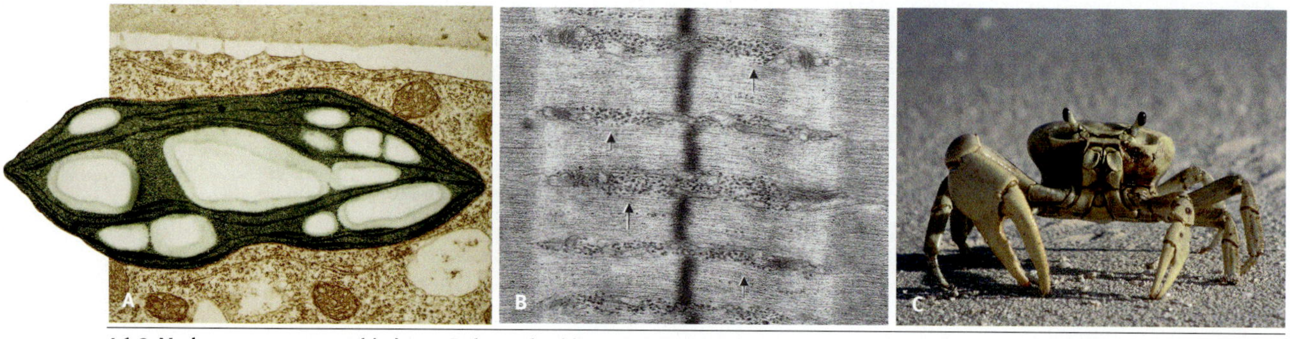

46.2 Vorkommen von verschiedenen Polysacchariden. A Stärkekörner in Chloroplasten einer Pflanzenzelle (TEM-Bild); **B** Glykogen in Skelettmuskelzellen der Maus (TEM-Bild); **C** Chitinpanzer der Winkerkrabbe

Monosaccharide

Pentosen

	β-Ribose	β-Desoxyribose	Ribulose
Strukturformel	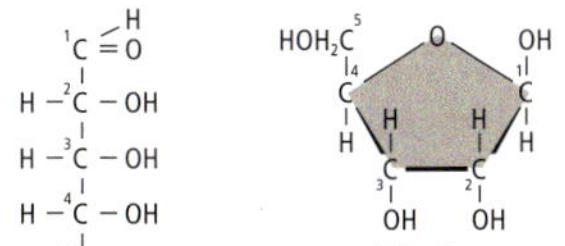 Ringform	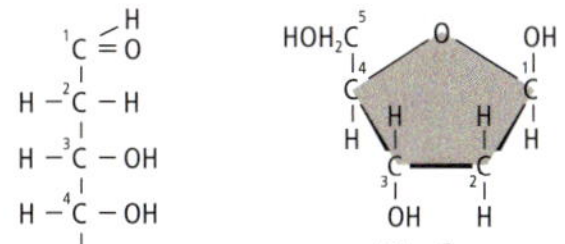 Ringform	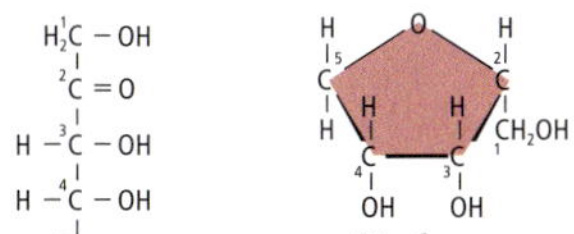 Ringform
Vorkommen, Bedeutung	Bestandteil der Ribonucleinsäuren (RNA); wird aus Glucose gebildet	Bestandteil der Desoxyribonucleinsäure (DNA); wird aus Glucose gebildet	wichtige Verbindung bei der Fotosynthese

Hexosen

	β-Fructose	α-Glucose	β-Glucose	β-Galactose	β-N-Acetyl-Glucosamin
Strukturformel	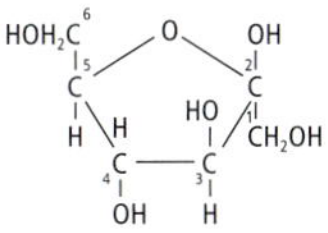	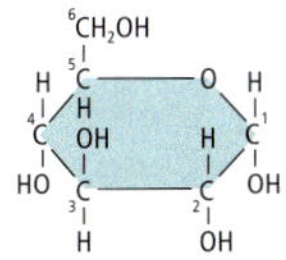	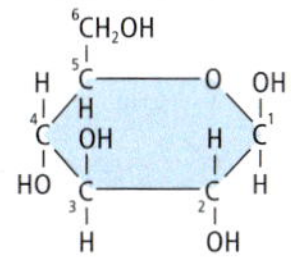	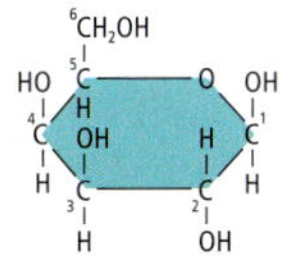	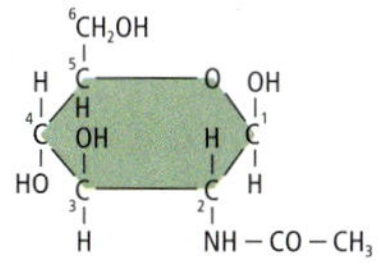
Vorkommen, Bedeutung	Vorkommen in freier Form in süßen Früchten, in Pollenkörnern einiger Pflanzen und im Honig; Bestandteil von Saccharose und vom Polysaccharid Inulin; dient als Süßstoff	wichtiges Monosaccharid; Vorkommen in freier Form in süßen Früchten, im Honig und als Blutzucker; Bestandteil von Maltose, Saccharose und Polysacchariden	Vorkommen wie α-Glucose; Monomer von Cellulose; Bestandteil im Milchzucker und der Cellulose	Vorkommen in der Milch; Bestandteil von Milchzucker	Aminozucker; Vorkommen nur in gebundener Form, z. B. Chitin, in Blutgruppensubstanzen und anderen Polysacchariden

Disaccharide

	Saccharose	Maltose	Cellobiose	Lactose	Chitobiose
Struktursymbol	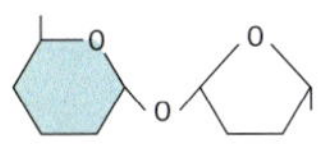	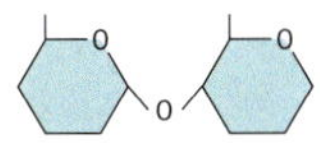	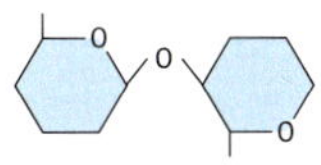	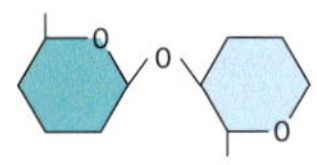	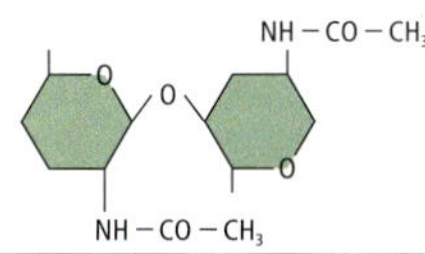
Bindung	α-1→ β-2-glykosidisch	α-1→ 4-glykosidisch	β-1→ 4-glykosidisch	β-1→ 4-glykosidisch	β-1→ 4-glykosidisch
Vorkommen, Bedeutung	Reservestoff in Pflanzen wie Zuckerrohr, Zuckerrüben; kann von tierischen Zellen nicht aufgebaut werden; Verwendung als Nahrungsstoff	Vorkommen bei der Spaltung von Stärke, z. B. im Mund oder bei der Keimung der Gerste zur Bierherstellung	Abbauprodukt der Cellulosespaltung, z. B. bei Pilzen oder durch Kleinstlebewesen bei Wiederkäuern	bedeutendes Kohlenhydrat in der Milch der Säugetiere (Mensch 6 – 8 %, Rind 4 – 5 %); wichtiges Nährsubstrat für Pilze bei der Penicillinherstellung	wiederkehrende Baueinheit des Chitins

Polysaccharide

	Amylose	Amylopektin	Glykogen	Cellulose	Chitin
	250 bis 500 Monomere	> 2000 Monomere	bis 100 000 Monomere	> 10 000 Monomere	> 2000 Monomere
Struktursymbol	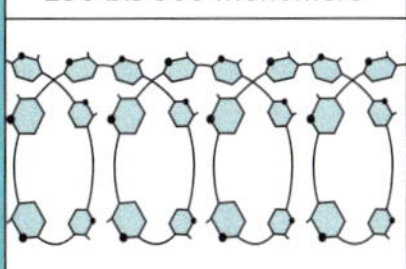 schraubig	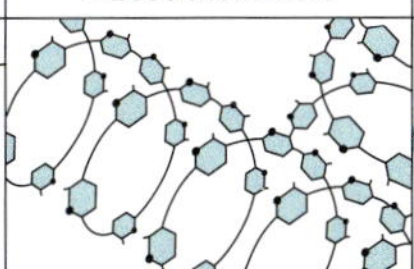 verzweigt	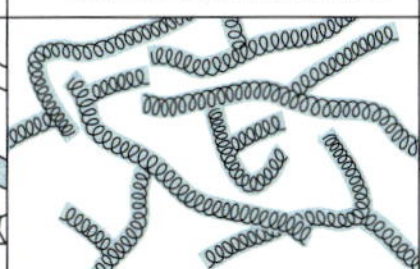 stark verzweigt	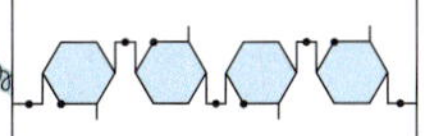 fadenförmig	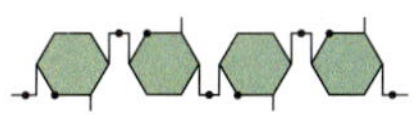 fadenförmig
Bindung	α-1→ 4-glykosidisch	α-1→ 4-glykosidisch und α-1→ 6-glykosidisch	α-1→ 4-glykosidisch und α-1→ 6-glykosidisch	β-1→ 4-glykosidisch	β-1→ 4-glykosidisch
Vorkommen, Bedeutung	Reservestoff in Pflanzen, wichtigste Kohlenhydratquelle für den Menschen; kommt zu 20 – 30 % im Gemisch mit Amylopektin in natürlicher Stärke vor	wie bei Amylose; kommt zu 70 – 80 % im Gemisch mit Amylose in der natürlichen Stärke vor	oft „tierische Stärke" genannt; Reservestoff in der Leber, im Muskel und in vielen anderen Körperzellen	mit anderen Stoffen zusammen als Gerüstsubstanz für Zellwände der Pflanzen; reine Cellulose in Zellwänden der Baumwollhaare	Gerüstsubstanz des Außenskeletts von Insekten und Krebstieren; Bestandteil der Zellwände von Pilzen

47.1 Kohlenhydrate im Überblick

3 Lipide

Ein normalgewichtiger Erwachsener kann 10 kg Fett als Energiereserve speichern, dagegen nur etwa 500 g Kohlenhydrate in Form von Glykogen. Fette werden sowohl in tierischen als auch in pflanzlichen Zellen als Reservestoffe gespeichert. Besonders reich an Fetten sind Früchte und Samen bestimmter Blütenpflanzen.

Fette sind chemisch betrachtet Ester des dreiwertigen Alkohols Glycerin mit verschiedenen Fettsäuren. Unter den Fettsäuren kommen häufig solche vor, die Doppelbindungen im Molekül aufweisen. Sie werden ungesättigte Fettsäuren genannt. Beispielsweise kommt in der Ölsäure nur eine Doppelbindung vor. Doppelbindungen führen zu „Knicken" in den Molekülketten und verhindern dadurch eine dichte Packung und Erstarrung. Daher sind diese Stoffe flüssig. Fette gehören gemeinsam mit anderen chemisch sehr unterschiedlich aufgebauten Stoffen zu den **Lipiden.**

Gemeinsam ist ihnen nur ihre gute Löslichkeit in organischen Lösungsmitteln, wie Xylol und Benzin, und ihre Unlöslichkeit in Wasser.

Man kann die Lipide in neutrale und polare Lipide einteilen. Zu den *neutralen Lipiden* gehören die Fette, Cholesterin, die Steroidhormone und einige Vitamine. Die *polaren Lipide,* z. B. Phospholipide, stellen Ester von Glycerin mit zwei langkettigen Fettsäuren dar. Die dritte OH-Gruppe des Glycerins ist mit einer Phosphatgruppe verbunden, an die zusätzlich kleine Moleküle gekoppelt sein können. Die Phospholipide spielen wegen ihrer Polarität als Bausteine in biologischen Membranen eine zentrale Rolle.

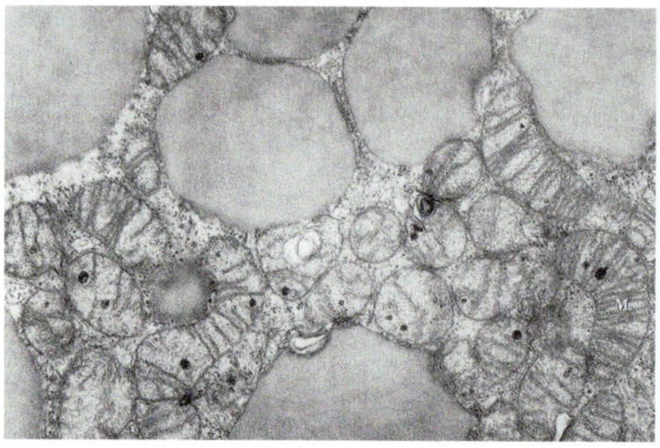

48.1 Lipideinschlüsse umgeben von Mitochondrien (EM-Bild)

Name	Formel	Bedeutung, Vorkommen
Neutralfette Beispiel: Triglycerid	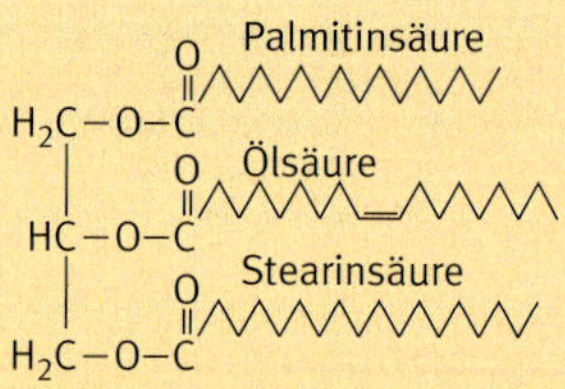	*Pflanzenfette* und Pflanzenöle werden gewonnen aus Raps, Mohn, Lein, Oliven, Kokosnüssen, Sonnenblumenkernen, Sojabohnen. *Tierfette:* Rinder-, Schweine-, Gänsefett; Walöl; Milchfette von Kuh, Ziege, Schaf; energiereichste Nährstoffgruppe, Wärmeisolator, Organschutz (Fettpolster)
Phospholipide Beispiel: Lecithin	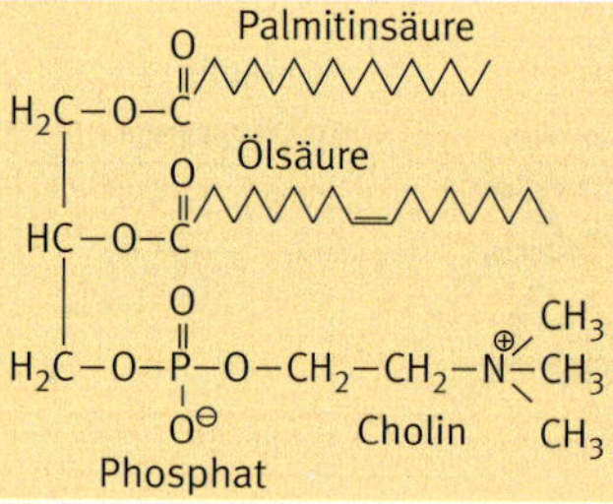	weit verbreitet im Tier und Pflanzenreich; wegen der hydrophilen und lipophilen Bereiche im Molekül besonders als Membranbaustein geeignet; häufig im Gehirn und in Hüllen der Nervenfasern
Steroide Beispiel: Cholesterin	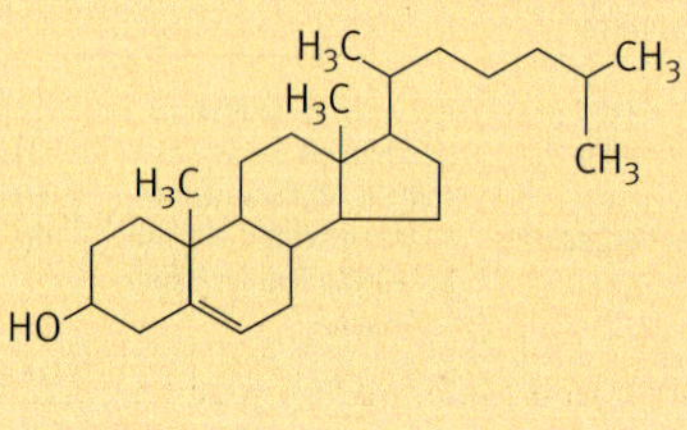	frei oder gebunden in allen tierischen Geweben, in geringen Mengen auch in Pflanzen; besonders cholesterinreich sind Hirn und Eidotter; wichtig als Membranbaustein vor allem von Nervengewebe; krankhaft sind Ablagerungen in Gefäßwänden (Arteriosklerose) und in Gallensteinen; wichtige Ausgangsverbindung für die Synthese von Hormonen (z. B. Testosteron) und Vitaminen (z. B. Vitamin D)

48.2 Wichtige Lipide im Überblick

4 Proteine

4.1 Vorkommen und Aufbau der Proteine

Vorkommen von Proteinen. Man schätzt, dass der menschliche Körper insgesamt aus über 50 000 verschiedenen Proteinen (Eiweißstoffen) mit unterschiedlichen Funktionen aufgebaut ist.
Als *Biokatalysatoren* (Enzyme) in der Zelle sind Proteine besonders wichtig. Man kennt über 2000 Proteine mit katalytischen Eigenschaften. Beispiele sind die Verdauungsenzyme Pepsin und α-Amylasen, die in den Verdauungstrakt abgegeben werden.
Die *Muskelkontraktion* beruht auf der Bewegung von Proteinmolekülen, den Actin- und Myosinfilamenten.
Als *Gerüstsubstanzen* dienen Proteine in Horn, Haaren, Fingernägeln und auch in Federn. Sie bilden hier besonders widerstandsfähige Strukturen. Man nennt sie Keratin.

Aminosäuren. Aminosäuren sind einheitlich gebaut. An ein zentrales Kohlenstoffatom sind vier verschiedene Atome oder Atomgruppen gebunden, die nach den Ecken eines Tetraeders ausgerichtet sind.
Bei den Aminosäuren findet man, wie der Name sagt, immer mindestens eine *Aminogruppe* ($-NH_2$), mindestens eine *Carbonsäure-* oder *Carboxylgruppe* ($-COOH$), ein Wasserstoffatom ($-H$) und einen für die jeweilige Aminosäure typischen organischen Rest ($-R$). Nach den funktionellen Gruppen des organischen Restes werden die 20 in Proteinen vorkommenden Aminosäuren in vier Gruppen eingeteilt. Die Aminogruppe steht bei den in der Natur vorkommenden Aminosäuren stets in unmittelbarer Nachbarschaft, also in α-Stellung, zur Carbonsäuregruppe. Durch einen Übergang des positiv geladenen Wasserstoffions der Carboxylgruppe zur Aminogruppe erhalten die beiden funktionellen Gruppen Ionenladungen. Das Aminosäuremolekül stellt dann ein Zwitterion dar.

In der Zelle und im Blut kommen immer freie Aminosäuren vor und stellen dort ein ständiges Reservoir für die Proteinbiosynthese dar.

1 Informieren Sie sich über außergewöhnliche Aminosäuren und Aminosäureabkömmlinge.

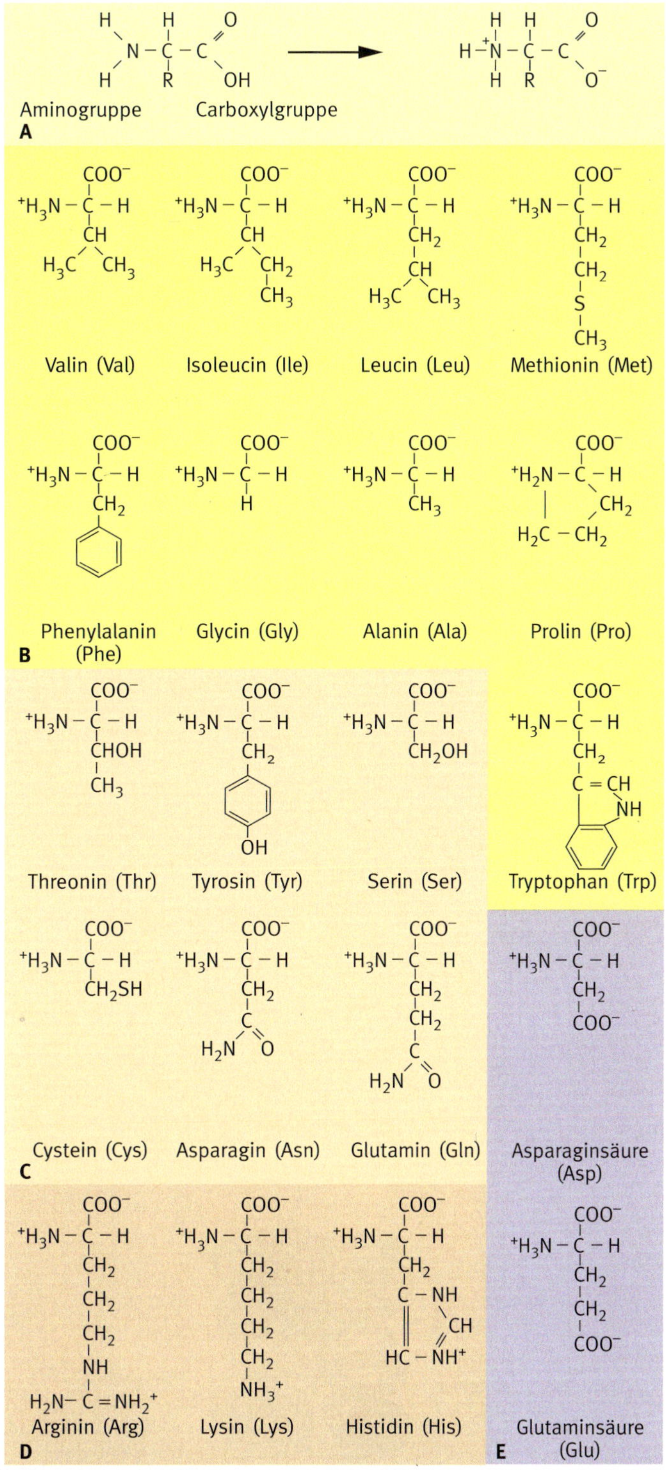

49.1 Natürlich vorkommende Aminosäuren. A Allgemeine Formel mit Protonenübergang; **B** unpolar; **C** polar; **D** elektrisch geladen (basisch); **E** elektrisch geladen (sauer)

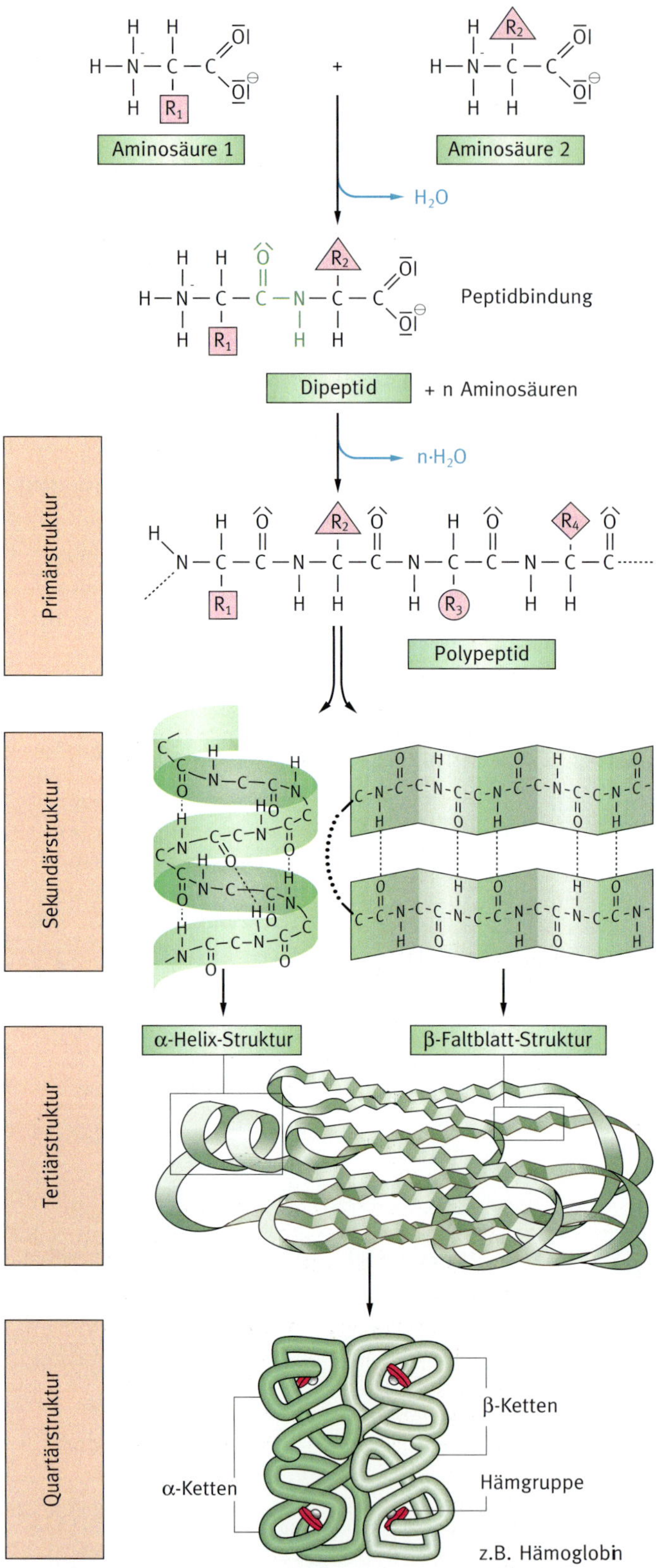

50.1 Aminosäureketten bilden komplexe Raumstrukturen. Das Hämoglobin der Säugetiere besteht aus jeweils zwei identischen Untereinheiten.

4.2 Raumstruktur der Proteine

Primärstruktur. Die Vielzahl der Proteine setzt sich aus 20 verschiedenen Aminosäuren zusammen. Jedes Protein wird in seinen chemischen Eigenschaften nicht nur durch die Art und durch die Zahl der enthaltenen Aminosäuren bestimmt, sondern vor allem durch deren Reihenfolge. Dabei sind die Möglichkeiten ihrer Anordnung unvorstellbar groß. Man bezeichnet die Reihenfolge der Aminosäuren in der Polypeptidkette als *Aminosäuresequenz* oder *Primärstruktur* eines Proteins.

Sekundärstruktur. Mit physikalischen Methoden haben Biochemiker zwei Raumstrukturtypen gefunden, in denen Aminosäuresequenzen vorliegen können: in einer **α-Helix-Struktur** und in einer **β-Faltblatt-Struktur.** Beide räumlichen Strukturen, die man auch als *Sekundärstrukturen* bezeichnet, werden durch eine große Zahl von Wasserstoffbrücken stabilisiert. Bei der α-Helix-Struktur werden sie innerhalb einer Molekülkette gebildet, sodass ein Stück der Polypeptidkette schraubig angeordnet ist. Bei der β-Faltblatt-Struktur tritt ein Stück der Polypeptidkette mit einem anderen in Wechselwirkung und bildet ein im Zick-Zack verlaufendes Band.

Tertiärstruktur. Sowohl die Helix- als auch die Faltblattstruktur können sich zu einer Raumstruktur höherer Komplexität anordnen, der *Tertiärstruktur.* Hier kommen zu den Wasserstoffbrücken weitere Bindungen, z. B. zwischenmolekulare Anziehungskräfte, die VAN-DER-WAALSschen Kräfte, hinzu. Kovalente Disulfidbrücken zwischen zwei Cystein-Resten tragen ebenfalls zur Stabilisierung der Tertiärstruktur bei.

Quartärstruktur. Der höchste Komplexitätsgrad in der Struktur der Proteine ist erreicht, wenn mehrere in der Tertiärstruktur vorliegende Aminosäureketten zu einem einzigen Riesenmolekül zusammentreten, zur *Quartärstruktur.*
Ein Zusammenschluss von vier gleichen Polypeptidketten liegt z. B. im Präalbumin vor, einem Blutprotein, das bestimmte Hormone und Vitamine transportiert.
Ein anderes Beispiel ist das Hämoglobinmolekül der Säugetiere, das aus vier Proteinketten zusammengesetzt ist, von denen je zwei einander gleich sind. In jeder Roten Blutzelle kommen etwa 280 Millionen Moleküle vor.

Kohlenhydrate, Lipide, Proteine

Organische Bau- und Inhaltsstoffe von Zellen werden mit verschiedenen Nachweismethoden untersucht:

1 Prüfung von Monosacchariden

Material: Glucose- und Fructoselösung, Wasser (Blindprobe), FEHLINGsche Lösungen I (Xn) und II (C), Reagenzgläser, Bunsenbrenner, Glucoseteststreifen (erhältlich in der Apotheke zur Bestimmung des Blutzuckerspiegels)

Durchführung: Zu den Probelösungen werden einige Tropfen der beiden FEHLINGschen Lösungen gegeben. Über dem Bunsenbrenner erwärmt ergibt sich bei Anwesenheit von Glucose ein ziegelroter Niederschlag. Prüfen Sie die Probelösungen auch mit Glucoseteststreifen.

2 Prüfung von Disacchariden

Material: wässrige Lösungen von Saccharose, Maltose, Lactose; Wasser zur Kontrolle, Reagenzgläser, Bunsenbrenner, FEHLINGsche Lösungen I (Xn) und II (C)

Hinweis: FEHLINGsche Lösung dient zum Nachweis von Disacchariden, die eine freie reduzierende Aldehydgruppe haben. Sie reduzieren Kupferhydroxid zu rotem Kupfer(I)-oxid.

Durchführung: Zu jeder der drei Disaccharidlösungen und zur Kontrolle werden einige Tropfen einer frisch hergestellten Mischung von gleichen Teilen FEHLINGscher Lösung I und II gegeben. Die Lösungen werden über dem Bunsenbrenner kurz erhitzt.

3 Nachweis von Cellulose

Material: Holundermark, Baumwollgewebe, Papiertaschentuch, Chlorzinkiodlösung (C), Petrischale

Durchführung: Eine geringe Menge des cellulosehaltigen Materials wird je mit einigen Tropfen Chlorzinkiodlösung versetzt. Violettfärbung zeigt Cellulose an.

4 Nachweis von Stärke

Material: Kartoffelscheiben, Weizenkörner, Bohnensamen, Weißbrot, Iod-Kaliumiodid-Lösung

Durchführung: Stärke wird durch Auftropfen von Iod-Kaliumiodid-Lösung nachgewiesen. Blaufärbung zeigt Stärke an.

5 Nachweis von Fett in Pflanzenzellen und in Milch

Material: Haselnuss, Sudan(III)-Glycerin-Lösung (0,1 g Sudan(III) in 50 ml Ethanol (F) + 50 ml Glycerin), Milch, Rasierklinge, Mikroskop und Zubehör

Durchführung:
- **a)** Verrühren Sie auf einem Objektträger einen Tropfen Milch mit Sudan(III)-Glycerin-Lösung.
- **b)** Fügen Sie auf einem Objektträger in einen Tropfen Sudan(III)-Glycerin-Lösung einen dünnen Schnitt der Haselnuss ein und mikroskopieren Sie.

6 Nachweis von Proteinen

Material: Eiklar (Hühnerei), 1 bis 2%ige Kupfersulfatlösung (Xn), Ammoniumsulfat, konzentrierte Natronlauge (C), Wasser, Becherglas, Reagenzgläser, Spatel, Bunsenbrenner, Trichter mit Gestell, Watte, Glasstab

Durchführung:
- **a)** Geben Sie etwas Eiklar in ein Becherglas, verdünnen Sie mit einer etwa vierfachen Menge Wasser und rühren Sie um. Geben Sie jeweils ca. 2 ml des Filtrats in zwei Reagenzgläser.
- **b)** Zu dem ersten Reagenzglas geben Sie 1 ml Natronlauge und schütteln. Anschließend geben Sie einige Tropfen Kupfersulfatlösung zu und erwärmen kurz. Blauviolette Farbe zeigt Proteine an (Biuretreaktion).
- **c)** In das zweite Reagenzglas geben Sie statt der Proteinlösung Wasser und die übrigen Reagenzien hinzu (Blindprobe).

Aufgabe:
Führen Sie die Versuche durch und protokollieren Sie die Ergebnisse in einer Tabelle.

5 Nucleinsäuren – Schlüsselmoleküle des Lebens

52.1 Bausteine der DNA

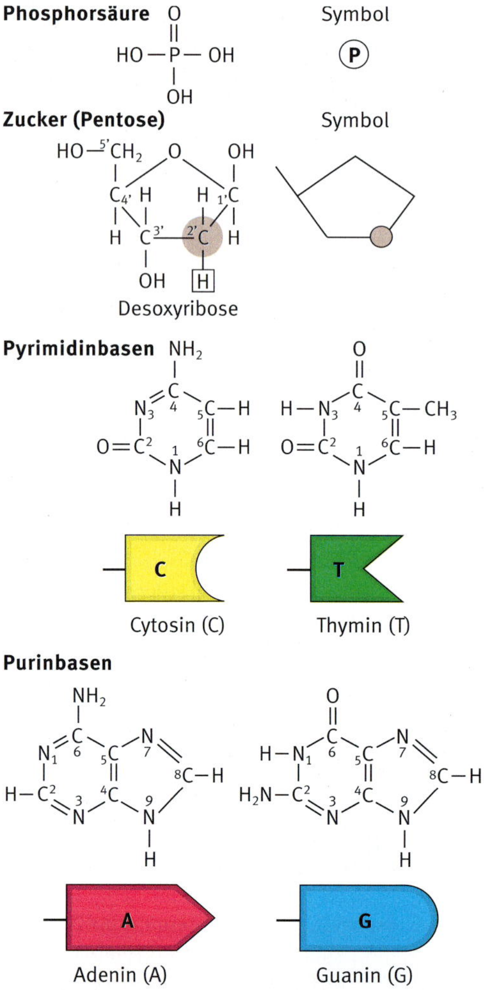

Analysiert man den Inhalt von Zellkernen auf ihre chemischen Bestandteile hin, so findet man neben Proteinen vor allem fädige Riesenmoleküle, die **Nucleinsäuren.** Nachdem man vermutete, dass hier die Erbinformation verschlüsselt vorliegt, begann in den Fünfzigerjahren des vorigen Jahrhunderts, vor allem in Amerika und England, ein wissenschaftlicher Wettlauf, Bau und Struktur der Nucleinsäuren aufzuklären. Dem Amerikaner JAMES WATSON sowie den Engländern FRANCIS CRICK und MAURICE WILKINS gelang es schließlich, den Aufbau der **Desoxyribonucleinsäure (DNA)** aufzuklären.

Eine chemische Analyse der (DNA) (**d**esoxyribo**n**ucleic **a**cid) ergab, dass sie aus Zucker- und *Phosphorsäuremolekülen* sowie verschiedenen Molekülen organischer *Basen* bestand. Der Zucker der DNA ist die *Desoxyribose.* Anders als bei vielen anderen Zuckern ist bei ihr die OH-Gruppe am zweiten C-Atom durch ein H-Atom ersetzt (desoxy = ohne Sauerstoff). Als organische Basen kommen *Adenin (A), Cytosin (C), Guanin (G)* und *Thymin (T)* vor. Durch chemische und physikalische Methoden fand man heraus, wie die Bausteine der Desoxyribonucleinsäure zu langen Kettenmolekülen verknüpft sind. Dabei bilden abwechselnd Zucker- und Phosphorsäuremoleküle eine Kette, das so genannte Rückgrat des Moleküls. Jedes Zuckermolekül bindet immer eine der vier Basen, die wie die Zinken eines Kammes

PORTRÄT

52.2 Watson und Crick mit ihrem DNA-Molekül

WATSON und CRICK

Aufgrund der chemischen Befunde des Biochemikers E. CHARGAFF und aus physikalischen Daten über die Raumerfüllung des Moleküls entwickelten die Biochemiker J. WATSON und F. CRICK 1953 ein Modell der DNA-Struktur. Es gelang ihnen damit, eines der großen Geheimnisse des Lebens zu enthüllen. Das Modell wurde durch die Untersuchungen mit Röntgenstrahlen von ROSALIND FRANKLIN gestützt.
WATSON und CRICK erhielten für die Entwicklung ihres DNA-Modells 1962 den Nobelpreis.

vom Rückgrat des DNA-Stranges abstehen. Die DNA besteht also aus sich wiederholenden Grundbausteinen mit je einem Zuckermolekül, einem Phosphorsäurerest und einem Basenmolekül. Man nennt diese Grundbausteine **Nucleotide.**
Die Anknüpfung der Basen an die Zuckermoleküle erfolgt immer zwischen einem der Stickstoffatome der Base und einem C-Atom des Zuckermoleküls. Die Kettenverlängerung erfolgt über die C-Atome 5 und 3 mit jeweils einer Phosphatgruppe. Man spricht daher vom 5´- bzw. 3´-Ende einer DNA-Kette, an dem jeweils der Anschluss erfolgt.

Einen wichtigen Hinweis auf die *Raumstruktur* von Nucleinsäuren ergaben bereits 1948 Untersuchungen des Österreichers ERWIN CHARGAFF, der die Basenzusammensetzung der DNA untersuchte. Er fand heraus, dass zwar die Mengenanteile der vier Basen in verschiedenartigen Zellen unterschiedlich waren, dass aber der Anteil von Adenin immer dem von Thymin und der von Cytosin immer dem von Guanin entsprach.
Durch den Einsatz vor allem der Röntgenstrukturanalyse durch ROSALIND FRANKLIN gelang es schließlich, den räumlichen Bau der DNA aufzuklären. 1953 veröffentlichten JAMES WATSON und FRANCIS CRICK ihre Ergebnisse.
Danach sind in der funktionsfähigen DNA jeder Zelle zwei Ketten aus Nucleotiden zu einem Doppelstrang zusammengefasst. Die Basen der Einzelstränge weisen aufeinander zu. Der Zusammenhalt der DNA-Einzelstränge erfolgt über Wasserstoffbrückenbindungen zwischen den Basen. Zwischen Adenin und Thymin sind es zwei, zwischen Guanin und Cytosin drei.

Diese Art der spezifischen Basenpaarung hat Konsequenzen für die räumliche Struktur der DNA. Der DNA-Doppelstrang ist wie eine Leiter aufgebaut. Die Holme entsprechen den Zucker-Phosphat-Ketten, die Sprossen werden durch die Basenpaare gebildet. Dabei stehen sich immer Adenin und Thymin bzw. Cytosin und Guanin gegenüber. Man spricht von sich ergänzenden, von **komplementären Basenpaaren.** Dies erklärt die Untersuchungsergebnisse von CHARGAFF.
Die DNA-Leiter ist um eine gedachte Achse verdrillt. Eine solche Spirale aus zwei Nucleotidsträngen ist einer Wendeltreppe vergleichbar. Man bezeichnet sie als **Doppelhelix.**

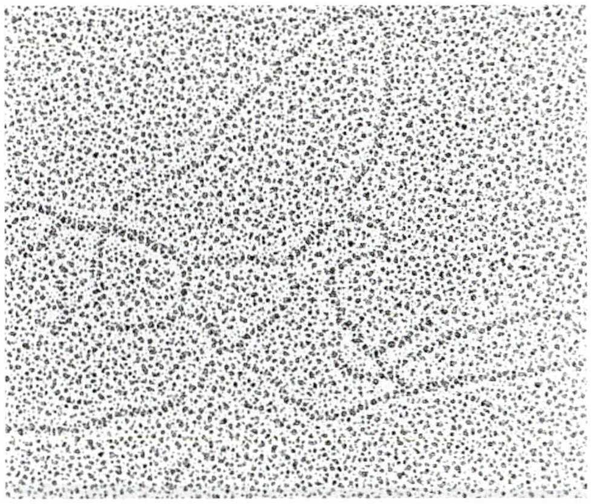

53.1 Desoxyribonucleinsäure (EM-Bild)

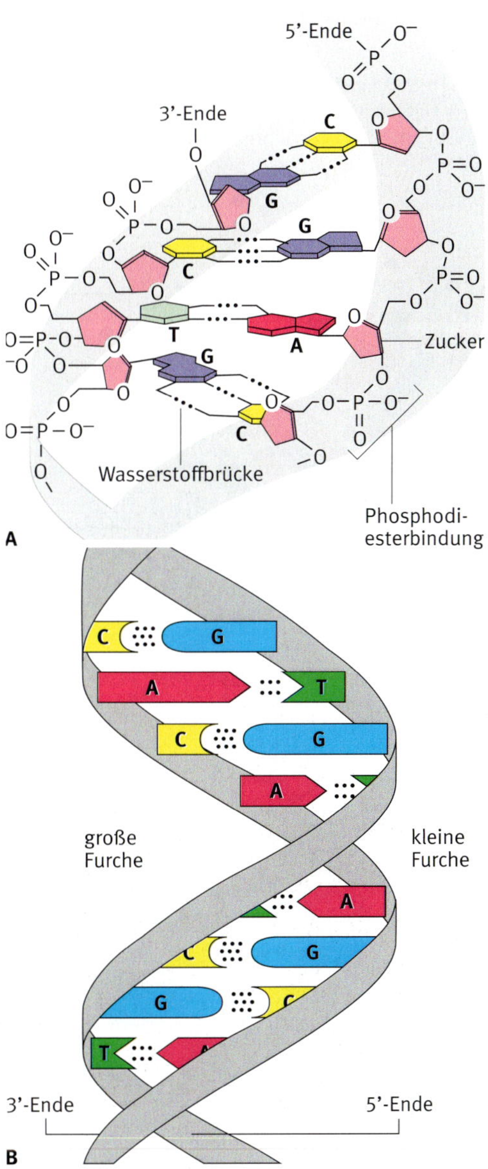

53.2 DNA-Doppelhelix. **A** Chemischer Aufbau; **B** Watson-Crick-Modell

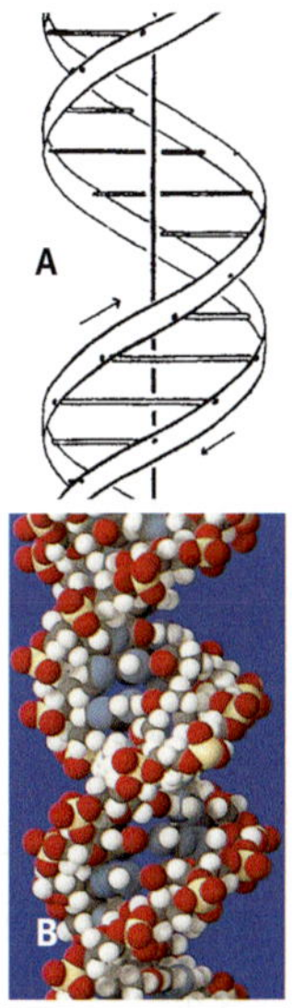

53.3 DNA-Modelle. **A** Originalabbildung von Watson und Crick; **B** Kalottenmodell

Identische Verdopplung der DNA. Vor jeder Zellteilung muss die DNA des Zellkerns identisch verdoppelt werden. Hierzu trennen sich die beiden Stränge der DNA-Doppelhelix abschnittweise nach Art eines Reißverschlusses. Werden jetzt Nucleotide an diese beiden Einzelstränge angelagert, so kann dies wegen der Spezifität der Basenpaarung nur komplementär erfolgen: Adenin-Thymin bzw. Cytosin-Guanin. Ein Enzym, die *DNA-Polymerase,* lagert passende Nucleotide an die komplementären Basen an und katalysiert die Verknüpfung der Nucleotide jeweils zu einem vollständigen Doppelstrang. Das Ergebnis dieser identischen Replikation sind zwei völlig gleiche Tochterstränge aus jeweils einem alten und einem neuen Einzelstrang.

Bau und Raumstruktur der RNA. Neben der DNA besitzen Zellen auch **Ribonucleinsäure (RNA),** die bei der Übersetzung der Erbinformation während der Proteinbiosynthese in körperliche Merkmale eine wichtige Rolle spielt. Wie die DNA besteht auch die RNA aus den Bausteinen Zucker, Phosphorsäurerest und organische Basen. Als Zuckerbaustein findet man statt Desoxyribose die *Ribose.* Die Base Thymin ist bei der RNA durch *Uracil* ersetzt. Die Werte A : U und G : C der RNA weichen im Gegensatz zur DNA deutlich vom Verhältnis 1 : 1 ab. Daraus leitete CHARGAFF ab, dass die RNA im Wesentlichen als Einzelstrang vorliegt.

Die *messenger-RNA (mRNA),* die als Abschrift der DNA für die Proteinbiosynthese verwendet wird, liegt vorwiegend einsträngig vor. Abschnittsweise kann es auch innnerhalb des RNA-Moleküls zur Paarung komplementärer Basen kommen. Dies ist der Fall bei der *transfer-RNA (tRNA),* die als Überträgermolekül für die Aminosäuren bei der Proteinbiosynthese benötigt wird.

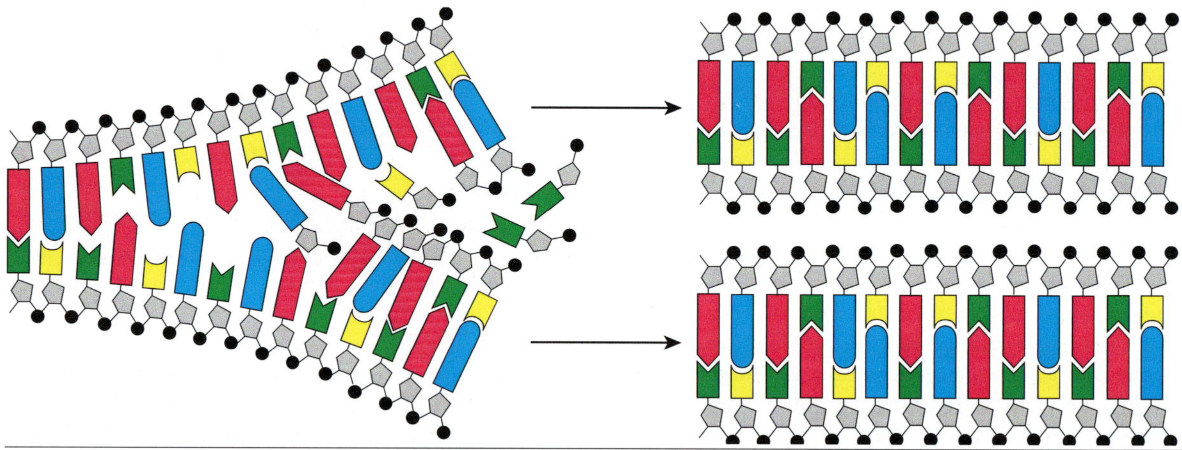

54.1 Identische Verdopplung der DNA

54.2 Ribonucleinsäure.
A Abweichende Bausteine der RNA im Vergleich zur DNA;
B Raumstruktur der t-RNA

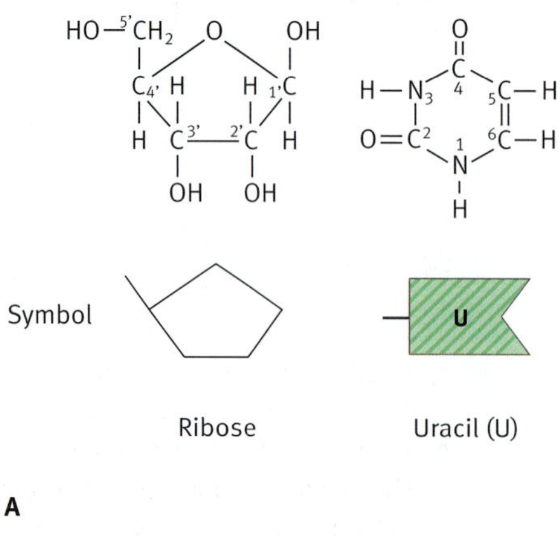

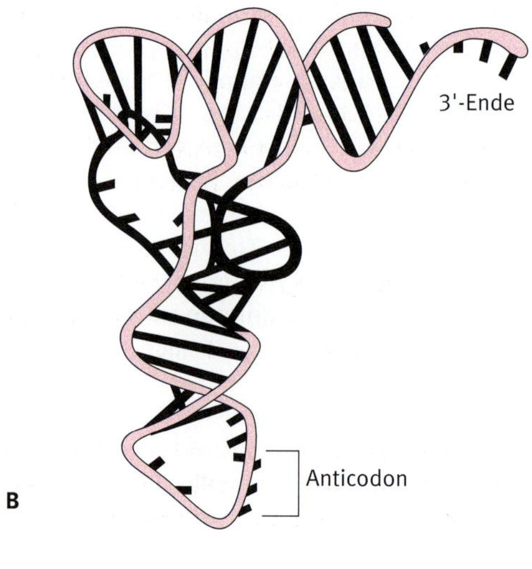

Organische Stoffe – Moleküle des Lebens

1 Wasser besitzt einige physikalische Eigenschaften, die für das Leben auf der Erde von großer Bedeutung sind.
- **a)** Informieren Sie sich in einem Physikbuch, in einem Fachlexikon oder im Internet über die Eigenschaften des Wassers.
- **b)** Erläutern Sie die entsprechende biologische Bedeutung von Wasser. Folgende physikalische Eigenschaften sind wichtig:
  - Wasser als Lösungsmittel
  - Anomalie des Wassers
  - Wärmekapazität des Wassers
  - Verdampfungswärme

2 Die Wasserstoffbrückenbindung ist für biologische Strukturen in Zellen sehr wichtig. Beschreiben Sie die Wasserstoffbrückenbindung chemisch und nennen Sie ein Beispiel für ihre biologische Bedeutung.
Zeichnen Sie ein Schema und beschreiben Sie die Bedeutung für Wasser als Lösungsmittel.

3 Aminosäuren sind die Bausteine der Proteine.
- **a)** Zeichnen Sie das Formelbild einer Peptidbindung. Zeichnen Sie zudem die Strukturformeln einer sauren und einer basischen Aminosäure.
- **b)** Zeichnen Sie das Formelbild eines Dipeptids.

4 Proteine haben im Körper von Mensch und Tier vielfältige Aufgaben.
Informieren Sie sich in einem Fachlexikon über die Proteine Keratin, Fibrin, Histone, Hämoglobin, Insulin, Gonadotropine, Antikörper, Enzyme und ordnen Sie diesen Proteinen ihre Aufgaben zu.

5 20 Aminosäuren sind am Aufbau der Proteine beteiligt.
- **a)** Informieren Sie sich in einem Chemiebuch oder Fachlexikon über die essentiellen und nichtessentiellen Aminosäuren.
- **b)** Begründen Sie den Unterschied der beiden Gruppen und schreiben Sie jeweils ein Beispiel auf.

6 DNA und RNA sind Nucleinsäuren mit wichtiger Funktion. Beschreiben Sie den Aufbau von DNA und RNA. Bei welchen Organellen findet man noch DNA?

7 Erläutern Sie die Funktion von Stärke, Glykogen, Cellulose und Chitin und stellen Sie den Zusammenhang zu ihren molekularen Eigenschaften her.

8 Die Abbildung zeigt verschiedene Strukturelemente des Hormons Insulin, einem Protein, das bei der Regulation des Blutzuckerspiegels eine wichtige Rolle spielt.

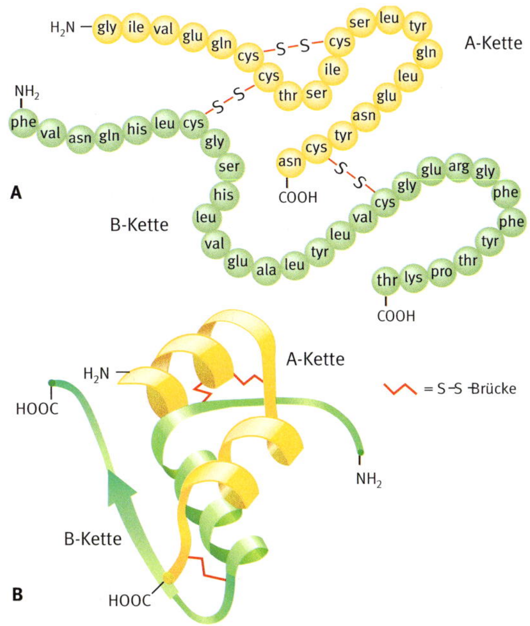

- **a)** Identifizieren Sie in den Abbildungen A und B die dargestellten Strukturelemente.
- **b)** Welche besondere Rolle spielt die Aminosäure Cystein innerhalb des Insulin-Moleküls?

9 Bei der Sichelzellenanämie wird die Verformung roter Blutzellen durch eine Variante des Blutfarbstoffs Hämoglobin verursacht. Im Sichelzell-Hämoglobin (HbS) ist in der β-Kette an einer Stelle eine bestimmte Aminosäure gegen eine andere vertauscht.

Reihenfolge der Aminosäuren	1 2 3 4 5 6 7 8 ... 145 146
Normales Hb	Val–His–Leu–Thr–Pro–Glu–Glu–Lys ... Tyr–His
Sichelzell-Hb	Val–His–Leu–Thr–Pro–Val–Glu–Lys ... Tyr–His

- **a)** Identifizieren Sie die Aminosäuren, die für normales Hb und Sichelzell-Hb verantwortlich sind.
- **b)** Informieren Sie sich im Internet, warum das Gen für HbS in Malariagebieten Afrikas mit einer Häufigkeit von bis zu 20 % in der Bevölkerung auftritt.

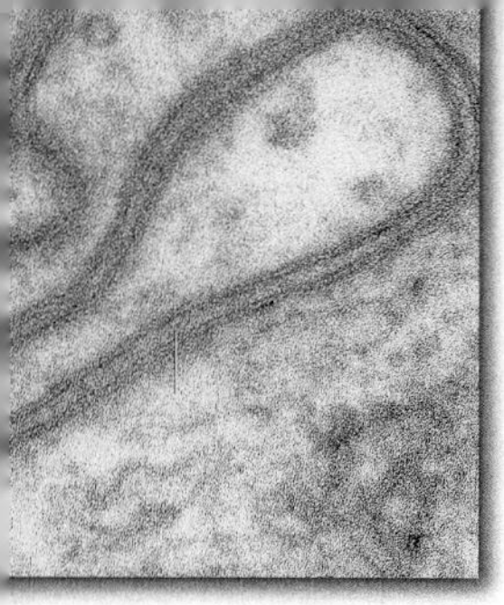

Leben existiert in abgegrenzten Einheiten

1 Biomembranen bilden Zellkompartimente

Die lichtmikroskopischen Untersuchungen an Zellen des Zwiebelhäutchens und an Mundschleimhautzellen haben gezeigt, dass das Plasma der Zellen nach außen durch eine **Cytoplasmamembran** (Zellmembran) abgegrenzt ist. Sie wird auch als *Plasmalemma* bezeichnet. Lediglich an den *Plasmodesmen* sind die Membranen der Nachbarzellen miteinander verbunden, sodass Plasmabrücken zwischen den Zellen bestehen.
Die zellsaftgefüllten Vakuolen in der Pflanzenzelle sind ebenfalls von einer Membran, dem *Tonoplasten,* umgeben und schließen das Plasma gegen den Vakuoleninhalt ab.
Die elektronenmikroskopische Untersuchung lässt erkennen, dass Zellorganellen, wie Zellkern, Mitochondrien und Plastiden, sogar von zwei Membranen umgeben sind. Das Endoplasmatische Retikulum durchzieht als ausgedehntes Membransystem das gesamte Cytoplasma. 60 bis 90 % der Trockenmasse des Plasmas besteht aus Membranen, die allgemein als **Biomembranen** bezeichnet werden.

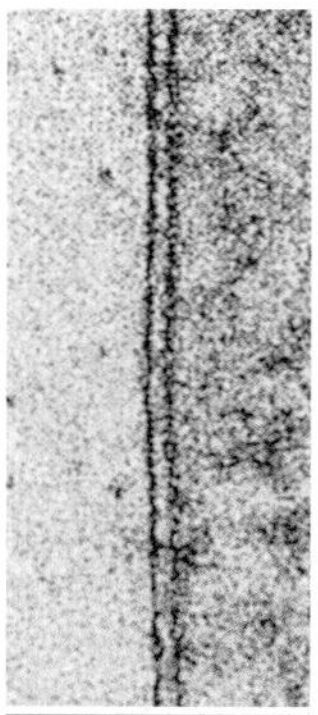

56.1 Biomembran als typische Doppellinie: dunkel – hell – dunkel (TEM-Bild)

Biomembranen grenzen Zellräume, die **Zellkompartimente,** voneinander ab. Die sich auf diese Weise ergebende **Kompartimentierung** bedeutet eine Aufgliederung der Zelle in zahlreiche getrennte Reaktionsräume.

Die Aufgabe aller dieser Biomembranen besteht darin, die Zelle als Ganzes nach außen und die Zellkompartimente im Innern der Zelle gegen die plasmatische Umgebung abzugrenzen. Sie verhindern so die unkontrollierte Verteilung von Stoffen. Eine Zelle ist auf einen ständigen Stoffaustausch mit ihrer Umgebung angewiesen. Ebenso müssen die Zellkompartimente für ihre besonderen Aufgaben Stoffe aufnehmen und die Reaktionsprodukte wieder abgeben.

Biomembranen haben also sowohl die Funktion von physiologischen Barrieren als auch von kontrollierten Import- und Exportschleusen. Sie sind für viele Lebensvorgänge unverzichtbar und stellen ein *universelles Lebensprinzip* dar.

Alle Biomembranen, wie z. B. die Cytoplasmamembran oder der Tonoplast, sind nur für bestimmte Moleküle durchlässig. Die relativ kleinen Wassermoleküle werden durchgelassen, größere Moleküle oder Ionen aber zurückgehalten. Durch den Aufbau der Biomembranen und ihre jeweilige Zusammensetzung können zudem nur bestimmte Substanzen in bestimmte Kompartimente gelangen. Biomembranen sind also **selektiv permeabel.**

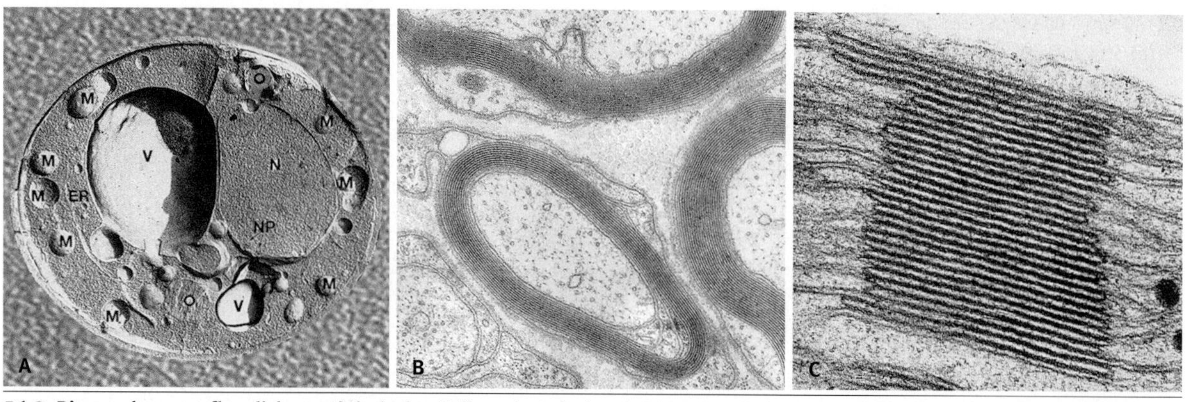

56.2 Biomembranen pflanzlicher und tierischer Zellen. A Aufgebrochene Hefezelle (EM-Bild, Gefrierätzung), M Mitochondrium, V Vakuole, N Kern, NP Kernpore, ER Endoplamatisches Retikulum; **B** Biomembranen um Nervenzellen (aus dem Sehnerv der Maus, TEM-Bild); **C** Thylakoidstapel aus Chloroplast (TEM-Bild)

2 Feinbau von Biomembranen

In allen Biomembranen findet man als Bauelemente *Lipide* und *Proteine*. Häufig lässt sich auch noch eine geringe Menge von *Kohlenhydraten* nachweisen. Als wichtigste Vertreter der Lipide in Membranen findet man **Phospholipide.** Das mengenmäßig häufigste Phospholipid ist das *Lecithin*. Beim Lecithin ist ein Glycerinmolekül mit zwei Fettsäuremolekülen und einem Phosphorsäuremolekül verestert. Die Phosphorsäure ist ihrerseits noch einmal verestert, z.B. mit dem Aminoalkohol Cholin. Durch seinen chemischen Bau ist dieses Molekül bipolar. Es besitzt einen *hydrophilen* und einen *hydrophoben* Teil. Aufgrund dieser Eigenschaften bildet Lecithin, sobald es in wässrige Umgebung gelangt, geordnete Molekülverbände. Bringt man ein Tröpfchen eines solchen Lipids auf Wasser, so bildet sich eine Schicht, die nur aus einer Moleküllage besteht. Dabei ragen die hydrophilen Molekülteile ins Wasser und die hydrophoben Molekülteile in die Luft. Schüttelt man diese auf Wasser schwimmende Lipidschicht kurz durch, entstehen unter Wasser kleinste Fetttröpfchen, die *Micellen*. In ihnen sind die Lipidmoleküle so angeordnet, dass die hydrophilen Molekülteile wieder dem Wasser zugewandt sind, die hydrophoben Seiten der Fettsäuren dagegen nach innen ragen.
Bei Einschluss von Öl (Detergenzieneffekt) oder von Luft (Schaum) bilden sich einlagige Vesikel. Unter bestimmten Bedingungen, wenn sich im Innern ein Wassertröpfchen befindet, können sich auch Vesikel aus einer Lipid-Doppelschicht bilden. Letztere stellen das Grundmodell einer Biomembran dar.
In Seifenblasen sind die Moleküle gerade umgekehrt ausgerichtet.

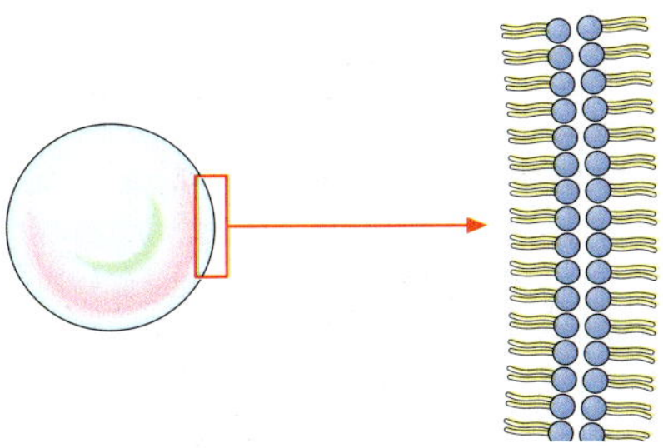

57.1 Ausrichtung von Lipiden in einer Seifenblase

1 Nennen Sie Leistungen von Zellen, die an Membranen gebunden sind.

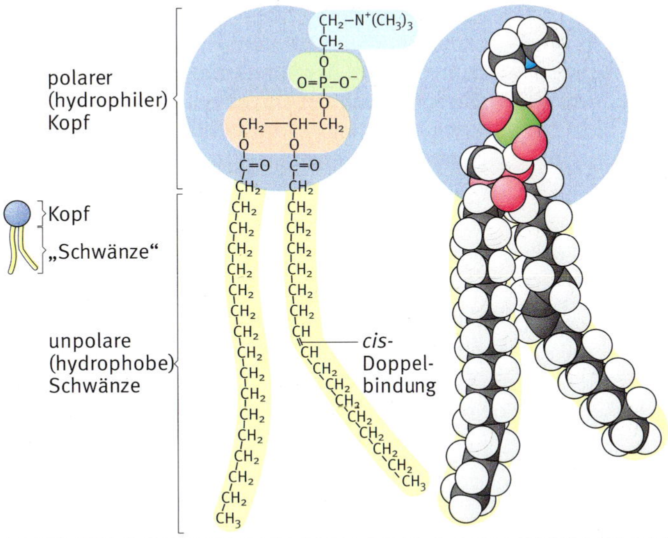

57.2 Lecithin, ein wichtiges Membranlipid. Es besteht aus zwei Fettsäuren, z.B. Palmitinsäure und Ölsäure, Glycerin, einer Phosphatgruppe und Cholin. Das Gesamtmolekül ist bipolar.

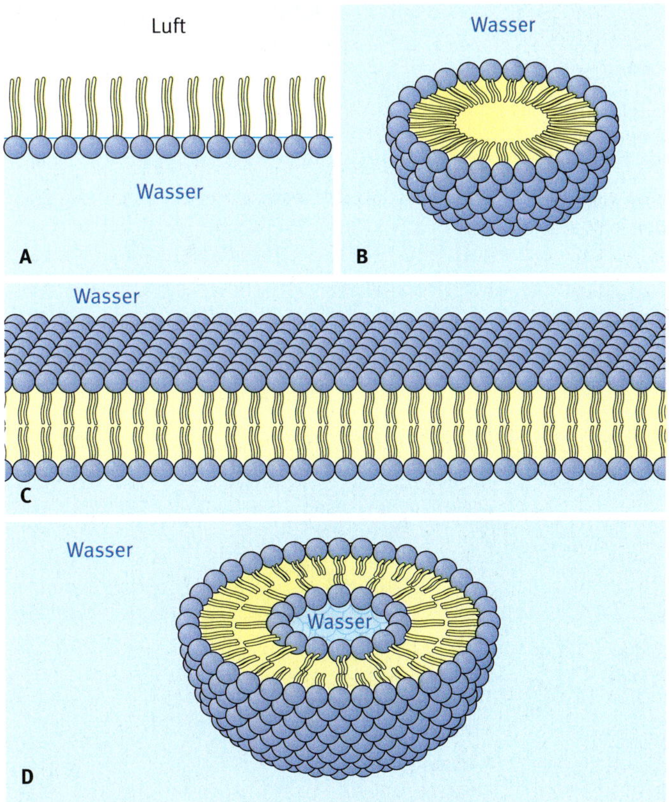

57.3 Anordnung von Lipiden in wässriger Umgebung.
A Monomolekularer Lipidfilm an der Grenzfläche Wasser/Luft;
B Micelle; **C** doppellagige Lamelle; **D** Vesikel

3 Entwicklung von Modellen zu Biomembranen

Membranmodell von GORTER und GRENDEL. Schon 1925 hat man erste Untersuchungen zum Aufbau der Membranen durchgeführt. Die Niederländer GORTER und GRENDEL untersuchten Membranen von Erythrocyten. Sie kamen zu dem Schluss, dass deren Zellmembran im Gegensatz zu einer künstlich hergestellten monomolekularen Schicht aus einer **Lipid-Doppelschicht** bestehen muss.

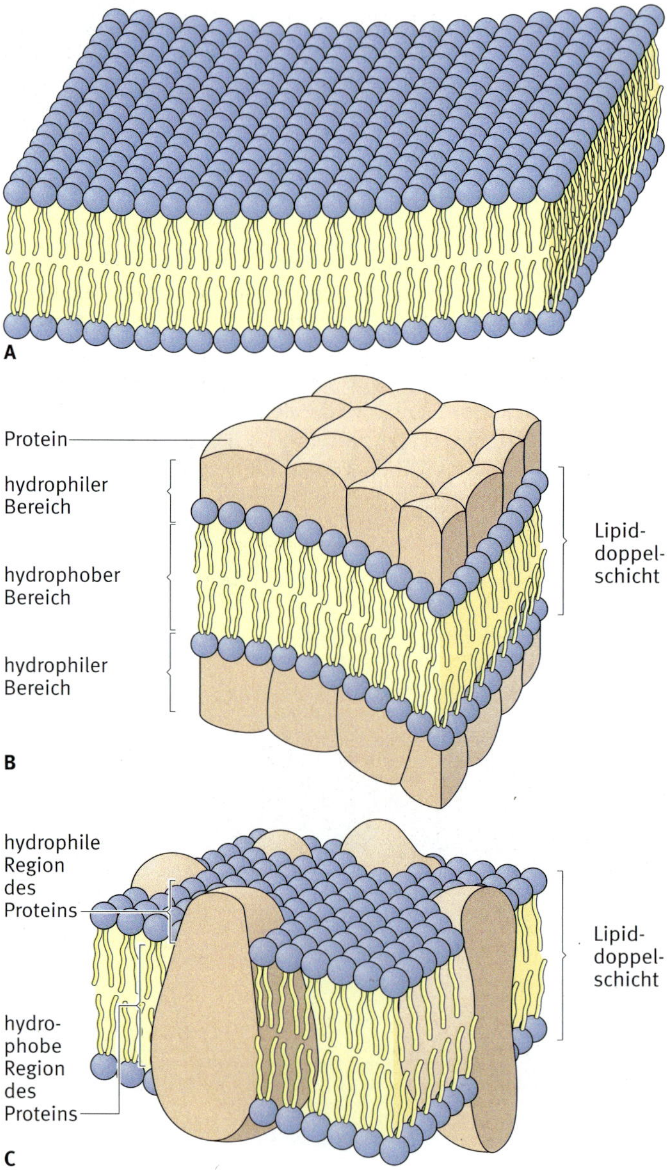

58.1 Membranmodelle. A Membranmodell von GORTER und GRENDEL; **B** Membranmodell von DAVSON und DANIELLI; **C** früheres Membranmodell von SINGER und NICOLSON

Membranmodell von DAVSON und DANIELLI. Das Modell der Lipid-Doppelschicht wurde 1935 von DAVSON und DANIELLI weiterentwickelt. Sie nahmen die bereits bekannte Tatsache, dass Membranen auch Proteine enthalten, mit in ihr Modell auf. Sie erkannten, dass die hydrophile Oberfläche einer künstlichen Membran aus einer Doppelschicht von Phospholipiden nicht so stark an Wasser haftet wie eine wirkliche biologische Membran. Daraus leiteten sie die Hypothese ab, dass die Membran auf beiden Seiten von Proteinen mit hydrophilen Eigenschaften bedeckt sein muss. Nach diesem DAVSON-DANIELLI-Modell kann man sich die Membran als Sandwich vorstellen: Eine Phospholipid-Doppelschicht befindet sich zwischen zwei Schichten von aufgelagerten Membranproteinen.

Dieses Modell wurde durch Ergebnisse der Elektronenmikroskopie, die etwa um die gleiche Zeit entwickelt wurde, weitgehend bestätigt. In Zellen, die mit Schwermetallen kontrastiert wurden, erkannte man die dreischichtige Struktur der Plasmamembran: eine helle Schicht zwischen zwei dunklen Streifen. Man ging davon aus, dass sich die Metalle an die Proteine und die hydrophilen Köpfe der Phospholipide anhefteten, während der hydrophobe innere Teil ungefärbt blieb.

Auch die inneren Membranen der Zelle zeigten im Allgemeinen dieses dreischichtige Bild. Da in solchen elektronenmikroskopischen Aufnahmen die Zellmembranen überwiegend gleich aussehen, nannte man sie damals Einheits- oder Elementarmembranen. Man war der Meinung, dass alle Membranen auch chemisch gleich gebaut sind.

Membranmodell von SINGER und NICOLSON. Mitte der Sechzigerjahre fand man einige Membraneigenschaften, die das bisherige Membranmodell in Frage stellten:

1. In manchen Membranen ist die isolierte Proteinmenge größer, als sie bei einer einfachen Lage beiderseits der Lipiddoppelschicht sein dürfte. Auch enthalten z.B. die Membranen der Mitochondrien und Chloroplasten Proteine, die je nach Zelltyp unterschiedlich häufig vorkommen.
2. Es wurde herausgefunden, dass Membranproteine schlechter wasserlöslich sind als nach dem alten Modell erwartet. Sie besit-

zen neben hydrophilen auch hydrophobe Regionen. Im Gegensatz zum DAVSON-DANIELLI-Modell liegen die hydrophoben Bereiche der Proteine im Inneren der Lipidschicht, während die hydrophilen Bereiche nach außen in die wässrige Umgebung orientiert sind.

3. Bestimmte Membranbestandteile, wie die Blutgruppenantigene der Erythrocyten, kommen nur auf der Zellaußenfläche vor.
4. Nicht alle Membranen sehen im Elektronenmikroskop gleich aus. Im Gegensatz zu der 7 bis 8 nm dicken Plasmamembran misst die Innenmembran der Mitochondrien nur 6 nm und sieht einer Perlenkette ähnlich.

Flüssig-Mosaik-Modell. Diese und weitere Beobachtungen führten 1972 S. J. SINGER und G. L. NICOLSON zur Aufstellung eines neuen Membranmodells. In diesem Modell liegen die Proteine nicht als flächige Schichten auf beiden Seiten der Lipiddoppelschicht. Sie liegen vielmehr unregelmäßig verteilt vor und es lassen sich periphere und integrale Proteine unterscheiden. Die *peripheren Proteine* sind nur lose an die Membranoberfläche gebunden. Die *integralen Proteine* dringen unterschiedlich tief in die Lipidschicht ein. Sie können sich sogar ganz durch diese hindurchziehen und dabei temporäre oder permanente Membranporen bilden. Je nach Funktion der Membran können in der äußeren und in der inneren Schicht verschiedene Proteine in unterschiedlichen Mengen auf- bzw. eingelagert sein.
Biomembranen besitzen demnach keine starren, kristallinen Strukturen: In einer mehr oder weniger flüssigen Lipidschicht „schwimmen" die Proteine. Beide Membranbestandteile, Lipide und Proteine, zeigen in der Membran eine große Beweglichkeit, die bis zum Positionswechsel der Proteine in verschiedenen Membranschichten gehen kann. SINGER und NICOLSON nannten deshalb ihr Membranmodell das *Flüssig-Mosaik-Modell.*
Mit Hilfe der Gefrierätztechnik fand man einen überzeugenden Beleg für dieses Modell: Bei der Spaltung von Membranen erscheint das Innere der Membranhälften im Elektronenmikroskop wie mit Kieseln besetzt.

59.1 Zellmembran einer pflanzlichen Zelle in Aufsicht (TEM-Bild, Gefrierbruch)

Heute weiß man, dass zur Plasmamembran auch die **Membrankohlenhydrate** gehören. Mit etwa 10 % Gewichtsanteil sind die Kohlenhydrate am Membranaufbau beteiligt. Man findet sie fast ausschließlich an der Zellaußenseite von Plasmamembranen. Hier sind sie entweder an Proteine (Glykoproteine) oder an Lipide (Glykolipide) gebunden.

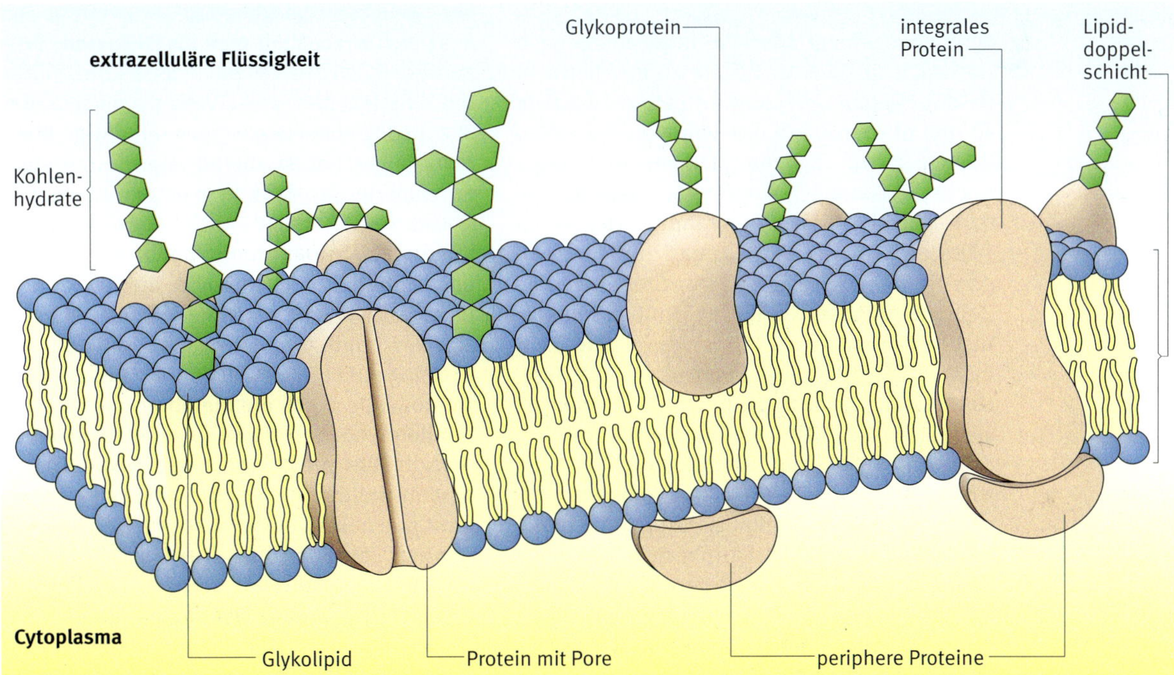

59.2 Flüssig-Mosaik-Modell von SINGER und NICOLSON

4 Stofftransport durch Membranen

4.1 Die Zelle als osmotisches System

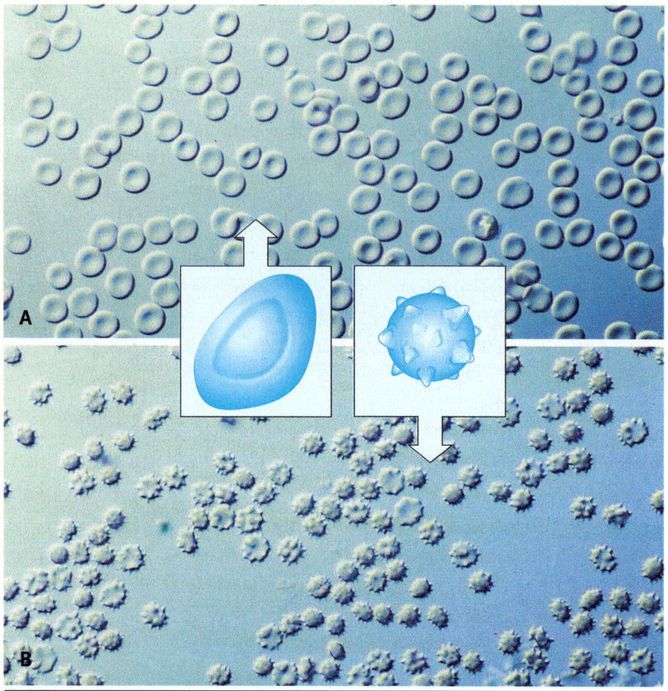

60.1 Blutausstrich. A Rote Blutzellen in Normalform (in physiologischer Kochsalzlösung); **B** Rote Blutzellen in „Stechapfelform" (in 5%iger Kochsalzlösung)

Setzt man einem frischen Bluttropfen nach und nach destilliertes Wasser zu und betrachtet ihn als Mikropräparat im Lichtmikroskop, so nimmt allmählich das Volumen der Roten Blutzellen zu, bis sie platzen. In 5%iger Kochsalzlösung schrumpfen sie dagegen, in 0,9%iger bleiben sie unverändert. Das durch Wasser verdünnte Blutplasma hat eine geringere Konzentration an gelösten Stoffen als das Zellinnere. Es ist diesem gegenüber **hypotonisch.** Daher dringt Wasser durch die Zellmembran in die Zelle ein und vergrößert diese. Die stärker konzentrierte NaCl-Lösung ist gegenüber dem Zellinneren **hypertonisch.** Sie „entzieht" der Zelle Wasser und die Zelle schrumpft. Eine 0,9%ige NaCl-Lösung entspricht der Konzentration gelöster Stoffe in der Blutflüssigkeit, dem Blutplasma. Sie wird daher als **physiologische Kochsalzlösung** bezeichnet. Die physiologische NaCl-Lösung und das Blutplasma haben dieselbe Konzentration wie der Zellinhalt. Diese drei Medien sind **isotonisch.**

Bei Pflanzenzellen in hypertonischen Lösungen löst sich das Plasma, das nach außen von einer Zellmembran *(Plasmalemma)* abgeschlossen ist, von der Zellwand ab. Die Vakuole, die gegen das Cytoplasma durch eine weitere Membran *(Tonoplast)* abgegrenzt ist, verkleinert sich. Die starre Zellwand behält dabei ihre Form bei, sodass nun zwischen ihr und dem Plasma ein Hohlraum entsteht. Den gesamten Vorgang bezeichnet man als **Plasmolyse.**
Gibt man die plasmolysierten Zellen in eine hypotonische Lösung oder in destilliertes Wasser, so dehnen sich die Vakuole der plasmolysierten Zellen und das umgebende Plasma wieder aus. Die Plasmaschicht wird gegen die Zellwand gedrückt. Deren relative Starrheit verhindert eine weitere Ausdehnung. Dieser entgegengesetzte Vorgang heißt **Deplasmolyse.**

Welche Kräfte bewirken die zu beobachtenden Veränderungen an der Zelle? Die Teilchen (Moleküle bzw. Ionen) einer Flüssigkeit befinden sich in ständiger, regelloser Bewegung (BROWNsche Bewegung). In einem abgeschlossenen Raum verteilen sich die Teilchen einer Flüssigkeit aufgrund ihrer Eigenbewegung gleichmäßig. Diesen auf der Eigenbewegung der Teilchen beruhenden Konzentrationsausgleich bezeichnet man als **Diffusion.** Wird zwischen zwei verschieden stark konzentrierten Flüssigkeiten, z. B. Wasser einerseits und Salzlösung andererseits, eine feinporige Membran eingeschoben, die für Wasser und Ionen durchlässig ist, dann erfolgt der Konzentrationsausgleich auch durch diese Membran hindurch. Wenn die Membran hingegen **semipermeabel** ist, d. h., wenn sie die Teilchen des Lösungsmittels, nicht aber die des gelösten Stoffes hindurchtreten lässt, erfolgt eine einseitig gerichtete Diffusion. Da nur die Wassermoleküle durch die Membran hindurchdiffundieren können und infolge des Konzentrationsgefälles mehr von ihnen in die Lösung hineinwandern als hinaus-, kommt es insgesamt gesehen zu einem Wassereinstrom in die Lösung. Einen solchen einseitig gerichteten Diffusionsvorgang durch eine semipermeable Membran nennt man **Osmose.**

Die Zellwand ist im Allgemeinen für Wasser und darin gelöste Stoffe völlig durchlässig

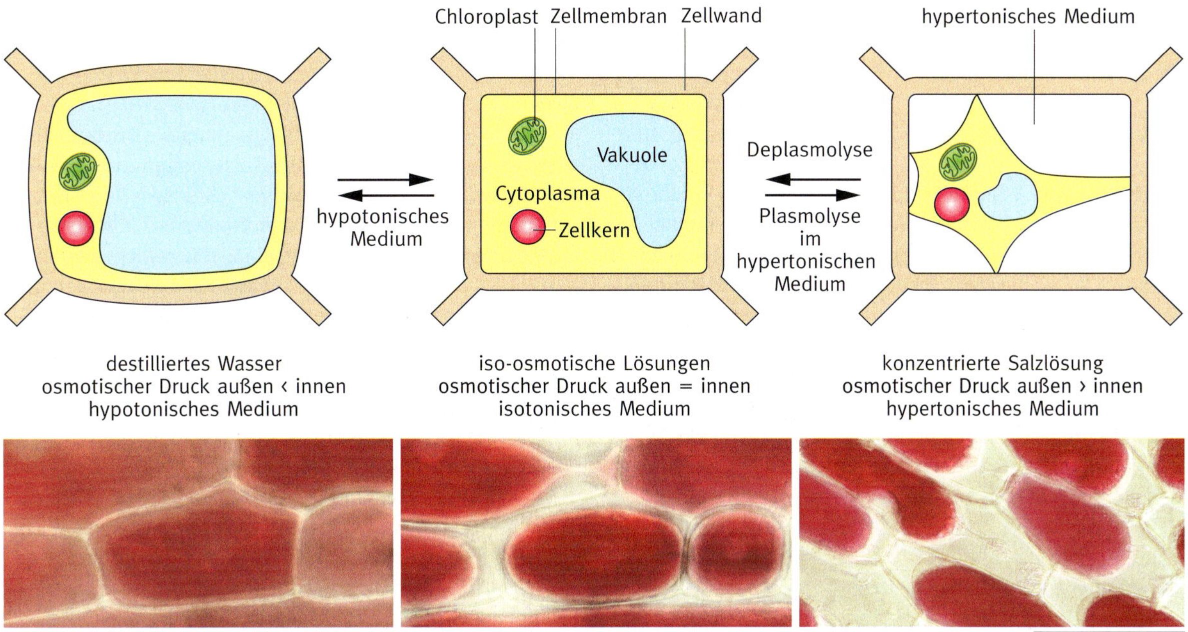

61.1 Plasmolyseversuch mit dem Zwiebelhäutchen

(permeabel). Das Plasmalemma ist hingegen selektiv permeabel. Na^{+}- und Cl^{-}-Ionen können nicht hindurchtreten. Eine hypertonische Lösung bewirkt, dass mehr Wassermoleküle aus Cytoplasma und Vakuole aus- als eintreten. Die Vakuole und das Cytoplasma schrumpfen. Der durch diese Schrumpfung zwischen Zellwand und Plasmalemma entstehende Raum füllt sich nun mit der von außen nachströmenden hypertonischen Lösung. Ersetzt man anschließend die hypertonische Lösung durch eine hypotonische Lösung, nimmt das Cytoplasma, in besonderem Maße die Vakuole, wieder Wasser auf. Dadurch wird die Lösung zwischen Zellwand und Plasmalemma allmählich hypotonisch. Das Cytoplasma und die Vakuole nehmen deshalb wieder Wasser auf. Die hypertonische Lösung im Raum zwischen Zellwand und Plasmalemma wird durch die Zellwand wieder nach außen befördert bzw. gedrückt (Deplasmolyse).

Durch den Innendruck gelangt die Zelle in einen Spannungszustand, der dem normalen Zustand im Gewebeverband entspricht und als **Turgor** bezeichnet wird. Die Pflanzenzelle ist wieder *turgeszent*.

1 Erklären Sie die Begriffe Turgor und Osmose.

61.2 Diffusion und Osmose

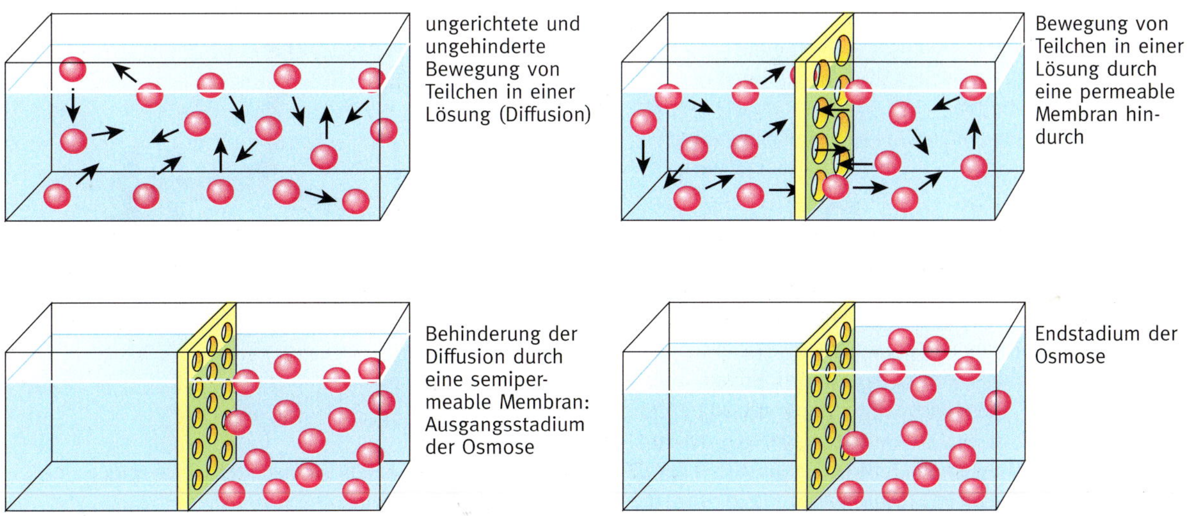

Diffusion, Osmose, Plasmolyse

1 Diffusion in einer Lösung

Material: Standzylinder, lange Pipette, Methylenblau-Lösung

Durchführung: Ein Standzylinder wird mit Wasser gefüllt und ruhig stehen gelassen. Mit Hilfe der Pipette wird die gesättigte Methylenblaulösung auf dem Boden des Standzylinders langsam unterschichtet. Die Pipette wird dann vorsichtig herausgezogen.

Aufgabe:
Beobachten Sie die scharfe Grenze zwischen Wasser und Lösung in den nächsten Stunden und Tagen bis zu ein bis zwei Wochen. Das Glas sollte absolut erschütterungsfrei und nicht im direkten Sonnenlicht stehen.

2 Plasmolyse bei Pflanzenzellen

Material: Rote Küchenzwiebel (ersatzweise Blatt mit rötlicher oder bläulicher Unterseite vom Alpenveilchen), 10%ige Salz- oder Zuckerlösung, Filtrierpapier, Mikroskop

Durchführung: Fertigen Sie ein Präparat des Zwiebelhäutchens an. Setzen Sie mit der Pipette einen Tropfen der Salz- oder Zuckerlösung am Deckglasrand zu. Saugen Sie an der anderen Seite des Deckglases mit einem Filtrierpapierstückchen etwas Wasser ab. Beobachten Sie während der nächsten fünf Minuten die Zwiebelzellen im Mikroskop und zeichnen Sie die sichtbaren Veränderungen.
Ersetzen Sie danach die Lösung im Präparat wieder durch Wasser, indem Sie mehrmals mit Filtrierpapier absaugen und von der anderen Seite her mehrmals Wasser zusetzen.

Aufgaben:
a) Erklären Sie die beobachteten Vorgänge. Erläutern Sie, warum farbstoffhaltige Zellen für die Untersuchung besonders geeignet sind.
b) Stellen Sie fest, wo sich der Farbstoff während der Plasmolyse befindet.
c) Beschreiben und erklären Sie auch den rückläufigen Vorgang.

3 Osmose

Eine Apparatur, mit der die Osmose demonstriert und gemessen werden kann, heißt *Osmometer.* Dabei schließt eine semipermeable Membran einen mit einer Salz- oder Zuckerlösung gefüllten Glasbehälter gegen das angrenzende Wasser ab. Infolge des Konzentrationsgefälles erfolgt eine osmotische Wasseraufnahme in die künstliche Zelle. Daher steigt die Lösung im Steigrohr an, und zwar so lange, bis der von der Flüssigkeitssäule bewirkte *hydrostatische Druck* das Eindringen weiteren Wassers verhindert. Eine derartige Apparatur gestattet es, quantitative Druckbestimmungen durchzuführen. Die Wasseraufnahme am Osmometer kommt zum Stillstand, wenn zwischen dem Druck des einströmenden Wassers und dem Wanddruck, der gleich dem hydrostatischen Druck ist, ein Gleichgewicht besteht. Diesen maximalen, am Steigrohr ablesbaren Druckwert bezeichnet man als den *osmotischen Druck* der Lösung.

Material: Stativ, kleine Glasglocke, Steigrohr, durchbohrter Stopfen, Osmosemembran, Bindfaden, Vaseline, ca. 20%ige Rohrzucker- oder Kochsalzlösung, wasserlöslicher Farbstoff (Eosin oder rote Tinte)

Durchführung: Die Glasglocke wird am unteren Rand mit Vaseline bestrichen und mit einer Osmosemembran verschlossen (Bindfaden). Anschließend wird die Glasglocke mit der angefärbten Lösung gefüllt. Das Steigrohr wird mit dem Stopfen luftblasenfrei aufgesetzt. Das untere Ende der Glasglocke ragt in ein mit Wasser gefülltes Gefäß. Statt dieses Glockenosmometers kann auch ein käufliches Osmometer verwendet werden.

Aufgaben:
a) Markieren Sie den Anfangsstand am Steigrohr.
b) Lesen Sie über zwei Stunden viertelstündlich ab und fertigen Sie eine Kurvendarstellung an.

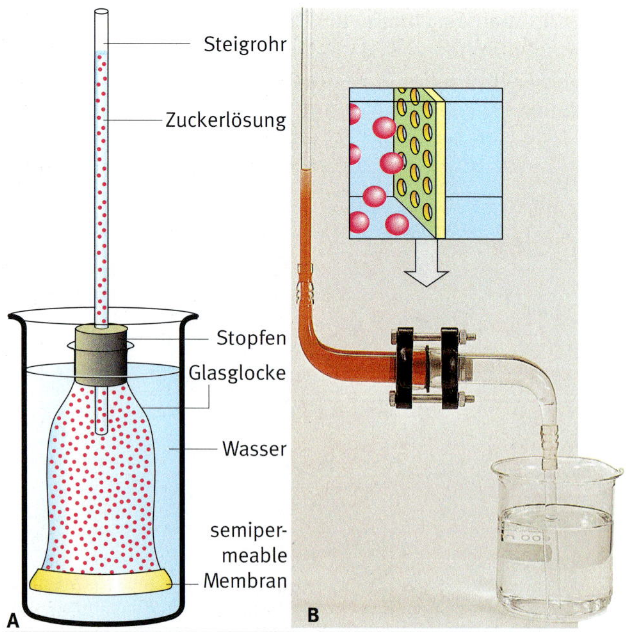

62.1 Osmometer. A Glockenosmometer (Schema); **B** käufliches Osmometer

4.2 Stofftransport durch Membranen

Freie Diffusion. Biomembranen stellen wesentliche Hindernisse für den Durchtritt von Molekülen und Ionen dar, die umso stärker werden, je größer die Moleküle bzw. die Hydrathüllen der Ionen sind. Hydrophile Teilchen können nur dann durch die Membran frei diffundieren, wenn sie klein sind, z. B. Wasser, Kohlenstoffdioxid und Glycerin. Lipophile und größere Teilchen, wie z. B. Benzol oder Steroidhormone, dagegen können deswegen leichter diffundieren, weil sie sich durch die Lipidschicht „hindurchlösen". Treibende Kraft der Diffusion ist allein der Konzentrationsunterschied zwischen den beiden Seiten der Membran, der auch die Richtung der Diffusion bestimmt. Dadurch ist die Diffusion durch eine Membran wenig selektiv. Dennoch spielt freie Diffusion beim Austausch von Wasser und Ionen eine bedeutende Rolle.

Spezifischer Transport. Für den gezielten spezifischen Transport verfügt die Zelle über bestimmte Transportproteine in der Membran, die **Carrier.** Ein Carrier ist ein in der Membran integriertes Protein, das ohne Ortsveränderung, allein unter Konformationsänderung, das Substrat transportiert. Es wird entweder nur ein einziges Substrat befördert *(Uniport)* oder gleichzeitig zwei Substrate in der gleichen Richtung *(Symport)* oder in entgegengesetzter Richtung *(Antiport)*. Andere Transportproteine bilden einen **Kanal** durch die Membran und ermöglichen bestimmten Ionen den Durchtritt.

Beim spezifischen Transport unterscheidet man *passiven* und *aktiven Transport*, bei beiden können sowohl die Carrier als auch die Kanalproteine beteiligt sein. Zusätzlich gibt es **Ionenpumpen,** die nur aktiven Transport durchführen.

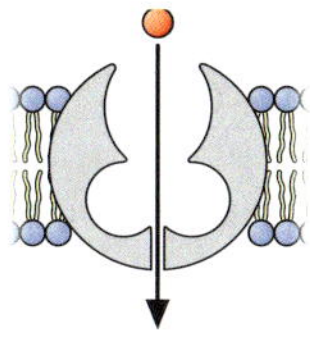

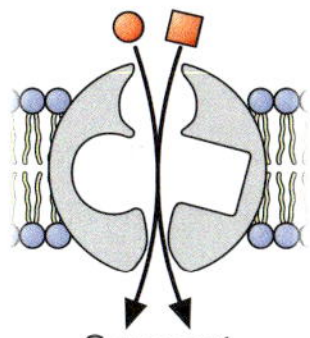

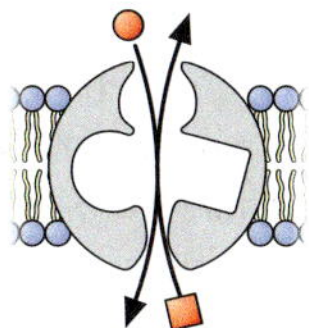

Passiver Transport. Wie die freie Diffusion ist dieser Transport, der auch als katalysierte oder erleichterte Diffusion bezeichnet wird, an einen Konzentrationsunterschied zwischen den beiden Membranseiten gebunden. Er erfolgt von der höheren zur niederen Konzentration und ohne Energieaufwand, jedoch verläuft er schneller als die freie Diffusion. Die Transportproteine arbeiten mit einer bestimmten Maximalgeschwindigkeit bis zur vollen Auslastung. Der Ionentransport durch die Membranen von Nerven- und Muskelzellen ist ein Beispiel hierfür.

Aktiver Transport. Diese Art des Stofftransports durch Membranen kann auch gegen das Konzentrationsgefälle eines bestimmten Stoffes erfolgen, also in Richtung höherer Stoffkonzentration. Dadurch kann dieser auf einer Membranseite angehäuft werden. Für diesen „Bergauftransport" wird Energie benötigt. Unter energetischen Gesichtspunkten unterscheidet man zwei Mechanismen: Beim *primär aktiven Transport* werden unter direktem Verbrauch von ATP anorganische Ionen stets in eine Richtung durch Transportproteine hindurchbefördert. Beim *sekundär aktiven Transport* wird dieses unter Energieaufwand entstandene Konzentrationsgefälle wieder als Energiequelle für den Transport anderer Moleküle verwendet. Häufig schaffen Protonenpumpen die Voraussetzung für sekundär aktive Transportvorgänge an der Membran.

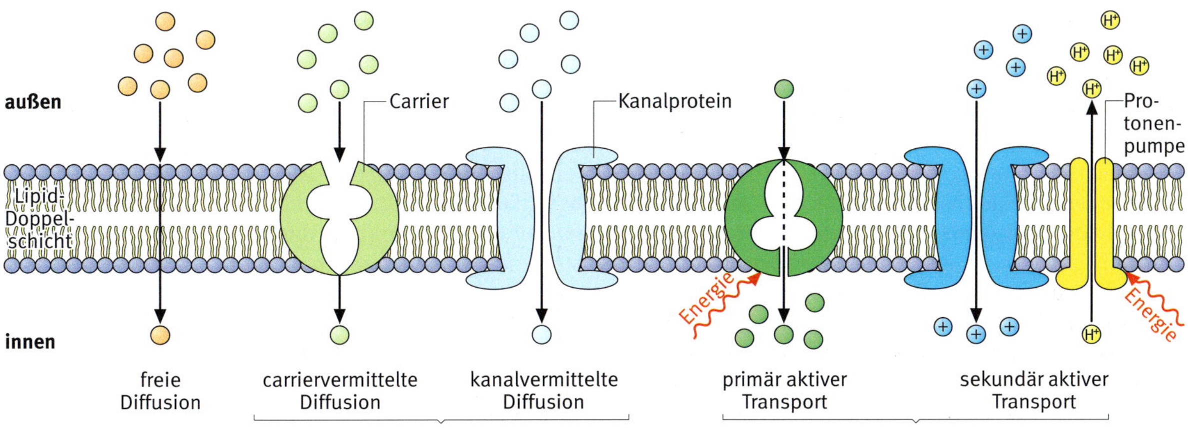

63.1 Transportvorgänge durch Biomembranen

Leistungen der Niere

Wirbeltiere haben als Ausscheidungsorgane für gelöste Stoffwechselendprodukte zwei **Nieren.** Im inneren Hohlraum der Niere befindet sich das *Nierenbecken.* Dort wird der **Harn** gesammelt, der im Nierengewebe gebildet wird, um dann im Harnleiter zur Harnblase transportiert zu werden. Die Niere ist über eine Nierenarterie und eine Nierenvene an den Blutkreislauf angeschlossen. Die *Nierenrinde* besteht beim Menschen aus etwa 1,2 Millionen gewundenen Kanalsystemen, den **Nephronen.** Ein einzelnes Nephron beginnt mit einer becherartigen Erweiterung, der *BOWMANschen Kapsel.* In den Becher ist ein Knäuel von Blutgefäßkapillaren eingesenkt. An die Kapsel schließt das stark gewundene, lange *Nierenkanälchen* an. Besonders auffällig ist die haarnadelförmig gebogene *HENLEsche Schleife.* Das von ihr wegführende Nierenkanälchen (kapselfernes Kanälchen) mündet in ein Sammelrohr. Zusammen mit der HENLEschen Schleife bilden die unteren Abschnitte der Sammelrohre das *Nierenmark.* Die Sammelrohre münden ins Nierenbecken.

In den engen Blutkapillaren in der BOWMANschen Kapsel staut sich das Blut. Dadurch werden etwa 20 % des Blutplasmas durch die Poren der aus Zellen bestehenden Kapillarwände in die Kapsel gepresst (Druckfiltration, keine Osmose). Große Teilchen, vor allem Blutzellen und Eiweißmoleküle, werden zurückgehalten, kleine Teilchen wandern mit dem Wasser durch die Poren. Dabei entsteht der **Primärharn,** der viele Bestandteile des Blutes, wie z. B. Glucose, Aminosäuren, Harnstoff und Ionen, enthält. Von den täglich rund 170 Litern gebildetem Primärharn werden nur etwa 1,5 Liter Urin ausgeschieden. In den Körper gelangen demnach Wasser, aber auch wichtige Substanzen wieder zurück, es findet also eine **Rückresorption** statt. Im kapselnahen Teil des Nierenkanälchens werden Natrium-Ionen, Glucose, Aminosäuren und andere Substanzen ins umliegende Gewebe befördert. Dies geschieht durch Energie verbrauchenden aktiven Stofftransport durch die Cytoplasmamembran der Zellen des Nierenkanälchens. Negativ geladene Chlorid-Ionen folgen den positiv geladenen Natrium-Ionen passiv nach. Die Ladungsdifferenz wird dadurch ausgeglichen. Durch die unterschiedlichen Stoffkonzentrationen folgt Wasser osmotisch nach. Umgekehrt gelangen durch aktiven Transport Harnsäure und Protonen, aber auch manche Vitamine sowie Medikamente, wie Penicillin, in die Nierenkanälchen. Der Primärharn gibt weiteres Wasser auf der folgenden Strecke ab, die im Gegenstromprinzip funktioniert. Im ersten Abschnitt der HENLEschen Schleife ist die Membran der Zellen *wasserdurchlässig.* Dieser absteigende Teil der Schleife führt durch eine Umgebung mit steigender Ionenkonzentration. In diesem osmotischen Gefälle verlassen bis zu 70 % des Wassers das Nierenkanälchen. Der folgende aufsteigende Abschnitt der Schleife ist *wasserundurchlässig.* Hier werden durch aktiven Stofftransport Na^+-Ionen und vermutlich auch Cl^--Ionen in das umgebende Gewebe befördert.

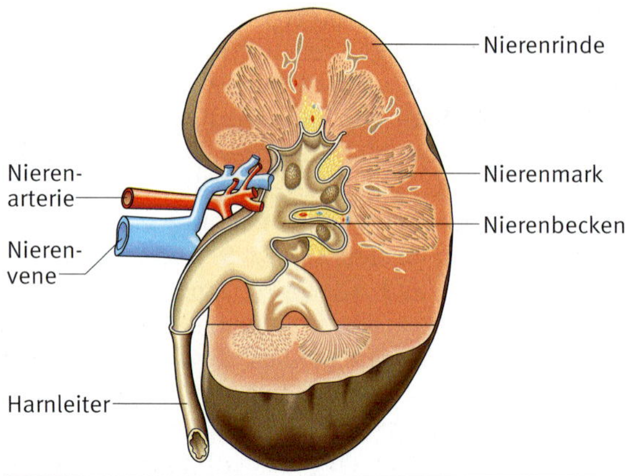

64.1 Bau der Niere

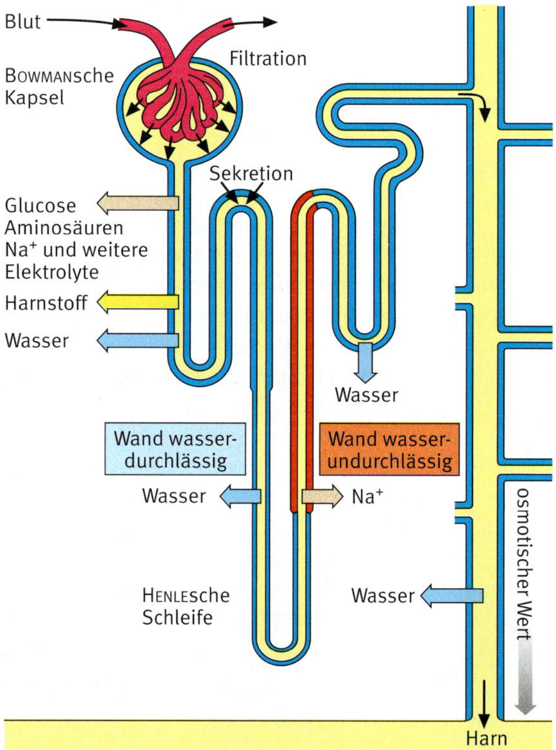

64.2 Schema der Harnbildung im Nephron

MEDIZIN

Dialyse

Bei Nierenversagen kann eine Nierenersatztherapie (Dialyse) angewandt werden. Hierbei werden Stoffe aus dem Blut über semipermeable Membranen osmotisch entfernt, die bei Gesunden mit dem Harn ausgeschieden werden.
Bei der *Hämodialyse* wird das Blut des Patienten außerhalb des Körpers über eine selektive Membran mit einer Dialyseflüssigkeit im Gegenstrom in Kontakt gebracht.
Bei der *Peritonealdialyse* wird über einen Katheter Dialyseflüssigkeit in die Bauchhöhle eingefüllt. Die diffundierenden Inhaltsstoffe werden über das gut durchblutete Bauchfell (Peritoneum), das die Bauchhöhle auskleidet, mit denen des Patientenblutes ausgetauscht. Die künstliche Membran bzw. die Zellmembranen im Peritoneum sind für Makromoleküle dicht und für kleinere Moleküle durchlässig.

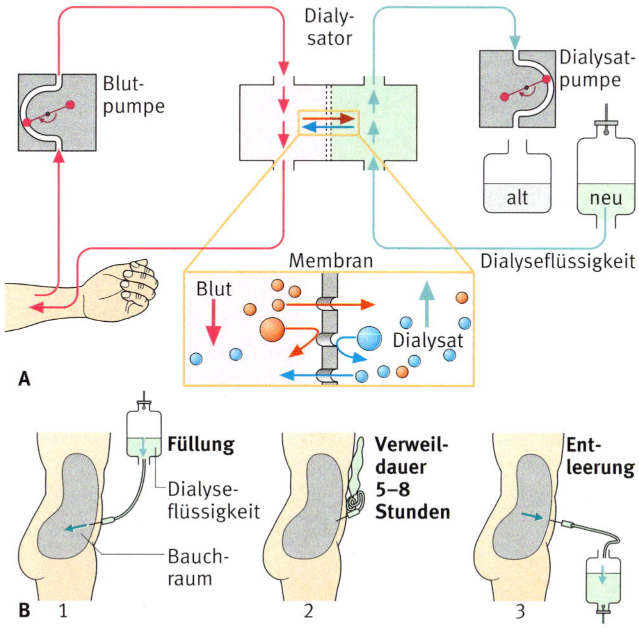

65.1 Hämodialyse und Peritonealdialyse

STECKBRIEF

Spaltöffnungen

Spaltöffnungen stellen die Verbindung zwischen dem Inneren des Blattes und der Außenluft dar. Jede Spaltöffnung besteht aus zwei nierenförmigen Schließzellen, die einen Spalt bilden. Die Schließzellen sind so gebaut, dass sie durch Schwankungen ihres Turgors den Spalt öffnen und schließen können. In vielen Fällen ist die dem Spalt zugekehrte Zellwand an ihrer oberen und unteren Kante verdickt.
Nimmt der Turgor in den Schließzellen zu, wölbt sich die nicht verdickte Rückenwand stärker und zieht die Bauchwand nach. Der Spalt öffnet sich. Nimmt der Turgor in den Schließzellen wieder ab, erschlaffen sie und der Spalt schließt sich wieder.
Die Öffnungs- und Schließbewegungen unterliegen einem Tag-Nacht-Rhythmus. Außerdem schließen sich die Spaltöffnungen bei starker Mittagshitze.
Zu- und Abnahme des Turgors in den Schließzellen setzen voraus, dass zuvor die osmotische Saugkraft der Zellen zu- bzw. abnimmt. Dies geschieht dadurch, dass Ionen aus den Nachbarzellen aufgenommen oder an diese abgegeben werden. So konnte z. B. nachgewiesen werden, dass sich bei Belichtung innerhalb weniger Minuten K^+-Ionen aus den Nachbarzellen in die Schließzellen verlagern. Dadurch erhöht sich in ihnen die osmotische Saugkraft der Vakuole. Den Ionen folgt dann passiv das Wasser in derselben Richtung nach. Dies führt zu einer Erhöhung des Turgors in den Schließzellen und die Spaltöffnung öffnet sich.

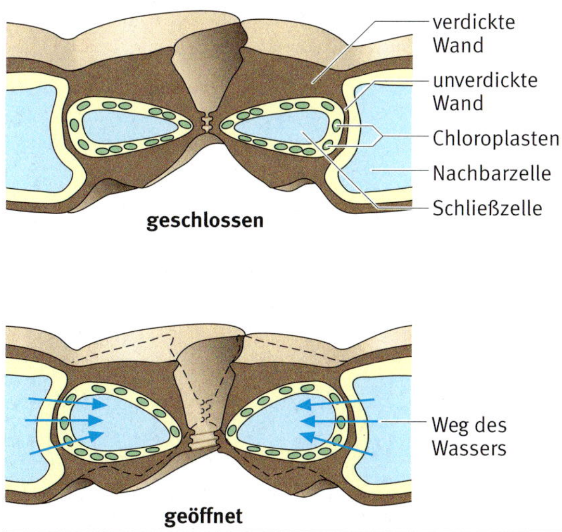

65.2 Spaltöffnungsbewegung

Signalübertragung zwischen Zellen

Membranproteine sind nicht nur für den Stofftransport verantwortlich. Sie sind auch unentbehrlich dafür, Veränderungen der Zellumgebung wahrzunehmen und darauf zu reagieren. Zellen müssen sich gegenseitig erkennen können, wenn sie sich beispielsweise zu Organen und Geweben zusammenfinden. Chemische Signale aus der Umgebung der Zelle müssen erkannt und über Signalübertragungswege in das Zellinnere weitergeleitet werden.
Voraussetzung für das Erkennen dieser Signale ist der asymmetrische Bau der Zellmembranen, d. h., Innen- und Außenseite sind unterschiedlich. Die Asymmetrie beruht auf der Anordnung der integralen Membranproteine und auf deren unterschiedlichen Bau. Auch die Lipidzusammensetzung der Biomembranen ist meist nicht gleich. Zur Biomembran gehören außerdem Kohlenhydrate, die ausschließlich auf der Außenseite gebunden sind. Besonders ausgeprägt ist diese strukturelle Asymmetrie bei der Zellmembran tierischer Zellen. Sie enthält integrale Glykoproteine und Glykolipide, auf denen verzweigte Oligosaccharid-Seitenketten sitzen. Die dadurch gebildete Außenschicht wird als *Glykokalyx* bezeichnet.

Zell-Zell-Erkennung. Im Verlauf der Embryonalentwicklung, aber auch im erwachsenen Organismus ist es von großer Bedeutung, dass sich Zellen gegenseitig „erkennen" können. Dazu dienen die auf der Außenseite der Zellmembran sitzenden Molekülstrukturen aus Kohlenhydraten, die von anderen Zellen erkannt werden können. Andererseits kann die Zellmembran auf der Außenseite Rezeptoren tragen, die es ihr ermöglichen, solche Strukturen an anderen Zellen zu identifizieren. Man bezeichnet diese Phänomene als Zell-Zell-Erkennung. Sie spielen z. B. eine große Rolle bei den Zellwanderungen in der Embryonalentwicklung der Wirbeltiere, die zu einer planmäßigen Gewebeanordnung im Organismus führen.
In der medizinischen Praxis haben die Phänomene der Zell-Zell-Erkennung erhebliche Bedeutung bei der Abstoßung fremder Zellen durch das Immunsystem, z. B. bei Bluttransfusionen oder bei Gewebetransplantationen.

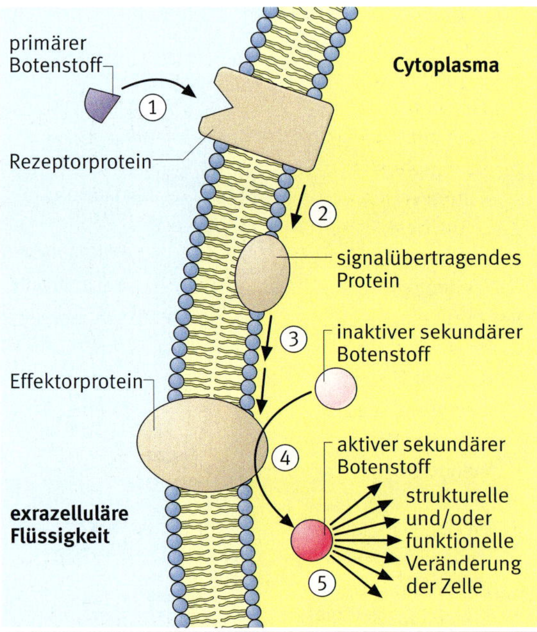

66.1 Signalübertragung an Membranen

Die Zellmembran als Signalvermittler. Die Zellmembran muss auch Signale von außen aufnehmen und in die Zelle hinein weiterleiten. Solche Signalmoleküle können Hormone oder auch Neurotransmitter sein. Für sie besitzt die Plasmamembran spezifische Rezeptoren. Hormone und Neurotransmitter stellen *primäre Botenstoffe* (first messenger) dar, die von bestimmten Zellen des Organismus produziert werden und in anderen Zellen spezifische Reaktionen auslösen.
Viele Hormone und alle bekannten Neurotransmitter können die Plasmamembran nicht durchdringen. Sie werden zunächst an membranständige Rezeptoren gebunden. Als Folge davon kommt es zu einer Konformationsänderung des Rezeptorproteins. Diese erzeugt in der Zelle eine Folgereaktion aus Signalen, z. B. die Aktivierung eines ebenfalls *signalübertragenden Proteins,* das ein weiteres *Effektorprotein* anregt. Dieses Enzym aktiviert seinerseits im Zellinneren die Produktion eines *sekundären Botenstoffes* (second messenger).
Ein bedeutender sekundärer Botenstoff ist beispielsweise das *cyclische Adenosinmonophosphat* (cAMP), das aus Adenosintriphosphat (ATP) durch das Enzym Adenylatcyclase synthetisiert wird. Das erste Signal ist z. B. das Hormon Glucagon. Es ist in dieser Wirkkette der primäre Botenstoff. Das cAMP ist der sekundäre Botenstoff, der zelleigene Enzyme aktiviert. Als kurzzeitig wirkendes Signal in der Zelle muss es kurzlebig sein. Der Abbau von cAMP erfolgt enzymatisch durch Phosphodiesterasen. Das entstandene AMP kann wieder zu ATP phosphoryliert und erneut zur cAMP-Bildung verwendet werden.

Membranen und Stofftransport

1 Reife Kirschen am Baum platzen bei Regenwetter. In heißes Wasser gelegte Weißwürste werden prall. Mit Salz bestreute Gurken- und Rettichscheiben verlieren Flüssigkeit und werden schlaff.
Geben Sie eine Erklärung für diese Beobachtungen.

2 Kleine Stückchen der Roten Rübe, eines Rotkohlblattes oder halbierte Kirschen werden sorgfältig abgespült und in kaltes Wasser gelegt. Das Wasser bleibt klar. Wenn man die Pflanzenteile jedoch in Wasser kocht, färbt sich dieses rot.
Wie lassen sich die Beobachtungen aufgrund der Struktur der lebenden Zelle erklären?

3 Zwei Rettiche werden von oben her kraterartig ausgehöhlt. Bei einem Rettich wird die Höhlung mit Mehl, beim anderen mit Kochsalz gefüllt.
Welche Beobachtungen kann man nach einiger Zeit machen und wie sind diese zu erklären?

4 Entfernt man z. B. von einer Schwertlilie oder Christrose ein Stück einer unteren Blattepidermis und belichtet diese als mikroskopisches Präparat einige Minuten lang intensiv mit der Mikroskoplampe, dann öffnen sich die Schließzellen der Spaltöffnungen.
a) Erklären Sie die Beobachtung.
b) Was bewirkt die Zugabe von Zuckerlösung?

5 Die Grafik zeigt die Geschwindigkeit der Aufnahme eines Stoffes aus einer Lösung in eine Zelle. Die blaue Kurve zeigt die Aufnahme des Stoffes durch einen Carrier (erleichterte Diffusion), die rote Kurve stellt die Aufnahme durch einfache Diffusion dar.
Vergleichen Sie die Kinetik der Stoffaufnahme in den beiden Fällen und erläutern Sie die Unterschiede.

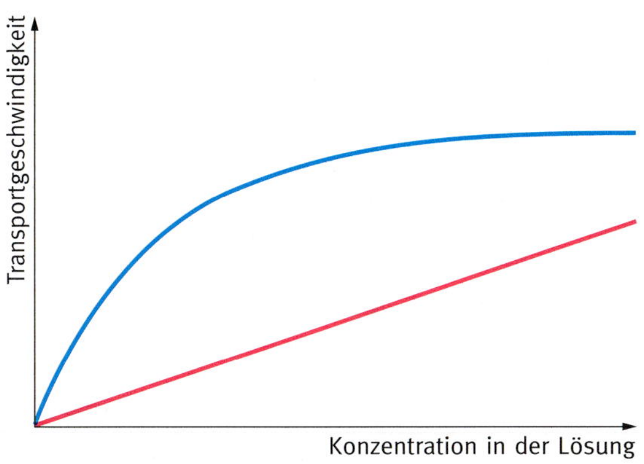

6 Gibt man einen größeren Kristall von gelbem Blutlaugensalz (Kaliumhexacyanoferrat, $K_4[Fe(CN)_6]$) in 4- bis 5%ige Kupfersulfatlösung ($CuSO_4$), dann kann man nach einiger Zeit folgende Beobachtung machen: Der Kristall geht an seiner Oberfläche in Lösung. Diese umgibt den Kristall und bildet mit der Kupfersulfatlösung eine braune, semipermeable Haut aus Kupferhexacyanoferrat ($Cu_2[Fe(CN)_6]$). Das entstehende Gebilde wird TRAUBEsche Zelle genannt. Die Konzentration der Blutlaugensalzlösung ist höher als die der Kupfersulfatlösung.
a) Fertigen Sie eine beschriftete Skizze an.
b) Versuchen Sie, die Vorgänge zu erklären.

7 Eine PFEFFERsche Zelle wird auf folgende Weise hergestellt: Ein Tonzylinder wird mit 5%iger Kupfersulfatlösung gefüllt und 24 Stunden lang in ein Gefäß mit 5%iger Lösung von gelbem Blutlaugensalz (Kaliumhexacyanoferrat) gestellt (die Lösungen können auch umgekehrt eingefüllt werden).
Die beiden Lösungen dringen dabei in die Wand des porösen Tonzylinders ein und bilden dort eine semipermeable Niederschlagsmembran aus Kupferhexacyanoferrat. Die so präparierte Zelle wird mit einer konzentrierten Salz- oder Zuckerlösung gefüllt und durch einen Stopfen mit eingesetztem Steigrohr luftblasenfrei verschlossen. Zum besseren Erkennen der Lösung im Steigrohr kann diese mit einem löslichen Farbstoff (Eosin, rote Tinte) versetzt werden. Die Zelle wird dann in Wasser eingetaucht.

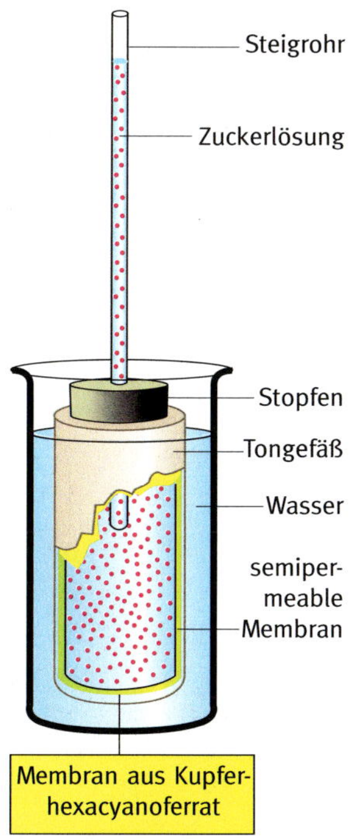

a) Vergleichen Sie anhand der Abbildungen auf dieser Seite und auf Seite 62 PFEFFERsche Zelle und Osmometer miteinander.
b) Vergleichen Sie andererseits die PFEFFERsche Zelle mit der lebenden Pflanzenzelle und stellen Sie die Entsprechung der Teile in einer Tabelle zusammen.

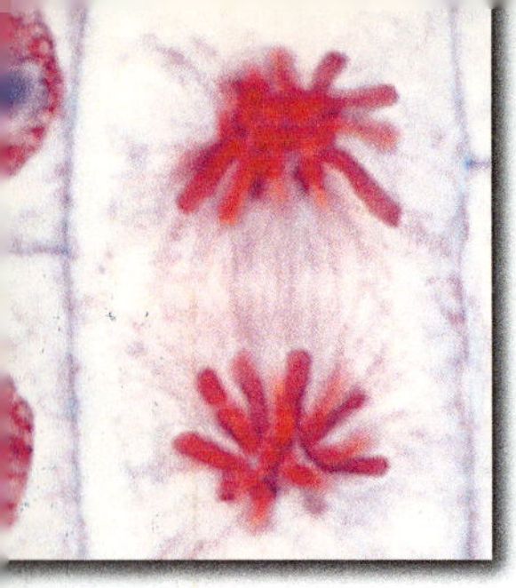

Lebewesen vermehren sich

1 Zellen teilen sich

„Bei der Entstehung einer Zelle muss eine Vorläuferzelle vorhanden sein, wie auch Tiere nur aus Tieren und Pflanzen nur aus Pflanzen hervorgehen können.“ Diese Entdeckung des deutschen Pathologen RUDOLF VIRCHOW (1821–1902) ist ein wichtiger Meilenstein in der Zellbiologie: Zellen können nur aus Zellen hervorgehen. Dies gilt für alle Organismen, vom einzelligen Bakterium bis zum vielzelligen Säugetier. Lebewesen entstehen, indem sich Zellen immer wieder teilen und dann wachsen, also durch wiederholte Zellteilungs- und Zellwachstumsrunden.
Bei einzelligen Organismen, wie z. B. Bakterien, liefert jede Zellteilung einen vollständigen neuen Organismus. Bei Vielzellern hingegen sind viele Zellteilungszyklen notwendig, um aus einer befruchteten Eizelle ein neues Individuum entstehen zu lassen. Bei den meisten Vielzellern finden das ganze Leben hindurch Zellteilungen statt. Pflanzen beispielsweise bilden neue Blätter, die Wurzeln wachsen tiefer in den Boden. Aber auch wenn Organismen nicht mehr wachsen, finden Zellteilungen statt: Abgestorbene oder beschädigte Zellen müssen ersetzt werden. Die Teilungsgeschwindigkeit der Zellen ist sehr unterschiedlich. Leberzellen des Menschen beispielsweise teilen sich etwa einmal pro Jahr, einige Darmepithelzellen und Vorläufer der Blutzellen teilen sich dagegen häufiger als einmal pro Tag. Andere Zellen, wie Nerven- und Muskelzellen, teilen sich überhaupt nicht.

68.1 Zellzyklus

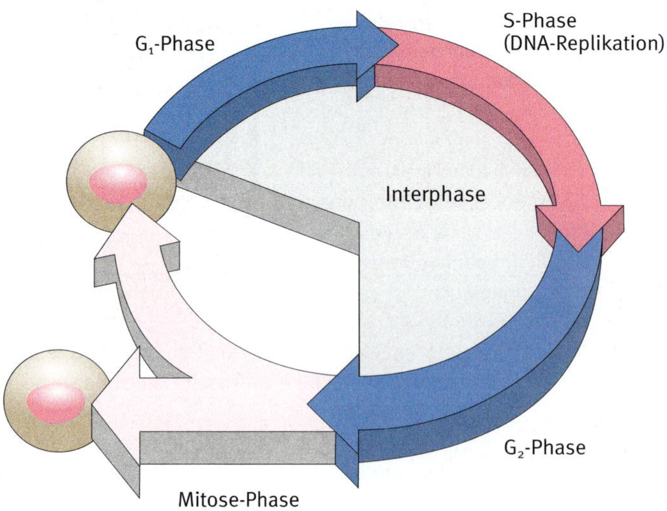

Bei der Teilung einer Zelle entstehen zwei Tochterzellen; beide besitzen die identische genetische Information wie die Mutterzelle sowie die gleiche Ausstattung an Organellen und Cytoplasmabestandteilen. Den gesamten Vorgang, der von der Teilung der Mutterzelle in zwei Tochterzellen bis zur erneuten Teilung der beiden Tochterzellen reicht, nennt man **Zellzyklus.** Man unterteilt ihn in die *Interphase* und die Teilungsphase. Letztere besteht aus der *Kernteilung* oder *Mitose* und der Teilung des Cytoplasmas.

Interphase. Im Mikroskop erscheint die Interphase als ereignisloses Zwischenspiel zwischen zwei Teilungen, bei dem die Zelle lediglich an Größe gewinnt. Genauer betrachtet stellt diese Phase jedoch eine sehr ereignisreiche Periode dar. Im ersten Abschnitt der Interphase (G_1-Phase; engl. *gap*, Lücke) wächst die Zelle, die nach der Teilung noch relativ klein ist. Hierbei werden die Organellen und die anderen Bestandteile des Cytoplasmas vermehrt. Ist die optimale Größe der Zelle erreicht, bleibt sie in dieser stoffwechselphysiologisch aktiven Phase, in der sie ihre Funktion im Organismus übernehmen kann.
Erst wenn die Zelle ein Signal zur erneuten Zellteilung erhält, beginnt sie mit der Verdopplung der DNA (S-Phase; *S:* Synthese). Danach beginnt der letzte Abschnitt der Interphase (G_2-Phase). An dessen Ende werden erstmals die Chromosomen im Mikroskop als lange Fäden sichtbar, die sich mehr und mehr verkürzen und schrittweise dicker werden. Ihre Verteilung auf die Tochterzellen erfolgt in der Mitose.

1 Vergleichen Sie die Vorgänge in der G_1-, G_2- und S-Phase.

STECKBRIEF

Chromosomen: Verpackung der DNA

Jede Tier- und Pflanzenart besitzt in jedem einzelnen Zellkern eine charakteristische Anzahl an Chromosomen. Alle Körperzellen des Menschen enthalten beispielsweise 23 verschiedene Chromosomenpaare. Die Chromosomen enthalten die DNA der Zellen. Mikroskopisch sichtbar sind sie nur für eine kurze Zeit während des Zellzyklus, da sie dann in einem hoch verdichteten Zustand vorliegen. Die dichte „Verpackung" erleichtert die gleichmäßige Verteilung der Erbinformation bei der Kernteilung. Zu jedem anderen Zeitpunkt des Zellzyklus liegen die Chromosomen als lange, dünne, ungeordnete **Chromatinfasern** vor und sind im Lichtmikroskop nicht voneinander zu unterscheiden (Interphasechromosomen).
Der Zellkern einer typischen menschlichen Zelle hat einen Durchmesser von ungefähr 5 bis 8 µm und enthält ca. 2 m DNA. Auf die Größe eines Tennisballs übertragen, enthielte der Ball ca. 20 km sehr feine Fäden. Vor der Zellteilung wird die DNA mit Hilfe verschiedener Proteine (Histone), die an die DNA binden, vielfach spiralisiert und so in eine kompakte und geordnete Form gebracht. Um jedes Histon windet sich der DNA-Faden zweimal und läuft dann zum nächsten Histon weiter. Eine Packungseinheit aus Histon und 200 DNA-Nucleotiden wird als **Nucleosom** bezeichnet. Da die Zelle ihr gesamtes Genom vor der Teilung verdoppelt hat, besteht jedes Chromosom nun aus zwei identischen Armen, den **Chromatiden.** Diese werden von einem spezialisierten Abschnitt, dem **Centromer,** zusammengehalten. Bei der Kernteilung werden die Chromatiden der Chromosomen getrennt. Da jede der beiden Tochterzellen jeweils eines der beiden Chromatiden erhält, ist die Erbgleichheit der Zellen garantiert. Ihren Namen tragen die Chromosomen, weil sie bei der mikroskopischen Präparation bestimmte Farbstoffe besonders stark aufnehmen (gr. *Chromos,* Farbe; *Soma,* Körper).

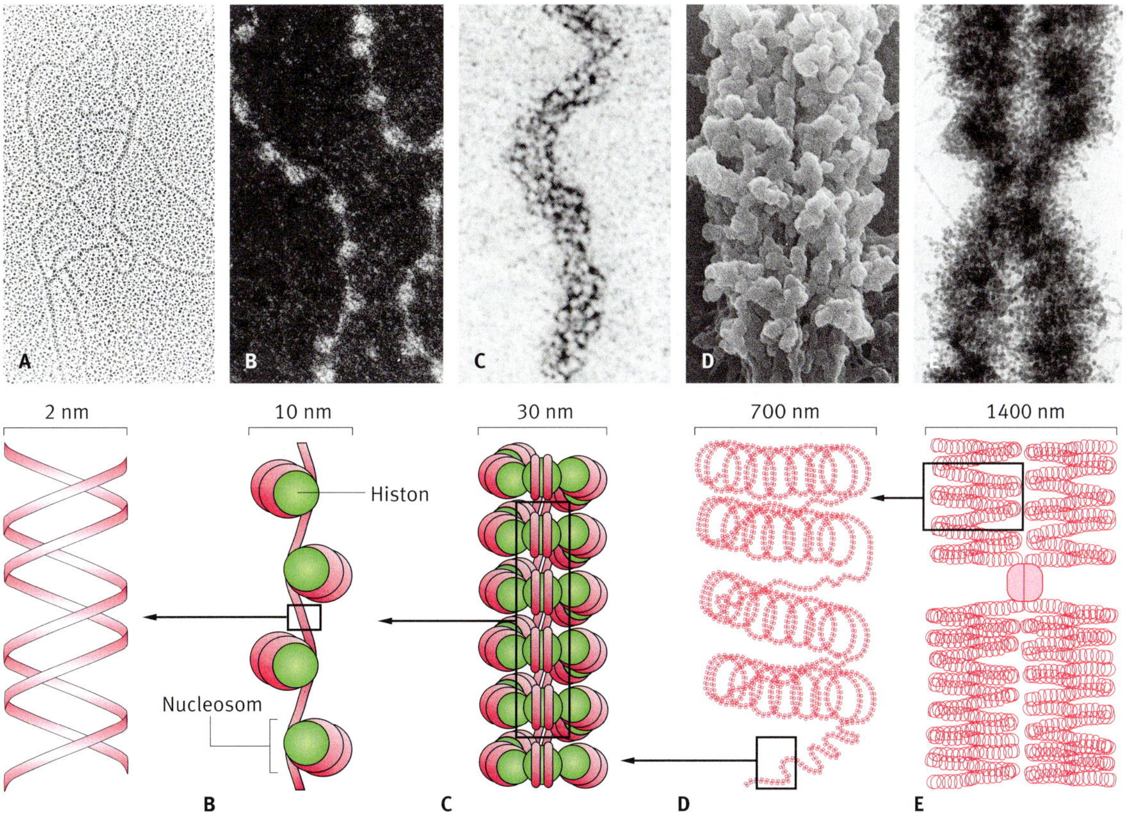

69.1 Packungszustände der DNA (EM-Bild und Modell). **A** Histonfreie DNA (durch chemische Behandlung wurden die Histone entfernt); **B** Perlschnurstruktur mit Nucleosomen; **C** Chromatinfaser; **D** kondensierte Chromatide; **E** Chromosom während der Mitose

70.1 Phasen der Mitose und Zellteilung. LM-Bilder und entsprechende Schemata.

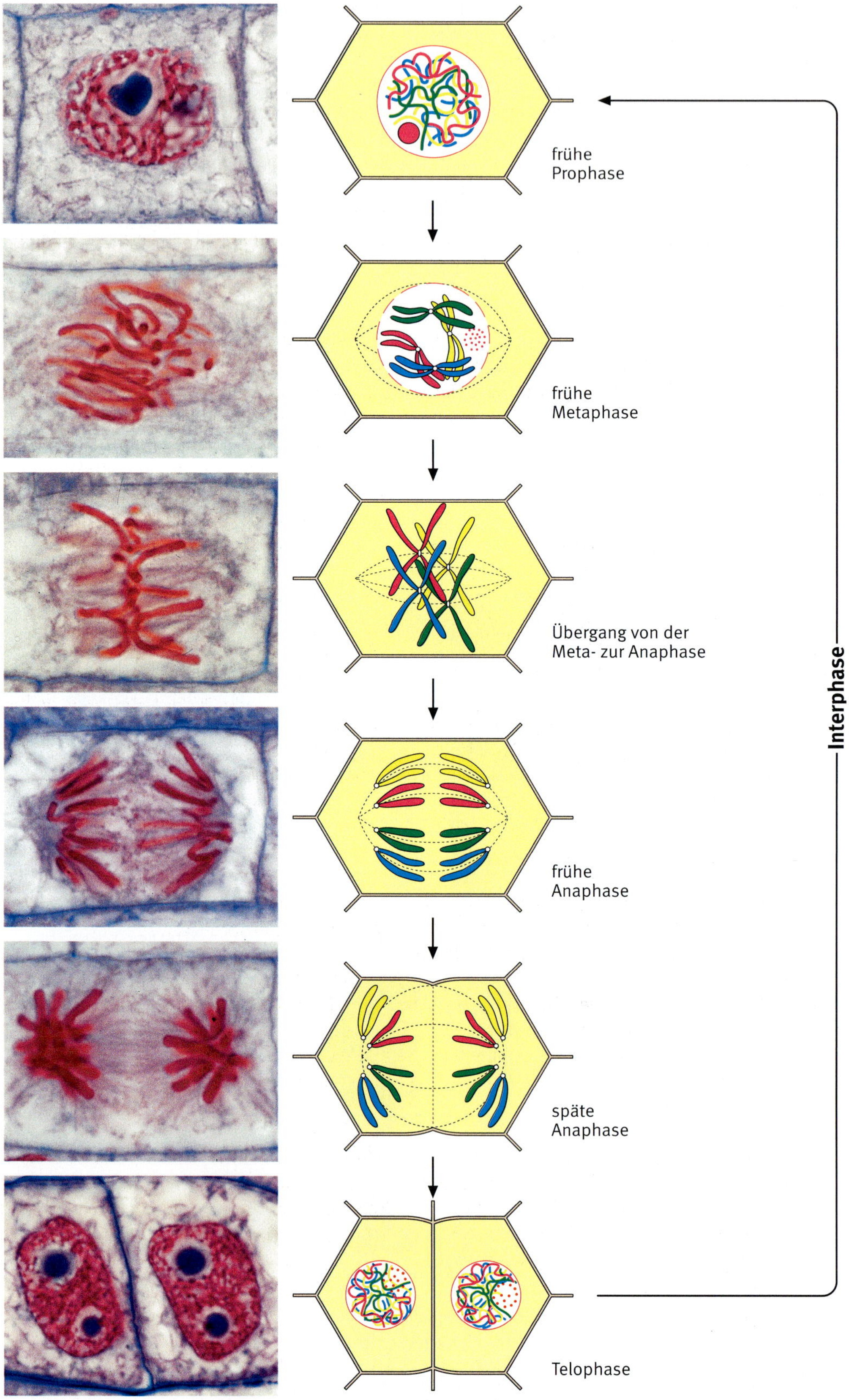

70.2 Spindelapparat (Schema)

Mitose. Die Mitose oder Kernteilung dient der gleichmäßigen Verteilung der Erbinformation auf die beiden Tochterzellen. Zuvor wurden die Chromatiden der Chromosomen während der Interphase verdoppelt. Die Chromosomen bestehen damit aus zwei Chromatiden, die am Centromer zusammenhängen (Zwei-Chromatiden-Chromosom). Die Chromosomen stellen die Transportform der DNA für die sichere Verteilung der Erbinformation bei der Mitose dar. Tatsächlich befindet sich die DNA aber nur für eine kurze Zeit in diesem hoch verdichteten Zustand.

Die Zeit für den Ablauf der Mitose schwankt zwischen einigen Minuten und mehreren Stunden. Die Mitose verläuft kontinuierlich, lediglich zur einfacheren Beschreibung wird sie in verschiedene Phasen eingeteilt. Man unterscheidet Prophase, Metaphase, Anaphase und Telophase.

In der **Prophase** kondensiert die in der Interphase verdoppelte DNA. Es bilden sich die Chromosomen. Die Kernmembran löst sich auf. Es bildet sich der aus Proteinfasern (Mikrotubuli) bestehende *Spindelapparat* aus, der auch als Kernteilungsspindel bezeichnet wird.

In der **Metaphase** sind die Chromosomen maximal verkürzt. Die Mikrotubuli des Spindelapparats heften sich am Centromer der Chromosomen an und bewirken die Anordnung der Chromosomen in der Mitte der Zelle, der so genannten Äquatorialebene.

In der **Anaphase** werden die beiden Chromatiden mit Hilfe der Spindel-Mikrotubuli jeweils zu den entgegengesetzten Zellpolen transportiert.

In der **Telophase** haben die Chromatiden die Spindelpole erreicht. Nach und nach wird die DNA wieder entspiralisiert und die neue Kernmembran wird gebildet; es bilden sich so die neuen Tochterkerne.

Zellteilung. An die Kernteilung schließt sich die Zellteilung an. Jetzt werden die Zellorganelle und Bestandteile des Cytoplasmas auf die beiden Tochterzellen verteilt. Lichtmikroskopisch sichtbar ist bei der tierischen Zelle, dass die Zellmembran eine ringförmige Furche bildet, die das Plasma in der Äquatorialebene schließlich durchschnürt. Bei der Pflanzenzelle geht die Bildung der neuen Zellmembran und Zellwand von der Mitte der Äquatorialebene aus.

Steuerung der Zellteilung. Alle höheren Lebewesen entwickeln sich aus einer einzigen Zelle, der befruchteten Eizelle. Während der Entwicklung teilen sich diese Zellen und ihre Nachkommen viele Male. Ein erwachsener Mensch zum Beispiel ist aus etwa 100 Billionen Zellen aufgebaut. Die präzise Kontrolle des Zeitpunkts und der Geschwindigkeit der Zellteilungen ist äußerst wichtig für ein normales Wachstum und eine normale Entwicklung.

Ein entscheidender Kontrollpunkt für die Steuerung der Zellteilung liegt in der späten G_1-Phase des Zellzyklus. Die Zelle beginnt sich nur dann zu teilen, wenn sie Signale zur Zellteilung erhält. Nur dann tritt sie in die S-Phase ein und beginnt die Verdopplung der DNA. Solche Signale, die die Zellteilung einleiten, sind beispielsweise *Wachstumsfaktoren.* Sie wirken wie Hormone, indem sie spezifisch an Rezeptoren in der Zellmembran binden. Wachstumsfaktoren werden beispielsweise bei Verletzungen freigesetzt, sodass sich die Zellen wieder zu teilen beginnen und die Wunde verschließen. Darüber hinaus beeinflusst der Kontakt zu benachbarten Zellen die Zellteilung: Nach einer Verletzung beispielsweise teilen sich die Zellen nur so lange, bis eine bestimmte Zelldichte erreicht ist und Kontakt zu den Nachbarzellen besteht.

Ein weiterer Kontrollpunkt liegt in der G_2-Phase. Hier wird durch die steuernde Wirkung bestimmter Gene der Zellzyklus so lange angehalten, bis alle DNA verdoppelt und die Zelle groß genug geworden ist.

An verschiedenen weiteren Stellen des Zellzyklus wird in der Zelle überprüft, ob ihr Entwicklungsprozess ohne Störungen abläuft. Werden an diesen Kontrollpunkten Fehler entdeckt, so wird in der Zelle ein genetisches Programm zur Selbstzerstörung, der *Apoptose,* aktiviert. Auf diese Weise wird der Organismus vor Fehlbildungen und unkontrollierter Zellteilung bewahrt. Wenn bei einzelnen Zellen der Zellzyklus außer Kontrolle gerät und sie sich dann unkontrolliert teilen, entstehen *Tumoren.* Man spricht von *Krebs.* Krebszellen zeigen keine von der Zelldichte abhängige Teilungshemmung.

1 Beschreiben Sie die Steuerung der Zellteilung im Zellzyklus.

2 Geschlechtliche Fortpflanzung

72.1 Eizelle mit Spermium (REM-Bild)

Eine menschliche Körperzelle enthält 23 Chromosomenpaare, also insgesamt 46 Chromosomen. Man spricht vom *diploiden Chromosomensatz* und von *diploiden Zellen.* Beim ersten Schritt der geschlechtlichen Fortpflanzung, der Befruchtung, verschmelzen mütterliche und väterliche *Keimzellen* miteinander. Wären die Keimzellen diploid, wie die Körperzellen, so würde sich die Anzahl der Chromosomen von Generation zu Generation verdoppeln. Es ist daher notwendig, die Anzahl der Chromosomen bei der *Keimzellbildung* zu halbieren: Von jedem Chromosomenpaar wird nur eines weitergegeben. Keimzellen haben daher einen einfachen Chromosomensatz. Man spricht vom *haploiden Chromosomensatz* und von *haploiden Zellen.*

Die Halbierung des Chromosomensatzes erfolgt durch zwei aufeinanderfolgende Kernteilungen, die Reifeteilung I und die Reifeteilung II. Zusammen ergeben sie die **Meiose.**
Zunächst werden in der **I. Reifeteilung** die homologen Chromosomen getrennt und auf die Tochterkerne verteilt. Dieser Vorgang ist grundsätzlich verschieden zur Mitose, bei der die Chromatiden der homologen Chromosomen getrennt werden.
Erst in der **II. Reifeteilung** findet eine Aufteilung der Chromatiden statt. Dieser Abschnitt der Meiose entspricht damit einer Mitose. Als Ergebnis der beiden Schritte der Meiose liegen schließlich vier haploide Keimzellen vor, die jeweils eine zufällige Verteilung der väterlichen und der mütterlichen Chromatiden enthalten. Die haploiden Keimzellen bezeichnet man auch als Geschlechtszellen oder Gameten.

1 Erläutern Sie die Notwendigkeit der Meiose für die geschlechtliche Fortpflanzung.

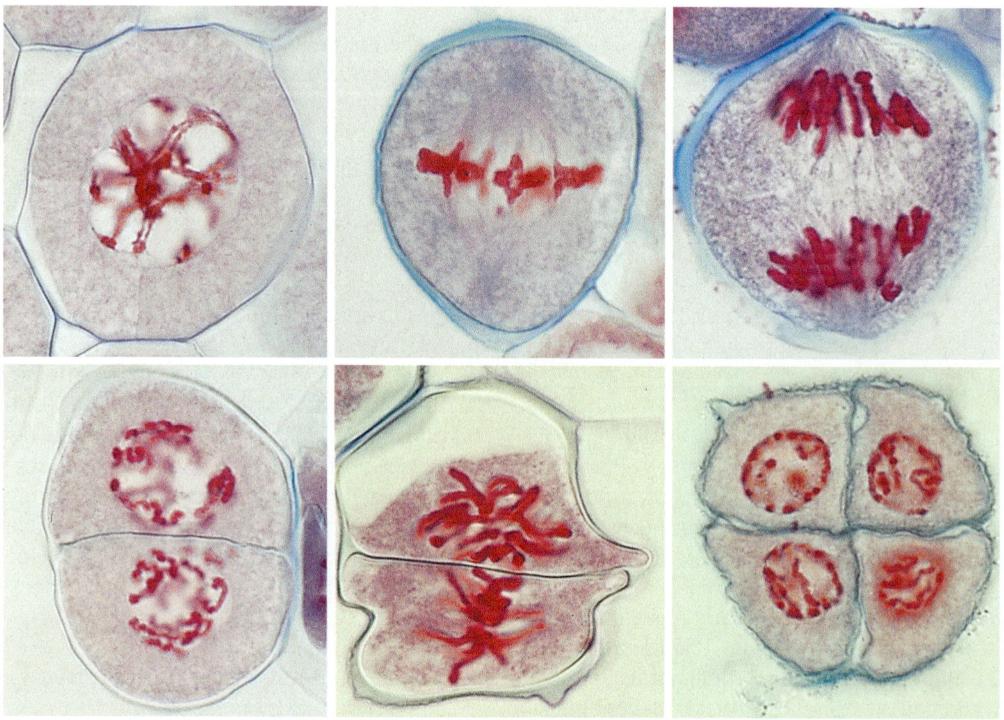

72.2 Meiose-Stadien in Pollenmutterzellen (LM-Bilder)

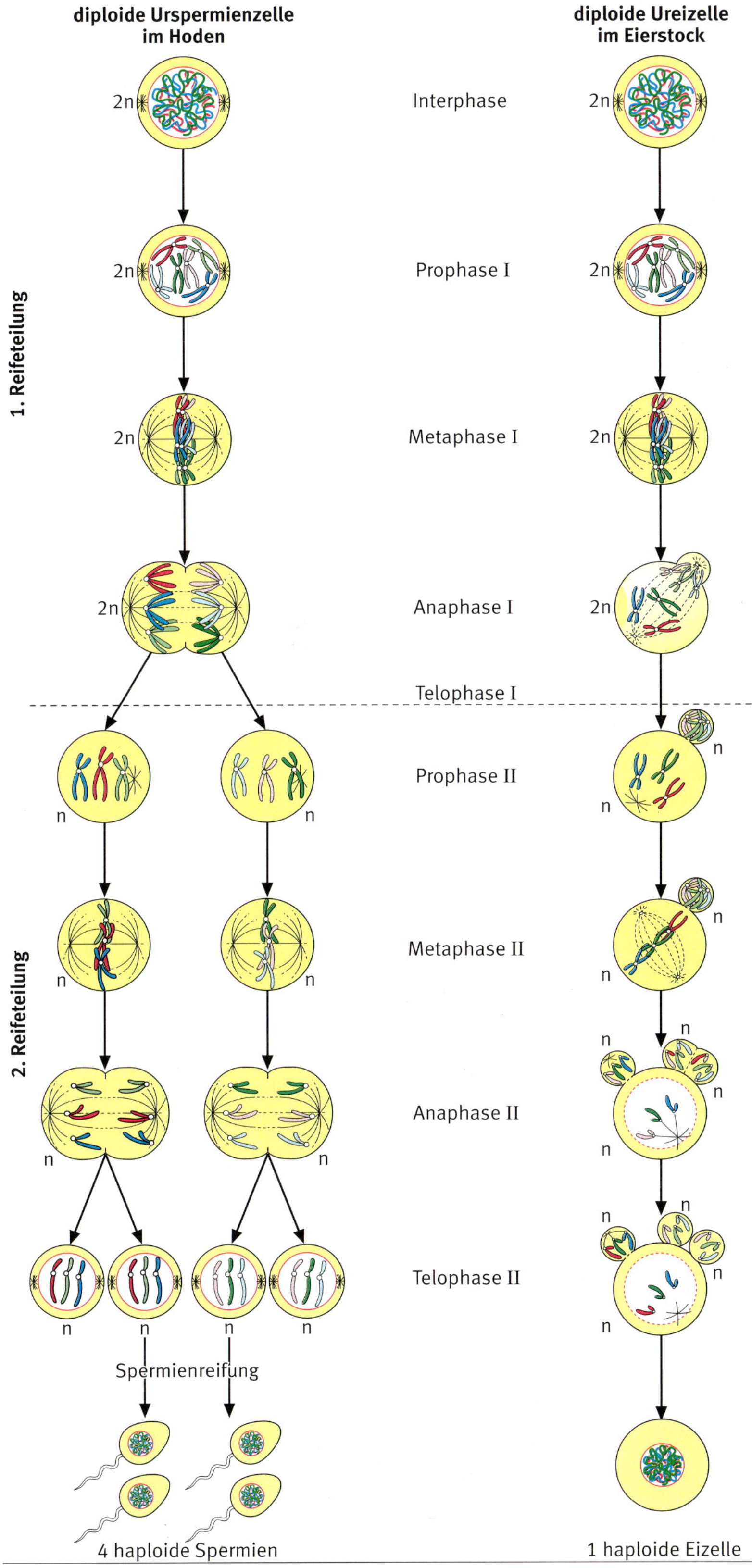

73.1 Meiose bei Tierzellen

1. Reifeteilung

Prophase
- Chromosomen spiralisieren sich zur Transportform
- Chromatiden werden sichtbar
- Spindelfasern bilden sich
- Kernhülle löst sich auf

Metaphase
- homologe Chromosomen ordnen sich zusammen (Tetrade)
- Chromosomen maximal verkürzt
- Anordnung in Äquatorialplatte
- Spindelfasern gebildet

Anaphase
- je ein homologes Chromosom wandert zu den Polen
- jede Tochterzelle enthält einen haploiden Chromosomensatz

Telophase
- Chromosomen erreichen die Zellpole

2. Reifeteilung

- die Chromatiden der homologen Chromosomen werden getrennt
- neue Kernhüllen und Zellmembranen werden gebildet

Ergebnis:
Aus einer diploiden Zelle (2n) entstehen beim männlichen Geschlecht vier haploide Spermien (n), beim weiblichen Geschlecht eine haploide Eizelle (n) und drei haploide Polkörperchen (n).

3 Genetische Variabilität

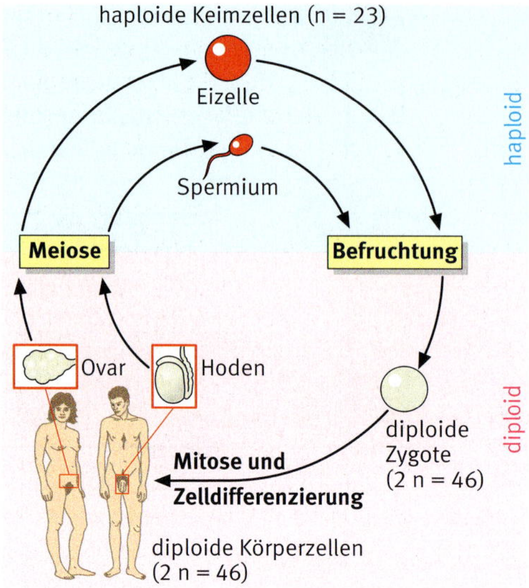

74.1 Keimzellbildung und Befruchtung

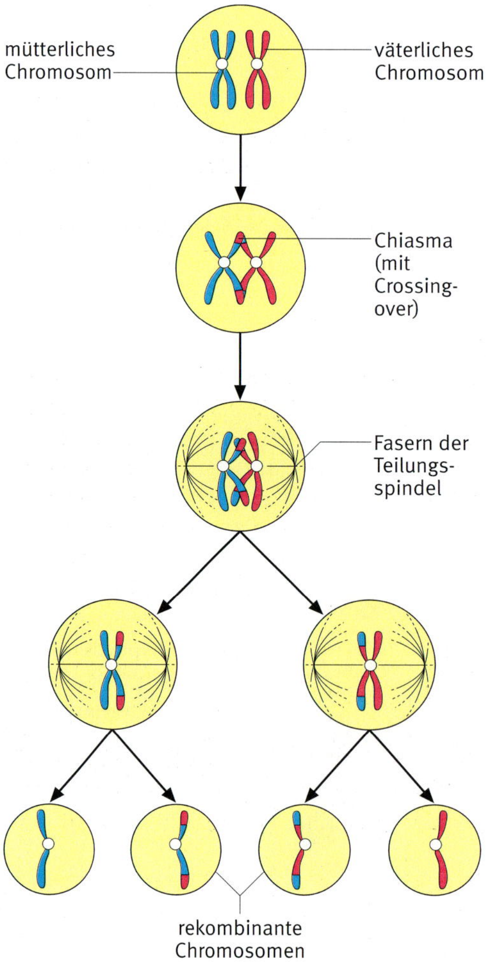

74.2 Crossing over

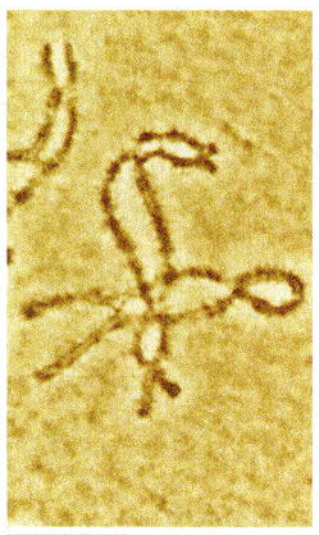

74.3 Mikroskopisch sichtbare Chiasmata

Bei der *ungeschlechtlichen Fortpflanzung* ist ein Individuum der einzige Elter. Er gibt Kopien all seiner Gene an die Nachkommen weiter. Alle Nachkommen besitzen die gleiche Erbinformation wie der Elter, sie sind also alle genetisch identisch. Man spricht von einem **Klon,** man meint damit eine Gruppe *genetisch identischer Individuen.* Genetische Unterschiede zwischen den Individuen können bei ungeschlechtlicher Vermehrung nur durch Mutationen entstehen.

Bei der *geschlechtlichen Fortpflanzung* entstehen im Gegensatz dazu Nachkommen, von denen jeder eine einzigartige Kombination von Genen beider Elternteile aufweist. Verschiedene Vorgänge im Verlauf der Meiose führen zu dieser *genetischen Variabilität.*
Zum einen führt die erste Reduktionsteilung zu einer völlig *zufälligen Verteilung* von mütterlichen und väterlichen Chromosomen auf die entstehenden Keimzellen. Keine Keimzelle gleicht also der anderen. Daraus ergeben sich sehr viele Möglichkeiten der Neukombination von Chromosomen. Man spricht von **Rekombination.**
Zusätzlich wird die genetische Variabilität durch das *Crossing over* weiter erhöht: Im Verlauf der Meiose legen sich die homologen Chromsomen eng aneinander, sodass homologe Gene genau nebeneinanderliegen. Oft überkreuzen sich dabei die Chromosomen *(Chiasma, Plural: Chiasmata)* und einzelne Abschnitte des väterlichen und des mütterlichen Chromosoms werden ausgetauscht. Es entstehen Chromosomen, die sowohl väterliche als auch mütterliche Erbanlagen tragen.
Darüber hinaus wird die genetische Variabilität durch die *Zufälligkeit bei der Befruchtung* gesteigert: Es bleibt dem Zufall überlassen, welches Spermium welche Eizelle befruchtet.
Die durch geschlechtliche Fortpflanzung bedingte genetische Variabilität sei an einem Zahlenbeispiel für den Menschen erläutert: Ohne das Crossing over mit in Betracht zu ziehen, sind bei der Meiose rund acht Millionen verschiedene Kombinationen von Chromosomen denkbar, es können also acht Millionen verschiedene Eizellen oder Spermien entstehen. Eine bei der Befruchtung entstehende Zygote stellt eine unter 64 Millionen möglichen Kombinationen dar.

Genetische Variabilität und Evolution

Will man Evolutionsvorgänge verstehen, so muss man nicht nur einzelne Individuen, sondern *Populationen* betrachten. Unter einer Population versteht man eine große Zahl von Individuen einer Art, die miteinander leben und sich fortpflanzen können. Mit jedem Fortpflanzungsvorgang wird die genetische Variabilität in der Population durch Rekombination, Crossing over und die Zufälligkeiten beim Befruchtungsvorgang weiter erhöht. Durch verschiedene Selektionsmechanismen häufen sich dann jene genetischen Varianten an, die sich in der betreffenden Umwelt als günstig erweisen. Veränderungen der Genausstattung, die zunächst keinen Selektionsvorteil, aber auch keinen Nachteil bringen, können von Bedeutung sein, wenn Umweltveränderungen eintreten. Dann können sie plötzlich wichtige Selektionsvorteile darstellen. Über lange Zeiträume betrachtet wird eine Population dann überleben, wenn in jeder Generation wenigstens ein Teil ihrer Mitglieder an die herrschenden Umweltverhältnisse angepasst ist.

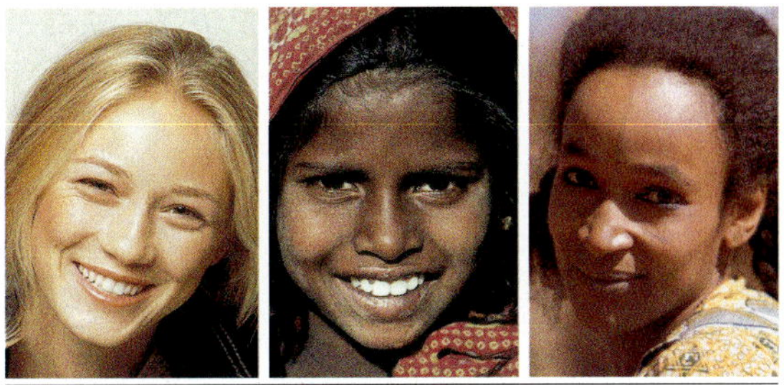

75.1 Variabilität beim Menschen

Stadien der Zellteilung

1 Färbung von Chromosomen

Material: Küchenzwiebel, Karminessigsäure (C), kleine Reagenzgläser, Wasserbad, Objektträger, Deckgläser

Durchführung: Eine Zwiebel wird für einige Tage auf ein mit Wasser gefülltes Gefäß gesetzt. Sie sollte sich knapp über der Wasseroberfläche befinden. Von den austreibenden Wurzeln werden 3 bis 5 mm lange Spitzen abgeschnitten. Diese werden in ein kleines Reagenzglas mit wenig Karminessigsäure gegeben und für etwa drei Minuten im Wasserbad gekocht. Die Wurzelspitzen werden mit einer Präpariernadel entnommen und mit einem Tropfen Karminessigsäure auf einen Objektträger aufgebracht.
Nach Auflegen eines Deckglases wird das Präparat vorsichtig gequetscht.

2 Stadien der Mitose

Material: gefärbtes Präparat von Zellen der Wurzelspitze von Zwiebelzellen oder entsprechendes Dauerpräparat, Mikroskop mit Zubehör, Zeichenmaterial

Durchführung: Die Präparate werden zunächst bei ca. 100-facher Vergrößerung, dann bei 400- bis 800-facher Vergrößerung betrachtet.

Aufgaben:

a) Fertigen Sie Skizzen von verschiedenen Zellen an, die sich in Teilung befinden und bei denen man rot angefärbte Chromosomen erkennen kann. Ordnen Sie Ihre Skizzen, sodass sie den Ablauf der Mitose beschreiben.

b) Abbildung 75.2 zeigt LM-Bilder von Zellen der Zwiebelwurzelspitze. Erläutern Sie für einige der gezeigten Zellen, in welchem Stadium des Zellzyklus bzw. der Zellteilung sie sich befinden.

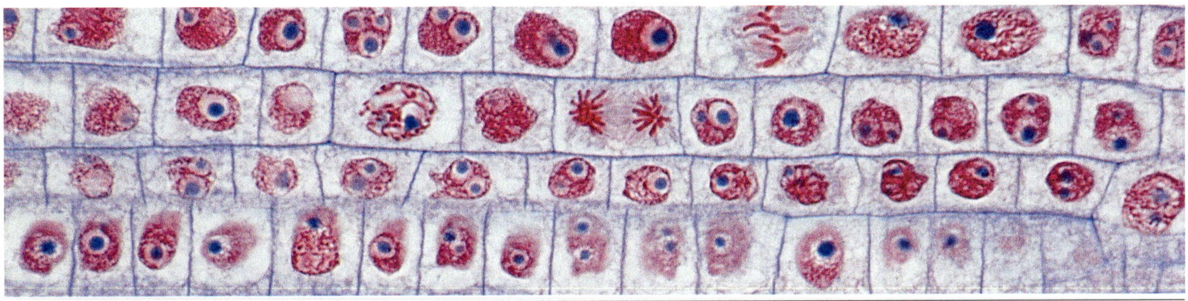

75.2 Zellen aus der Wurzelspitze der Küchenzwiebel (LM-Bild)

4 Genetischer Code und Proteinbiosynthese

Die Merkmale eines Organismus werden im Wesentlichen durch Proteine bestimmt. Der Bauplan der Proteine ist in der genetischen Information der DNA codiert *(Genotyp)*. Zur Ausprägung der Merkmale eines Organismus (Phänotyp) wird die genetische Information (Nucleotidsequenz) in die Aminosäuresequenz der Proteine übersetzt.

Genetischer Code. Proteine bestehen aus Ketten von Aminosäuren, deren Reihenfolge in der Kette (Aminosäuresequenz) für die räumliche Struktur und damit für die Eigenschaften jedes Proteinmoleküls verantwortlich ist. Die Aminosäuresequenz ist in der DNA codiert: Jede Aminosäure wird durch eine bestimmte Kombination aus drei organischen Basen des DNA-Moleküls, einem **Basentriplett,** codiert. So codiert das Basentriplett Cytosin – Guanin – Thymin die Aminosäure Alanin. Ein solches „Codewort" für eine Aminosäure bezeichnet man auch als **Codon.** Die Aminosäuresequenz wird durch die Abfolge der Basentripletts festgelegt, also durch die *Basensequenz* des DNA-Moleküls. Welche Basentripletts für welche Aminosäure codieren, lässt sich mit Hilfe der *Codon-Sonne* ablesen. Alle Basentripletts, die die Aminosäuresequenz eines bestimmten Proteins codieren, bezeichnet man als ein **Gen.** Jedes Gen umfasst auch spezielle Tripletts, die als Start- bzw. Stoppsignale dienen und den Genanfang bzw. das Ende markieren.

76.1 Codon-Sonne

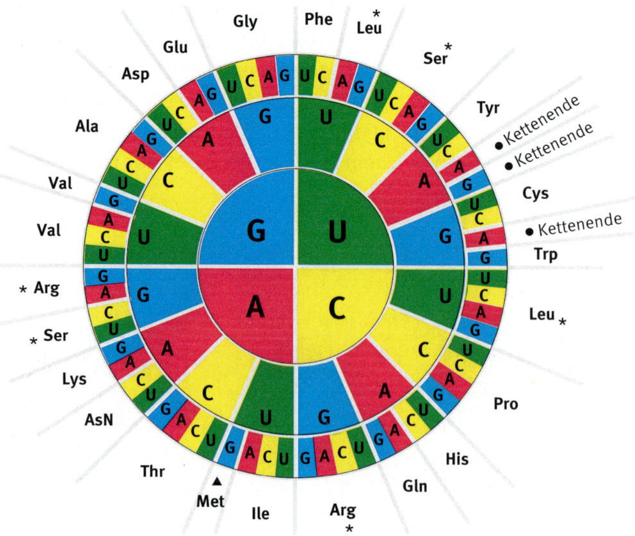

* zweimal auftretende Aminosäuren • Stopp-Codon ▲ Start-Codon

Proteinbiosynthese. Das Zusammenfügen der Aminosäuren geschieht an den Ribosomen, also außerhalb des Zellkerns. Die Information der DNA im Kern muss daher zunächst zu den Ribosomen gelangen. Dies geschieht im ersten Schritt der Proteinbiosynthese, der **Transkription.** Das entsprechende Gen auf der DNA wird dabei in einen anderen kürzeren Nucleinsäuretyp, die **messenger-RNA (mRNA),** umgeschrieben. Dieses Molekül kann den Zellkern verlassen und fungiert als Botenstoff für die Information.
Direkt vor einem Gen findet man eine bestimmte Basen-Sequenz, die man **Promotor** nennt. An diesen DNA-Abschnitt bindet das Enzym *RNA-Polymerase,* das die **mRNA** synthetisiert. Hinter der Promoter-Region wird die DNA-Doppelhelix durch die RNA-Polymerase geöffnet. Komplementär zu einem der beiden DNA-Stränge, dem Matrizenstrang, synthetisiert die RNA-Polymerase aus RNA-Nucleotiden einen mRNA-Einzelstrang. Die fertiggestellte mRNA wird dann zu den im Cytoplasma liegenden Ribosomen transportiert.
Im zweiten Schritt der Proteinbiosynthese wird die Information der mRNA an den Ribosomen in die Abfolge der Aminosäuren des Proteins übersetzt. Diesen Vorgang bezeichnet man als **Translation.** Zunächst lagert sich ein Ribosom an die Nucleotid-Sequenz der mRNA, die dem Start-Codon vorausgeht. Bei der nun folgenden *Übersetzung* des Codes der mRNA in eine Aminosäuresequenz wird eine weitere RNA-Form benötigt, die **transfer-RNA (tRNA).** Die tRNA hat zwei Aufgaben: Jedes tRNA-Molekül bindet spezifisch eine ganz bestimmte Aminosäure und transportiert diese zum Ribosom. Zum anderen verfügt jedes tRNA-Molekül über ein spezielles Basentriplett, das Anticodon. Mit diesem bindet die tRNA an ein komplementäres Codon der mRNA. Die tRNA fungiert also sozusagen als *„Adapter"* zwischen einer bestimmten Aminosäure und dem entsprechenden Basentriplett der mRNA.
Im Ribosom werden die mit Hilfe der tRNA an die mRNA gebundenen Aminosäuren schrittweise miteinander zur Polypeptidkette verknüpft. Die mRNA wird vom Ribosom freigesetzt, wenn ein *Stopp-Codon* erreicht wird. Nach einer gewissen Zeit wird sie enzymatisch abgebaut, dadurch wird die Synthese dieses Proteins beendet.

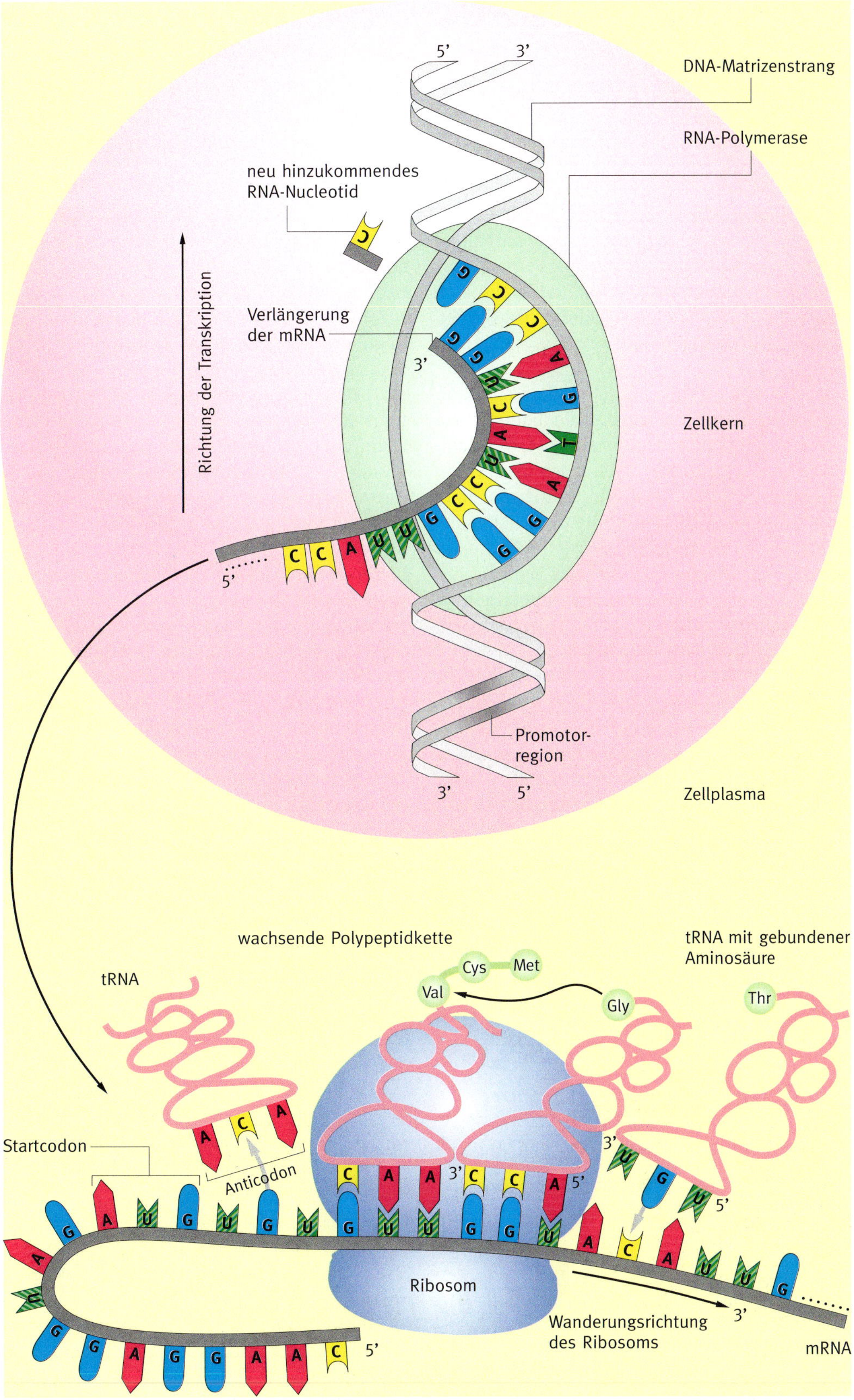

77.1 Protein-biosynthese (Transkription und Translation)

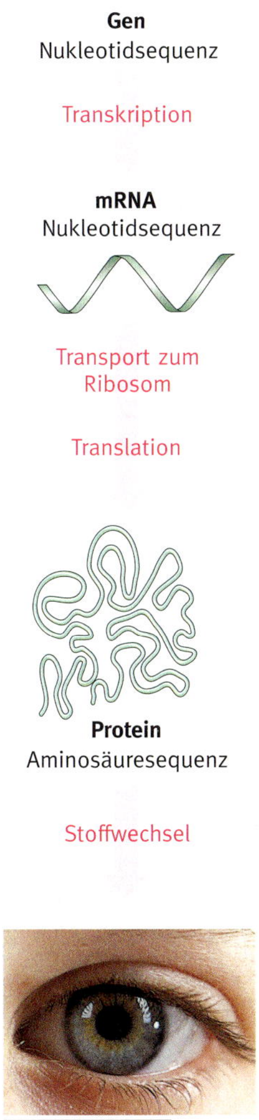

77.2 Vom Gen zum Merkmal

5 Differenzierung von Zellen

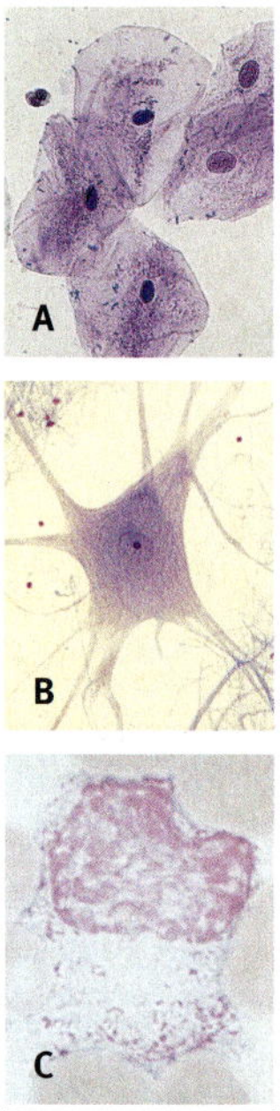

78.1 Differenzierte Zellen. **A** Mundschleimhautzellen (LM-Bild); **B** Nervenzelle (LM-Bild); **C** Makrophage (LM-Bild)

Im Körper des Menschen gibt es etwa 200 verschiedene Zelltypen. So sind beispielsweise Mundschleimhautzellen, Nervenzellen oder Makrophagen in Bau und Funktion sehr verschieden. Dennoch sind sie während der Embryonalentwicklung aus einer einzigen befruchteten Eizelle entstanden, sie enthalten alle identische DNA-Kopien. Den Vorgang der Entstehung unterschiedlicher Zelltypen im Laufe der Embryonalentwicklung bezeichnet man als **Differenzierung.**

Die Verschiedenheit der Zelltypen ist darauf zurückzuführen, dass in verschiedenen Zellen unterschiedliche Gene aktiv sind. Man spricht von *unterschiedlicher Genexpression.* Beispielsweise sind in Zellen der Bauchspeicheldrüse, den β-Zellen, bestimmte Gene aktiv, die in keinem anderen Zelltyp exprimiert werden. Nur die β-Zellen produzieren das Hormon Insulin. In den α-Zellen, einem anderen Zelltyp der Bauchspeicheldrüse, ist hingegen das Gen für das Hormon Glukagon aktiv.
Die präzise Kontrolle der Genaktivität ist für die Unterschiede zwischen den α- und β-Zellen der Bauchspeicheldrüse ebenso verantwortlich wie für die Unterschiede zwischen Mundschleimhautzellen, Nervenzellen und Makrophagen. Die Differenzierung der Zellen wird durch die Kontrolle der Genexpression gesteuert.

Kontrolle der Genexpression. Die typischen Merkmale einer differenzierten Zelle werden vom Vorhandensein bestimmter Proteine bestimmt. Kontrolliert werden muss daher der Weg von der DNA zum Protein. Ein wichtiger Kontrollpunkt für die Genexpression ist der Beginn der Transkription.

Die Transkription einzelner Gene wird in der Zelle durch **Regulatorproteine** an- und abgeschaltet, die spezifisch an kurze DNA-Sequenzen binden. Diese bezeichnet man als *regulatorische Sequenzen.* Die Struktur der Regulatorproteine bestimmt, welche DNA-Sequenz erkannt wird (Schlüssel-Schloss-Prinzip). Die Bindung eines solchen Regulatorproteins aktiviert das Enzym RNA-Polymerase. Dadurch wird die Transkription dieses Gens gestartet, die Proteinsynthese beginnt. Solche Regulatorproteine, die Gene aktivieren, bezeichnet man als *Aktivatorproteine.*

In den Zellen findet man aber auch Regulatorproteine, die die Genexpression hemmen, sie werden *Repressorproteine* genannt. Die Genexpression wird also dadurch kontrolliert, dass die RNA-Polymerase entweder durch Aktivatoren aktiviert oder durch Repressoren gehemmt wird. Die unterschiedlichen Regulatorproteine stellen somit sicher, dass in jeder Zelle eines bestimmten Typs nur die benötigten Gene exprimiert werden.

Die regulatorischen Proteine wirken nur bei Bakterien direkt auf die RNA-Polymerase ein. Bei eukaryotischen Zellen wird die Kontrolle des Enzyms über verschiedene andere Proteine, die *Transkriptionsfaktoren,* vermittelt.

78.2 Kontrolle der Genexpression (Schema)

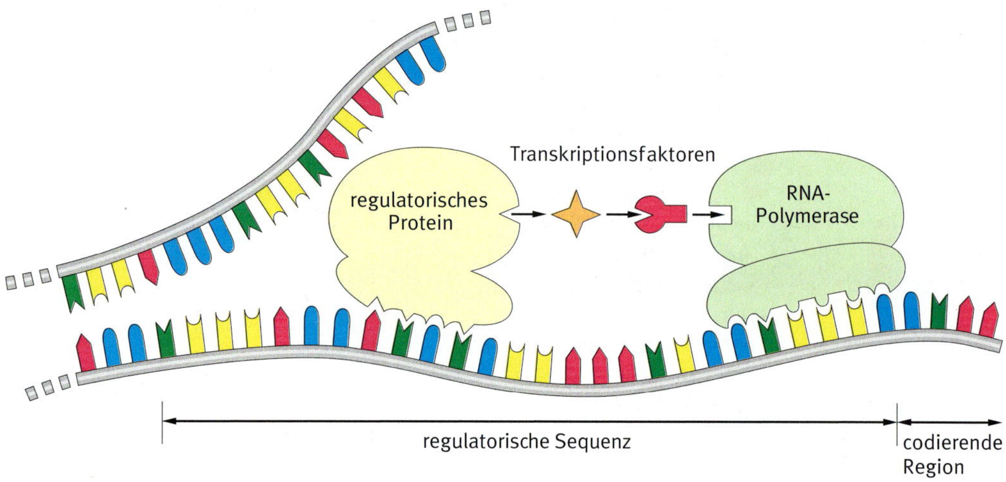

Stammzellen. Oft ist es notwendig, dass Zellen ständig erneuert werden. Zellen der Haut beispielsweise sind hohen mechanischen Belastungen ausgesetzt. Die Funktionsfähigkeit eines solchen Gewebes hängt daher von einem kontinuierlichen Erneuerungsprozess ab. Als Gewebe bezeichnet man Verbände aus Zellen gleichen Baues und gleicher Funktion. Differenzierte Zellen, wie es auch die Zellen der Hautepidermis sind, sind meist nicht mehr in der Lage, sich zu teilen; sie stehen am Ende eines Entwicklungsprozesses. Die Zellerneuerung muss daher aus einem Vorrat an Vorläuferzellen stattfinden, die vor dem endgültigen Abschluss der Differenzierungsvorgänge gebildet werden. Man bezeichnet solche Zellen als *Stammzellen.* Dabei handelt es sich um Zellen, deren Differenzierungsprozess noch nicht abgeschlossen ist. Sie sind ohne Einschränkung teilungsfähig. Wenn sich Stammzellen teilen, entstehen aus ihren Nachkommen einerseits differenzierte Zellen. Andererseits werden dabei immer auch wieder Stammzellen gebildet. Der Vorrat an diesen Zellen nimmt daher nicht ab, er ist für das Wachstum und die Regeneration des Gewebes erforderlich. Stammzellen liegen meist als Schichten in der Tiefe der Gewebe. In der Haut beispielsweise liegt sie direkt über dem Bindegewebe. Nach der Teilung der Stammzellen beginnen einige Tochterzellen nach außen zu wandern, wobei die Differenzierungsvorgänge eingeleitet werden. Einige der Tochterzellen verbleiben an der Grenzschicht zum Bindegewebe und erhalten damit den Vorrat an Stammzellen.

Obgleich die Stammzellen in den verschiedenen Geweben nicht endgültig differenziert sind, sind sie dennoch *determiniert,* d.h. in ihrem Entwicklungsweg festgelegt. So stellt in den Stammzellen der Hautepidermis eine Gruppe von Regulatorproteinen sicher, dass sich aus diesen Stammzellen nur Hautepidermiszellen entwickeln. Lediglich in sehr frühen Stadien der Embryonalentwicklung findet man Stammzellen, die noch nicht determiniert sind. Aus solchen **embryonalen Stammzellen** können sich alle Zelltypen eines Organismus entwickeln. Die determinierten Stammzellen im Gewebe eines erwachsenen Organismus bezeichnet man als **adulte Stammzellen.** Häufig können aus einem Stammzelltyp verschiedene Zelltypen entstehen. Beispielsweise werden alle Zellen des Blutes aus einem Stammzelltyp gebildet.

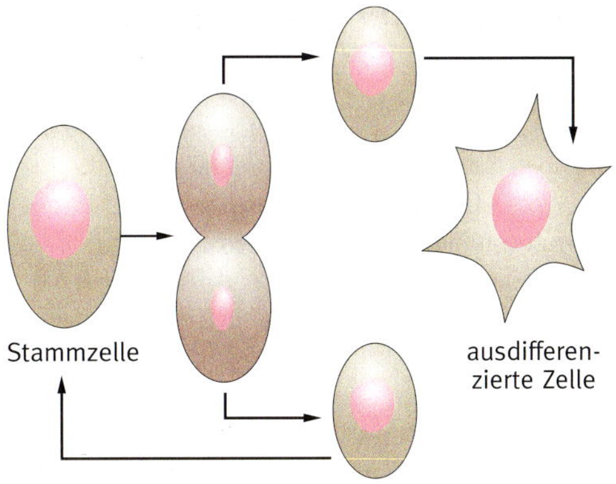

79.1 Teilung einer Stammzelle

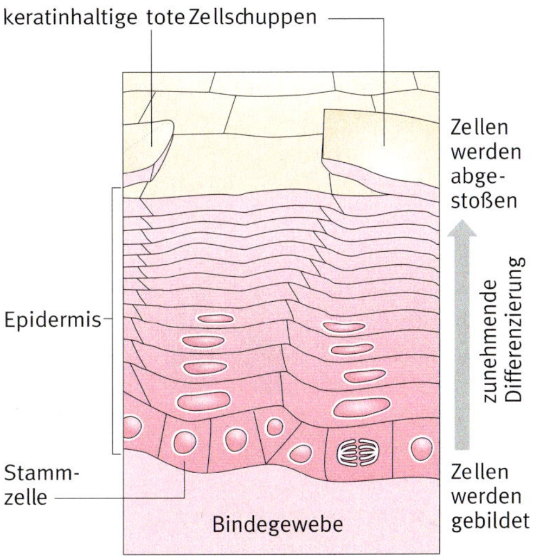

79.2 Zellerneuerung in der Epidermis aus Stammzellen

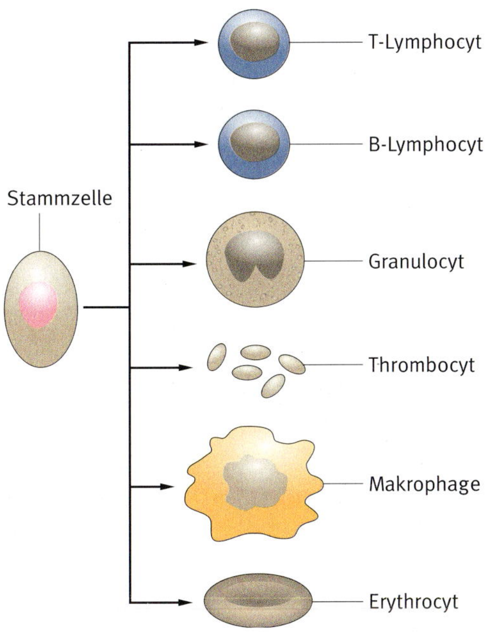

79.3 Herkunft der Blutzellen

MEDIZIN

Stammzellen: Potenzial für neue Behandlungswege

Durch ihre Teilungsfähigkeit und ihr Differenzierungspotenzial sind Stammzellen für Forscher ein wichtiger Zelltyp. Mit Hilfe von Stammzellen versucht man die Mechanismen zentraler Zellfunktionen wie beispielsweise Differenzierungs- und Entwicklungsvorgänge zu verstehen. Weiterhin wird untersucht, wie Organschäden geheilt werden können, die durch das Absterben von Zellen verursacht wurden. Dafür werden Stammzellen in das betroffene Organ injiziert; sie differenzieren sich dort und ersetzen die abgestorbenen Zellen. Die Therapie des Herzinfarkts oder der Parkinson-Erkrankung sind Beispiele hierfür. Auch an der Züchtung ganzer Organe aus Stammzellen für Transplantationen oder Tests von Medikamenten wird gearbeitet. Das Fachgebiet heißt Tissue Engineering.

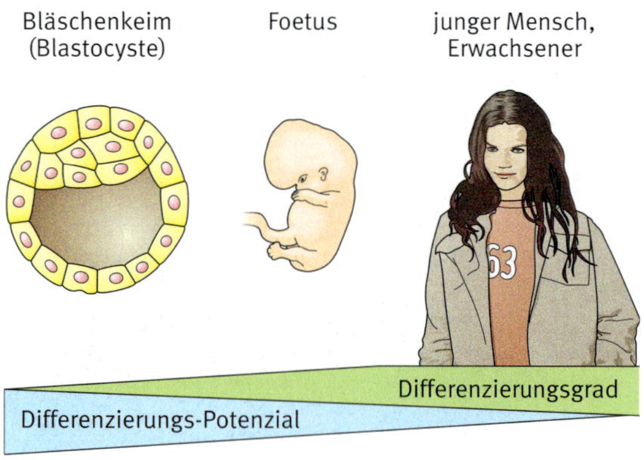

80.1 Differenzierungspotenzial und Differenzierungsgrad

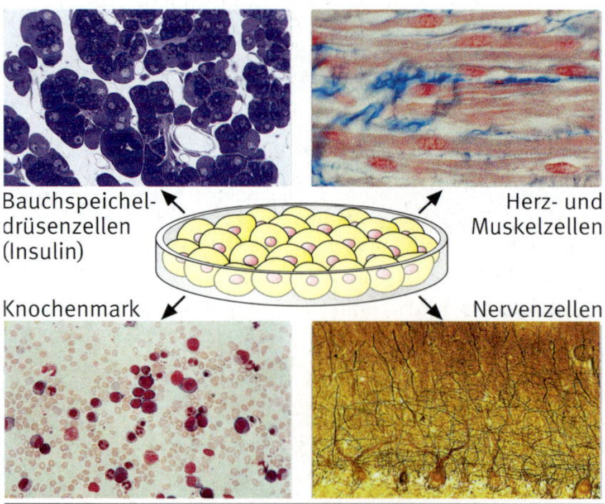

80.2 Differenzierungspotenzial von embryonalen Stammzellen (Auswahl)

Die befruchtete Eizelle und ihre ersten Teilungsstadien können noch ein ganzes Individuum bilden (Totipotenz). Bereits nach wenigen Teilungen geht den Zellen diese Fähigkeit verloren.
Für die Forschung mit Stammzellen sind vor allem **embryonale Stammzellen** von Bedeutung, da sie ein sehr hohes Differenzierungspotenzial besitzen. Sie lassen sich auf drei unterschiedlichen Wegen gewinnen. Zum einen können embryonale Stammzellen nach einer künstlichen Befruchtung aus einem frühen Embryonalstadium, der Blastocyste, gewonnen werden. Solche Stammzellen können zu mehr als 200 verschiedenen Gewebetypen differenzieren (Pluripotenz).
Bei der zweiten Möglichkeit geht man von fünf bis neun Wochen alten Embryonen aus, die beispielsweise nach einem Schwangerschaftsabbruch zur Verfügung stehen. Diesen entnimmt man Vorläufer von Ei- oder Samenzellen, woraus sich im Labor Zellen entwickeln, die sich nicht von embryonalen Stammzellen unterscheiden.
Embryonale Stammzellen lassen sich auch durch *therapeutisches Klonen* erzeugen. Dabei wird aus einer Eizelle der Zellkern entfernt. Anschließend bringt man den Zellkern einer diploiden Körperzelle in diese Zelle ein. Es entsteht so eine Zelle, die sich wie ein normaler Embryo bis zum Blastocystenstadium entwickelt, woraus dann die Stammzellen entnommen werden können.

Gegenüber embryonalen Stammzellen besitzen **adulte Stammzellen** ein eingeschränktes Differenzierungspotenzial, das meist nur die Entstehung von Zellen ihres Ursprungsgewebes erlaubt (Multipotenz). Man gewinnt sie beispielsweise aus dem Knochenmark. Diese Blut bildenden Stammzellen können in alle Zelltypen differenzieren, die im Blut vorkommen. Genutzt wird dies bei der Therapie der Leukämie (Blutkrebs).

Bei der Gewinnung embryonaler Stammzellen müssen die *ethischen Aspekte* Berücksichtigung finden. In Deutschland verbietet das *Gentechnik-Gesetz* aus ethischen Gründen beispielsweise das therapeutische Klonen, da mit den gleichen Techniken genetisch identische Menschen erzeugt werden könnten. Geregelt ist auch, dass Embryonen durch künstliche Befruchtung nur zum Herbeiführen einer Schwangerschaft erzeugt werden dürfen.
Wenn es gelingen könnte, die Mechanismen der Zelldifferenzierung zu verstehen und umzukehren, könnte man eventuell auf die Verwendung embryonaler Stammzellen gänzlich verzichten.

Zell- und Gewebekultur: eine Technologie für Forschung und Anwendung

Viele Tier- und Pflanzenzellen kann man dem lebenden Organismus entnehmen und in einer künstlichen Umgebung am Leben erhalten. Für solche Zellkulturen lassen sich kleine Gewebestücke verwenden, meist jedoch kultiviert man einzelne Zellen.

Zur Gewinnung von Einzelzellen löst man enzymatisch die extrazelluläre Matrix auf, die die Zellen zusammen hält. Die Zellen werden anschließend in Nährmedien überführt, die Glucose, Salze, Vitamine, Wachstumsfaktoren und Hormone enthalten. Tierische Zellen benötigen zusätzlich Aminosäuren und Proteine. Die Kultur muss unter sterilen Bedingen erfolgen. Sich schneller vermehrende Mikroorganismen würden sonst die kultivierten Zellen durch ihre Stoffwechselprodukte schädigen.

Unter optimalen Kulturbedingungen behalten die Zellen oft die Eigenschaften, die sie im lebenden Organismus zeigen. Zellkulturen bieten daher die Möglichkeit, Untersuchungen durchzuführen, die sonst am ganzen Organismus vorgenommen werden müssten, und können somit auch als Alternative zu Tierversuchen dienen. Alle an Zellkulturen gewonnenen Ergebnisse müssen allerdings daraufhin überprüft werden, ob sie nicht eventuell durch die in der Kultur aufgebaute künstliche Umgebung bedingt sind. Bei Pflanzen besteht unter besonderen Kulturbedingungen die Möglichkeit, aus einer einzelnen Zelle eine ganze Pflanze zu gewinnen. Hier ist es im Gegensatz zu tierischen Zellen möglich, die Differenzierungsvorgänge rückgängig zu machen und so totipotente Zellen zu erhalten.

Tissue Engineering. Der Bedarf an Organen, z. B. in Folge eines Unfalls oder von Krankheiten, und das Angebot an verfügbarem Spendermaterial klaffen heute weit auseinander. Ein möglicher Lösungsweg könnte das *Tissue Engineering* sein. Hierbei werden patienteneigene Zellen in Gewebekultur vermehrt. Unter dem Einfluss von Wachstums- und Differenzierungsfaktoren entstehen aus diesen Zellen an Trägermaterialien dreidimensionale Gewebe. Die Rekonstruktion von Knorpel-, Knochen- und Bandscheibengewebe hat bereits Einzug in die Klinik gehalten. Auch die Rekonstruktion und anschließende Transplantation von Ohrmuschelgewebe oder die Herstellung von Herzklappen mit patienteneigenem Material ist in ersten Studien gelungen. In der Grundlagenforschung kann die Geweberekonstruktion dazu beitragen, neue Arzneimittel an Modellen zu testen. Die Aussagekraft solcher Experimente für die Situation im Menschen ist besser als bei Tierexperimenten, da hier differenzierte menschliche Zellen verwendet werden. Geweberekonstruktionen stellen wertvolle Ersatzsysteme für Tierversuche dar.

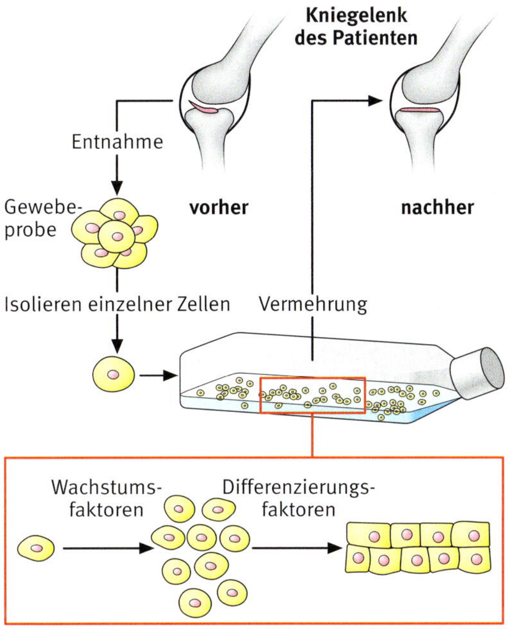

81.1 Kultur von Knorpelzellen

81.2 Kultivierte Epithelzellen am Boden einer Kulturschale (REM-Bild)

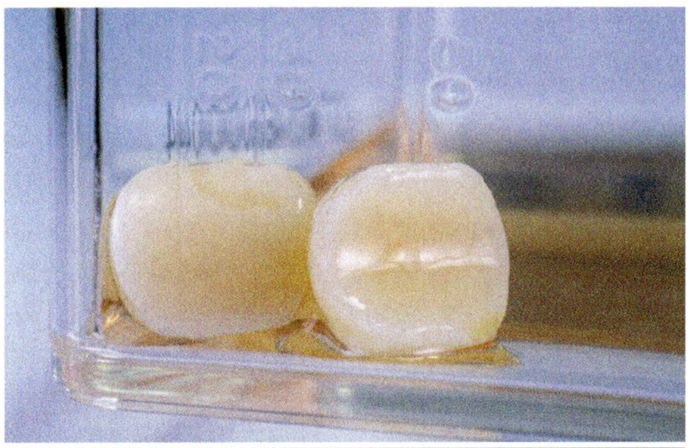

81.3 Regenerierter Gelenkknorpel
(Gewebe in der Kulturschale)

STECKBRIEF

Nervenzellen

Das Nervensystem des Menschen besteht aus Milliarden von Nervenzellen (Neuronen). Gemeinsam ist diesen Zellen, dass sie auf das Übertragen und Verarbeiten von Signalen spezialisiert sind.
Nahezu alle Nervenzellen besitzen Fortsätze, die der Aufnahme und Weiterleitung elektrischer Impulse dienen. Diese haben einen Durchmesser von 0,2 bis 20 µm, sind oft weit verzweigt und in der Länge sehr variabel. Die längsten Fortsätze können über einen Meter Länge haben.

Bei den meisten Nervenzellen lassen sich drei Bereiche unterscheiden: Über die als **Dendriten** bezeichneten, weit verzweigten Zellfortsätze werden Signale von anderen Nervenzellen oder von Sinneszellen aufgenommen.

Das **Axon** ist die Weiterleitungszone für Signale. An seinem Beginn befindet sich der *Axonhügel,* die Impulsentstehungszone. An dieser Stelle ändert sich der Aufbau der Zellmembran: Charakteristisch für die Axonmembran sind spannungsgesteuerte Ionenkanäle, die die Ausbildung von Aktionspotenzialen ermöglichen. Hierin unterscheidet sich die Axonmembran von allen anderen Membranen. Viele Axone sind von einer Myelinscheide umgeben und dadurch elektrisch isoliert. Diese wird von den flachen Fortsätzen der Gliazellen gebildet, die das Axon umwickeln. Die Myelinscheide ist in regelmäßigen Abständen unterbrochen, man bezeichnet diese Stellen als *RANVIER-Schnürringe.* Am Ende des Axons wird die Information an andere Zellen übermittelt. Die Kontaktstellen zu anderen Zellen werden als **Synapsen** bezeichnet. In den Synapsen werden die elektrischen Impulse in chemische Signale umgewandelt.

Das **Soma,** der Zellkörper, dient der Versorgung der Nervenzelle. Hier findet man den Zellkern, viele Mitochondrien zur Energiebereitstellung, Ribosomen und sonstige Organellen, die der Proteinbiosynthese dienen.

Alle Nervenzellen stammen von embryonalen Vorläuferzellen ab, aus denen sie in vielen Differenzierungsschritten während der Entwicklung des Organismus entstanden sind. Ist die Differenzierung abgeschlossen, sind Nervenzellen nicht mehr teilungsfähig. Beim Erwachsenen können abgestorbene Nervenzellen daher nicht mehr regeneriert werden.

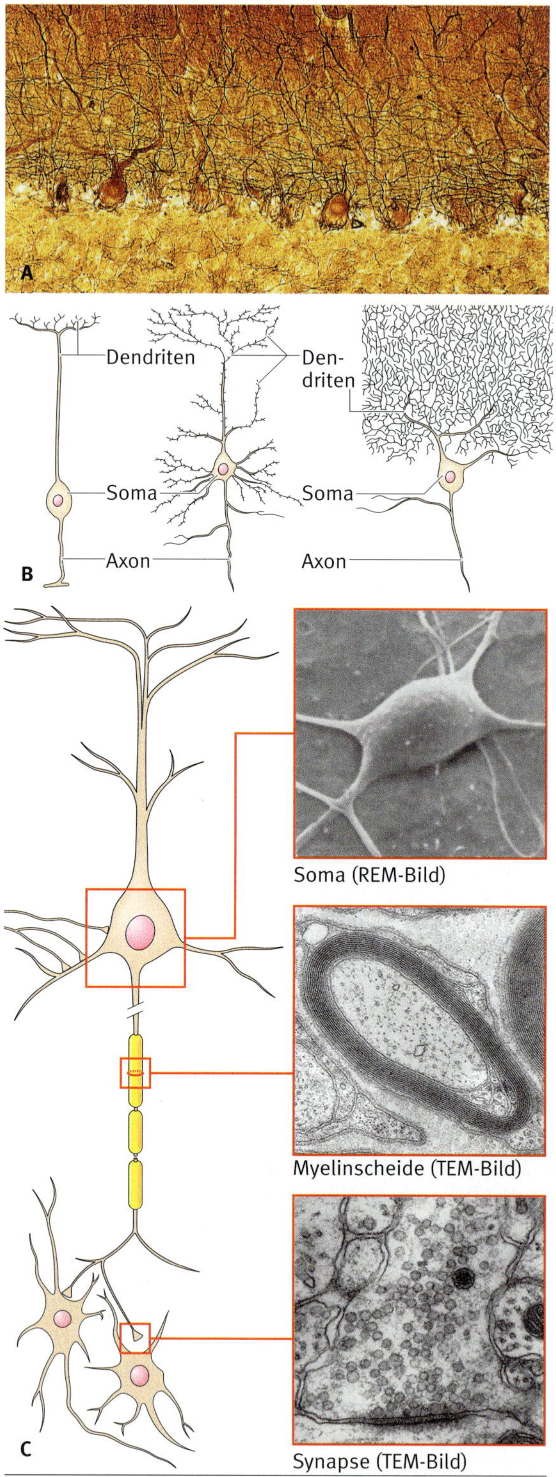

82.1 Nervenzellen. A Nervengewebe (LM-Bild); **B** unterschiedliche Zellformen (links: aus der Netzhaut, Mitte: aus dem Rückenmark, rechts: aus dem Kleinhirn); **C** Grundbauplan Nervenzelle

Lebewesen vermehren sich

1 Die Merkmale eines Organismus (Phänotyp) werden im Wesentlichen durch Proteine bestimmt. Im genetischen Code der DNA wird die Primärstruktur der Proteine durch Basentripletts bestimmt. Proteine sind aus etwa 20 verschiedenen Aminosäuren aufgebaut.

a) Erläutern Sie, was man unter Erbinformation versteht, wie diese durch die DNA codiert ist und wie sie den Phänotyp bestimmt.

b) Diskutieren sie, ob auch ein genetischer Code vorstellbar wäre, dessen Codewörter für die Aminosäuren auf einer Kombination von zwei Basen beruht.

c) Erläutern Sie die Bedeutung der Start- und Stopp-Codons beim genetischen Code.

d) Man bezeichnet den genetischen Code als degeneriert. Erläutern Sie diese Aussage an Beispielen.

2 In einem Lehrbuch ist im Kapitel über Teilungsvorgänge bei Zellen folgender Textauszug zu finden:
... *„Dabei ist es dem Zufall überlassen, in welche der so gebildeten Keimzellen das väterliche bzw. mütterliche Chromosom gelangt. ...“*
Um welchen Zellteilungstyp handelt es sich hier? Erläutern Sie Ihre Antwort anhand einer Skizze.

3 Lebewesen, die sich sexuell fortpflanzen, haben deutliche Evolutionsvorteile gegenüber solchen, die sich ungeschlechtlich fortpflanzen. Erklären Sie.

4 Beschreiben und erläutern Sie am Beispiel der Haut Eigenschaften und Aufgabe der Stammzellen. Verallgemeinern Sie Ihre Ausführungen für die Bedeutung der Stammzellen im Organismus.

5 Stammzellen sind beispielsweise bei der Erforschung neuer Therapiemöglichkeiten von Bedeutung.

a) Was versteht man unter Stammzellen? Wie unterscheiden sich embryonale und adulte Stammzellen?

b) Beschreiben Sie Ziele der Stammzellforschung. Nennen Sie Argumente, die für bzw. gegen die Forschung mit Stammzellen sprechen, und beleuchten Sie damit die ethische Diskussion zu diesem Thema.

6 Nervenzellen haben einen gemeinsamen Grundbauplan. Erläutern Sie, was unter einem „Grundbauplan“ zu verstehen ist, und beschreiben Sie diesen für die Nervenzellen anhand einer Skizze. Erläutern Sie dabei auch den Zusammenhang zwischen dem zellulären Bau und der Funktion der Zellbestandteile.

7 Bei der „Anti-Matsch-Tomate“ wird das Enzym Polygalacturonase nicht mehr gebildet, das für das Weichwerden der Früchte verantwortlich ist. Erreicht wurde dies, indem man das Polygalacturonase-Gen zusätzlich zur ursprünglichen Erbinformation in umgekehrter Richtung nochmals in das Tomatengenom eingebaut hat. Man bezeichnet dieses DNA-Stück als Anti-Sense DNA.

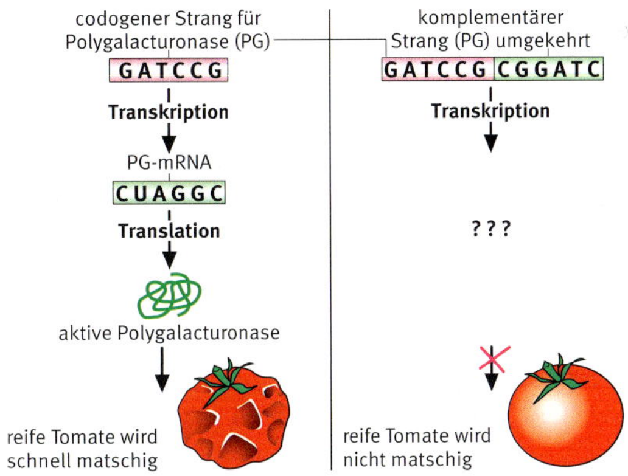

Erläutern Sie, wie durch den Einbau der Anti-sense-DNA die Bildung des Enzyms Polygalacturonase verhindert werden könnte.

8 Pflanzen, bei denen bestimmte Merkmale gezüchtet wurden, können durch Klonierung vermehrt werden.

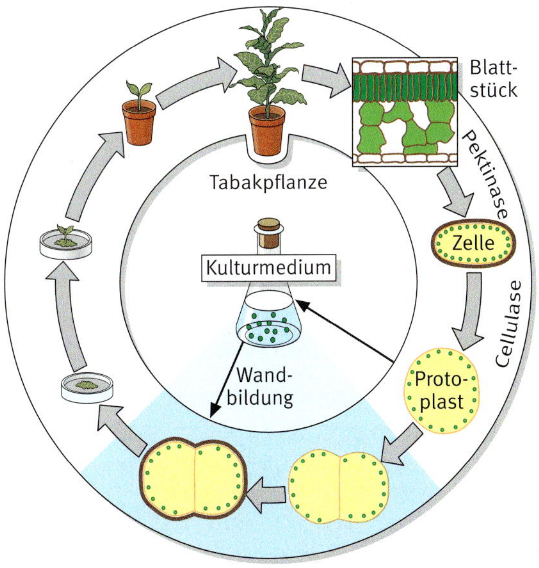

Erläutern Sie anhand der Abbildung das Verfahren und beschreiben Sie Vorteile im Vergleich zu konventionellen Verfahren der Vermehrung.

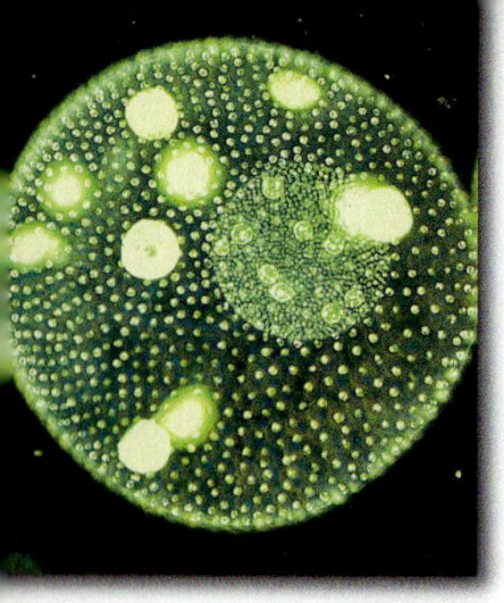

Zellen auf allen biologischen Organisationsebenen

1 Einzellige Lebewesen

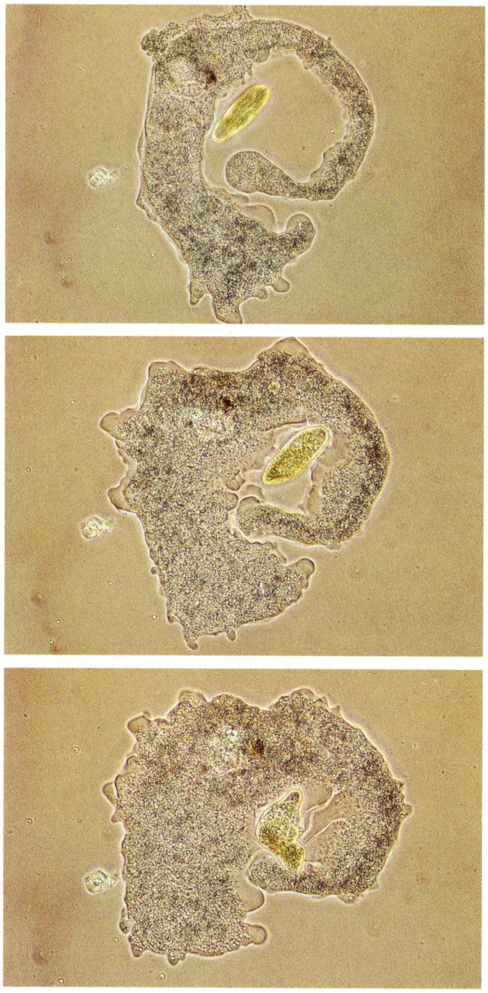

84.1 Phagocytose bei einer Amöbe. Die Amöbe „frisst" ein Pantoffeltierchen durch Bildung einer Nahrungsvakuole (LM-Bilder).

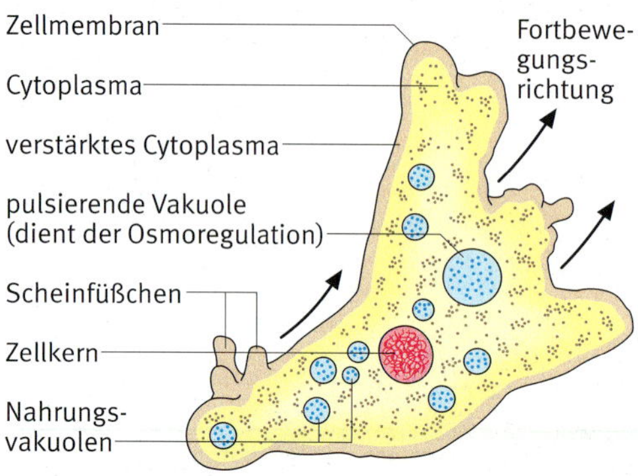

84.2 Amöbe (Schema)

Amöbe. Untersucht man mit dem Mikroskop Proben beispielsweise von faulenden Pflanzenteilen aus einem Tümpel, Teich oder Graben, kann man vielleicht auch *Amöben* entdecken. Diese 0,1 bis 0,8 mm großen Einzeller sehen wie farblose Schleimklümpchen aus. Die Amöbe verändert bei der Fortbewegung ihre Gestalt ständig. Deshalb werden Amöben auch *Wechseltierchen* genannt. Die Zelle kann an beliebigen Stellen Fortsätze ausbilden, so genannte **Scheinfüßchen** (Pseudopodien), in die ein Teil des Cytoplasmas einfließt. In den anderen Teilen der Zelle zieht sich das Plasma zurück. Oft treten die Füßchen aber bevorzugt in einer bestimmten Richtung auf und es kommt dadurch zu einer Fortbewegung.

Das Cytoplasma besteht aus dem schmalen, durchsichtigen und zäheren *Außenplasma* (Ektoplasma) und dem körnigen und beweglicheren *Innenplasma* (Endoplasma), in dem sich der *Zellkern* befindet.

Im Cytoplasma befindet sich auch ein rundes helles Bläschen, die **pulsierende Vakuole.** Sie kann sich plötzlich so stark zusammenziehen, dass sie vorübergehend im lichtmikroskopischen Bild nicht zu sehen ist. Das Cytoplasma hat einen höheren osmotischen Wert als das umgebende Wasser. Deshalb dringt durch die Zellmembran fortlaufend Wasser in die Zelle ein, das durch die pulsierende Vakuole nach außen befördert wird. Sie dient also der *Osmoregulation*.

Bei der Fortbewegung umfließt die Amöbe mit ihren Scheinfüßchen z. B. Wimpertierchen, kleine Algen oder Pflanzenreste. Sie schließt sie in einer membranumkleideten Blase ein, die sich von der Zelloberfläche ins Innere abschnürt. In eine solche *Nahrungsvakuole* hinein werden vom Plasma Verdauungsenzyme abgegeben. Die verdaute Nahrung wird in das Plasma aufgenommen. Die Nahrungsvakuole wandert mit den unverdaulichen Bestandteilen an die Zelloberfläche, verschmilzt mit der Zellmembran und gibt ihren Inhalt nach außen ab. Durch *Endocytose* wird also feste oder flüssige Nahrung in die Zelle aufgenommen.

Die Amöbe zeigt auch *Reaktionen* auf verschiedene äußere Reize, wie mechanische Hindernisse, Lichtreize oder Erschütterung.
Amöben vermehren sich durch *Teilung* in zwei etwa gleich große Tochterzellen nach unmittelbar vorausgegangener Kernteilung. Die Tochterzellen wachsen auf die Größe der Mutterzelle heran. Bei Eintritt ungünstiger Lebensbedingungen, vor allem bei Trockenheit, aber auch bei Nahrungsmangel, bilden Amöben *Dauerstadien* (Cysten), indem sie eine feste Hülle um sich herum abscheiden.

Pantoffeltierchen. Betrachtet man Proben von fauligem Wasser oder von einem Heuaufguss unter dem Mikroskop, so kann man häufig das Pantoffeltierchen entdecken. Es fällt durch seine schnelle Schwimmbewegung auf. Dabei dreht es sich in einer lang gezogenen Spirale um seine Längsachse. Oft ändert es ruckartig seine Bewegungsrichtung. Im Unterschied zur Amöbe besitzt der bis 0,3 mm große Einzeller durch das verdichtete Außenplasma, die *Pellicula,* eine feste, jedoch elastische Gestalt. Der ganze Zellkörper ist mit kurzen Plasmafäden, den **Wimpern** oder **Cilien,** bedeckt. Durch deren fortwährenden rhythmischen Schlag kommt die Bewegung zustande. Die Wimpern des Mundfeldes strudeln die Nahrung herbei. Sie gelangt dabei über den Mundtrichter bis zum Zellmund. Dort werden die Nahrungspartikel durch Endocytose in eine **Nahrungsvakuole** aufgenommen und auf dem Weg durch die Zelle enzymatisch verdaut. Unverdauliche Reste werden durch den *Zellafter* ausgeschieden. An den Zellenden fallen die **pulsierenden Vakuolen** auf. Sie füllen und entleeren sich in rhythmischem Wechsel. Sternförmig angeordnete Kanäle führen ihnen Wasser und darin gelöste Abfallstoffe zu. Die pulsierenden Vakuolen dienen der Osmoregulation. Sie transportieren osmotisch in die Zelle eingedrungenes Wasser wieder hinaus.
Besonders auffällig ist die **Reizbarkeit** des Pantoffeltierchens. Es weicht vor mechanischen Hindernissen zurück und nimmt chemische Reize, Temperaturunterschiede und sogar die Schwerkraft wahr. Unter der Pellicula liegen blasenförmige Organellen *(Trichocysten),* aus denen bei starker Reizung klebrige Proteinfäden geschleudert werden können.
Bei der **ungeschlechtlichen Vermehrung** teilen sich die Tierchen quer durch. Dabei teilen sich auch die für die meisten Wimpertierchen typischen beiden Zellkerne, der Großkern *(Makronucleus)* und der Kleinkern *(Mikronucleus)*. Der Großkern kontrolliert die gesamten Stoffwechsel- und Bewegungsvorgänge der Zelle. Der Kleinkern ist Träger der genetischen Information. Die **geschlechtliche Vermehrung** findet in Form der *Konjugation* statt, wobei sich zwei Tierchen längs aneinanderlegen. Der Großkern löst sich auf, nach Teilungen des Kleinkerns werden Tochterkerne ausgetauscht. Nach der Trennung entsteht je ein neuer Großkern. Auch Pantoffeltierchen bilden Cysten aus.

85.1 Pantoffeltierchen *(Paramecium caudatum).*
A LM-Bild (Interferenz-Kontrast); **B** Schema

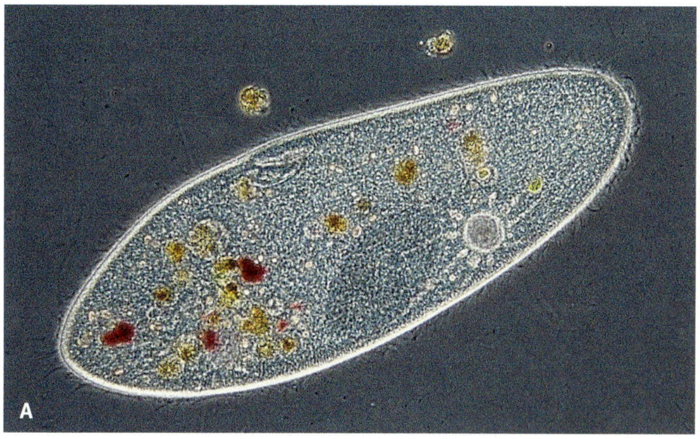

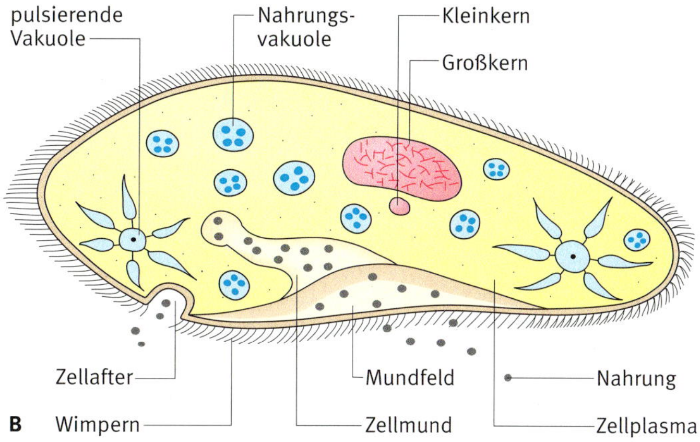

85.2 Pantoffeltierchen mit ausgeschleuderten Trichocysten

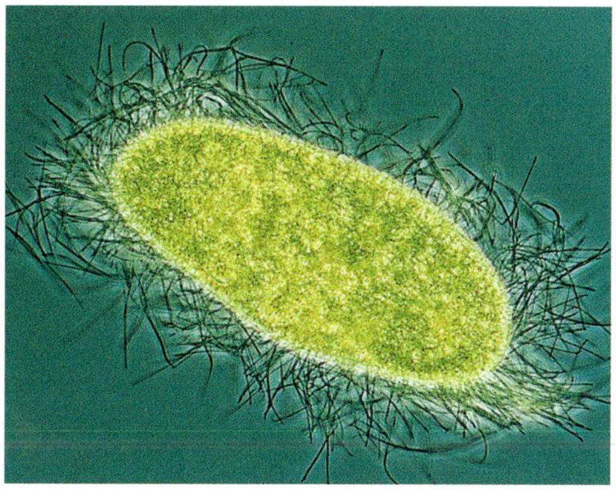

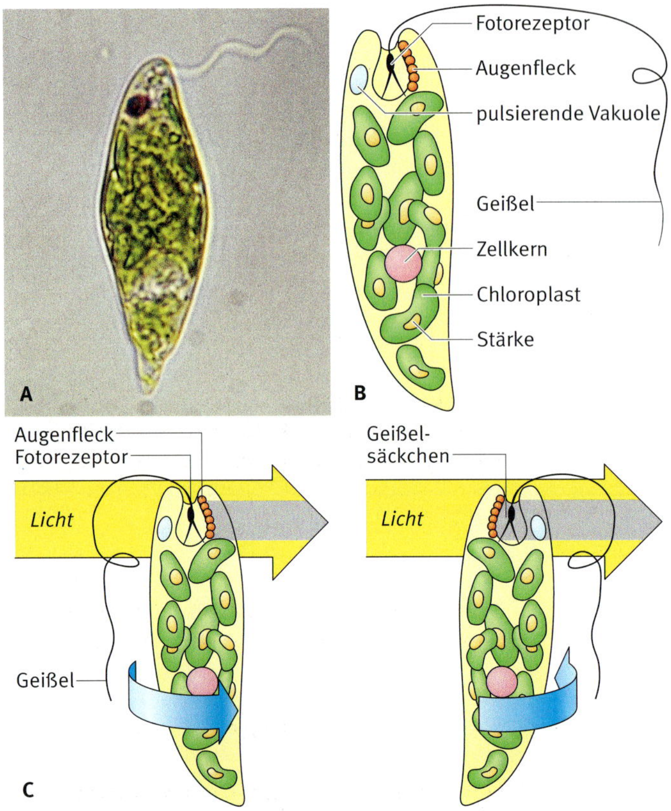

86.1 Augentierchen *(Euglena).* **A** LM-Bild; **B** Schema; **C** Erkennen der Lichtrichtung

Augentierchen. Die 0,025 bis 0,5 mm großen *Augentierchen (Euglena)* besitzen **Chloroplasten** und sind dadurch grün gefärbt. Sie bevorzugen nährstoffreiche Gewässer, wie Dorfteiche und Jauchepfützen, die bei massenhaftem Auftreten dieses Einzellers grün erscheinen. Der Zellkörper ist von einer festen Plasmaschicht (Pellicula) umhüllt. Dadurch erhält er eine spindelförmige, jedoch elastisch verformbare Gestalt. Die schwimmende Fortbewegung wird durch den kreisenden Schlag einer langen **Geißel** hervorgerufen. Sie entspringt in einer sackförmigen Vertiefung am Vorderende, der *Geißelgrube.* Die knotenartige Verdickung in der Geißelgrube ist lichtempfindlich, sie dient der Zelle als **Fotorezeptor.** Euglena hat seinen deutschen Namen nach dem seitlich von der Geißelgrube liegenden orangeroten **Augenfleck.** Bei der Zelldrehung um die Längsachse wird der Fotorezeptor in regelmäßigem Wechsel durch den Augenfleck beschattet. Dadurch kann Euglena die Lichtrichtung ermitteln und sich dann gerichtet auf das Licht zubewegen.
Euglena vermehrt sich ungeschlechtlich durch **Längsteilung.** Mit Hilfe des Chlorophylls lebt das Augentierchen autotroph. Es kann aber auch organische Nahrung in gelöster Form aufnehmen.

PRAKTIKUM

Sukzession im Heuaufguss

Einführung: Die Veränderung eines Ökosystems im Zeitverlauf, beispielsweise in einem Heuaufguss, wird als Sukzession bezeichnet. Dabei kommen zu verschiedenen Zeitpunkten der Sukzession ganz unterschiedliche Arten von Einzellern vor.

Material: Heu, hohes Glas oder Einmachglas, Teich- oder Aquariumwasser, Tuch oder Papierbogen, Mikroskop mit Zubehör, Glaspipette

Durchführung: Geben Sie etwas Heu in ein möglichst hohes Glas (Einmachglas) und geben Sie einen Liter Teich- oder Aquariumwasser dazu. Decken Sie das Glas mit einem Tuch oder einem Papierbogen ab und lassen Sie den Ansatz bei Zimmertemperatur im Tageslicht stehen.
Schon nach wenigen Tagen riecht das Wasser faulig, und auf der Wasseroberfläche bildet sich eine zunächst vorwiegend aus Bakterien bestehende dünne Haut, die so genannte Kahmhaut.
Es empfiehlt sich, nach zwei bis drei Wochen einen neuen Ansatz zu bereiten und ihm einige Tropfen Wasser aus dem alten Aufguss hinzuzufügen.

Aufgabe:
Entnehmen Sie zu verschiedenen Zeitpunkten Proben aus der Kahmhaut, von den Gefäßwänden und aus der Flüssigkeit. Untersuchen Sie diese unter dem Mikroskop. Vergleichen Sie Ihre Befunde mit den Arten einer Untersuchungsreihe, die in der Abbildung dargestellt sind.

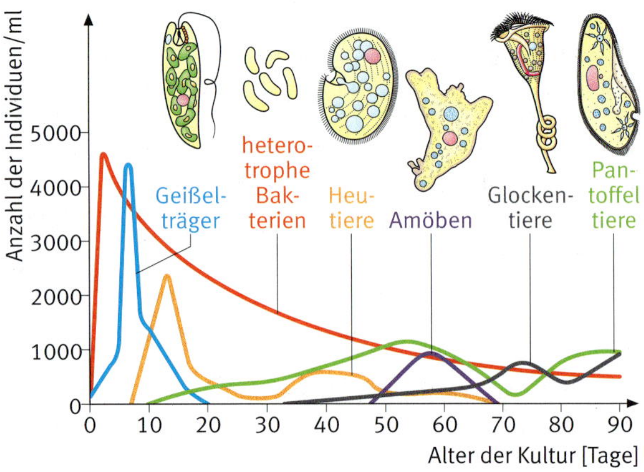

86.2 Sukzession im Heuaufguss (möglicher Verlauf)

Beobachtungen an Einzellern

1 Dauerkultur von Pantoffeltierchen *(Paramecium)*

Material: großer Erlenmeyerkolben, Bunsenbrenner, Heuaufguss oder Reinkultur, dest. Wasser
Beschaffung der Paramecien: Verschiedene Arten von Paramecien findet man in nährstoffreichen Gewässern oder älterem Blumenwasser.

Durchführung: Stroh mit Leitungswasser im Erlenmeyerkolben etwa 30 Minuten intensiv kochen. Nach wenigen Tagen einige Tropfen mit Paramecien aus einem Heuaufguss (S. 86) oder aus einer käuflichen Reinkultur hinzugeben. Die Kultur bleibt monatelang erhalten, wenn in zwei- bis dreiwöchigem Abstand etwas Kulturflüssigkeit abgegossen und durch dest. Wasser ersetzt wird.

2 Nahrungsaufnahme beim Pantoffeltierchen

Material: Paramecienkultur, Mikroskop, Karminpulver, Wachs oder Plastilin

Durchführung: Auf einen Objektträger gibt man einen Tropfen Paramecienkultur und rührt etwas Karminpulver ein. Dann legt man ein Deckglas mit Wachs- oder Plastilinfüßchen an den Ecken auf und drückt vorsichtig an, bis sich die Paramecien gerade nicht mehr fortbewegen können.

Aufgabe:
Beobachten Sie das Einstrudeln der Karminkörnchen, die Bildung von Nahrungsvakuolen und deren Weg innerhalb der Zelle und skizzieren Sie den Vorgang.

3 Aufbau und Bewegungsweise des Pantoffeltierchens

Material: Paramecienkultur, Mikroskop, Tapetenkleister (reine Methylcellulose!)

Durchführung: In einer Schale wird etwas Tapetenkleister mit Wasser zu einer zähflüssigen Masse angerührt. Eingerührte Luftblasen entweichen lassen. Die Lösung kann in einer verschlossenen Flasche lange aufbewahrt werden. Auf einem Objektträger wird ein Tropfen davon mit einem Tropfen Paramecienkultur vorsichtig verrührt und ein Deckglas aufgelegt.

Aufgaben:
a) Beobachten Sie im Mikroskop die stark verlangsamte Fortbewegung und den Wimpernschlag.
b) Fertigen Sie eine Skizze vom Aufbau des Pantoffeltierchens an.

4 Pulsierende Vakuolen beim Pantoffeltierchen

Material: Paramecienkultur, Mikroskop, 0,5%ige NaCl-Lösung, Filtrierpapier, Wachs oder Plastilin

Durchführung: Paramecien vorsichtig zwischen Objektträger und Deckglas einklemmen (s. Versuch 3).

Aufgaben:
a) Beobachten Sie bei stärkerer Vergrößerung die Tätigkeit der pulsierenden Vakuolen und stellen Sie in einer Skizzenreihe den Vorgang dar.
b) Bestimmen Sie mit dem Sekundenzeiger einer Uhr die Anzahl der Entleerungen pro Minute. Ersetzen Sie danach das Wasser durch 0,5%ige NaCl-Lösung, indem Sie am Deckglasrand Salzlösung zusetzen und an der anderen Seite mit Filtrierpapier Wasser absaugen. Messen Sie wieder die Frequenz der pulsierenden Vakuolen und vergleichen Sie mit dem ersten Messergebnis. Erklären Sie Ihre Beobachtungen.

5 Chemische Reizung beim Pantoffeltierchen

Material: Paramecienkultur, Mikroskop, etwas Kochsalz, Wachs oder Plastillin

Durchführung: In einem Präparat mit Deckglasfüßchen setzt man an den Rand des Deckglases einen kleinen Kochsalzkristall.

Aufgaben:
a) Beobachten Sie das Verhalten der Paramecien beim Einschwimmen in den Bereich des in Lösung gehenden Salzkristalls.
b) Stellen Sie die Verteilung der Paramecien nach 15 Minuten fest.

6 Fototaxis beim Augentierchen *(Euglena)*

Material: Kultur von *Euglena,* Becherglas, schwarzes Papier, Lampe

Durchführung: Das Becherglas wird mit einer dichten *Euglena*-Kultur gefüllt und mit schwarzem Papier lichtdicht umhüllt. Aus der Umhüllung wird ein ein bis zwei Zentimeter großes Fenster herausgeschnitten. Das Glas wird dann ins Licht gestellt. Nach 15 bis 30 Minuten wird die Umhüllung entfernt, ohne das Glas zu erschüttern.

Aufgabe:
Beschreiben und erklären Sie die Verteilung der Euglenen.

2 Vom Einzeller zum Vielzeller

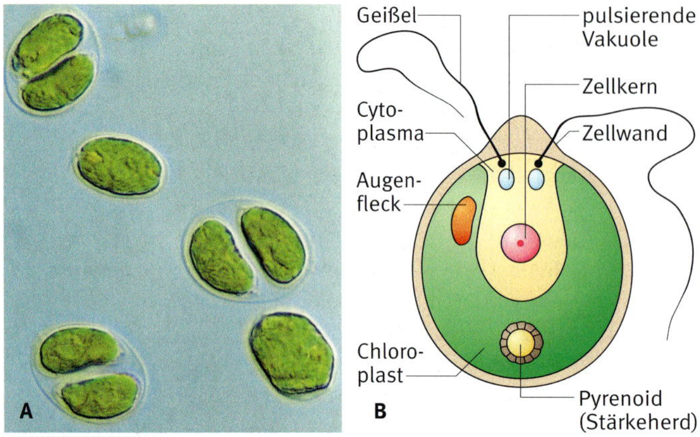

88.1 Geißelalge *Chlamydomonas.*
A LM-Bild;
B Schema

Bei den einzelligen Organismen, wie z. B. der Grünalge *Chlamydomonas,* erfüllt eine einzige Zelle alle Funktionen. Erste Anfänge einer *Arbeitsteilung* zwischen Zellen finden sich bei den Einzellerkolonien der Grünalgen. Diese können als Modelle dafür dienen, wie sich der Übergang vom Einzeller zum Vielzeller vollzogen hat.

Chlamydomonas. Im Teich- oder Tümpelwasser findet man oft die nur etwa 0,02 mm große einzellige Grünalge *Chlamydomonas.* Sie bewegt sich mit Hilfe zweier gleich langer Geißeln, besitzt einen großen, becherförmigen Chloroplasten und wie Euglena einen roten Augenfleck. Die Geißelalge vermehrt sich durch Längsteilung in zwei gleich große Zellen, die sich voneinander trennen und selbstständig weiterleben.

Pandorina. Häufig fällt bei mikroskopischen Untersuchungen eine durch das Wasser trudelnde grüne Kugel auf. Bei genauerer Betrachtung zeigt sich, dass sie aus 8 oder 16 gleichartigen Zellen besteht, deren jede einzelne einer *Chlamydomonas*-Zelle ähnlich ist. Es ist die Zellkolonie *Pandorina.*
Bei dieser Zellgruppe liegen die Zellen in einer gemeinsamen Gallerte. Aus jeder Einzelzelle kann durch 3 bis 4 Teilungsschritte eine neue, frei schwimmende Kolonie hervorgehen.
Auf ähnliche Weise könnten in der Stammesgeschichte aus Einzelzellen Zellkolonien entstanden sein.

88.2 Geißelalgenkolonien.
A ***Pandorina*** (LM-Bild);
B ***Eudorina*** (LM-Bild)

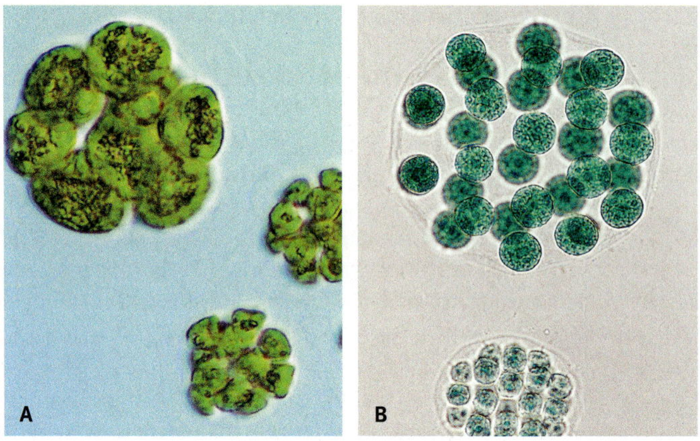

Eudorina. Bei der etwas größeren Zellkolonie *Eudorina* liegen 32 Zellen in deutlichem Abstand voneinander in einer leicht abgeflachten Gallertkugel. An ihnen sind bereits Unterschiede in der Größe der Zellen und der Augenflecke wahrnehmbar. Diese Unterschiede deuten auf erste Differenzierungen im Bau der Zellen hin.

Volvox. Beeindruckend ist die mikroskopische Untersuchung einer Tümpelprobe, die die etwa 1 mm große Kugelalge *Volvox* enthält. Diese kugelförmigen Organismen bewegen sich rollend durch das Wasser. Bei stärkerer Vergrößerung erkennt man, dass mehrere Hundert bis einige Tausend Zellen in gleichmäßigem Abstand in der Peripherie einer Gallerthohlkugel liegen. Jede einzelne Zelle zeigt Merkmale einer *Chlamydomonas*-Zelle: zwei Geißeln, einen Augenfleck, einen Chloroplasten und zwei pulsierende Vakuolen.

Die Fortbewegung kommt durch den aufeinander abgestimmten Schlag der Geißeln zustande. Bei stärkerer Vergrößerung und Abblendung sind plasmatische Verbindungen zwischen den Zellen als schmale Streifen zu erkennen. Die Differenzierung der Zellen ist hier noch deutlicher ausgeprägt als bei *Eudorina.*
Der größte Teil der Zellen dient nur der Fotosynthese und der Fortbewegung. In einem Teil der Kugel liegen verstreut einige größere Zellen, die zusätzlich auch die Fortpflanzung zur Aufgabe haben. Bei der geschlechtlichen Fortpflanzung gehen aus ihnen die Geschlechtszellen hervor.
Bei der ungeschlechtlichen Fortpflanzung entstehen aus ihnen durch Teilung Tochterkugeln, die sich im Inneren der Mutterkugel weiterent-

wickeln. Die Mutterkugel reißt schließlich auf und stirbt ab. Dabei werden die Tochterkugeln frei und leben dann selbstständig weiter.
Die Arbeitsteilung der Einzelzellen und die Verbindung durch Plasmabrücken zeigen, dass *Volvox* – anders als beispielsweise *Eudorina* – mehr ist als eine einfache Kolonie aus gleichartigen, selbstständigen Zellen. Bei den Zellkolonien kann jede Zelle neue Kolonien bilden, ist also wie Einzelzellen potenziell unsterblich. Bei *Volvox* sterben die meisten Zellen, die „Körperzellen", regelmäßig ab, nur die „Fortpflanzungszellen" überdauern. Die Kugelalge ist daher nicht mehr eine Einzellerkolonie, sondern schon ein vielzelliges Individuum.

Man nimmt heute an, dass in der Stammesgeschichte ein allmählicher Übergang vom Einzeller zum Vielzeller stattgefunden hat. Die genannten grünen **Geißelalgen** können ein Modell für diesen Vorgang liefern. Die heute lebenden Formen dürfen aber nicht als die überlieferten Vorfahren der vielzelligen Pflanzen und Tiere betrachtet werden. Auch die vielzelligen Tiere haben sich vermutlich über Übergangsformen aus tierischen Einzellern entwickelt.
Es ist schwierig, aus heute lebenden Tieren eine Übergangsreihe modellartig zu konstruieren. Es könnte sein, dass die **Schwämme** mit ihren zwei Zellschichten frühe Stadien der Evolution zum tierischen Vielzeller darstellen. Die innere Zellschicht besteht aus begeißelten Zellen, die Nahrung ins Zellinnere strudeln. Die äußere Zellschicht besteht aus Deckzellen und amöboid beweglichen Fresszellen, die Nahrungsstoffe transportieren. Außerdem werden dort Fortpflanzungszellen und Zellen für die ungeschlechtliche Fortpflanzung gebildet. Nerven- , Sinnes- und Muskelzellen besitzen Schwämme nicht.
Der Süßwasserpolyp ***Hydra*** weist gegenüber den Schwämmen eine weitergehende Differenzierung auf. Die Körperwand ist aus drei Schichten aufgebaut. Die innere Schicht, das *Entoderm,* besteht aus Drüsenzellen und Nährzellen. In der äußeren Schicht, dem *Ektoderm* befinden sich Hautmuskelzellen zur Gestaltveränderung und Bewegung sowie Sinneszellen und Nesselzellen. In der Stützschicht liegen Nervenzellen.

1 Entwickeln Sie eine Hypothese, wie Vielzelligkeit im Laufe der Evolution entstanden sein könnte.

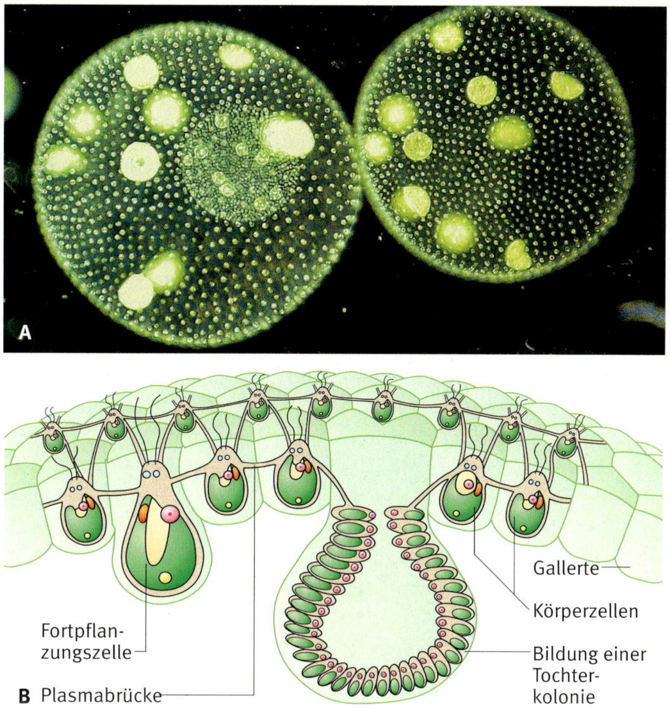

89.1 Kugelalge *Volvox*. A Mutterkugeln mit Tochterkugeln (LM-Bild); **B** Ausschnitt aus der Wand der Hohlkugel (Schema)

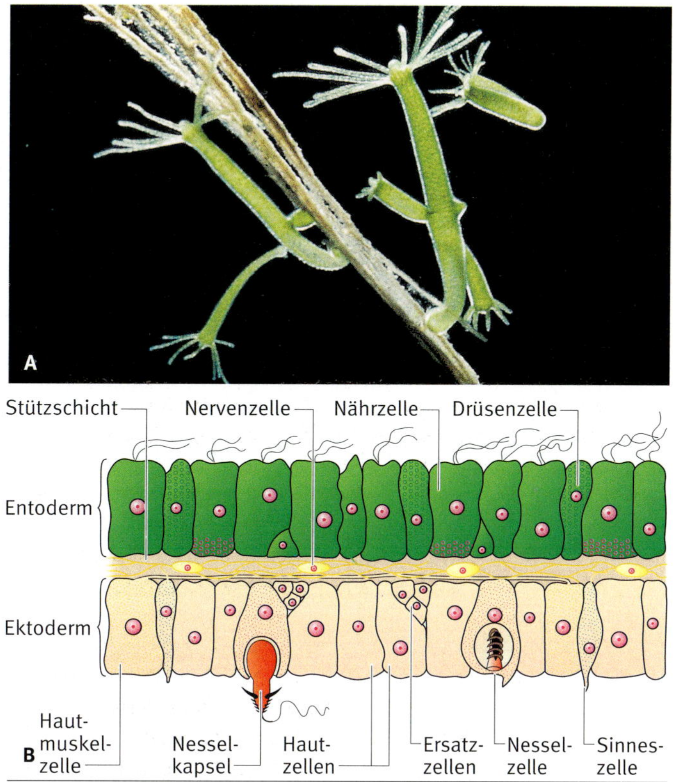

89.2 Süßwasserpolyp *Hydra*. A Tier mit Tochterpolyp (LM-Bild); **B** Schnitt durch die zweischichtige Wand (Schema)

Zeichnen mikroskopischer Objekte

Das mikroskopische Zeichnen

„Nur was man gezeichnet hat, hat man wirklich gesehen!“, schreibt GEORG STEHLI in einer Einführung in die Mikroskopie. Zeichnungen sollen das mikroskopische Objekt korrekt wiedergeben. Sie erfordern daher Gründlichkeit und Genauigkeit sowie Geduld und Übung. Was ist beim Zeichnen nach mikroskopischen Präparaten zu beachten?

1. Gezeichnet wird am besten auf Zeichenpapier (DIN A 4) mit Bleistift. Für Korrekturen wird ein nichtschmierender Radiergummi benötigt.
2. Beim Mikroskopieren lässt man beide Augen offen, sonst wird die Lichtempfindlichkeit des einen Auges heraufgesetzt.
3. Man blickt stets mit entspanntem Auge in das Okular, als ob man durch das Mikroskop hindurchsehen wollte. Durch die Fernakkomodation ermüden die Augen nicht so schnell.
4. In den meisten Fällen genügt eine detaillierte Zeichnung einer repräsentativen Stelle des Präparates. Mit Hilfe der Mikrometerschraube des Mikroskops werden verschiedene Schärfenbereiche des Präparates durchmustert und auf eine optimale Ebene eingestellt. Der dreidimensionale Charakter des Objekts wird nicht durch Schattierungen angedeutet.
5. Die Zeichnung sollte möglichst groß angelegt werden. So lassen sich feinere Einzelheiten leichter darstellen.
6. Am oberen Rand lässt man Platz für den Kopf der Zeichnung. Hierzu gehören folgende Angaben:
   - Objektname, Herkunft
   - Bezeichnung von Details
   - bei Schnitten die Schnittrichtung
   - Behandlung mit Reagenzien (evtl. Färbung)
   - mikroskopische Vergrößerung.
7. An den seitlichen Rändern lässt man Platz für Beschriftungen.

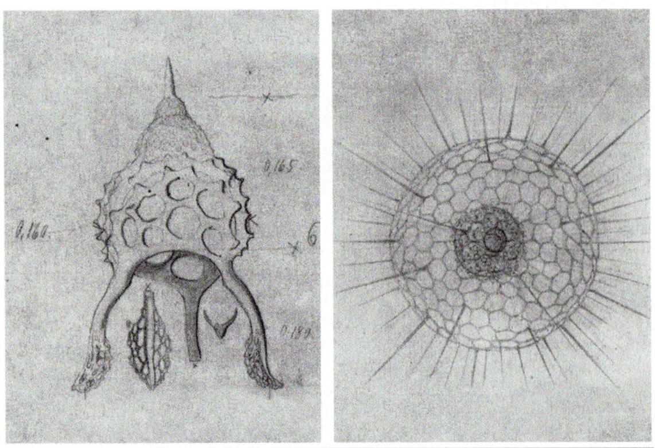

90.1 Radiolarien. Handzeichnungen des Zoologen ERNST HAECKEL (1834–1919)

1 Aufbau, Bewegungsweise und Phagocytose von Amöben

Material: Amöben (*Amoeba proteus,* Kleine Rhizopoda = Wurzelfüßer), Pantoffeltierchen, Mikroskop, fein ausgezogene Pipette, Wachs oder Plastilin, Zeichenmaterial

Durchführung: Die Amöben werden drei bis fünf Tage vorher in eine Kulturflüssigkeit übertragen, die keine Bakterien und Wimpertierchen enthält (Hungerkultur). Von dort bringt man sie auf einem Objektträger mit vielen Paramecien zusammen, die aus einer dichten Kultur abpipettiert werden. Das Deckglas erhält vor dem Auflegen Füßchen aus Wachs oder Plastilin, um ein Zerquetschen der Amöben zu verhindern.

Aufgaben:

a) Beobachten Sie Ekto- und Endoplasma sowie pulsierende Vakuole einer Amöbe und suchen Sie den Zellkern. Fertigen Sie eine Zeichnung von der Amöbe an.

b) Beobachten Sie die Bewegungsweise der Amöben und zeichnen Sie einige aufeinanderfolgende Bewegungsstadien einer Amöbe im Abstand von zwei Minuten.

c) Beobachten Sie den Fressvorgang bis zur Ausbildung der geschlossenen Nahrungsvakuole und halten Sie ihn in einer Skizzenreihe fest.

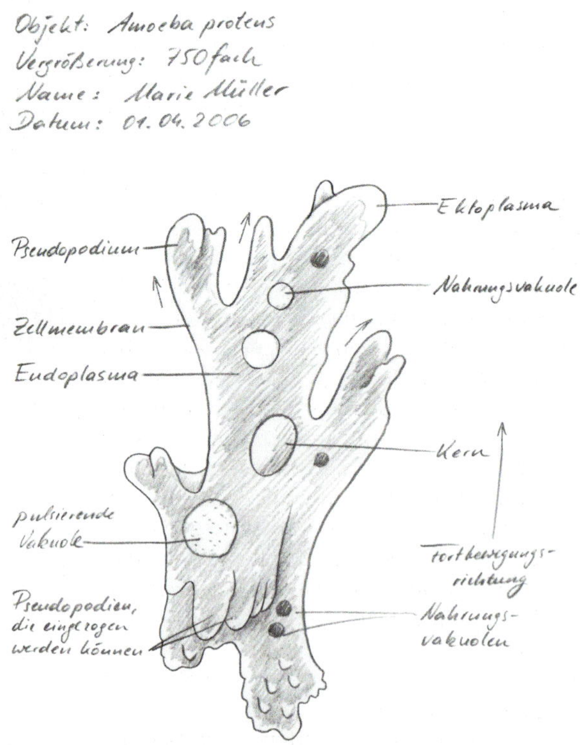

90.2 ***Amoeba proteus*** (Schülerzeichnung). Kleine Pfeile: Fließrichtung der Scheinfüßchen (Pseudopodien)

3 Leistungssteigerung durch Spezialisierung

Vielzellige Lebewesen sind weitaus leistungsfähiger als einzellige. Voraussetzungen dafür sind eine Zellspezialisierung und der Zusammenschluss der Zellen zu Geweben, also zu Verbänden von Zellen gleichen Grundbauplans und gleicher Funktion. Die Leistungsfähigkeit eines Organismus wird dadurch erheblich gesteigert.

Zellspezialisierung. Bei tierischen und pflanzlichen Organismen lässt sich feststellen: Je komplexer ein Lebewesen gebaut ist, desto ausgeprägter ist die Spezialisierung seiner Zellen. Für die Funktion des menschlichen Kniegelenks beispielsweise wird eine Vielzahl von spezialisierten Zelltypen benötigt. Rote Blutzellen transportieren Sauerstoff, die Zellen des Knochens und des Knorpels sorgen für Stabilität, Nervenzellen leiten Informationen, Muskelzellen ermöglichen Bewegungen, Fettzellen die Energieversorgung und Hautzellen sichern das Gelenk gegen die Außenwelt ab.
Spezialisierte Zellen nehmen vornehmlich eine bestimmte Aufgabe wahr. Die Koordination des Zusammenspiels wird dadurch erleichtert, dass die spezialisierten *Zellen* zu *Geweben* als Funktionseinheiten zusammengefasst sind. Verschiedene Gewebe arbeiten in den *Organen* zusammen, Organe wiederum in *Organsystemen.*

Zellverbindungen. Die Verknüpfung von Einzelzellen zu Geweben als Funktionseinheiten erfolgt über besondere Kontaktstellen, den Zellverbindungen. Sie verknüpfen die Zellen miteinander zu einer physiologischen Einheit. Ein Beispiel hierfür sind die *Plasmodesmen* bei Pflanzenzellen. Bei tierischen Zellen findet man drei Haupttypen von Zellverbindungen: *Gap junctions* sind Proteinkanäle, die Stoffaustausch zwischen benachbarten Zellen erlauben. *Tight junctions* dichten benachbarte Zellen so gegeneinander ab, dass wasserlösliche Moleküle nicht zwischen den Zellen entlangwandern können. *Desmosomen* dienen der mechanischen Verknüpfung der Zellen.

Extrazelluläre Matrix. Die Zellmembran ist weniger als 0,01 mm stark und von ihrer Unversehrtheit hängt das Überleben der Zelle ab. Zellen können dennoch die Bausteine einer Giraffe oder eines Mammutbaums sein, da die *extrazelluläre Matrix* die mechanische Stabilität tierischer und pflanzlicher Gewebe wesentlich erhöht. Sie besteht aus Makromolekülen, wie z. B. *Glycoproteinen,* die die Zellen in ihre unmittelbare Umgebung absondern. In stützenden Geweben sind die Zellen teilweise von einer dicken Schicht extrazellulärer Matrix umgeben.

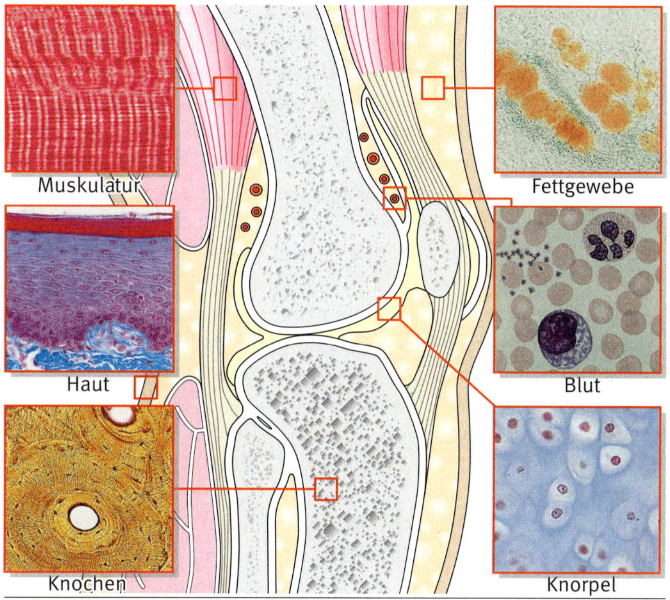

91.1 Kniegelenk des Menschen (Schema). Verschiedene Gewebe ermöglichen die Funktion des Gelenks

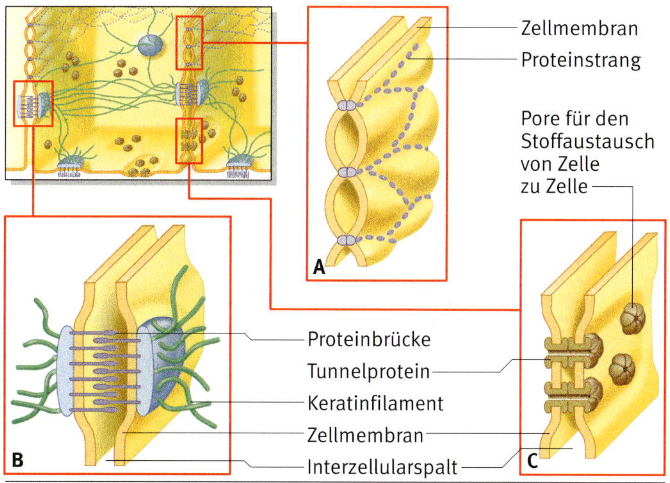

91.2 Verknüpfung von tierischen Zellen. A Tight junctions; **B** Desmosomen; **C** gap junctions

3.1 Gewebetypen bei Mensch und Tier

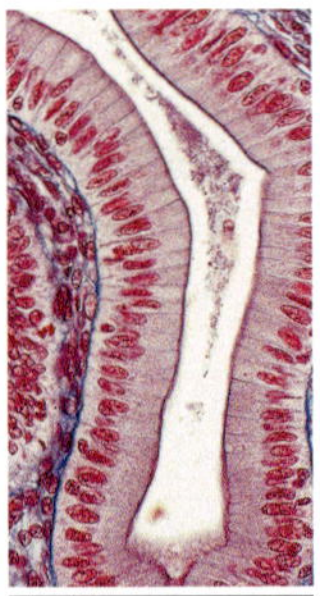

92.1 Epithel der Darmschleimhaut des Menschen (LM-Bild)

Entsprechend der wichtigsten Funktionen, die im Körper eines Tieres oder Menschen zu erfüllen sind, unterscheidet man verschiedene Gewebearten. Die *Deckgewebe* oder **Epithelgewebe** überziehen die Körperoberflächen und kleiden die inneren Körperhöhlungen wie Darm und Atemwege aus. Flüssige oder gelöste Stoffe können die Epithelien nicht passieren. Sie bilden eine dichte Grenzschicht, die den Körper gegen die Außenwelt abschirmt und so innen von außen trennt. Das **Binde-** und **Stützgewebe** verleiht dem Körper mechanische Stabilität. Es bildet auch das Skelett und bestimmt die äußere Form des Organismus. Das **Muskelgewebe** besteht aus lang gestreckten Zellen, die sich kontrahieren können und damit Bewegungen ermöglichen. Das **Nervengewebe** besteht aus Nervenzellen und ihren kabelartig gebündelten Fortsätzen. Sie dienen der Aufnahme und Verarbeitung von Signalen.

Die Zellen vielzelliger Tiere besitzen im Gegensatz zu Pflanzenzellen keine Zellwände. Die mechanische Stabilität tierischer Gewebe wird über eine hoch entwickelte *extrazelluläre Matrix* erreicht, die vorwiegend aus *Glycoproteinen* besteht, die von den Zellen abgesondert werden. Im Bindegewebe findet man sehr viel extrazelluläre Matrix, die häufig aus *Kollagen* gebildet wird, einem Makromolekül, das kräftige Fasern bildet. Andere Gewebe wie beispielsweise die Epithelien oder Muskeln besitzen vergleichsweise wenig extrazelluläre Matrix. Hier bedingen *intrazelluläre Filamente* (Cytoskelett) der einzelnen Zellen und besondere Typen von Zellverbindungen die Stabilität des Gewebes.

STECKBRIEF

92.2 Epithelien. **A** Einschichtiges prismatisches Epithel; **B** einschichtiges Plattenepithel; **C** mehrreihiges Flimmerepithel; **D** mehrschichtiges Plattenepithel

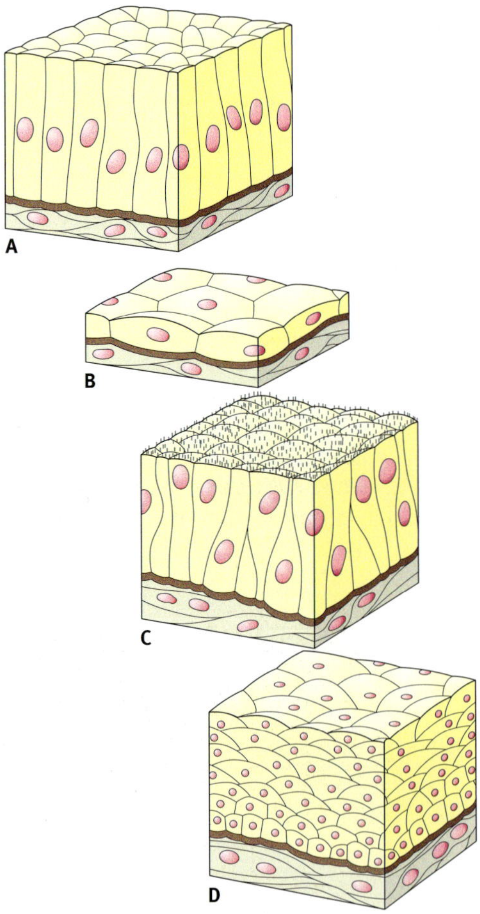

Epithelgewebe

Epithelgewebe überziehen die gesamte Oberfläche und alle Hohlräume des Körpers. Sie bilden eine Barriere, die vor mechanischen Verletzungen, eindringenden Mikroorganismen oder Verlust von Körperflüssigkeiten schützt.
Manche Epithelien sind darüber hinaus in der Lage, Stoffe aufzunehmen oder Drüsenprodukte abzugeben. Die Schleimhaut des Dünndarms beispielsweise sondert Schleim auf ihre Oberfläche ab, setzt Verdauungsenzyme frei und nimmt Nährstoffe auf. Dieses Epithel besteht aus einer Schicht prismenartig geformter Zellen. Solche Gewebe werden als *einschichtige prismatische Epithelien* bezeichnet. *Einschichtige Plattenepithelien* findet man beispielsweise in den Alveolarbläschen der Lunge. Sie sind auf den Stoffaustausch durch Diffusion spezialisiert. Beim *mehrreihigen Flimmerepithel* der Bronchien bewegen Cilien Sekrettröpfchen und kleine Partikel. *Mehrschichtige Plattenepithelien* finden sich an mechanisch beanspruchten Oberflächen wie der Körperhaut. Bei diesen Zellen finden sich meist zahlreiche Zell-Zell-Verbindungen, die die mechanische Stabilität eines Gewebes erhöhen (Desmosomen).

Binde- und Stützgewebe

STECKBRIEF

Die Hauptfunktion der Binde- und Stützgewebe ist es, andere Gewebe zu verbinden und zu stützen. Charakteristisch für diese Gewebe ist, dass in einem großen Volumen extrazellulärer Matrix nur wenige Zellen zu finden sind. Die Matrix besteht aus einem faserigen Netzwerk, das in eine flüssige, gelartige oder feste Grundsubstanz eingelagert ist.
Das *lockere Bindegewebe* verbindet die Epithelien mit dem darunterliegenden Gewebe und hält die Organe in ihrer Position. Aus *straffem Bindegewebe* sind die *Sehnen* aufgebaut. Beim *Knorpel* sind die Zellen ohne Verbindungen untereinander in die elastisch feste Grundsubstanz einzeln oder in kleinen Gruppen eingelagert. Beim *Knochen* sind die Zellen durch feine Fortsätze untereinander verbunden. Die Grundsubstanz ist durch Einlagerung anorganischer Salze, besonders von Calciumsalzen, verhärtet.

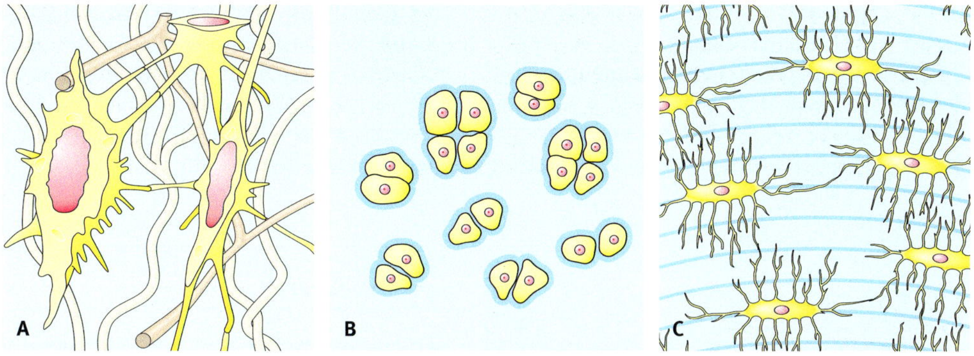

93.1 Binde- und Stützgewebe.
A Bindegewebe;
B Knorpel;
C Knochen

Nervengewebe

STECKBRIEF

Sensorische Neurone übertragen Informationen von den Sinneszellen in das Zentralnervensystem. Die meisten sensorischen Neurone sind mit *Interneuronen* verbunden, die der Verarbeitung der eingehenden Information dienen. Die *Motoneurone* senden Nervenimpulse vom Zentralnervensystem an die Effektorzellen.
Am Rückenmark und am Gehirn lässt sich erkennen, dass die Zellkörper und die Fortsätze der Neurone in getrennten Bereichen des Nervengewebes zu finden sind: Die *weiße Substanz* enthält nur Axone, sie erscheint wegen der stark lipidhaltigen Myelinscheiden weiß. In der weißen Substanz wird die Information weitergeleitet. Die *graue Substanz* enthält die Zellkörper, die keine Myelinhülle besitzen. Hier findet die Informationsverarbeitung statt. Im Gehirn findet man die weiße Substanz innen und die graue außen, im Rückenmark ist die Verteilung umgekehrt.

Die *Gliazellen* sind für die Funktion des Nervengewebes wichtig, obwohl sie nicht unmittelbar an der Weiterleitung und Verarbeitung der Impulse beteiligt sind. Die Fortsätze bestimmter Gliazellen umschließen die Blutkapillaren im Gehirn und sind ein wichtiger Teil der Bluthirnschranke. Andere Gliazellen, die SCHWANNschen Zellen, bilden im Rückenmark die isolierende Schicht um die Axone.

93.2 Querschnitt durch das Rückenmark

3.2 Gewebetypen bei Pflanzen

Die mechanische Stabilität aller pflanzlichen Gewebe ist durch die *Zellwände* bedingt. Sie umschließen die Zellen, schützen sie und legen ihre Form fest. Die Zellwände kann man mit der extrazellulären Matrix der tierischen Gewebe vergleichen. Sie werden von den Pflanzenzellen selbst produziert und in ihre nächste Umgebung abgesondert. Zellwände können dick und hart sein oder dünn und flach. Ihre Zusammensetzung ist je nach der Funktion der Gewebe sehr unterschiedlich, als stabilisierende Substanzen können beispielsweise Lignin oder Pektin in das Cellulosegerüst eingelagert werden.

Während der tierische Organismus nach einiger Zeit sein Wachstum abschließt, wächst die Pflanze nahezu während ihrer ganzen Lebenszeit. Die Neubildung geht von Stammzellen aus, die an bestimmten Stellen in der Pflanze lokalisiert sind. Diese so genannten **Bildungsgewebe** (Meristeme) finden sich beispielsweise in den Sprossspitzen und in den Wurzelspitzen. Unter Vergrößerung und Differenzierung bilden diese Zellen die verschiedenen **Dauergewebe.** Entsprechend der wichtigsten Funktionen, die im Organismus einer Pflanze zu erfüllen sind, lassen sich verschiedene Gewebetypen unterscheiden. Die **Abschlussgewebe** bedecken die Pflanzenorgane und schließen den Organismus nach außen ab. Sie schützen vor zu starker Verdunstung und Beschädigung. Die **Festigungsgewebe** bestehen aus Zellen mit verdickten Wänden, die der Pflanze mechanische Stabilität verleihen. Der Stofftransport erfolgt in den **Leitgeweben.** Leit- und Festigungsgewebe sind in das **Grundgewebe** eingebettet, das aus nicht spezialisierten Zellen besteht.

STECKBRIEF

94.1 Parenchymzellen

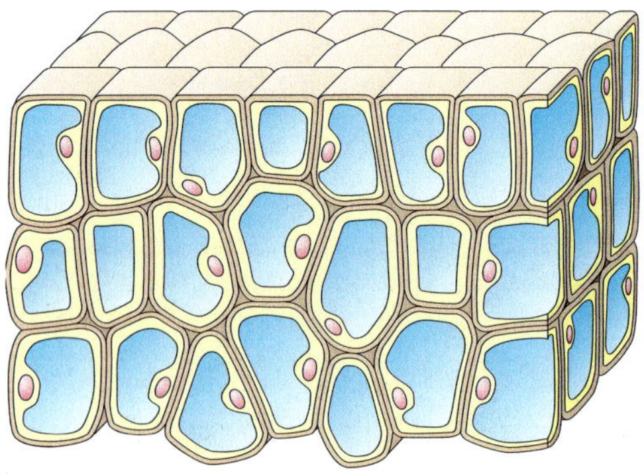

Grundgewebe

Das Grundgewebe *(Parenchym)* macht den Hauptteil einer jungen Pflanze aus. Im Blatt bildet es das Assimilationsgewebe, im Stängel das Mark- und Rindengewebe. Die fotosynthetisch aktiven Parenchymzellen von Blatt und Stängel dienen der Nährstofferzeugung und -speicherung. Die Speicherzellen in Früchten und Samen sind ebenfalls Parenchymzellen.

STECKBRIEF

94.2 Stabilisierende Zellen. **A** Kollenchymzellen; **B** Sklerenchymzellen

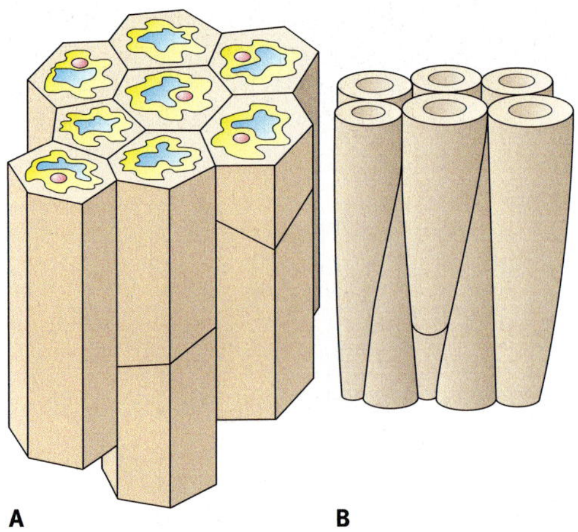

Festigungsgewebe

Dieses Gewebe erhöht wesentlich die Biege- und Zugfestigkeit der pflanzlichen Organe. Die *Kollenchymzellen* sind lebende Zellen. Sie haben vergleichsweise dicke unverholzte Zellwände und sind oft zu langen Fasern gebündelt. Sie sind dehnbar und geben dem Gewebe elastische Stabilität. Die *Sklerenchymzellen* gehören ebenfalls zu den Stützelementen; sie bilden aber unelastische Fasern. Nach Abschluss der Differenzierungsvorgänge sterben die Zellen ab. Sie besitzen dicke, verholzte Zellwände, die der Pflanze als Stützgerüst dienen.

Leitgewebe

Im Leitgewebe findet sich unter anderem das *Phloem,* das dem Transport von gelösten Fotosyntheseprodukten von den Blättern zu den übrigen Pflanzenteilen dient. Es besteht aus aneinandergereihten lebenden Zellen, die durch Perforationen in ihren Zellwänden miteinander verbunden sind *(Siebröhren).* Das *Xylem* transportiert Wasser und Ionen von der Wurzel in die übrigen Pflanzenteile. Die leitenden Bestandteile *(Gefäße)* werden von Zellen gebildet, die nach der Differenzierung abgestorben sind. Ihre Zellwände sind verholzt und durch Verdickungen ausgesteift. Da den Zellen die Endwände fehlen, bilden sich lange kontinuierliche Röhren. Phloem und Xylem sind zu *Leitbündeln* zusammengefasst, in denen auch Parenchym- und Sklerenchymzellen vorkommen.

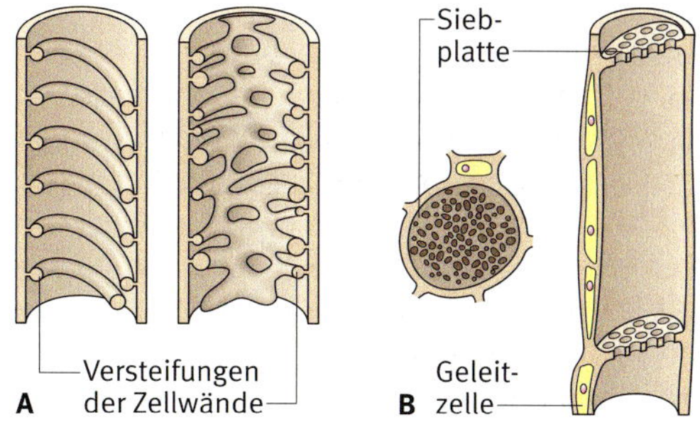

95.1 Transportierende Zellen. **A** Gefäße aus dem Xylem; **B** Siebröhre aus dem Phloem

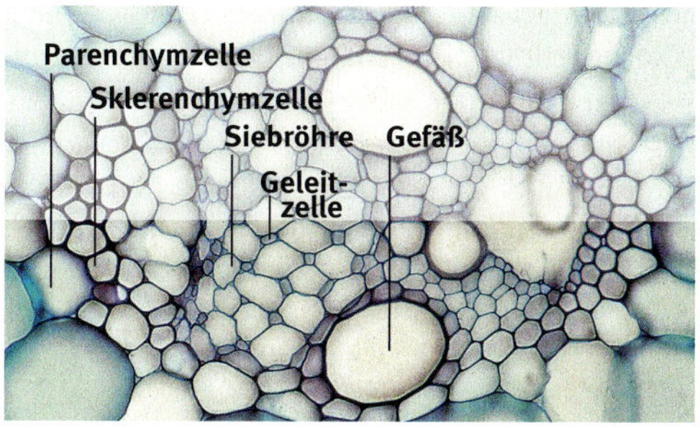

95.2 Leitbündel im Querschnitt (LM-Bild)

STECKBRIEF

Abschlussgewebe

Das äußere Abschlussgewebe, die *Epidermis,* besteht meist aus einer einzelnen Schicht dicht gepackter Zellen, die fest miteinander verbunden sind. Die Epidermis bedeckt alle Teile einer Pflanze. Epidermiszellen sind lebende Zellen mit einer dicken Zellwand, die eng miteinander verzahnt sind. Auf die nach außen gewandte Oberfläche sondern die Epidermiszellen eine Wachsschicht ab, die *Cuticula.* Sie schützt die oberirdischen Pflanzenteile vor der Verdunstung von Wasser. Die Cuticula ist damit eine wichtige Anpassung der Pflanzen an das Leben auf dem Festland.
Die *Spaltöffnungen* (Stomata) sind Öffnungen in der Epidermis, die den Gasaustausch der Pflanze regulieren. Sie werden von spezialisierten Epidermiszellen, den Schließzellen, gebildet, die den Durchmesser der Poren regulieren. Die Stomata liegen vor allem an der Unterseite der Blätter.
Die Epidermis leistet außer ihrer Schutzfunktion in einzelnen Organen weitere spezifische Aufgaben. Die *Wurzelhärchen* beispielsweise sind Ausstülpungen der Epidermiszellen in der Nähe der Wurzelspitze.

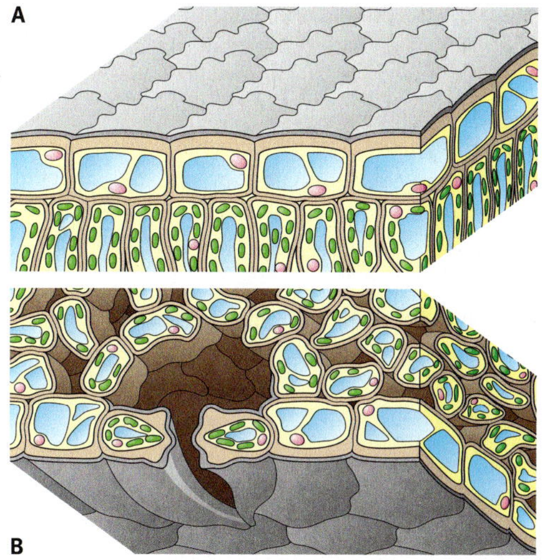

95.3 Epidermis eines Laubblatts. **A** Obere Epidermis; **B** untere Epidermis mit Spaltöffnung

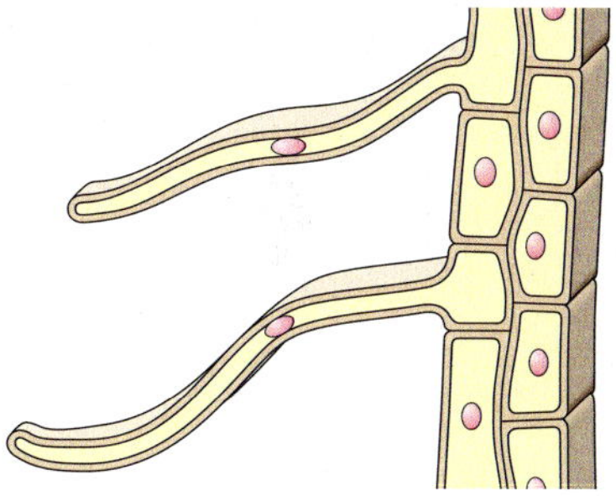

95.4 Wurzelhaare

STECKBRIEF

Pflanzliche Gewebe

1 Gewebe der Sprossachse

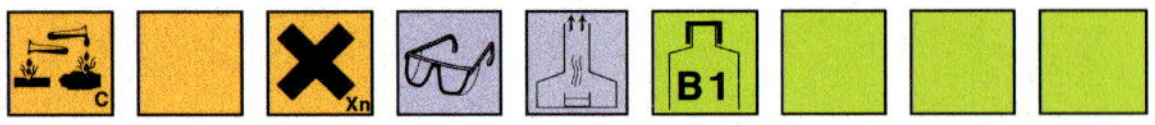

Material: Einkeimblättrige Pflanze oder Dauerpräparat Stängelquerschnitt einer einkeimblättrigen Pflanze, alkoholische Phloroglucinlösung (Xn), konz. Salzsäure (C, B1, Abzug), Rasierklinge, Mikroskop mit Zubehör, Zeichenmaterial

Durchführung: Zunächst fertigt man vom gesamten Stängel mit der Rasierklinge Querschnitte, die mit der Lupe betrachtet werden. Für die mikroskopische Untersuchung stellt man anschließend dünne Querschnitte her (von einem Teilstück der Querschnittsfläche). Zur Anfärbung der verholzten Zellwände wird diesem Präparat zunächst ein Tropfen Phloroglucinlösung und dann ein Tropfen Salzsäure (in der angegebenen Reihenfolge!) zugesetzt.

Aufgaben:

a) Zeichnen Sie das Bild eines Stängelquerschnitts und beschriften Sie die Zeichnung. Erläutern Sie anschließend Ihre Beobachtungen.

b) Zeichnen Sie bei stärkerer Vergrößerung ein Leitbündel mit einigen Zellen aus der Umgebung und beschriften Sie Leitbündel, Xylem, Phloem, Gefäße, Siebröhren und Sklerenchymzellen. Erläutern Sie die unterschiedliche Färbung der Gewebeelemente mit Phloroglucinlösung.

c) Ordnen Sie die mit A, B und C beschrifteten Elemente der Abb. 96.1 einem pflanzlichen Gewebetypen zu.

2 Gewebe der Wurzelspitze

Material: Dauerpräparat eines Längsschnitts durch eine Wurzelspitze der Küchenzwiebel, Karminessigsäure (c), kleine Reagenzgläser, Wasserbad, Mikroskop mit Zubehör, Zeichenmaterial

Durchführung: Eine Zwiebel wird für einige Tage auf ein mit Wasser gefülltes Gefäß gesetzt, knapp über die Wasseroberfläche. Von den austreibenden Wurzeln werden 3 bis 5 mm lange Spitzen abgeschnitten und in ein kleines Reagenzglas gegeben, das mit wenig Karminessigsäure gefüllt ist. Die Reagenzgläser erhitzt man für ca. drei Minuten im kochenden Wasserbad. Die Wurzelspitzen werden dann mit einer Präpariernadel entnommen und mit einem Tropfen Karminessigsäure auf einen Objektträger aufgebracht. Nach Auflegen eines Deckglases wird das Präparat vorsichtig gequetscht, sodass der Umriss der Wurzelspitze noch erkennbar bleibt.

Aufgaben:

a) Skizzieren Sie jeweils mehrere Zellen aus der Wurzelhaube, dem Meristem und der Streckungszone.

b) Bei welcher der drei genannten Zonen handelt es sich um Bildungsgewebe, welche sind Dauergewebe? Erläutern Sie Ihre Zuordnung, indem Sie berücksichtigen, dass mit Karminessigsäure Zellkerne und Chromosomen rot angefärbt werden.

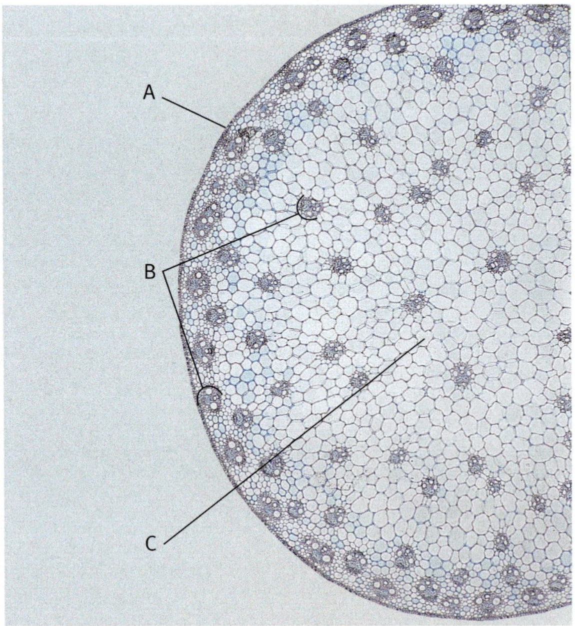

96.1 Stängelquerschnitt einkeimblättrige Pflanze (LM-Bild)

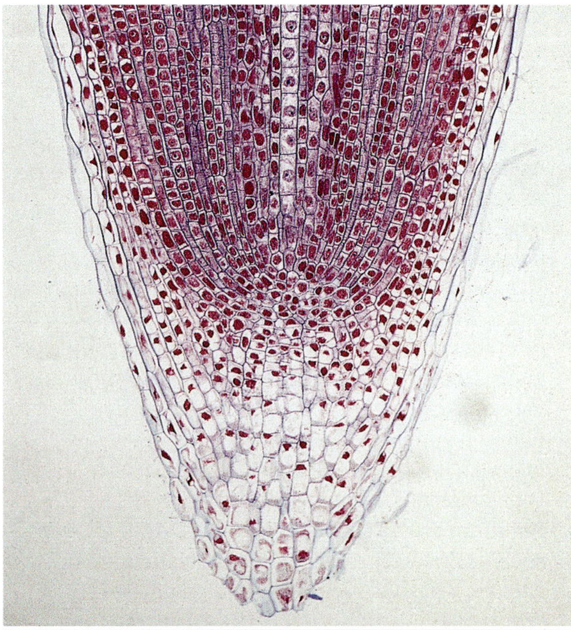

96.2 Längsschnitt durch eine Wurzelspitze (LM-Bild)

Abwandlung der Grundbaupläne pflanzlicher Organe

In jedem Lebensraum findet man charakteristische Pflanzenarten: An einem trockenen Hang leben Arten, die viel Licht, aber wenig Wasser benötigen; Pflanzen am Waldboden hingegen benötigen wenig Licht, aber viel Wasser. Die Anpassung der Pflanzen an die verschiedenen Standorte zeigt sich auch in der Abwandlung des *Grundbauplans* der Organe. Unter einem Grundbauplan versteht man eine vom konkreten Beispiel abstrahierte Darstellung, die die charakteristischen Eigenschaften eines Organs, eines Gewebes oder einer Zelle beschreibt und zusammenfasst. Die Abwandlung von Grundbauplänen lässt sich besonders deutlich am Beispiel des Baus der Blattorgane in Abhängigkeit vom Standortfaktor Wasserverfügbarkeit beobachten.

Pflanzen trockener Standorte (Xerophyten) können zeitweise oder auch dauernde Trockenheit des Bodens ertragen. Hartlaubblätter besitzen eine dicke Epidermis und die Spaltöffnungen sind oft in Vertiefungen untergebracht, an denen Haare die Verdunstung zusätzlich senken. Außerdem findet man in diesen Blättern große Anteile an Festigungsgeweben, die einem Erschlaffen der Blätter bei abnehmendem Turgor entgegenwirken.

Pflanzen wechselfeuchter Standorte (Tropophyten) zeigen weder Anpassungen an extreme Trockenheit noch an große Feuchtigkeit. Sie sind an das Auftreten verschiedener Jahreszeiten und die dadurch bedingte unterschiedliche Verfügbarkeit von Wasser angepasst. Die Epidermis und das Parenchym der Blätter lassen alle charakteristischen Strukturen erkennen. Man verwendet das Laubblatt daher oft zur Beschreibung des Grundbauplans dieser Gewebe wie auch der Blattorgane.

Pflanzen feuchter Standorte (Hygrophyten) haben als Lebensraum schattige Laubwälder, Sümpfe, Ufer oder tropische Regenwälder. Die Verdunstung wird erleichtert, indem die Blattepidermis nur dünn ist; die Spaltöffnungen sind oft über die Oberfläche emporgehoben.

Untergetaucht lebenden Pflanzen (Hydrophyten) fehlen oft die Spaltöffnungen oder sie liegen auf der Oberseite der Blätter. Salze und Kohlenstoffdioxid werden in gelöster Form über die gesamte Oberfläche aufgenommen. Stützende Gewebeelemente sind nur gering vorhanden.

97.1 Anpassungen der Blattorgane an den Standortfaktor Wasserverfügbarkeit. A Oleander; **B** Linde; **C** Pestwurz; **D** Tausendblatt

TECHNIK

Technische Verwendung von Holz

Am Schnitt durch einen Baumstamm erkennt man zwei unterschiedliche Holztypen: Das dunklere Kernholz im Zentrum und das weiter außen liegende hellere Splintholz. Beide bestehen aus Xylemelementen. Die Zellen des Splintholzes dienen dem Wassertransport. Das Kernholz ist älter und transportiert kein Wasser mehr. Die Wände seiner toten Zellen sind sehr dick und haben durch die Einlagerung von Lignin weitere mechanische Verstärkung erfahren. Seine kräftige Färbung verdankt das Kernholz Harzen und anderen organischen Verbindungen, die in die Zellhohlräume eingelagert wurden. Sie schützen das Bauminnere vor Pilzbefall und Insektenfraß.

Bauteile aus dem Rohstoff Holz können umweltfreundlich erzeugt und meist auch umweltverträglich entsorgt werden. Sie weisen daher insgesamt eine hervorragende Ökobilanz auf. Die Bandbreite der technischen Verwendung reicht vom unbehandelten Massivholz bis zu Werkstoffen, die auf Holzgrundlage hergestellt werden.

Elastizität, Härte, Biege- und Druckfestigkeit sowie Verwitterungsbeständigkeit sind Eigenschaften, die Holz vor anderen Werkstoffen auszeichnen. Diese Eigenschaften werden von der Dicke und dem Ligningehalt der Zellwände und von organischen Verbindungen bestimmt, die in die abgestorbenen Zellen eingelagert sind. Die Holzeigenschaften sind daher bei verschiedenen Baumarten sehr unterschiedlich: Eichenholz ist sehr hart (Binellhärte ca. 65 N/mm^2), druck- und biegefest sowie äußerst verwitterungsbeständig. Kiefernholz (Binellhärte ca. 50 N/mm^2) oder Pappelholz (Binellhärte ca. 35 N/mm^2) sind gegenüber mechanischer Belastung weniger widerstandsfähig. Die geringe Wärmeleitfähigkeit ist eine weitere Eigenschaft, die Holz zu einem wichtigen Werkstoff macht.

MATHEMATIK

Fraktale – mathematische Modelle für Wachstumsvorgänge?

Betrachtet man einen Blumenkohl (Romanesko) als Ganzes und dann mit immer weiter steigender Vergrößerung, so erkennt man (bis zu einer bestimmten Grenze), dass ein beliebiger Ausschnitt im Wesentlichen so aussieht wie das Ganze. Man spricht von *Selbstähnlichkeit.* Solche Regelmäßigkeiten lassen erwarten, dass sie mathematisch beschrieben werden können und dass man so die Bildung komplizierter biologischer Strukturen beschreiben kann: An einem Startobjekt nimmt man eine bestimmte (mathematisch definierte) Veränderung vor. Dieselbe Veränderung wird am entstehenden Objekt nochmals vorgenommen; dies wird sehr häufig wiederholt. Die Beschreibung der Gesamtstruktur kann so über das *Bildungsgesetz* erfolgen: Festgelegt wird, wie viele Triebe vom Gabelpunkt abzweigen, wo die neuen Triebe ansetzen und wie lang sie werden. Darüber hinaus muss die räumliche Ausdehnung des Blumenkohls bestimmt werden: Im Gegensatz zu Körpern mit einfach gestalteter Oberfläche (z. B. einer Kugel) folgen komplexe Strukturen anderen Gesetzmäßigkeiten. Ihre räumliche Ausdehnung lässt sich mit „gebrochenen" Dimensionen beschreiben. Zur Erläuterung ein Beispiel: Variiert man den Radius (R) einer Kugel – also einem Objekt mit einfacher Oberfläche –, so nimmt ihr Volumen im Verhältnis $V = R^3$ zu. Der Exponent ist hier ganzzahlig. Für ein Objekt mit komplex gestalteter Oberfläche, wie den Blumenkohl, wäre das Ergebnis R^d, wobei d einen gebrochenen Wert annehmen kann. Objekte, deren räumliche Ausdehnung über gebrochene Dimensionen beschrieben ist und deren weiteres Charakteristikum die Selbstähnlichkeit ist, bezeichnet man als *Fraktale.* Ob die mathematischen Verfahren der *Fraktalen Geometrie* zu neuen Erkenntnissen führen, ist noch nicht entschieden: Modelle zur Entwicklung komplexer biologischer Strukturen wurden noch nicht gefunden.

Zellen auf allen biologischen Organisationsebenen

1 Abbildung 99.1 zeigt lichtmikroskopische Bilder von Querschnitten durch den Stängel der Sonnenblume und der Tulpe sowie ein stärker vergrößertes Leitbündel (C), bei dem man das Xylem und das Phloem erkennen kann.

a) Vergleichen Sie die beiden Stängelquerschnitte. Ordnen Sie der Sonnenblume bzw. der Tulpe das entsprechende Bild zu und begründen Sie.

b) Im Bild (C) sind verholzte Zellen rot angefärbt. Identifizieren Sie in diesem Leitbündel das Xylem und das Phloem. Erläutern Sie Ihre Zuordnung und beschreiben Sie die Funktion der beiden Bestandteile des Leitbündels.

2 Abbildung 99.2 zeigt das rasterelektronenmikroskopische Bild eines Querschnitts durch ein Laubblatt.

a) Benennen und beschreiben Sie die verschiedenen Gewebetypen, die hier erkennbar sind.

b) Wählen Sie drei verschiedene Typen eines spezialisierten Gewebes aus und beschreiben Sie den Zusammenhang zwischen der Struktur des Gewebes und der jeweiligen Funktion.

3 Gap junctions sind Zellverbindungen, über die Ionen von Zelle zu Zelle gelangen können; zwischen so verbundenen Zellen besteht damit eine elektrische Verbindung. Im Nervensystem erfolgt der Signalaustausch zwischen verschiedenen Neuronen, allerdings hauptsächlich über Synapsen und nicht über gap junctions, obwohl dies möglich wäre.
Welchen Vorteil bietet es, zur Reizverarbeitung Nervenzellen über Synapsen und nicht über gap junctions kommunizieren zu lassen?

4 Plasmodesmen sind Zellverbindungen, die bei Pflanzenzellen vorkommen. Sie dienen der interzellulären Kommunikation der Zellen im Gewebe. Abbildung 99.3 zeigt den Aufbau der Plasmodesmen. An jedem Plasmodesmos ist die Zellwand zwischen zwei benachbarten Zellen unterbrochen. Die Zellmembranen beider Zellen sind an dieser Stelle miteinander verschmolzen. Erläutern Sie Gemeinsamkeiten und Unterschiede zu den gap junctions der tierischen Zellen.

5 Recherchieren Sie, aus welchen Gewebeelementen der Pflanze Jutefasern bzw. Leinen gewonnen werden können und wie man die Fasern verarbeitet.

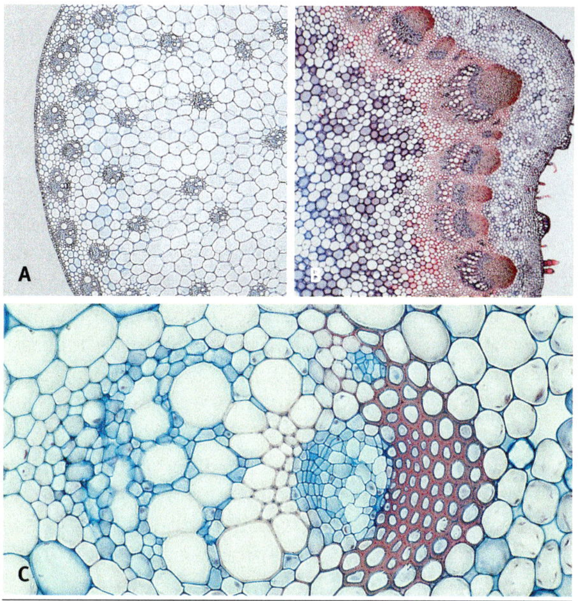

99.1 Stängelquerschnitte und Leitbündel (LM-Bilder)

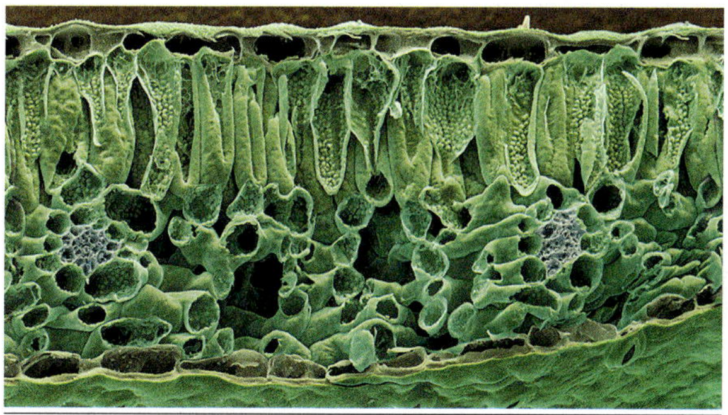

99.2 Blattquerschnitt (REM-Bild)

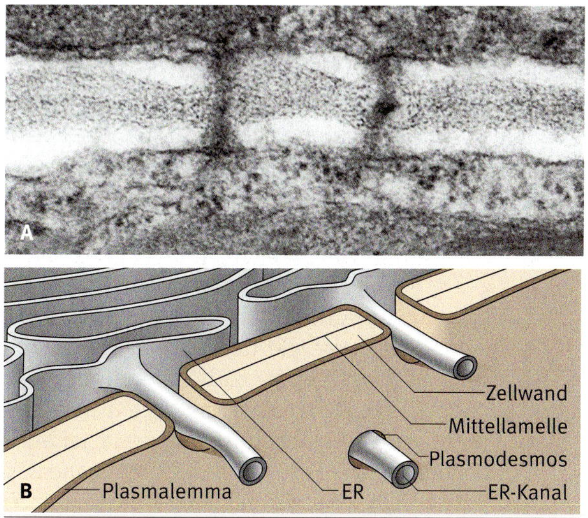

99.3 Plasmodesmen. A EM-Bild; **B** Schema

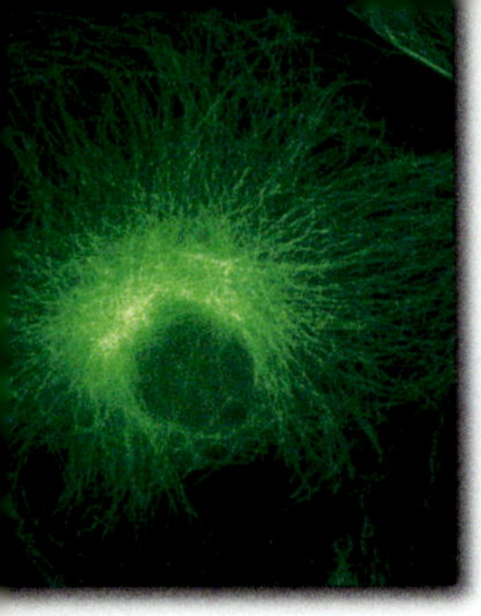

Form und Bewegung bei lebenden Zellen

1 Cytoskelett

Bilder aus der Frühzeit der Elektronenmikroskopie ließen vermuten, dass die verschiedenen Organellen einer Zelle in einem strukturlosen, gelartigen Cytosol liegen. Mit heutiger Technik lässt sich jedoch feststellen, dass die Zellorganellen an einem Geflecht von Proteinfilamenten verankert sind. Dieses System aus verschiedenen Filamenttypen bestimmt auch die Form der Zellen, man bezeichnet es daher als **Cytoskelett.**

Die *Actinfilamente* sind die dünnsten Filamente des Cytoskeletts, man bezeichnet sie daher als *Mikrofilamente.* Die dicksten Filamente nennt man *Mikrotubuli,* da sie winzigen Röhren gleichen; sie sind aus Tubulin aufgebaut. Die *Intermediärfilamente* sind deshalb so bezeichnet worden, weil ihr Durchmesser zwischen dem der Actinfilamente und der Mikrotubuli liegt.

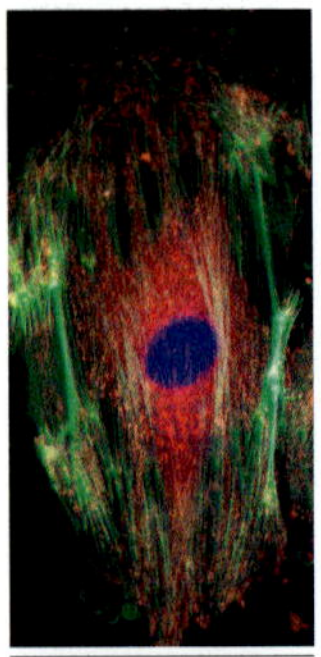

100.1 Mikrofilamente in einer Epithelzelle (LM-Bild). Actinfasern grün, Zellkern blau und Mitochondrien rot gefärbt

Die Bezeichnung Cytoskelett darf nicht zu der falschen Vorstellung verleiten, dass es sich hierbei um ein starres Stützsystem handelt. Im Gegensatz zum Knochenskelett der Wirbeltiere ist das Cytoskelett eine äußerst dynamische Struktur, die fortwährend neu organisiert wird. Es verändert sich, sobald die Zelle ihre Form ändert, sich teilt oder auf ihre Umgebung reagiert.

Das Cytoskelett stabilisiert einerseits die Form der Zelle und bewirkt andererseits auch deren Veränderung: Es kann – vergleichbar mit einem Baugerüst – in einem Teil der Zelle auseinandergenommen und an einer anderen Stelle wieder zusammengesetzt werden und so neue Formen aufbauen.

Das Cytoskelett ermöglicht auch die Bewegungsvorgänge der Zellen. Darunter versteht man sowohl Fortbewegung und Formänderungen als auch Transportvorgänge im Inneren der Zelle. Alle diese Bewegungsvorgänge werden durch das Zusammenwirken der Cytoskelettfilamente mit spezialisierten Proteinen bewirkt, die man *Motorproteine* nennt. Beispielsweise sind Mikrotubuli an der Schlagbewegung der Geißeln und Cilien beteiligt. Die Kontraktion der Muskelzellen und die Bewegung der Pseudopodien der Amöben werden mit Hilfe von Mikrofilamenten verursacht, ebenso wie die kreisende Strömung des Cytoplasmas in Pflanzenzellen. Die Vesikel in den Axonen von Nervenzellen legen ihren Weg vom Synthese- zum Bestimmungsort entlang von Cytoskelettfilamenten zurück und kontraktile Bestandteile des Cytoskeletts sorgen dafür, dass sich die Plasmamembran bei der Phagocytose einstülpt.

Mikrotubuli, Intermediär- und Mikrofilamente des Cytoskeletts können mit einem System von Trägern, Seilen und Motoren verglichen werden. Es überwacht die innere Organisation der Zelle, bestimmt ihre äußeren Merkmale und ermöglicht Bewegungsvorgänge.

Die **Intermediärfilamente** sind eine sehr umfangreiche Familie von Cytoskelettproteinen. Ihre Hauptaufgabe besteht in der mechanischen Stabilisierung der Zellen. Sie weisen alle eine große Zugfestigkeit auf und durchziehen das gesamte Cytoplasma mit einem Netzwerk, das den Zellkern umhüllt und sich von dort aus in die Zellperipherie erstreckt. Häufig sind sie in der Zellmembran an Zell-Zell-Verbindungen verankert.

Intermediärfilamente bestehen aus lang gestreckten fibrillären Proteinen, die verdrillt zusammengelagert und zu langen Strängen verbunden sind. Die Intermediärfilamente in Epithelzellen der Haut beispielsweise sind aus *Keratin* aufgebaut. Diese Keratinfilamente erstrecken sich von einem Ende der Zelle bis zum anderen, ihre Enden sind in den *Desmosomen* verankert. Dadurch werden die Filamente benachbarter Epithelzellen indirekt miteinander verknüpft, es entstehen „Filamentkabel", die sich durch die gesamte Epithelschicht erstrecken. Sie sind für die mechanische Belastbarkeit der Haut, insbesondere ihre Zugfestigkeit, verantwortlich. Andere Intermediärfilamente stabilisieren beispielsweise die Kernmembran und die Kernporen; diese sind aus dem Proteinmonomer *Laminin* aufgebaut.

Die **Mikrotubuli** sind aus dem Proteindimer Tubulin aufgebaute lange und im Vergleich zu den anderen Cytoskelettfilamenten relativ steife Proteinröhren. Sie bestimmen die Lage der membranumhüllten Organellen und bilden ein Schienensystem, das den intrazellulären Transport lenkt. Die Mikrotubuli können dauerhafte Strukturen ausbilden: Beispielsweise dienen sie den Cilien und Geißeln als intrazelluläre Stütze. Sie sind hier mit anderen Proteinen assoziiert, von denen einige für ihre Vernetzung zu einer stabilen Struktur und andere für ihre Bewegung verantwortlich sind. Mikrotubuli können aber auch dynamische Strukturen bilden: Zu Beginn der Mitose beispielsweise zerfallen die cytoplasmatischen Mikrotubuli in Tubulindimere. Diese lagern sich ausgehend vom Centrosom anschließend wieder zusammen und bilden die Teilungsspindel. Mit ihrer Hilfe werden die Chromosomen auf die Tochterzellen verteilt.

Die **Mikrofilamente** sind aus dem Proteinmonomer Actin aufgebaut. Sie bilden zu Bündeln verbundene Filamente, die dünner, flexibler und meist kürzer sind als die Mikrotubuli. Abhängig von den Proteinen, mit denen sie assoziiert sind, können sie stützende Funktionen haben oder der Bewegung der Zellen dienen. Beispielsweise stabilisieren sie die Ausstülpungen der Darmepithelzellen. Die Mikrofilamente sind darüber hinaus auch für viele Bewegungsvorgänge eukaryotischer Zellen wichtig: Sie können sich zu Bündel zusammenlagern, die sich unter ATP-Verbrauch kontrahieren. Beispielsweise bilden sie den kontraktilen Ring, der am Ende der Teilung tierischer Zellen das Cytoplasma einschnürt und zwei Tochterzellen entstehen lässt. Auch die kriechenden Bewegungen von Amöben oder Makrophagen werden von Actinfilamenten verursacht. In Muskelzellen sind sie Teil des kontraktilen Apparats.

101.1 Struktur und Funktion der Bestandteile des Cytoskeletts

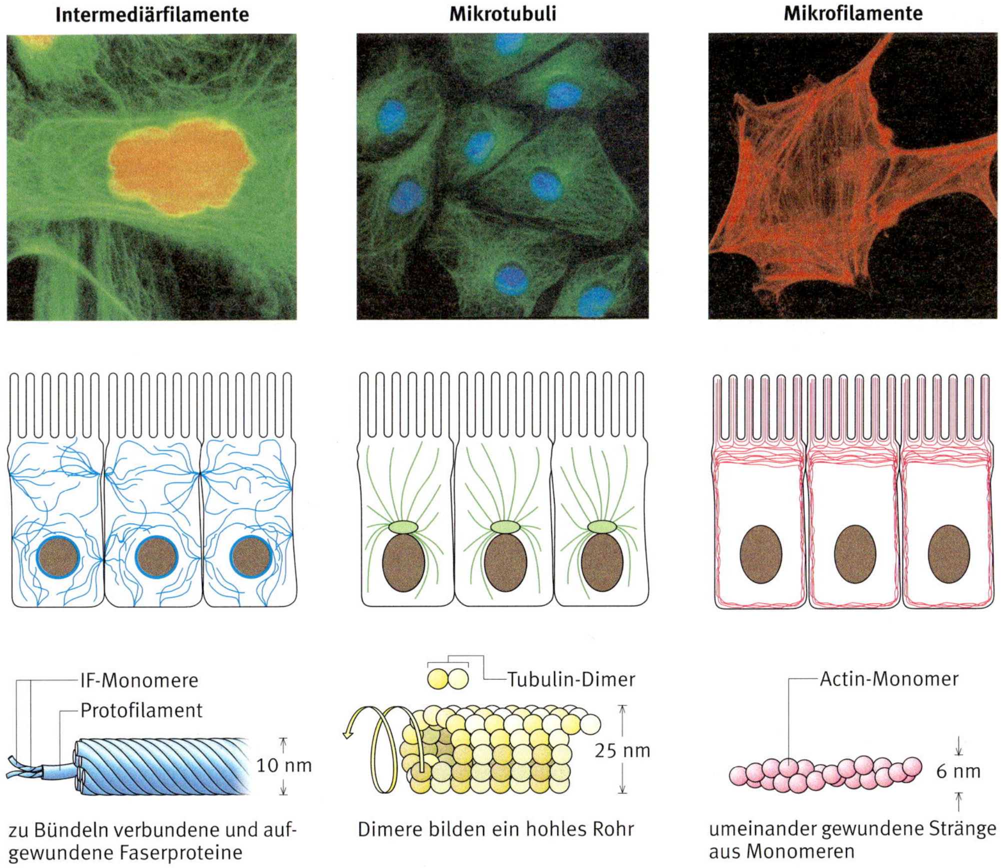

Funktion (Beispiele)		
Strukturgerüst, Reißfestigkeit, Verankerung des Zellkerns	Stabilisierung, Chromosomenbewegung, Zellbewegung (z. B. Geißeln)	Zellteilung, Muskelkontraktion, Cytoplasmaströmung

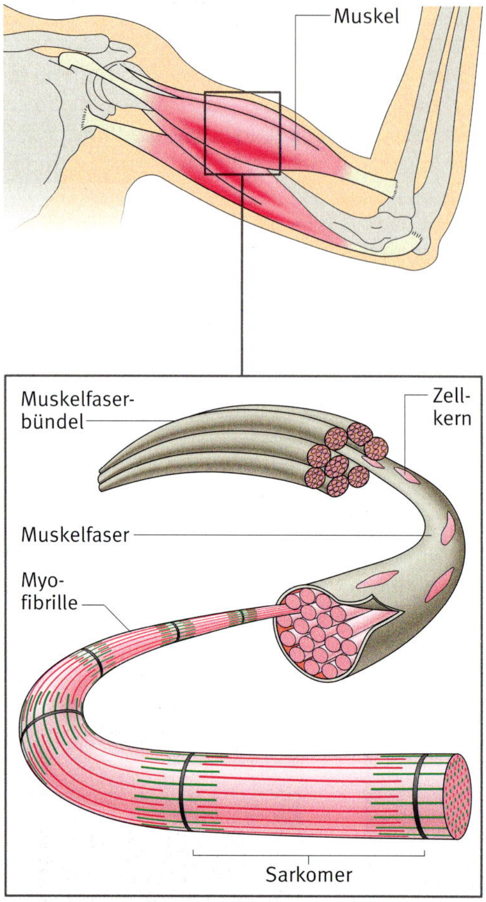

102.1 Bau des Skelettmuskels

102.2 Quer gestreifte Muskulatur (LM-Bild)

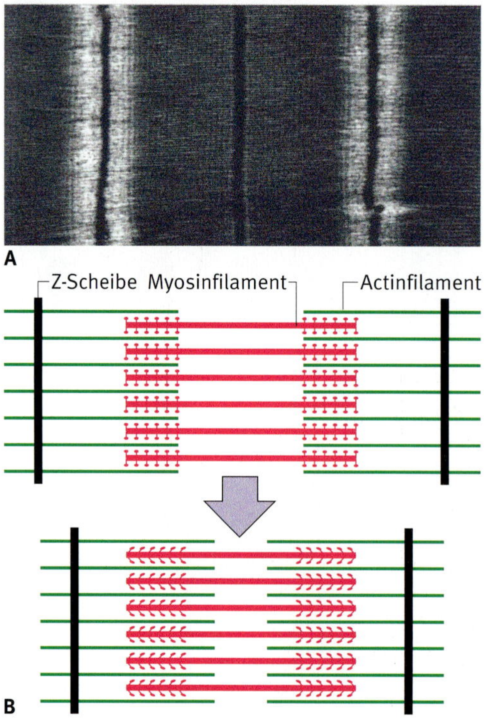

102.3 Bau des Sarkomers. A Sarkomer (EM-Bild); **B** Schema: entspannter und kontrahierter Zustand

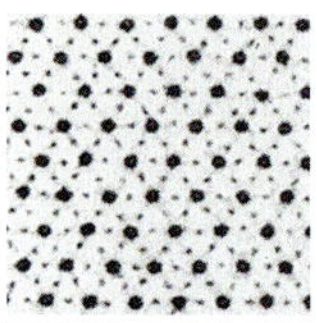

102.4 Querschnitt im Bereich der Überlappung von Actin- und Myosinfilamenten (EM-Bild)

2 Muskelkontraktion

Mehr als 600 Muskeln benötigt der Mensch, um alle willkürlichen Bewegungen ausführen zu können. Muskelzellen sind extrem spezialisierte Zellen; ihre Kontraktion gehört zu den am besten verstandenen Zellbewegungen. Bereits mit bloßem Auge kann man erkennen, dass ein Skelettmuskel aus vielen **Muskelfaserbündeln** besteht. Die Faserbündel setzen sich aus Muskelfasern zusammen, die meist viele Zentimeter lang sind. Sie durchziehen den Muskel und gehen an den Enden in die Sehnen über. **Muskelfasern** sind durch Zusammenschluss zahlreicher Zellen entstanden, daher sind sie vielkernig. Jede Muskelfaser ist ihrerseits wieder aus **Myofibrillen** zusammengesetzt. Weisen die Myofibrillen wie im Skelettmuskel eine regelmäßige Bänderung auf, spricht man von **quer gestreifter Muskulatur.** Diese Querstreifung kommt zustande, weil jede Myofibrille aus einer Kette kontraktiler Einheiten aufgebaut ist, die als **Sarkomere** bezeichnet werden.

Die Sarkomere sind aus zwei Filamenttypen aufgebaut. Dünne **Actinfilamente** sind an den Enden des Sarkomers verankert und dickere **Myosinfilamente** befinden sich in der Mitte des Sarkomers; sie überlappen dort mit den Enden der Actinfilamente. Jedes Sarkomer wird von so genannten *Z-Scheiben* begrenzt.

Mikroskopiert man Muskulatur der Magen- oder Darmwand, findet man eine Muskelform, der die Querstreifung fehlt, die **glatte Muskulatur.** Glatte Muskeln bestehen aus länglichen, spindelförmigen Zellen mit je einem Zellkern. Auch diese Zellen enthalten Myosin- und Actinfilamente, aber nicht in so strenger Anordnung wie die quer gestreiften Skelettmuskeln.

Bei der Kontraktion einer Muskelzelle bewegen sich die Actin- und die Myosinfilamente aneinander entlang. Diese Gleitbewegung der beiden Filamente wird von Proteinen bewirkt, die mit dem Myosin verbunden sind und deren „Köpfchen“ aus den Myosinfilamenten herausragen. Durch die Verschiebung der Filamente gegeneinander wird das Sarkomer verkürzt, obwohl sich die Länge eines einzelnen Filaments nicht verändert. Durch die Verkürzung der Sarkomere kontrahiert die Muskelfaser. Die synchrone Kontraktion der Muskelfasern führt schließlich zur Kontraktion des Muskels.

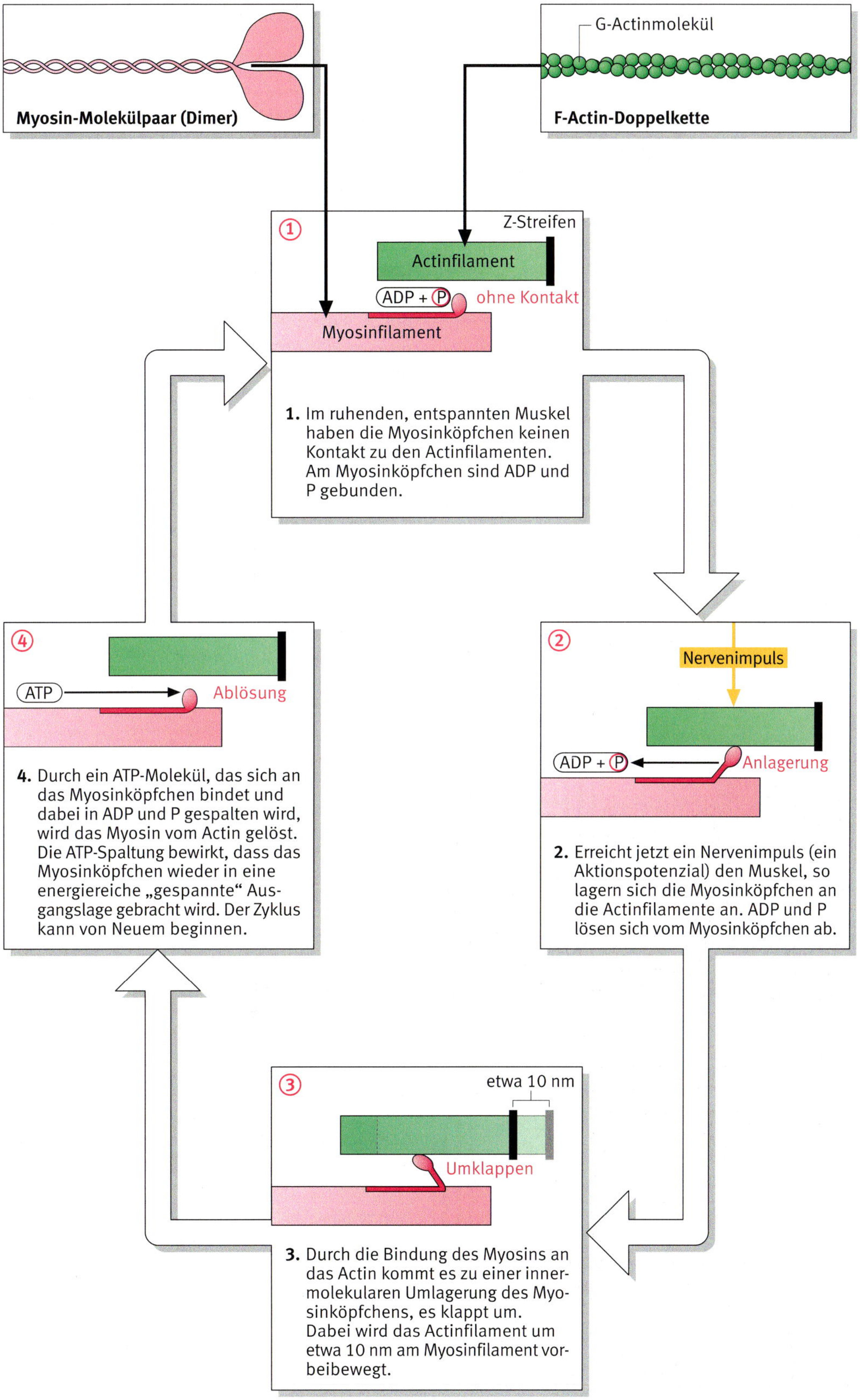

103.1 Mechanismus der Muskelkontraktion (schematisch)

3 Cilien und Geißeln

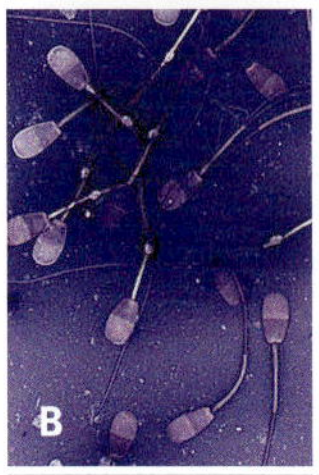

104.1 Cilien und Geißeln. **A** Cilien der Luftröhre (EM-Bild); **B** Geißeln von Spermien (LM-Bild)

Aus der Oberfläche vieler eukaryotischer Zellen entspringen haarähnliche Strukturen, die **Cilien.** Bei Pantoffeltierchen beispielsweise dient die Bewegung der Cilien zur Fortbewegung. Bei anderen Zellen, beispielsweise Bronchialepithelzellen, dienen sie dazu, Flüssigkeiten oder Schleim an der Zelloberfläche entlangzutransportieren. Sie bewegen sich dazu peitschenartig, ähnlich der Armbewegung beim Brustschwimmen.

Da Cilien dünne Ausstülpungen der Zelle sind, ist jede Cilie von einer Plasmamembran umgeben. Die Form der Cilie wird durch Mikrotubuli stabilisiert. Die Mikrotubuli entspringen am wenig unter der Plasmamembran innerhalb des Cytoplasmas gelegenen *Basalkörper.* Dort beginnt die Zusammenlagerung der Tubulinmoleküle. Die Mikrotubuli der Cilien sind in einem charakteristischen Muster angeordnet. Auf einem Querschnitt sind im Elektronenmikroskop neun Mikrotubulipaare zu erkennen, die ringförmig um zwei einzelne Mikrotubuli gruppiert sind. **Geißeln** gleichen im Aufbau den Cilien, sind jedoch länger. Sie bewegen beispielsweise Spermien oder Flagellaten durch regelmäßige und wellenförmige Bewegung.

Die **Bewegung** von Cilien und Geißeln wird durch Biegung der Mikrotubuli hervorgerufen: Die Mikrotubuli sind mit verschiedenen Proteinen assoziiert, die in regelmäßigen Abständen aus dem Mikrotubulibündel herausragen. Einige vernetzen die Mikrotubuli miteinander, andere erzeugen die Kraft für die Biegung. Das Wichtigste dieser Proteine ist das *Dynein.* Mit einem Molekülteil ist es fest mit einem Mikrotubulus verknüpft. Ein anderer Teil („Kopfteil") ragt aus dem Mikrotubulus heraus. Dieser bindet den benachbarten Mikrotubulus und kann unter ATP-Verbrauch an diesem entlanggleiten. Da die benachbarten Mikrotubuli in Cilien und Geißeln aber über Verbindungsproteine fest miteinander verbunden sind, bewirkt die parallele Gleitbewegung keine Verschiebung gegeneinander, sondern eine Biegung.

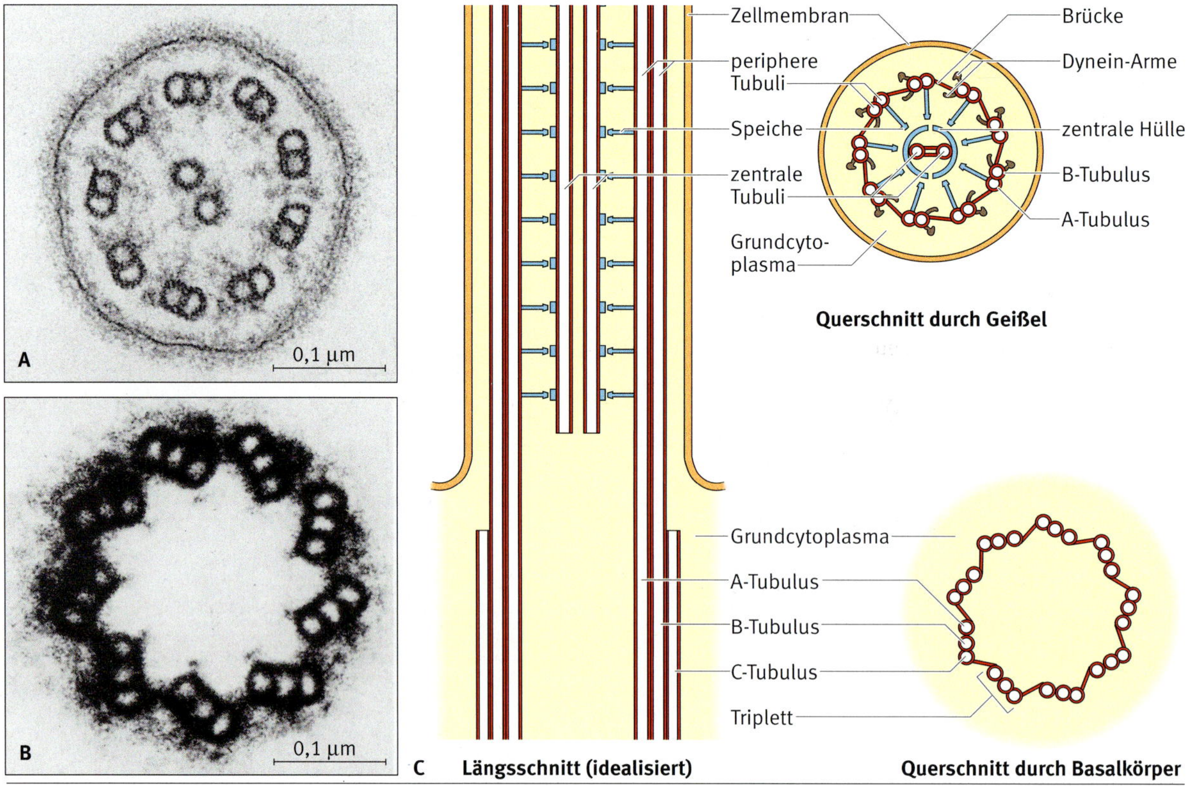

104.2 Feinstruktur von Cilien und Geißeln. **A** Querschnitt durch Cilie oder Geißel (EM-Foto); **B** Querschnitt durch Basalkörper (EM-Foto); **C** Schema

4 Motorproteine

Als **Motorproteine** bezeichnet man Moleküle, die mit Mikrotubuli oder Mikrofilamenten verbunden sind und die gerichtete Bewegungen bewirken. Das Dynein ist beispielsweise aus zwei langen Proteinketten (schwere Ketten) aufgebaut. Sie sind über eine kurze Proteinkette (leichte Kette) miteinander verbunden, die sie fest am Mikrotubulus verankert. Die schweren Ketten dienen der Bewegung.
Beim Bewegungsvorgang wird an der schweren Kette ATP gespalten. Die dabei frei werdende Energie bewirkt das Loslösen der einen schweren Kette vom benachbarten Mikrotubulus; gleichzeitig erfolgt eine Strukturänderung, die die Kette etwas verschiebt. Anschließend bindet dieser Molekülteil wieder fest an den Mikrotubulus. Im nächsten Schritt wird die zweite schwere Kette über den gleichen Mechanismus verschoben. Auf diese Weise gleiten die beiden Mikrotubuli unter ATP-Verbrauch aneinander vorbei.
Bei der Muskelkontraktion bewegen andere Motorproteine mit ähnlichem Mechanismus die Myosin- an den Actinfilamenten entlang. In der Nervenzelle werden Vesikel mit Hilfe von Motorproteinen an den Mikrotubuli entlang vom Soma durch das Axon zur Synapse transportiert. Auch die Plasmaströmung in lebenden Zellen wird durch die Interaktion von Motorproteinen mit dem Cytoskelett verursacht.

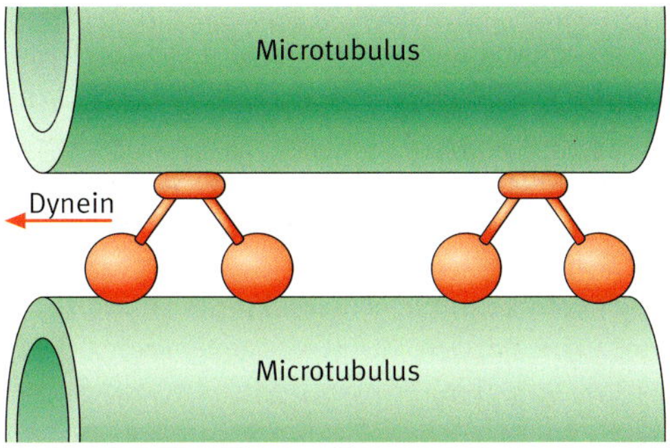

105.1 Bewegung durch Dynein. Es ist mit dem oberen Mikrotubulus fest, mit dem unteren beweglich verbunden.

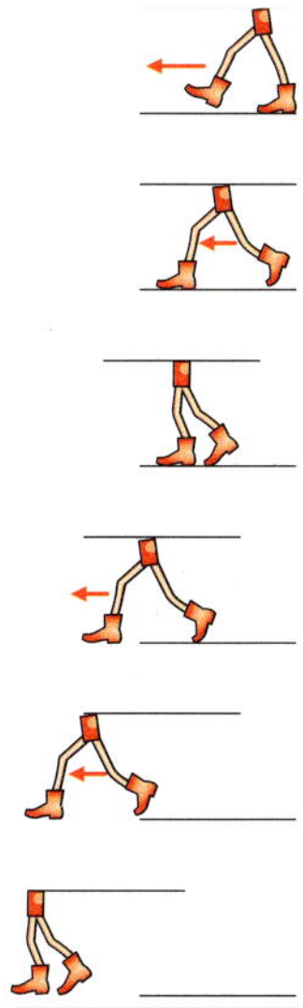

105.2 Bewegungsvorgang des Dyneinmoleküls am Mikrotubulus

Form und Bewegung lebender Zellen

1 Das Cytoskelett ist aus drei Hauptklassen von Filamenten aufgebaut. Erläutern Sie deren Bau und nennen Sie jeweils Beispiele für die Funktion in der Zelle.

2 Zeichnen Sie entsprechend des EM-Bildes das Schema eines Sarkomers und beschriften Sie die sichtbaren Cytoskelettelemente.

3 In Abbildung 105.3 sind die molekularen Vorgänge, die zur Kontraktion einer Muskelzelle führen, schematisch dargestellt. Beschreiben und erläutern Sie auf dieser Grundlage, wie sich ein Muskel kontrahiert.

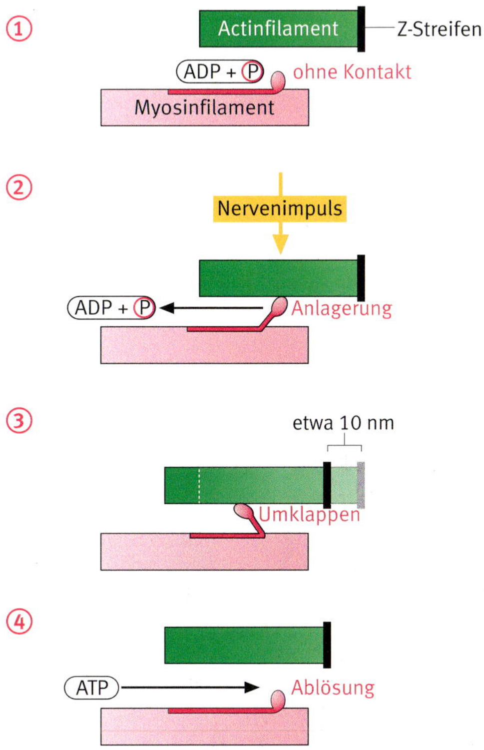

105.3 Molekulare Vorgänge bei der Muskelkontraktion

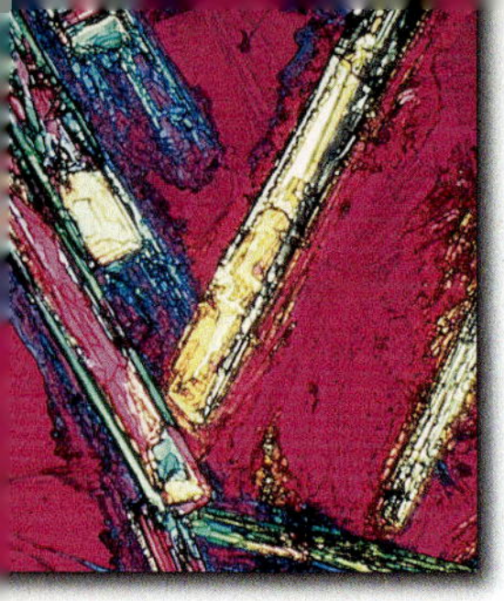

Katalysatoren des Lebens: Enzyme

1 Bau und Wirkungsweise von Enzymen

Viele chemische Reaktionen laufen bei den Temperaturen, wie sie in Zellen herrschen, nicht oder nur sehr langsam ab. Man nennt diese Energiebarriere **Aktivierungsenergie.** Durch Erhöhung der Temperatur (Zufuhr von Energie) wird diese Barriere überwunden und die Reaktionsgeschwindigkeit gesteigert; nach einer Faustregel verdoppelt bis verdreifacht sich die Reaktionsgeschwindigkeit je 10 °C *(RGT-Regel)*.

Auch für die Stoffwechselreaktionen einer Zelle muss die Barriere Aktivierungsenergie überwunden werden. Temperaturerhöhung könnte nach der RGT-Regel die Reaktionen zwar beschleunigen, hohe Temperaturen würden die Zellen aber abtöten. Daher laufen praktisch alle chemischen Reaktionen in Zellen mithilfe von Biokatalysatoren, den **Enzymen,** ab.

Enzyme beschleunigen selektiv jede einzelne Stoffwechselreaktion: Sie senken die Aktivierungsenergie und erhöhen die Reaktionsgeschwindigkeit. Dadurch ermöglichen sie den Reaktionsablauf bei Temperaturen, wie sie in Zellen herrschen.

Das Disaccharid Maltose beispielsweise muss vor der weiteren Verwertung im Energiestoffwechsel mit Wasser reagieren und so in zwei Glucosemoleküle gespalten werden. Bei dieser Reaktion muss die Bindung der beiden Glucosemoleküle gelöst werden. Dies erfordert die Zufuhr von Energie, da die Aktivierungsenergie überwunden werden muss. Im Reagenzglas läuft diese Reaktion bei Zimmertemperatur daher nur sehr langsam ab. Gibt man das Enzym Maltase hinzu, so wird die Reaktionsgeschwindigkeit deutlich erhöht.

Verlauf einer enzymatischen Reaktion. Enzyme sind Proteine, die meist eine komplizierte räumliche Struktur aufweisen. Für die katalytische Aktivität ist allerdings nicht das ganze Proteinmolekül verantwortlich, sondern nur eine Teilregion, die man als **aktives Zentrum** bezeichnet. Man kann sich dieses aktive Zentrum als Vertiefung oder Tasche im dreidimensional gefalteten Enzymmolekül vorstellen. Dasjenige Molekül, das hier umgesetzt wird, bezeichnet man als **Substrat.** Bei diesem ers-

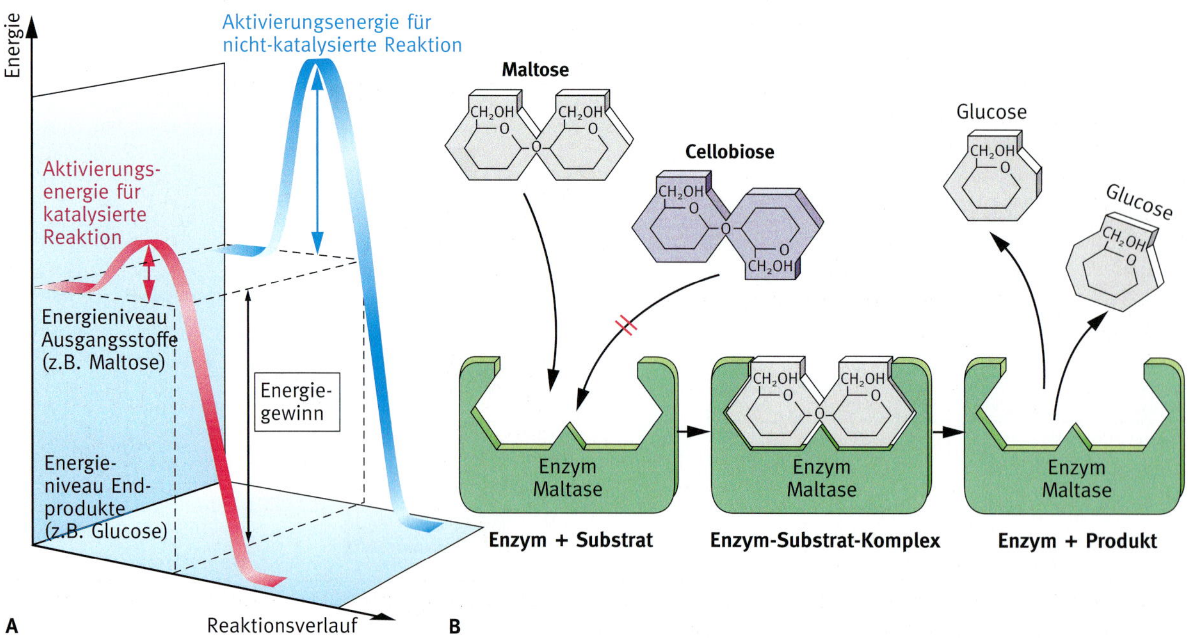

106.1 Enzymatische Reaktion. **A** Aktivierungsenergie; **B** Schema der Reaktion

ten Schritt jeder enzymatischen Reaktion wird das Substrat im aktiven Zentrum gebunden, es bildet sich zunächst der **Enzym-Substrat-Komplex.** In einem weiteren Reaktionsschritt bilden sich die Produkte. Dabei zerfällt der Enzym-Substrat-Komplex, das Enzym geht unverändert aus der Reaktion hervor.

Spezifität enzymatischer Reaktionen. Enzyme sind außerordentlich spezifische Katalysatoren. Als Modell zur Beschreibung der Reaktion zwischen Enzym und Substrat kann das *Schlüssel-Schloss-Prinzip* dienen: Die räumliche Struktur ist charakteristisch für jedes Enzym, es passt nur ein ganz bestimmtes Substrat („Schlüssel") in das aktive Zentrum („Schloss"). Man spricht daher von der **Substratspezifität.** Außerdem wird durch das Enzym meist nur eine der vielen möglichen Reaktionen des Substrats beschleunigt. Das Enzym hat also eine bestimmte Wirkung – man nennt diese Eigenschaft **Wirkungsspezifität.** Die Spezifität eines Enzyms beruht auf der Passgenauigkeit zwischen der Form des aktiven Zentrums und des Substrats.
Im dargestellten Beispiel katalysiert das Enzym *Maltase* die Reaktion der Maltose mit Wasser zu Glucose. Aufgrund der Wirkungsspezifität des Enzyms wird nur diese Reaktion katalysiert. Aufgrund der Substratspezifität des Enzyms wird die ähnlich gebaute *Cellobiose* von diesem Enzym nicht gespalten. Das liegt daran, dass die funktionellen Gruppen der Aminosäuren im aktiven Zentrum so positioniert sind, dass sie auf das Substrat einwirken: Durch saure Seitenketten der Aminosäuren kann beispielsweise eine „saure Tasche" in einer sonst neutralen Umgebung gebildet werden. Da das aktive Zentrum eine spezifisch geformte Tasche bildet, wird das Substrat in der richtigen Orientierung gebunden.

Energetische Kopplung. Für Reaktionen, bei denen die entstehenden Produkte energiereicher sind als die Edukte, muss Energie aufgewendet werden. Enzyme können das Ablaufen solcher Reaktionen nicht erzwingen, für lebende Zellen gelten selbstverständlich auch die chemischen und physikalischen Gesetzmäßigkeiten. In der Zelle laufen viele derartige Reaktionen ab: Z. B. werden aus kleinen Molekülen, wie Aminosäuren, große und energiereichere Verbindungen, wie Proteine, aufgebaut. Ermöglicht werden solche Reaktionen, indem sie mit anderen Reaktionen gekoppelt werden, bei denen Energie freigesetzt wird. Man spricht von *energetischer Kopplung.* Oft wird dabei zunächst aus dem Substrat in einer energetisch günstigen Reaktion ein energiereiches Zwischenprodukt gebildet. Dieses ist so energiereich, dass es daraufhin zum Endprodukt reagieren kann.
So kann die Synthese von Saccharose aus Fructose und Glucose nicht direkt ablaufen, da Saccharose energiereicher als die Edukte ist. Durch energetische Kopplung mit einer Energie liefernden Reaktion ist die Synthese möglich: In der *ersten Reaktion* reagiert Glucose mit ATP. Das Zwischenprodukt Glucose-1-Phosphat ist energiereicher als Glucose. Es kann daher in einer *zweiten Reaktion* mit Fructose reagieren. Zusammenbetrachtet wird durch die Spaltung von ATP diejenige Energie aufgebracht, die für die energetisch ungünstige Synthese von Saccharose benötigt wird.

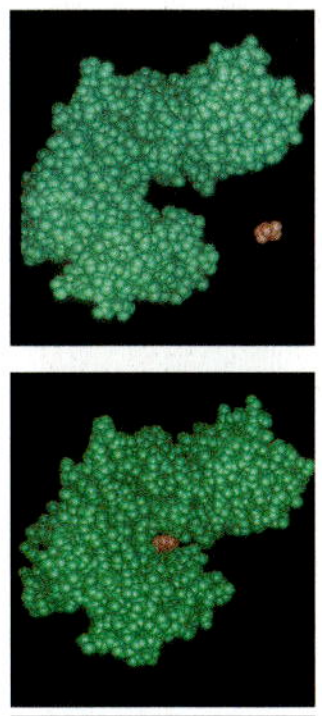

107.1 Bei der Bindung des Substrats verändert sich das aktive Zentrum des Enzyms

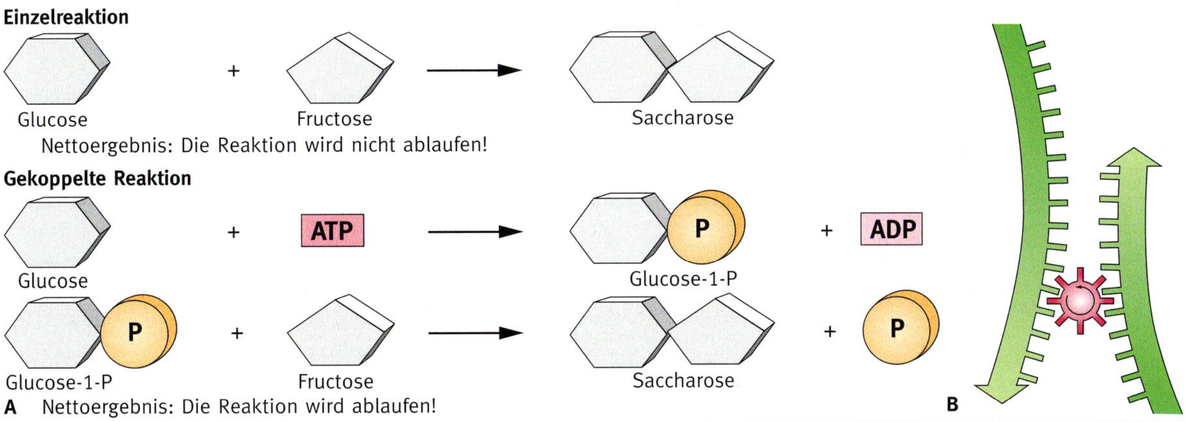

107.2 Energetische Kopplung. A Die Kopplung der beiden Reaktionen über die Spaltung von ATP ermöglicht die Synthese der Saccharose; **B** mechanische Analogie zum Kopplungsprozess

2 Einteilung der Enzyme

Die Substrat- und Wirkungsspezifität stellt die Grundlage für die wissenschaftliche Benennung der Enzyme dar. Der Name eines Enzyms setzt sich aus folgenden Komponenten zusammen:
- Substratname
- Name der Reaktion, die das Enzym katalysiert
- Endung -ase, die allen Enzymnamen gemeinsam ist.

Als Beispiel soll die Malatdehydrogenase dienen. Sie überführt im Citratzyklus durch Abspaltung zweier Wasserstoffatome, also Dehydrogenierung, Malat in Oxalacetat.
Bei vielen Enzymen werden jedoch aus historischen Gründen immer noch die Trivialnamen verwendet: z. B. die Verdauungsenzyme Pepsin, Trypsin und Chymotrypsin.
Bisher wurden mehr als 4000 Enzyme beschrieben. Um Doppelbenennungen und unklare Bezeichnungen zu vermeiden, wurde eine *internationale Nomenklatur* eingeführt. Demnach werden die Enzyme nach dem Reaktionstyp, den sie katalysieren, in sechs *Hauptklassen* und weitere *Unterklassen* eingeteilt.

Die **Oxidoreduktasen** werden in der 1. Hauptklasse zusammengefasst. Diese Enzyme katalysieren Redoxreaktionen. Hierzu gehören auch die Dehydrogenasen.

Die **Transferasen** werden in der 2. Hauptklasse zusammengefasst. Sie übertragen bestimmte chemische Gruppen, wie Methyl-, Amino- oder Phosphorylgruppen.

Die **Hydrolasen** als 3. Hauptklasse spalten Verbindungen durch Einfügen eines Wassermoleküls. Die wichtigsten Unterklassen sind die Esterasen (Lipasen), die Phosphatasen, die Glykosidasen und die Peptidasen (Proteasen).

Lyasen (Synthasen) stellen die 4. Hauptklasse dar. Sie spalten Verbindungen ohne Einbau von Wasser, also auf nichthydrolytische Weise. Der Name Synthasen betont die umgekehrte Reaktion, die Bildung einer chemischen Bindung zwischen zwei Substraten unter Auflösung einer vorhandenen Doppelbindung.

Die **Isomerasen** sind die Vertreter der 5. Hauptklasse. Diese Enzyme katalysieren innermolekulare Umlagerungen.

Die **Ligasen** (Synthetasen) werden zur 6. Hauptklasse gezählt. Diese Enzyme katalysieren die Verknüpfung zweier Moleküle bei gleichzeitiger Spaltung einer Phosphorsäureanhydrid-Bindung eines Nucleosidtriphosphats, häufig ATP.

1 Recherchieren Sie, warum einige Proteasen enorm giftige Wirkung haben.

108.1 International gültige Einteilung der Enzyme

Enzymgruppe	Art der katalysierten Reaktion	Beispielenzym	Beschreibung
1. Oxidoreduktasen	alle Reduktionen oder Oxidationen von Substraten	Malatdehydrogenase	oxidiert Malat im Citratcyklus zu Oxalacetat, dabei wird NAD zu NADH reduziert
2. Transferasen	Übertragung bestimmter chem. Gruppen (z. B. Methyl-, Amino-) von einem Substrat auf ein anderes	Hexokinase	überträgt im 1. Schritt der Glykolyse eine Phosphatgruppe von ATP auf Glucose, es entstehen Glucose-6-phosphat und ADP
3. Hydrolasen	Spaltung des Substrats durch Einfügen eines Wassermoleküls	alle Verdauungsenzyme, Lysozym	bewirken die Hydrolyse von verschiedensten Makromolekülen
4. Lyasen	nichthydrolytische Spaltung von Molekülen	Aldolase	spaltet in der Glykolyse eine C-C-Bindung von Fructose-1,6-bisphosphat
5. Isomerasen	katalysieren Umlagerungen innerhalb von Molekülen	Phosphoglyceromutase	wandelt während der Glykolyse 3-Phosphoglycerat in 2-Phosphoglycerat um
6. Ligasen	Verknüpfung zweier Moleküle unter Verbrauch des Energieträgers ATP	DNA-Ligase	kann DNA-Stränge reparieren oder ringförmige DNA-Moleküle bilden, häufig in der Gentechnik eingesetzt

3 Einflüsse auf die Enzymkatalyse

Enzymreaktionen sind zwei auffälligen Bedingungen unterworfen, die man am Kuchenbacken und an der Jogurtherstellung zeigen kann.
Versetzt man Brot- oder Kuchenteig mit Hefe, dann vergären die Hefezellen Zucker und bilden dabei Kohlenstoffdioxid: Der Teig „geht auf". Wärme beschleunigt die Stoffwechselvorgänge. Diese Beobachtung gilt für alle enzymkatalysierten Vorgänge, allerdings nur bis zu einem bestimmten *Temperaturoptimum*. Danach fällt die Enzymaktivität schnell ab. Der Grund für diesen raschen Aktivitätsverlust ist die zunehmende chemische Veränderung, die Inaktivierung (Denaturierung) der Zellenzyme. Bei warmblütigen Lebewesen liegt das Temperaturoptimum der Zellenzyme meist im Bereich der Körpertemperatur.
Nach Überimpfen in Milch vermehren sich Milchsäurebakterien aus Jogurt schon bei Zimmertemperatur sehr schnell und säuern die Milch durch Abgabe von Milchsäure an. Dadurch wird das Wachstum weiterer Mikroorganismen, die bei anderen pH-Werten wachsen, weitgehend verhindert. Da Enzyme auch außerhalb der Zelle, im Reagenzglas, ihre katalytische Aktivität entfalten, kann man für alle isolierbaren Enzyme das *pH-Optimum* ihrer Aktivität bestimmen. Beispielsweise fand man, dass das Pepsin des Magens bei pH-Werten um 2 sein *pH-Optimum* hat, wogegen Enzyme des Dünndarms bei pH-Werten zwischen 8 und 9 aktiv sind.

A

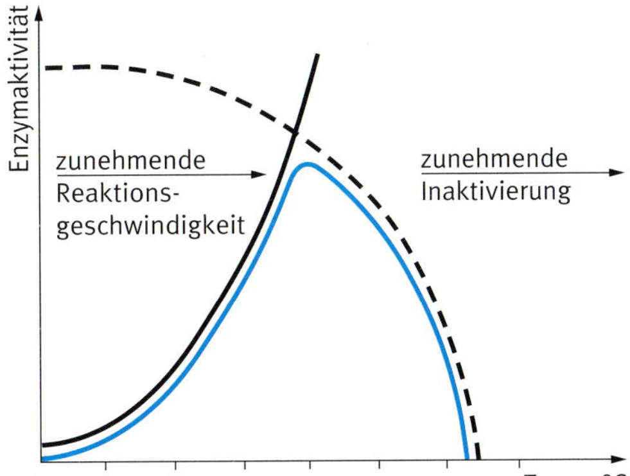

B

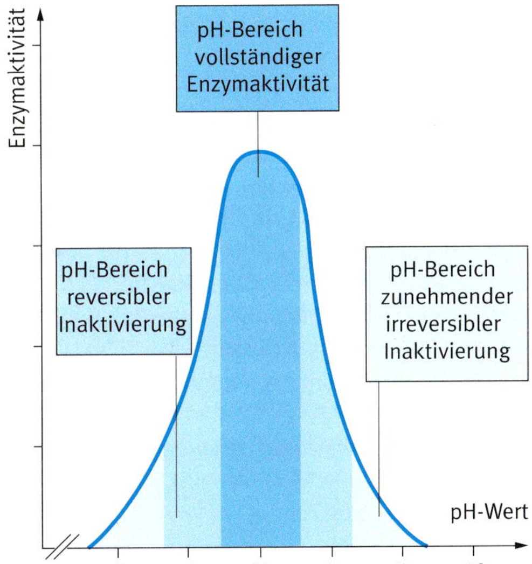

109.1 Einfluss von Außenbedingungen auf die Enzymreaktion am Beispiel der Speichelamylase.
A Einfluss der Temperatur;
B Einfluss des pH-Werts

Enzyme in Alltagsprodukten

TECHNIK

Enzyme werden in der Lebensmittelverarbeitung (Milchprodukte, Zucker, Bier, Wein, Stärke usw.) in großem Maßstab eingesetzt. Mit ihnen können Lebensmittel schonend und werterhaltend verarbeitet werden. Das bedeutendste Enzym der Milchverarbeitung ist das *Chymosin*, das zur Dicklegung von Milcheiweiß im Vorfeld der Käseherstellung eingesetzt wird. Traditionell wird es in Form von Labferment aus dem Kälbermagen gewonnen. Das Enzym wird seit 1997 mit Hilfe von gentechnisch veränderten Organismen gewonnen.
Pektinasen steigern die Ausbeute beim Vorgang des Saftkelterns, indem sie Substanzen der Stützgerüste in der pflanzlichen Zellwand (Pektine) abbauen.

Enzyme finden seit einiger Zeit verstärkt Anwendung im *technischen Bereich.* Gereinigte Enzyme werden zur Umwandlung einer Vielzahl von chemischen Stoffen eingesetzt. So z. B. bei der Umwandlung von natürlichem Penicillin in ein Produkt, das für die Herstellung der vielen Penicillinvarianten dient.

Viele Waschmittel und Geschirrspülmittel enthalten Enzyme, die dem Abbau von Speiseresten und anderen organischen Substanzen dienen: Proteasen zum Eiweißabbau, Lipasen zur Spaltung von Fetten sowie Amylasen zur Zersetzung von Kohlenhydraten.

Wirkungsweise von Enzymen

1 Spaltung von Wasserstoffperoxid

Einführung: Am Beispiel der Spaltung von H_2O_2 durch das Enzym Katalase lassen sich mit einfachen Experimenten Einsichten in die Wirkungsweise von Enzymen gewinnen. Als Katalasequelle dienen lebende Zellen. Geeignet sind Hefezellen, Leberzellen oder auch Zellen einer rohen Kartoffel.

$$2\,H_2O_2 \xrightarrow{\text{Katalase}} 2\,H_2O + O_2$$

Material: 1 Päckchen Bäckerhefe, 1 Erlenmeyerkolben, große Reagenzgläser mit durchbohrtem Stopfen, kurze, in die Stopfenbohrung passende Glasröhrchen, 3%ige H_2O_2-Lösung (C), Zigarettenasche, Bunsenbrenner, Stative mit Klammern, Plastikschale, Glimmspäne

Durchführung 1: Geben Sie 5 ml der H_2O_2-Lösung in ein Reagenzglas. Durch vorsichtiges Erhitzen von verdünnter H_2O_2-Lösung kann H_2O_2 in O_2 und H_2O zerlegt werden. Nachweis von Sauerstoff durch die Glimmspanprobe.

Durchführung 2: Geben Sie 5 ml verdünnte H_2O_2-Lösung in ein Reagenzglas und streuen Sie etwas Zigarettenasche ein. Die Sauerstoff-Entwicklung (leichtes Aufschäumen) zeigt die Wasserstoffperoxid-Spaltung an (Glimmspanprobe).

Durchführung 3: Ein Päckchen Bäckerhefe wird in etwa 200 ml Leitungswasser suspendiert. Die Hefe dient als Katalasequelle für die Versuche 3a und 3b.

a) Ein Reagenzglas wird zu drei Vierteln mit Hefezellensuspension gefüllt. Dann füllt man schnell mit 3%iger H_2O_2-Lösung auf und verschließt mit einem vorbereiteten durchbohrten Stopfen. Das so verschlossene Reagenzglas wird über einer Plastikwanne umgekehrt in ein Stativ gespannt. Durch die Sauerstoff-Entwicklung wird Hefesuspension aus dem Reagenzglas verdrängt (Glimmspanprobe).

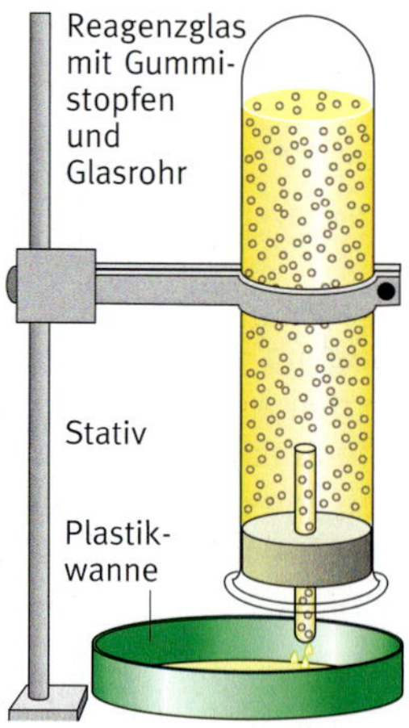

b) Der Versuch wird mit aufgekochter und wieder abgekühlter Hefesuspension wiederholt.

Aufgabe:
Stellen Sie die Unterschiede der katalytischen Wirkungen in den Versuchen fest und erklären Sie diese.

2 Nachweis von Amylase in keimendem Getreide

Material: Agar-Agar, Stärke, Petrischalen, Weizenkörner, Iod-Kaliumiodid-Lösung (Xn)

Durchführung: Man stellt 1%igen Stärkeagar her (trockenen Agar mit 1% Stärkepulver versetzen). Eine Portion Stärkeagar wird in Wasser gelöst, kurz erhitzt und in Petrischalen gegossen. 24 Stunden lang gequollene Weizen- oder Gerstenkörner werden mit dem Messer längs geteilt und mit der Schnittfläche auf den Agar gelegt. Nach etwa 12 Stunden wird der Agar vorsichtig mit Iod-Kaliumiodid-Lösung benetzt.

Aufgabe:
Deuten Sie Ihre Beobachtung.

3 Enzyme in Verdauungspräparaten

Material: Enzympräparat zur Unterstützung der Verdauung (Apotheke), Reagenzgläser, Mörser und Pistill, Spatel, Wasser, Stärkelösung, Iod-Kaliumiodid-Lösung (Xn)

Durchführung: Eine Tablette des Präparates wird zermörsert und in wenig Wasser in einem Reagenzglas suspendiert. In zwei Reagenzgläsern wird verdünnte Stärkelösung mit wenigen Tropfen Iod-Kaliumiodid-Lösung versetzt. In eine der blauen Lösungen gibt man etwas Enzym-Suspension. Nach wenigen Minuten ist eine Farbänderung sichtbar.

Aufgabe:
Deuten Sie die Beobachtung.

4 Enzyme auf Teststreifen

Material: Teststreifen zum speziellen Nachweis von Glucose im Harn oder im Blut (Apotheke), Glucoselösungen verschiedener Konzentrationen (z. B. 100 mg/300 mg/600 mg pro 100 ml), Reagenzgläser

Durchführung: Je nach Art des verwendeten Teststreifens werden die Glucoselösungen geprüft.

Aufgabe:
Ordnen Sie den Konzentrationen der Glucoselösungen die entsprechenden Testergebnisse zu.

5 Spezifität von Enzymen am Beispiel von α- und β-Amylase

Einführung: Amylasen sind Enzyme, die Kohlenhydratketten spalten. Die im Tier- und Pflanzenreich verbreiteten α-Amylasen (z. B. im Mundspeichel) sind Endopeptidasen, d. h., sie spalten die Kohlenhydratketten an allen Positionen im Inneren des Kettenmoleküls, und zwar zu Disaccharideinheiten (Maltose). Die β-Amylasen, die hauptsächlich in keimenden Samen gebildet werden (z. B. im keimenden Gerstenkorn bei der Malzbereitung), spalten Kohlenhydratketten vom Ende her. Auch hier entsteht Maltose als Spaltprodukt. Man kann diese unterschiedliche Spezifität der α- und β-Amylase durch zwei Nachweisreaktionen prüfen: zum einen durch die Iod-Stärke-Reaktion, bei der die Blaufärbung auf die Einlagerung von Iodmolekülen in lange Stärkespiralen zurückgeht. Zum anderen durch die FEHLINGsche Probe, durch die (reduzierende) Stärkebruchstücke wie Maltose oder Glucose nachgewiesen werden können.

Material: Reagenzgläser, Ständer, Pipetten, Bunsenbrenner, Iod-Kaliumiodid-Lösung (Xn), FEHLINGsche Lösung I und II (C), kurz vor Versuchsbeginn 1 : 1 gemischt, Stärkelösung (1%ig) (kurz aufkochen und abkühlen lassen), α-Amylase, β-Amylase (Chemikalienhandel)

Durchführung: Für zwei Praktikumsgruppen (eine „α-Amylasegruppe“ und eine „β-Amylasegruppe“) werden jeweils Versuchsansätze mit 7 Reagenzgläsern vorbereitet. Zur Durchführung der Iod-Stärke-Reaktion werden in jedes Glas fünf Tropfen Iod-Kaliumiodid-Lösung vorgegeben, zur Durchführung der FEHLINGschen Probe wird jeweils 1 ml FEHLINGsche Lösung eingefüllt. Gruppe 1 erhält 2 ml einer α-Amylasesuspension. Gruppe 2 erhält 2 ml einer β-Amylasesuspension.

Jede Gruppe vereinigt zu Versuchsbeginn die Enzymsuspension mit der Stärkelösung. Zu Versuchsbeginn und dann nach jeweils 90, 180, 270, 360, 450 und 540 Sekunden werden zwei Milliliter in einer Pipette entnommen und jeweils zur Hälfte (1 ml) in die vorbereiteten Reagenzgläser der Versuchsreihen A und B gegeben.

Aufgaben:

a) Prüfen Sie die Farbveränderung in den Gläsern der Versuchsreihen (A), die den Abbau der Stärke durch die Enzyme α- und β-Amylase zeigen. Begründen Sie das Ergebnis.

b) Stellen Sie die Farbveränderungen in den Gläsern der Versuchsreihen (B) fest, die die Bildung reduzierender Zucker wie Maltose und Glucose zeigen. Begründen Sie das Ergebnis.

c) Vergleichen Sie die Versuchsergebnisse aus beiden Versuchsreihen und begründen Sie das Ergebnis.

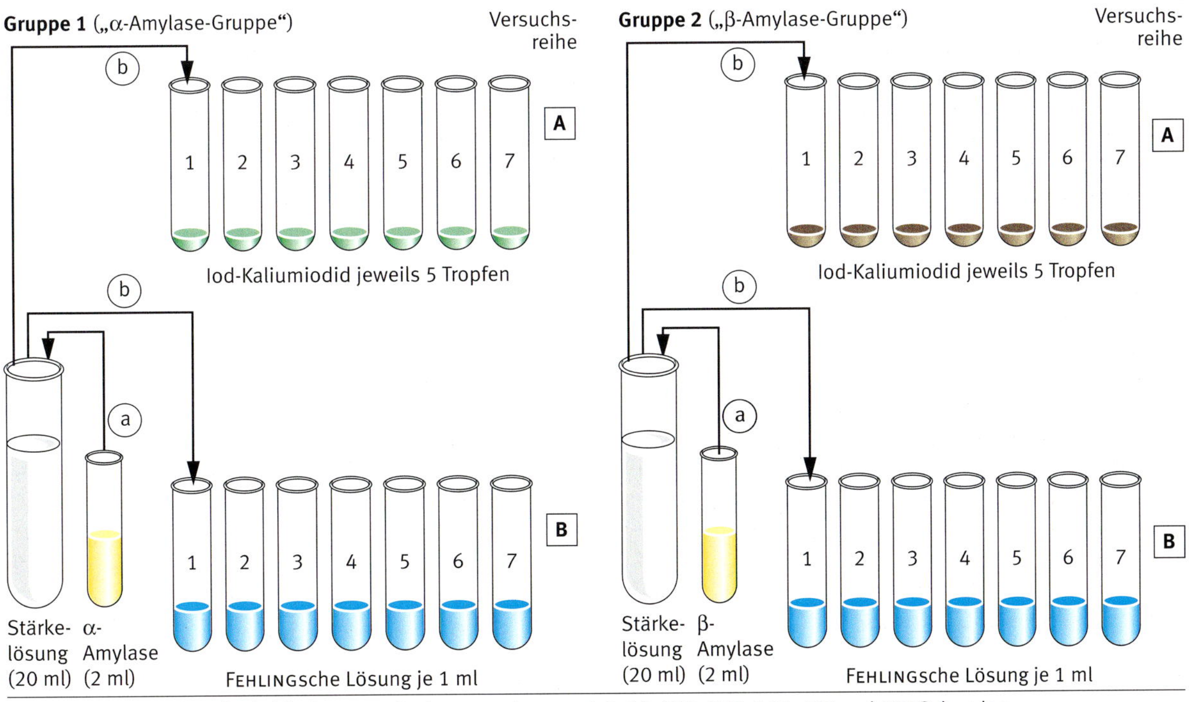

111.1 Versuchsaufbau für beide Gruppen. Probenentnahme nach 0, 90, 180, 270, 360, 450 und 540 Sekunden. Entnahme jeweils 2 ml, je 1 ml in Versuchsreihe A und B.

4 Aktivierung und Hemmung enzymatischer Reaktionen

Der Ablauf der Stoffwechselvorgänge einer Zelle muss streng reguliert sein. Ansonsten könnte es beispielsweise vorkommen, dass eine Substanz in einem Stoffwechselweg synthetisiert und sofort von einem anderen wieder abgebaut wird oder dass sich hohe Konzentrationen eines Stoffwechselprodukts in der Zelle anhäufen. Die meisten Regulationsvorgänge setzen bei der Bildung des Enzym-Substrat-Komplexes an.

Substratkonzentration. Erhöht man die Substratkonzentration (bei konstanter Temperatur), so nimmt die Reaktionsgeschwindigkeit zu, bis alle Enzyme ein Substratmolekül gebunden haben (maximale Reaktionsgeschwindigkeit). Hohe Substratkonzentrationen können so Stoffwechselreaktionen beschleunigen.

Kompetitive Hemmung. Viele Hemmstoffe ähneln im molekularen Bau den Substratmolekülen und konkurrieren daher mit diesen um die Bindung am aktiven Zentrum des Enzyms. Durch einen solchen kompetitiven Hemmstoff werden die Substratmoleküle vom aktiven Zentrum verdrängt, die Substratbindung wird

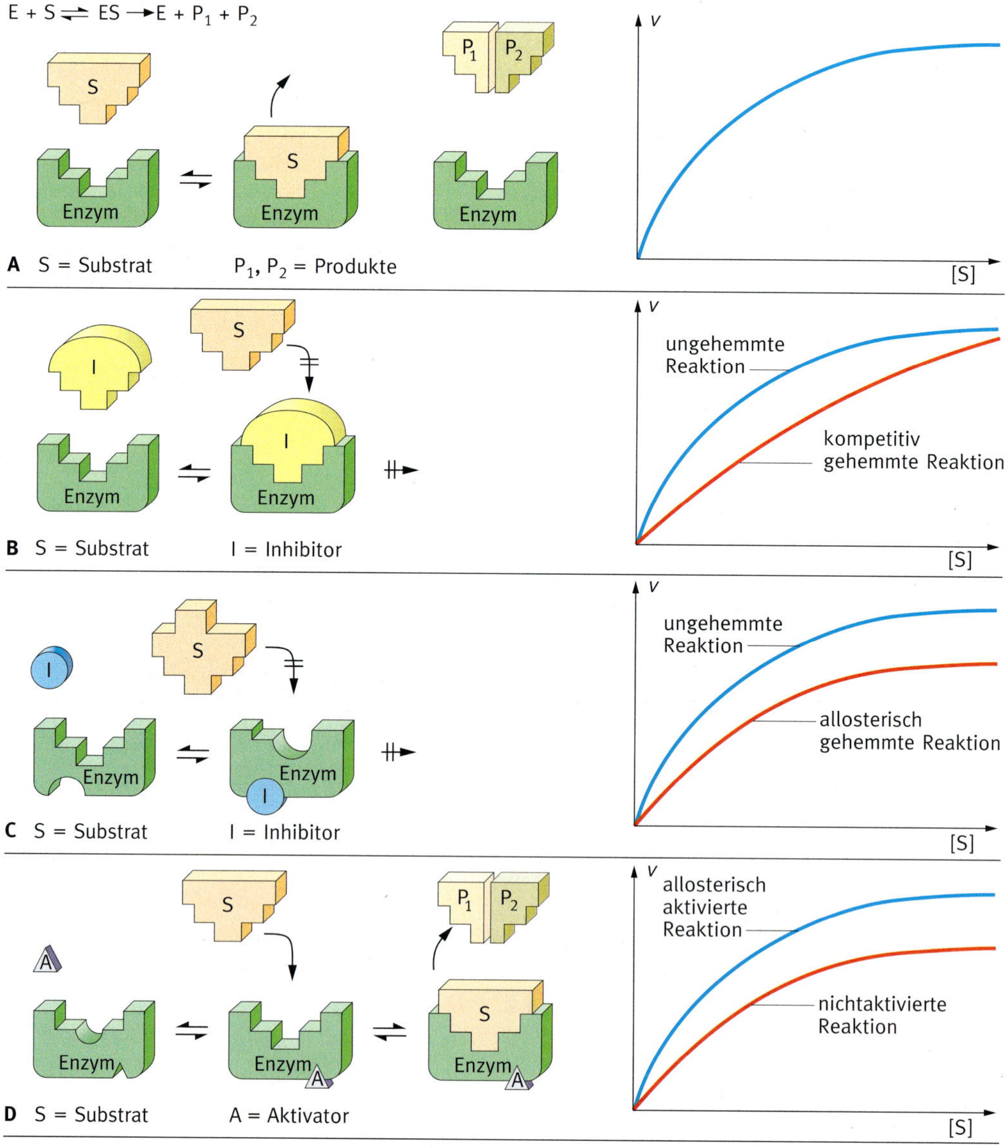

112.1 Hemmung und Aktivierung enzymatischer Reaktionen.
A Unbeeinflusste Reaktion; **B** kompetitive Hemmung; **C** allosterische Hemmung; **D** allosterische Aktivierung

behindert (Verdrängungshemmung). Dadurch wird die Geschwindigkeit der Reaktion und damit die Umsatzrate herabgesetzt. Die Bindung kompetitiver Hemmstoffe ist meist reversibel; sie kann daher durch Erhöhung der Substratkonzentration überwunden werden.

Nichtkompetitive Hemmung. Die Aktivität von Enzymen kann auch durch Moleküle beeinflusst werden, deren Struktur keinerlei Ähnlichkeit mit dem Substratmolekül hat. Ein Beispiel ist das *Nervengift E605:* Es verändert das aktive Zentrum der Acetylcholinesterase, eines für die synaptische Übertragung wichtigen Enzyms: Das Gift bindet dort irreversibel an die Aminosäure Serin und bewirkt so eine Veränderung der Struktur des aktiven Zentrums. Für den Organismus hat das schwerwiegende Folgen. *Schwermetallionen,* wie beispielsweise Bleiionen, reagieren mit den SH-Gruppen der Aminosäure Cystein. Sie verhindern so die Bildung von Schwefelbrücken und können die Struktur des aktiven Zentrums und damit die Enzymaktivität irreversibel verändern. Substanzen, die Enzyme irreversibel hemmen, bezeichnet man als *Enzymgifte.*

Allosterische Regulation. Die Aktivität von Enzymen kann auch reversibel beeinflusst und dadurch reguliert werden. Man nennt dies *allosterische Regulation.* Regulierbare Enzyme besitzen neben dem aktiven Zentrum eine weitere Bindungsstelle, das *allosterische Zentrum.* Hier bindet das Regulatormolekül spezifisch und reversibel. Die hohe Spezifität der Bindung kann ebenfalls mit dem *Schlüssel-Schloss-Prinzip* veranschaulicht werden. Die Bindung eines Regulatormoleküls am allosterischen Zentrum bewirkt eine Veränderung der räumlichen Struktur des Enzymmoleküls: Man unterscheidet dabei Aktivatoren und Hemmstoffe (Inhibitoren). Ein Aktivator bewirkt eine bessere Passung des Substratmoleküls im aktiven Zentrum und steigert damit die Enzymaktivität. Ein Inhibitor verursacht eine schlechtere Passung des Substratmoleküls im aktiven Zentrum und damit eine Verringerung der Enzymaktivität. Allosterische Enzyme haben also eine zweite Bindungsstelle, die das aktive Zentrum beeinflusst. Die meisten allosterisch regulierbaren Enzyme bestehen aus mehreren Untereinheiten. Jede Untereinheit besitzt ihr eigenes aktives Zentrum. Die allosterischen Zentren befinden sich gewöhnlich dort, wo die Untereinheiten miteinander verbunden sind.

Regulation von Stoffwechselwegen. Eine Möglichkeit der Kontrolle eines Stoffwechselwegs besteht darin, die *Synthese eines Schlüsselenzyms* an- oder abzuschalten. Dies kann beispielsweise durch Regulation der Aktivität des Gens für das Schlüsselenzym erfolgen.
Eine weitere Möglichkeit besteht darin, die *Aktivität eines Schlüsselenzyms* zu steigern oder zu verringern: Die Aktivierung und Hemmung der Enzymaktivität sind daher wichtige Regulationsvorgänge in der Zelle. Dies soll am Beispiel des Glucoseabbaus dargestellt werden: Bei diesem Stoffwechselweg wird ATP gebildet. Die ATP-Bildung ist ein wesentlicher Prozess für die Energieversorgung der Zelle. Glucose reagiert dabei in vielen nacheinander ablaufenden Teilreaktionen letztendlich mit Sauerstoff. Bei der Regulation dieses Stoffwechselwegs ist die *Phosphofructokinase* ein Schlüsselenzym. Die Phosphofructokinase kann durch allosterische Regulation an- bzw. abgeschaltet werden.

1 Die Regulation der Phosphofructokinase ist ein allosterischer Vorgang. Erläutern Sie anhand einer Skizze, wie dieser Vorgang ablaufen könnte.

2 Recherchieren Sie ein Beispiel für kompetitive Hemmung.

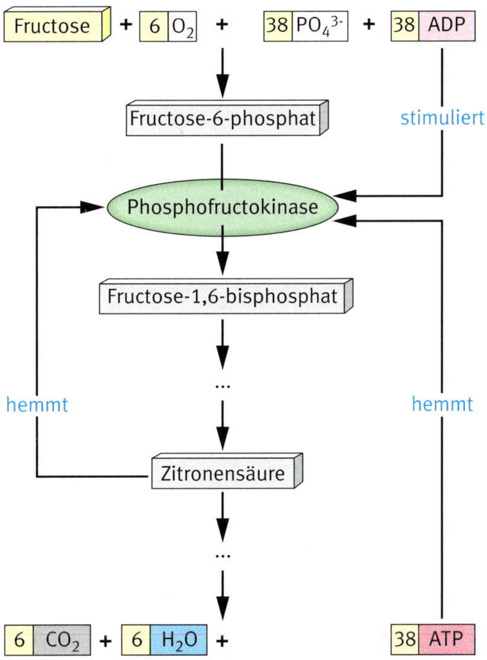

113.1 Regulation des Glucoseabbaus am Schlüsselenzym Phosphofructokinase

Enzyme in der medizinischen Diagnostik

Bei der Diagnose von Krankheiten kann die Bestimmung der Konzentrationen bestimmter Substanzen im Blutplasma wichtige Hinweise liefern. Blutplasma ist eine komplexe Mischung aus vielen verschiedenen Substanzen. Bei vielen Nachweisverfahren nutzt man die hohe Spezifität der Enzyme: Aufgrund der Substrat- und Wirkungsspezifität lässt sich auch in komplexen Gemischen eine bestimmte chemische Reaktion katalysieren und so das Vorhandensein und die Menge einer bestimmten Substanz messen.

Bei der *Zuckerkrankheit (Diabetes mellitus)* ist die Glucosekonzentration im Blut der Betroffenen erhöht. Dies ist die Ursache für Veränderungen an den Blutgefäßen und dadurch beispielsweise für Nieren-, Nerven- und Augenschäden. Für die Diagnose wird die Glucosekonzentration im Blut bestimmt. Für diese Messung nutzt man die Spezifität der Glucoseoxidase. Dieses Enzym katalysiert die Oxidation von Glucose. Das Ablaufen der Reaktion lässt sich nicht unmittelbar verfolgen, deshalb wird eine weitere Reaktion angeschlossen. Das bei dieser Reaktion gebildete H_2O_2 wird mit Hilfe eines Indikators nachgewiesen: Ein reduzierter hellblauer Farbstoff wird zu einem gelb-braunen Farbstoff oxidiert. Alle Reagenzien für beide Reaktionen können getrocknet auf einem Teststreifen aufgebracht werden. Auf den Teststreifen gibt man einen Tropfen Blut. Je nach Konzentration der Glucose färbt sich der Streifen mehr oder weniger stark. Aus der Menge des bei der Reaktion gebildeten Farbstoffs kann mit Hilfe einer Vergleichsskala (oder mittels Fotometer) die Glucosekonzentration ermittelt werden.

Einige Enzyme kommen in den Zellen bestimmter Gewebe in besonders hohen Konzentrationen vor, gelangen aber normalerweise nicht in das Blutplasma. Nur wenn diese Zellen durch Erkrankungen geschädigt oder zerstört werden, sind die intrazellulären Enzyme im Blutplasma nachweisbar. Da Zellen nur eine bestimmte Lebenserwartung haben, ist die Konzentration dieser Enzyme im Blutplasma nie null, sondern auf einem konstant niedrigen Niveau. Das Enzym *Alanin-Amino-Transferase (ALT)* kommt hauptsächlich in Leberzellen vor. Werden diese Zellen geschädigt, z. B. durch Alkoholmissbrauch, lässt sich ein Anstieg der Konzentration von ALT im Blutplasma feststellen.

Für die Diagnose eines *Herzinfarkts* wird eine besondere Form des Enzyms *Creatinkinase* bestimmt, die für Zellen des Herzmuskels spezifisch ist. Die Creatinkinase (CK) besteht aus zwei verschiedenen Polypepidketten, der B- und der M-Untereinheit. In verschiedenen Zelltypen werden diese Untereinheiten unterschiedlich zu Dimeren kombiniert: Entweder zwei B-Untereinheiten (CK1) oder eine B- mit einer M-Untereinheit (CK2) oder zwei M-Untereinheiten (CK3) werden jeweils zu einem Dimer verbunden. Das Enzym katalysiert in allen drei Kombinationen die gleiche Reaktion. Man bezeichnet die Enzyme CK1, CK2 und CK3 als *Isoenzyme:* Sie haben das gleiche Substrat und die gleiche Wirkungsspezifität. In den Zellen des Herzmuskels kommt weit mehr CK2 vor als in anderen Zellen. Ein Anstieg der CK2-Konzentration im Plasma ist daher (neben Veränderungen im EKG) ein wichtiger Hinweis darauf, dass ein Herzinfarkt stattgefunden hat.

Spezifische Oxidation der Glucose

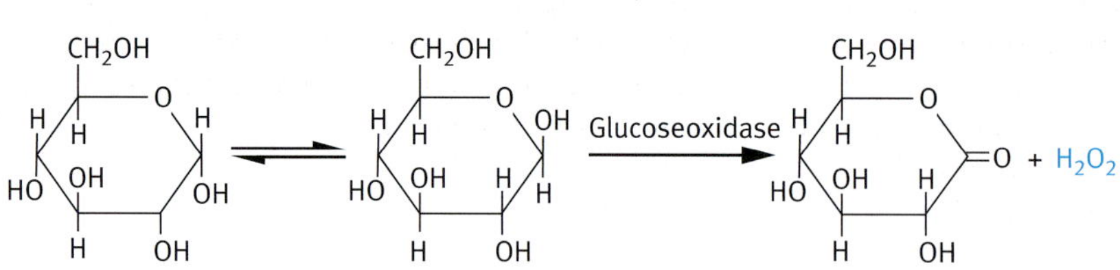

α-D-Glucose β-D-Glucose D-Glucono-δ-lacton

Indikatorreaktion

reduzierter Farbstoff (hellblau) + H_2O_2 $\xrightarrow{\text{Peroxidase}}$ oxidierter Farbstoff (gelb-braun) + H_2O

A

Test negativ

Ca. 1 mg/ml Glucose

Ca. 20 mg/ml Glucose

B

114.1 Teststreifen zum Glucosenachweis. A Auf dem Teststreifen ablaufende Reaktionen; **B** über eine Vergleichsskala wird mit einem Teststreifen die Glucosekonzentration im Blut bestimmt.

Katalysatoren des Lebens

1 Enzyme werden auch als Biokatalysatoren bezeichnet. Vergleichen Sie technische und biologische Katalysatoren nach a) Stoffart und Materialeigenschaften, b) Spezifität und c) Wirkungsweise.

2 Sulfonamide haben als antibakteriell wirkende Arzneimittel vielen Menschen das Leben gerettet. Als 1935 von dem Mediziner PAUL DOMAGK ihre Heilwirkung entdeckt wurde, wusste man nichts über den Grund ihrer Wirksamkeit. Heute weiß man, wie Sulfonamide in den Stoffwechsel der Bakterien eingreifen und sie am Wachstum hindern. Ein wichtiger Stoff, den die meisten Bakterien als „Wuchsstoff" benötigen, ist die p-Aminobenzoesäure. Die Bakterien setzen sie zu Folsäure um, ein Vitamin der B-Gruppe (Menschen müssen Folsäure mit der Nahrung aufnehmen). Sulfonamide wirken als kompetitive Hemmstoffe, indem sie aufgrund ihres chemisch ähnlichen Baus mit der p-Aminobenzoesäure um den Platz an einem Enzym konkurrieren. Die Sulfonamide werden jedoch nicht umgesetzt. Bakterien, die keine Folsäure mehr bilden, sterben zwar nicht ab, wachsen und teilen sich aber nicht. Für Menschen und Tiere sind Sulfonamide weitgehend ungiftig, da sie in ihren Zellen keine Folsäuresynthese durchführen.
Wenn ein Arzt Sulfonamide verordnet, muss er Folgendes beachten:
a) Er verabreicht eine relativ hohe Dosis.
b) Er verabreicht Sulfonamide häufig in Kombination mit einem weiteren Antibiotikum.
Fassen Sie mit eigenen Worten den Wirkungsmechanismus der Sulfonamide zusammen und begründen Sie das Vorgehen des Arztes.

3 Ein aus Pflanzen gewonnenes Enzym ist das Papain, das vor allem in Sri Lanka und Ostafrika in großem Maßstab aus dem Saft des Melonenbaums *(Carica papaya)* gewonnen wird. Papain dient als Fleischzartmacher, weil es auch die zähen Kollagenfasern angreift. Außerhalb des Geltungsbereichs des Reinheitsgebots bei Bier darf Papain auch zur Bierherstellung verwendet werden. Welche Funktion könnte Papain hier haben?

4 Um 1900 wollte der Münchner Chemiker EDUARD BUCHNER aus Hefepresssaft, Zucker und anderen Zutaten ein Schönheitsmittel herstellen. Da er wusste, dass zuckerhaltige Lösungen wegen der immer vorhandenen Hefepilze in Gärung übergehen, presste er sein Präparat durch einen Filter, der keine Hefezellen durchließ. Begann die Lösung trotzdem zu gären? Begründen Sie.

5 Die Abbildung zeigt den typischen Verlauf einer Enzymreaktion. Die Reaktionsgeschwindigkeit ist in Abhängigkeit von der Substratkonzentration aufgetragen.

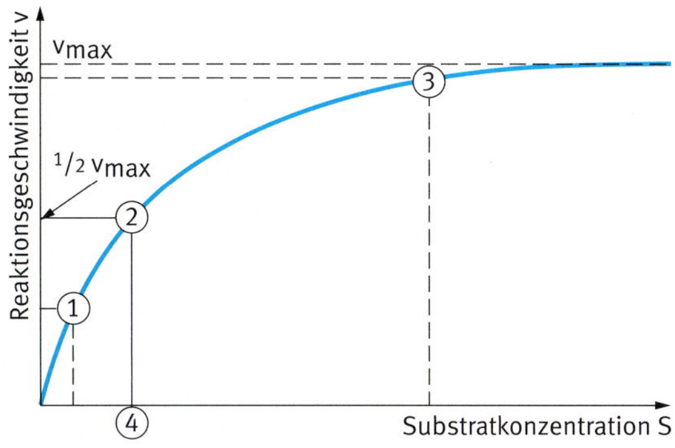

a) Wie ist der Kurvenverlauf (Sättigungskurve) zu deuten im Hinblick auf die Umsatzkapazität des Enzyms?
b) Diskutieren Sie den Kurvenverlauf in den Punkten (1) und (3) unter den Aspekten Substratkonzentration, Reaktionsgeschwindigkeit und Umsatzkapazität.
c) Punkt (2) gibt eine wichtige Enzymkonstante an (K_M-Wert oder auch MICHAELIS-Konstante). Leiten Sie eine Definition aus diesem Punkt ab. Warum ist diese Festlegung für den Vergleich der Aktivität verschiedener Enzyme sinnvoll?

6 Isoenzyme sind Enzyme, die zwar dieselbe Reaktion katalysieren, sich aber in ihrer Aminosäuresequenz und damit auch in ihrer Proteinstruktur geringfügig unterscheiden. Sie katalysieren den Umsatz derselben Substrate, aber mit etwas unterschiedlichen Aktivitäten. Nach einem Herzinfarkt wurden die Aktivitäten der Isoenzyme der Lactatdehydrogenase (LDH) und der Kreatinkinase (CK) insgesamt und ein Isoenzym der CK gemessen.
Begründen Sie anhand des Diagramms, welche Aktivitäten nach einem Herzinfarkt besonders zur Diagnose verwendet werden können.

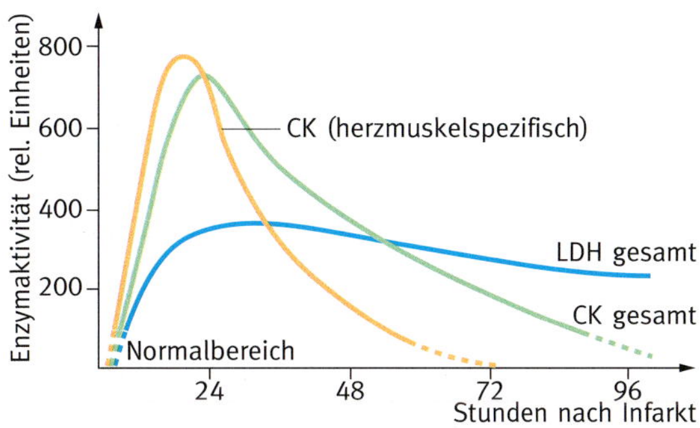

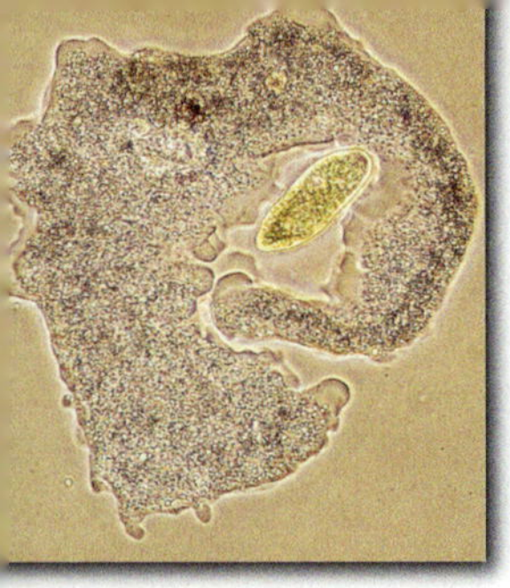

Stoffwechsel – die Zelle als offenes System

1 Leben im Fließgleichgewicht

Die Amöbe ist ein winzig kleiner Einzeller. Mit dem ganzen Zellkörper umschließt sie die Nahrungspartikel, nimmt sie auf und verdaut sie in ihrem Inneren. Unverdauliches wird ausgeschieden. Aus der Nahrung baut die Amöbe Zellsubstanz auf und wächst. Irgendwann teilt sie sich.
Zellen wie die Amöbe, aber auch alle anderen Zellen, z. B. Körperzellen, sind auf eine ständige Stoffzufuhr angewiesen. Viele dieser Stoffe, z. B. die Glucose, werden zerlegt, wobei deren chemische Energie verwertet wird. Andere Stoffe wie die Aminosäuren dienen zum Aufbau von körpereigener Substanz in Form von Proteinen. Das Gefüge einer Zelle ist viel komplexer als ihre unbelebte Umgebung. Der Aufbau und die Bewahrung dieser Komplexität erfordert eine ständige Energiezufuhr. Zellen geben aber auch ständig Stoffe und Energie ab. Sie stehen in einer andauernden Wechselbeziehung mit ihrer Umgebung. Man kann sagen: Zellen sind **offene Systeme,** die in einem **Fließgleichgewicht** mit ihrer Umgebung stehen.

Die Verhältnisse der Energieaufnahme und -abgabe kann man mit einem einfachen Versuch beschreiben: Schüttet man erhitztes Wasser zur einen Hälfte in ein Wasserglas, zur anderen Hälfte in eine Thermosflasche und misst sofort die Wassertemperatur, so ist sie in beiden Gefäßen identisch. Eine halbe Stunde später lässt sich bei erneuter Temperaturmessung bereits eine Differenz feststellen. Während im „geschlossenen System“ der Thermoskanne die Temperatur praktisch gleich geblieben ist, ist das Wasser im Glas („offenes System“) abgekühlt. Durch die Glaswand und über die Flüssigkeitsoberfläche ging dem „System“ Energie verloren.

Eine Pflanzenzelle nimmt z. B. Strahlungsenergie der Sonne auf und wandelt sie in der Fotosynthese in speicherbare chemische Energie in Form von Glucose und Stärke um. Dazu benötigt sie Kohlenstoffdioxid aus der Luft und Wasser. Bei der Fotosynthese fällt Sauerstoff an, der von den tierischen Organismen veratmet wird. Sie geben Kohlenstoffdioxid an die Umgebung ab, das den Pflanzen somit wieder zur Verfügung steht.
Zellen stehen also mit ihrer Umgebung in einem ständigen Stoff- und Energieaustausch.

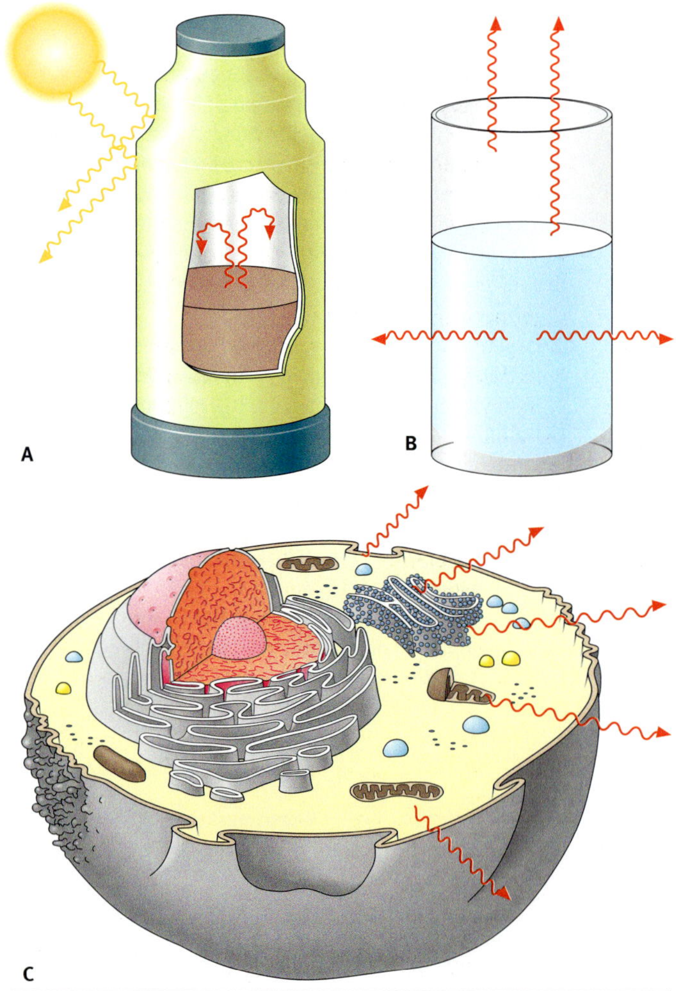

116.1 Geschlossene und offene Systeme. A Modell für geschlossenes System; **B** Modell für offenes System; **C** Zelle als offenes System

1 Beschreiben Sie den Sachverhalt, dass Zellen offene Systeme sind und mit ihrer Umgebung in einem Fließgleichgewicht stehen.

Zellen schaffen Ordnung aus Chaos

PHYSIK

Keine Chemiefabrik der Welt hat in ihrem Produktionsprogramm eines Standorts eine solche Vielfalt von chemischen Verbindungen wie eine Körperzelle. Tausende von unterschiedlichen Reaktionen laufen ständig nebeneinander ab. Zum Teil sind es Reaktionsketten oder Kreisprozesse, die oft auch untereinander verknüpft sind. Reaktionen, die z. B. dem Aufbau von großen Molekülen, also der Schaffung von Ordnung, dienen, laufen nicht spontan ab. Sie sind energetisch nicht begünstigt. Ein Beispiel dafür ist der Aufbau von komplexen Proteinen aus einzelnen Aminosäuren. Solche Reaktionen finden nur statt, wenn sie mit jeweils einer Reaktion verknüpft werden, die Energie liefert.

Da Energie bei chemischen Reaktionen und damit auch bei Stoffwechselreaktionen weder erzeugt noch vernichtet werden kann, muss der Energieverlust, der durch den Aufbau höherer Ordnung in der Zelle entsteht, aus der Umgebung der Zelle ergänzt werden. Die Pflanzen nutzen hierzu Sonnenenergie in der Fotosynthese. Tiere und der Mensch verwerten die Energie aus der Spaltung der Nährstoffe, z. B. der Kohlenhydrate.

Die Tatsache, dass zum Aufbau höherer Ordnung Energie benötigt wird und sich Systeme spontan nur zu einem Zustand größerer Unordnung hin entwickeln, wird im zweiten Hauptsatz der Thermodynamik beschrieben.

Energie ist wandelbar

PHYSIK

Glühwürmchen sind faszinierende Tiere. Sie können mit ihren Leuchtorganen Licht erzeugen. Dabei wird durch das Enzym Luciferase die Oxidation von Luciferin katalysiert. Das Oxidationsprodukt geht dann unter Abgabe von Lichtquanten wieder in den energetischen Ausgangszustand über. Chemische Energie wurde also in optische Energie umgewandelt.

Eine weitere Form von Energieumwandlung findet man im Muskel. Dort wird unter Verbrauch von ATP Bewegungsenergie erzeugt.

Der Aronstab ist eine Pflanze der Auwälder, die vor allem durch ihr helles grünlich weißes Hochblatt auffällt. Im Inneren produzieren manche Arten so viel Atmungswärme, dass die Innentemperatur 15 bis 20 °C höher liegt als die der Umgebung. Mit diesem Trick werden bestäubende Insekten angelockt.

Im Auge werden die elektromagnetischen Wellen des Lichts in Nervenimpulse umgewandelt und über den Sehnerv zum Gehirn geleitet.

Elektrische Fische, wie der Zitterrochen oder der Zitteraal, erzeugen starke elektrische Entladungen, die sie zur Verteidigung, zum Beutefang oder zur Orientierung verwenden.

Die grünen Pflanzen schließlich wandeln Lichtenergie in chemische Energie um. Beim Vorgang der Fotosynthese wird aus CO_2 und H_2O Glucose aufgebaut.

1 Erläutern Sie die Tabelle.

	chemisch	mechanisch	thermisch	optisch (elektromagnetisch)	elektrisch
chemisch	X	Muskel	Aronstab	Glühwürmchen	elektrische Fische
mechanisch	Raketenantrieb	X	Reibungswärme	Feuerstein (Funkenbildung)	Stromgenerator
thermisch	Thermitverfahren	Verbrennungsmotor	X	Kerzenflamme	Dampfmaschine
optisch (elektromagnetisch)	grüne Pflanzen (Fotosynthese)	Lichtmühle	Solarthermie	X	Auge
elektrisch	Elektrolyse	Elektromotor	Heizlüfter	Glühlampe	X

2 Energie aus Nährstoffen – Zellatmung und Gärung

2.1 Zellen brauchen Energie

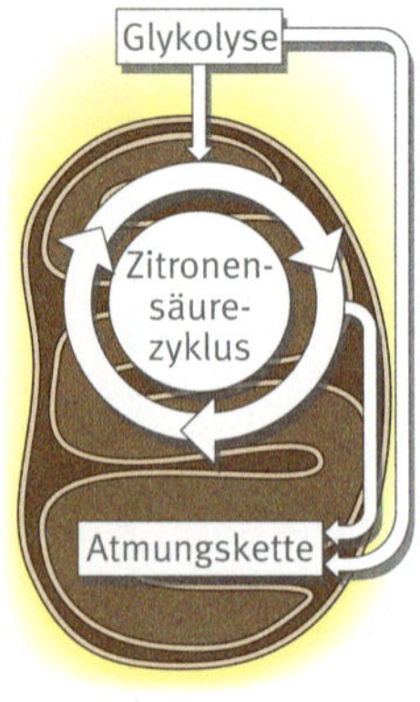

118.1 Glucoseabbau im Überblick

Spricht man von Atmung, so denkt man als Erstes an die Lungenatmung. Dabei wird mit jedem Atemzug aus der Luft Sauerstoff aufgenommen. Der Vorgang wird als **äußere Atmung** bezeichnet. Über das Blut wird der Sauerstoff zu den Körperzellen transportiert. Dort wird er für die chemischen Reaktionen der **Zellatmung** benötigt. Hierbei handelt es sich vor allem um Oxidationsvorgänge. Da diese Reaktionen in den Zellen ablaufen, spricht man auch von **innerer Atmung.** Das hierbei entstehende Kohlenstoffdioxid wird über das Blut zur Lunge transportiert und ausgeatmet.

Mit Hilfe der Zellatmung wird den Zellen Energie aus Nährstoffen, z. B. Glucose, bereitgestellt. Glucose ist eine sehr energiereiche Verbindung. Dies kann man beweisen, indem man Glucose in einem Kalorimeter in reinem Sauerstoff vollständig verbrennt. Der frei werdende Energiebetrag ist beträchtlich. Als Endprodukte entstehen die sehr stabilen Moleküle CO_2 und H_2O. Darin sind die Bausteine der Glucose, nämlich Kohlenstoff und Wasserstoff, in „endoxidierter" Form enthalten. Kohlenstoff und Wasserstoff haben sich mit dem Sauerstoff verbunden.
In den lebenden Zellen sowohl der Pflanzen wie der Tiere erfolgt der Glucoseabbau in drei Abschnitten mit zahlreichen Teilschritten. Auch am Ende dieser Abbauschritte stehen die Endprodukte CO_2 und H_2O. Die frei werdende Energie allerdings wird nicht schlagartig, sondern in kleinen Portionen frei.

Glucoseabbau. Der erste Abschnitt des Glucoseabbaus heißt *Glykolyse.* Dabei wird das Glucosemolekül in kleinere Moleküle zerlegt. Der Energiegewinn ist relativ gering.
Im nächsten Abschnitt, dem *Zitronensäurezyklus,* werden die zerlegten Glucosemoleküle bis zum CO_2 weiter abgebaut. Die dabei frei werdenden Wasserstoffmoleküle werden an Trägermoleküle gebunden. Ein wichtiges Trägermolekül für Wasserstoff ist das *Nikotinamid-adenin-dinucleotid* (NAD^+). Der direkte Energiegewinn ist auch in diesem Abschnitt relativ gering.
Im dritten Abschnitt, der *Atmungskette,* wird der Wasserstoff von den Trägermolekülen mit Sauerstoff zu Wasser oxidiert. Dabei wird viel Energie freigesetzt.
Die Energie wird in energiereichen Molekülen gespeichert. Das wichtigste Trägermolekül für Energie ist das *Adenosintriphosphat (ATP).* Das ATP kann bei Bedarf von der Zelle als Energiequelle verwendet werden. Bei der Spaltung von ATP zu Adenosindiphosphat (ADP) stehen etwa 50 kJ/mol zur Verfügung.

Die wichtigsten Schritte des Glucoseabbaus finden in den Mitochondrien statt. Sie werden deshalb auch als die „Kraftwerke der Zelle" bezeichnet. Zellen, die einen hohen Energiebedarf besitzen, wie Leber- und Muskelzellen, beinhalten daher viele Mitochondrien.

118.2 Teilschritte des Glucoseabbaus in der Zelle

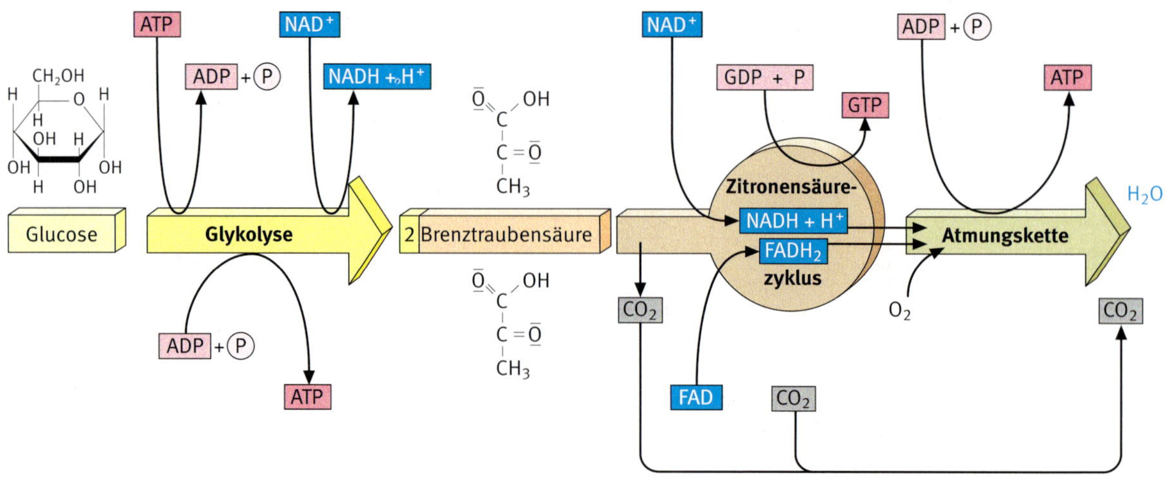

Energietransport durch ATP

Die Fixierung der Energieportionen und den Energietransport übernimmt ein Molekül: Das *Adenosinmonophosphat (AMP)*. Durch Bindung von Phosphatgruppen wird es zu *Adenosindiphosphat (ADP)* und *Adenosintriphosphat (ATP)*. In den Phosphat-Bindungen ist Energie konserviert, die durch Spaltung dieser Bindungen wieder nutzbar wird.
Ein weiteres Trägermolekül für Energie ist das *Guanosintriphosphat (GTP)*.

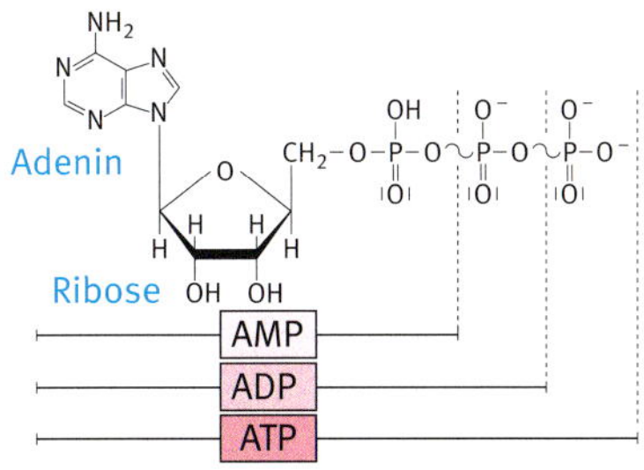

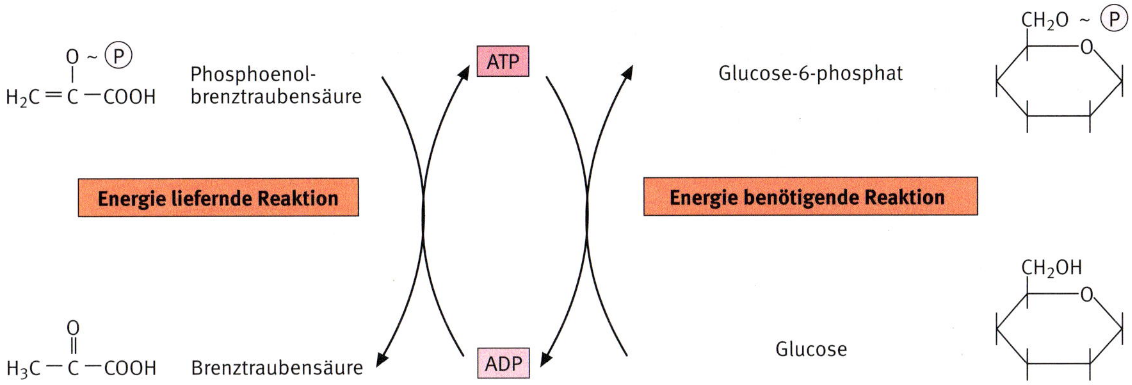

Wasserstofftransport durch NADH + H⁺

Für den Wasserstofftransport (aus Oxidationsvorgängen, z. B. beim Glucoseabbau) steht das Molekül *Nicotinamid-adenin-dinucleotid (NAD^+)* zur Verfügung, das Wasserstoff reversibel binden kann. Es wird dadurch zu $NADH + H^+$ reduziert. Dieses reduzierte Wasserstoff tragende Molekül wird in der Atmungskette unter Energiegewinn wieder oxidiert.
Ein weiteres wichtiges Trägermolekül für Wasserstoff ist das *Flavin-adenin-dinucleotid ($FADH_2$)*.

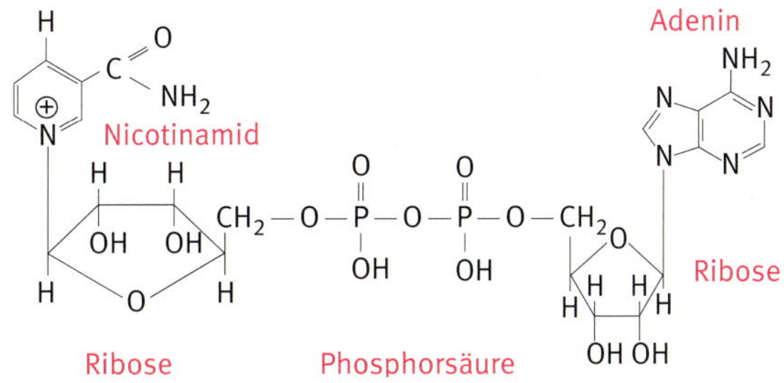

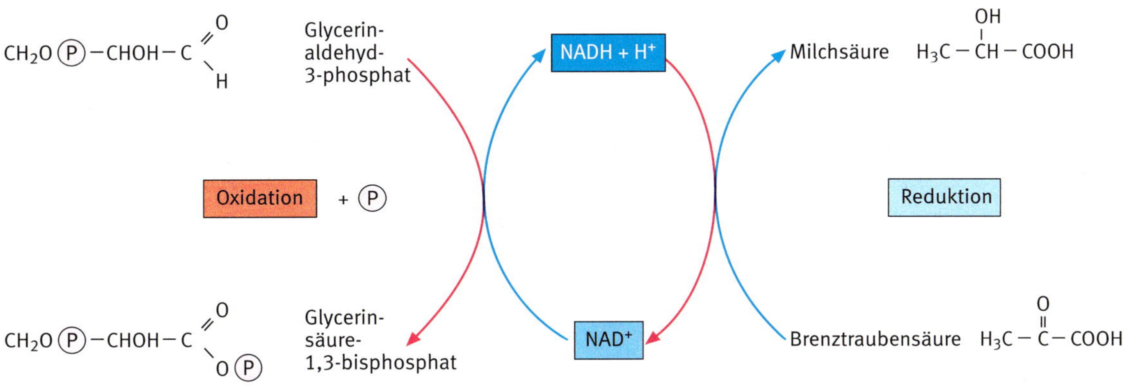

2.2 Zucker wird zerlegt – Glykolyse

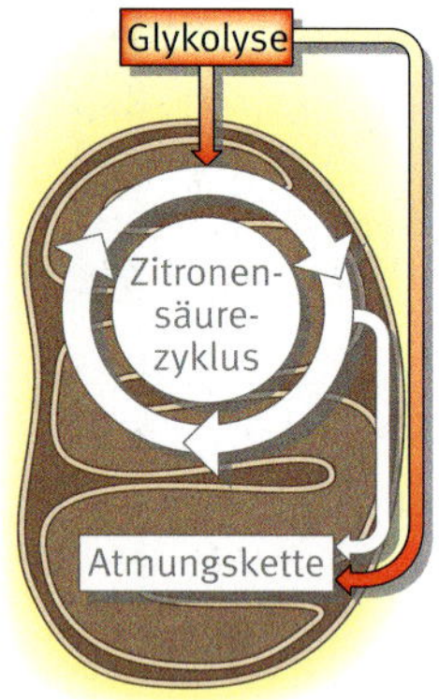

120.1 Glucoseabbau im Überblick

Vor allem Ausdauersportler, z.B. Marathonläufer, sollten möglichst energiereiche Nahrung aufnehmen. Glucose ist deshalb geeignet, weil sie schnell ins Blut gelangt und von dort in die Zellen transportiert wird. Die ersten Schritte der Energiegewinnung aus Glucose sind Abbaureaktionen, bei denen der C_6-Körper des Zuckermoleküls in mehreren Teilschritten in zwei kleinere C_3-Körper, nämlich Brenztraubensäure (Pyruvat), zerlegt wird. Dieser Vorgang wird als **Glykolyse** bezeichnet, was so viel heißt wie „Zuckerauflösung". Sie findet im Cytoplasma der Zelle statt. Der Abbau von Glucose ist eine Stoffwechselkette, die in allen Schritten durch Enzyme katalysiert wird.

So wie viele Stoffwechselwege beginnt auch die Glykolyse mit einer *Aktivierung* der abzubauenden Moleküle. Es muss Aktivierungsenergie aufgebracht werden. Bei der Glykolyse wird die Glucose zunächst phosphoryliert, das heißt, es wird eine Phosphatgruppe aus der Spaltung von ATP an das Glucosemolekül gebunden. Es entsteht Glucose-6-phosphat. Die Glucose wird dadurch in einen reaktionsbereiten Zustand gebracht. Das Enzym Phosphoglucose-Isomerase katalysiert die Umwandlung von Glucose-6-phosphat in Fructose-6-phosphat. Im zweiten Aktivierungsschritt wird, wiederum unter ATP-Spaltung, Fructose-6-phosphat zu Fructose-1,6-bisphosphat phosphoryliert. Dieses Molekül wird in zwei C_3-Körper gespalten, die untereinander im Gleichgewicht stehen. Ausgehend von Glycerinaldehyd-3-phosphat entsteht in mehreren Teilschritten Brenztraubensäure (Pyruvat). Im Verlauf dieser Reaktionsschritte werden pro C_3-Körper 1 NADH + H^+ und zwei Moleküle ATP gebildet.

Insgesamt ergibt sich beim Abbau der Glucose zu Brenztraubensäure folgende Energiebilanz: Pro Glukosemolekül werden 2 ATP verbraucht, aber 4 ATP gewonnen. Neben diesem Nettogewinn von 2 ATP werden auch noch zwei Moleküle NADH + H^+ gebildet. Auch dieses kann von der Zelle zur Energiegewinnung verwendet werden.

Die Brenztraubensäure ist einerseits Endprodukt der Glykolyse, aber auch Ausgangsprodukt für die alkoholische Gärung und die Milchsäuregärung. Unter aeroben Bedingungen wird die Brenztraubensäure im Zitronensäurezyklus abgebaut.

1 Fassen Sie den Ablauf der Glykolyse zusammen.

CHEMIE

Regulation der Glykolyse über die Phosphofructokinase

In der Glykolyse wird eine geringe Menge ATP gebildet. In Abhängigkeit von dieser ATP-Konzentration wird die Glykolyse reguliert. Das heißt, die ATP-Bildung kann dem Bedarf angepasst werden. Zur Regulation von Stoffwechselwegen eignen sich Enzyme, die diese Stoffwechselschritte katalysieren.

In der Glykolyse ist das Enzym Phosphofructokinase, das die Phosphorylierung von Fructose-6-phosphat zu Fructose-1,6-bisphosphat katalysiert, zur Regulation geeignet. Dieses Enzym wird durch eine hohe ATP-Konzentration gehemmt. ATP bindet außerhalb des aktiven Zentrums an das Enzym und senkt so die Affinität des Enzyms zum Substrat. Fructose-6-phosphat und ADP heben diese Hemmung auf und erhöhen sogar die Aktivität des Enzyms.

Ist in der Zelle, also für die ablaufende Stoffwechselreaktion, ausreichend ATP vorhanden, wird wenig Fructose-6-phosphat zu Fructose-1,6-bisphosphat umgewandelt. Dann läuft die Glykolyse langsamer ab. Ist die ATP-Konzentration gering und die ADP-Konzentration hoch, wird der Durchsatz erhöht.

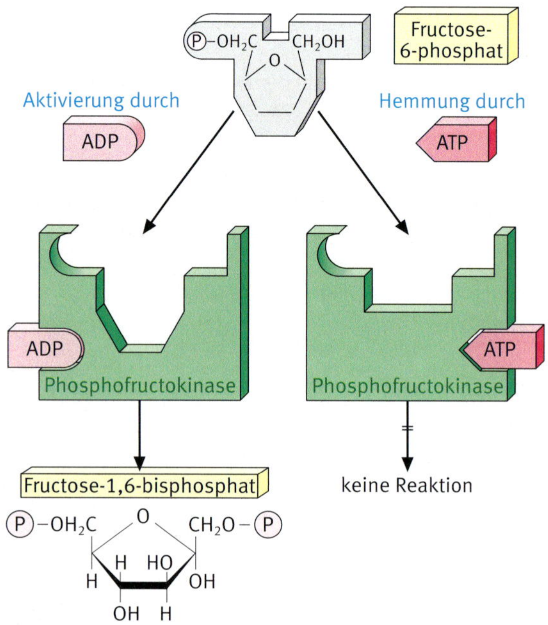

120.2 Ein Enzym reguliert die Glykolyse

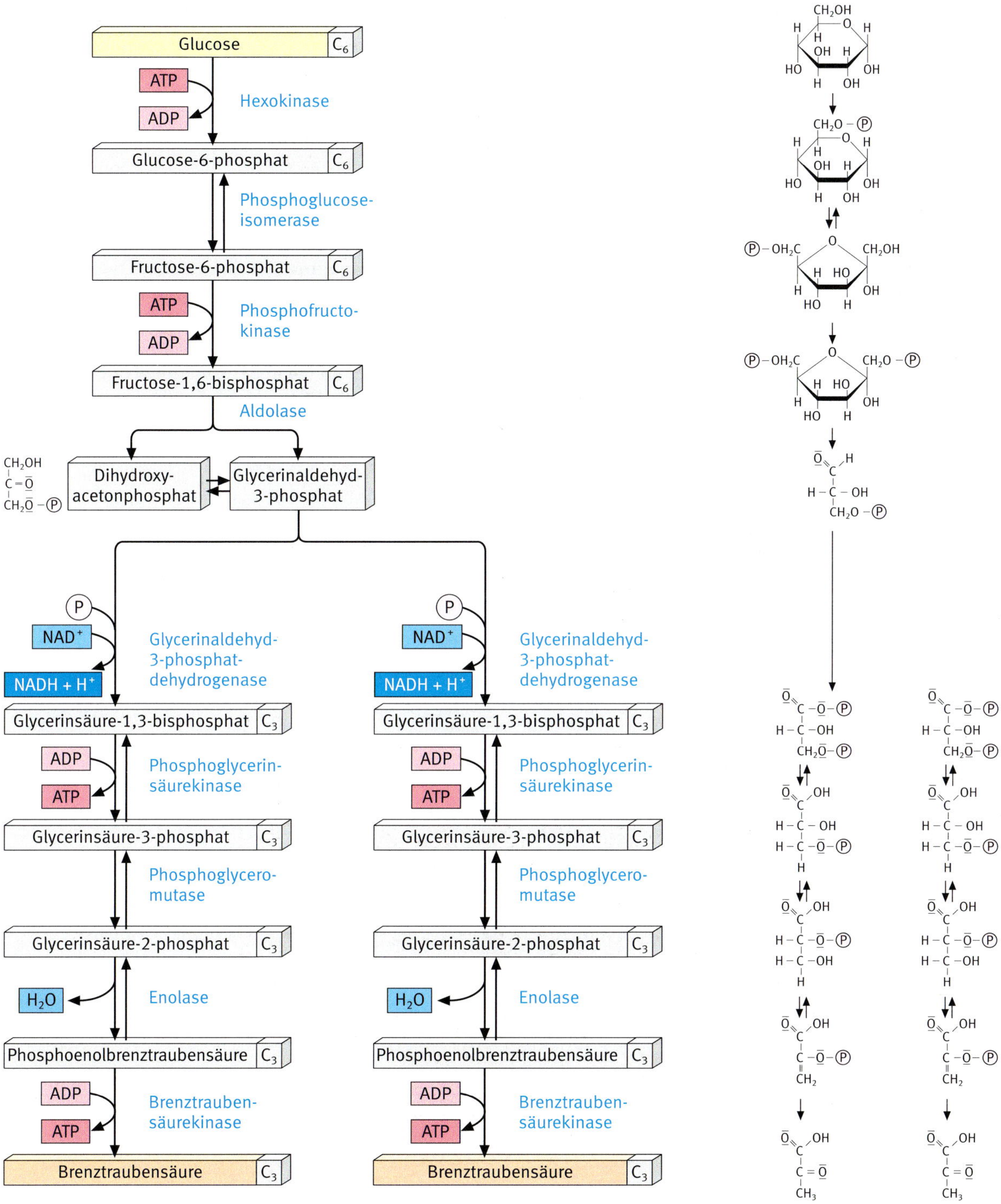

Ein Molekül Glucose wird zu zwei Molekülen Brenztraubensäure abgebaut. Dabei entstehen in der Bilanz zwei Moleküle ATP und zwei Moleküle NADH + H$^+$:

Glucose + 2 NAD$^+$ + 2 ADP + 2 Ⓟ ⟶ 2 Brenztraubensäure + 2 NADH + H$^+$ + 2 ATP + 2 H_2O

121.1 Die Glykolyse. Von der Glucose zur Brenztraubensäure

2.3 Abbau im Kreisprozess – Zitronensäurezyklus

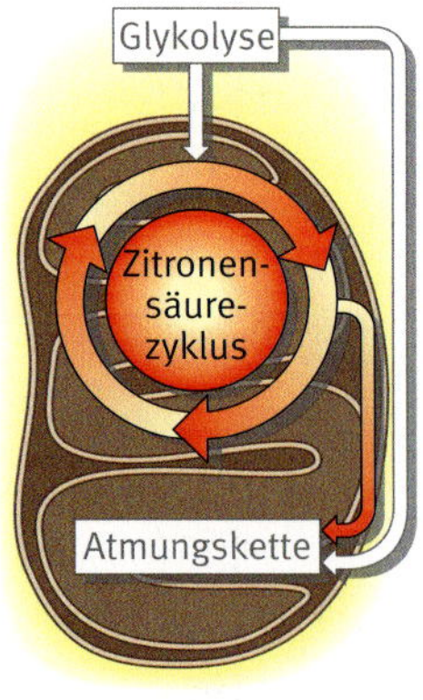

122.1 Glucoseabbau im Überblick

Der Abbau der Brenztraubensäure unter aeroben Bedingungen erfolgt im Zitronensäurezyklus innerhalb der Mitochondrienmatrix.
Zunächst wird von dem C_3-Körper Brenztraubensäure CO_2 abgespalten. Unter der Reaktion von NAD^+ zu $NADH + H^+$ wird der dabei entstandene Acetylrest (C_2-Körper) an das *Coenzym A* angelagert. Den gesamten Vorgang nennt man *oxidative Dekarboxylierung*. Coenzym A (CoA) ist ein wichtiges Überträgermolekül z. B. für Acetylgruppen.
Die Kopplung an das CoA-Molekül bedeutet einen Aktivierungsschritt. Das Acetyl-Coenzym A, die aktivierte Essigsäure, wird an Oxalessigsäure (einen C_4-Körper) gebunden. Der daraus entstehende C_6-Körper, die Zitronensäure, wird in einer zum Kreis geschlossenen Stoffwechselkette, dem **Zitronensäurezyklus**, weiterverarbeitet. Zweimal im Verlauf des Zyklus, bei der Isozitronensäure und der α-Ketoglutarsäure, wird durch CO_2-Abspaltung das Kohlenstoffgerüst um jeweils ein C-Atom verkürzt. Es werden also im Verlauf des Zitronensäurezyklus genauso viele C-Atome als CO_2 freigesetzt, wie in Form von Acetyl-CoA zugeführt wurden. Am Ende steht die Oxalessigsäure, die erneut als Akzeptormolekül für Acetyl-CoA dienen kann. Auffällig ist, dass nur eine geringe Energiemenge als GTP (das dem ATP vergleichbar ist) direkt entsteht. Außerdem werden vier $NADH + H^+$-Moleküle und ein Molekül $FADH_2$ pro Molekül Brenztraubensäure gebildet. Diese reduzierten Cofaktoren sind die entscheidenden Produkte des Zitronensäurezyklus. Sie sind energiereich und werden in einem weiteren wichtigen Stoffwechselprozess, der Atmungskette, weiterverarbeitet.

Drehscheibe Zitronensäurezyklus. Nicht nur Zucker, sondern auch Fette und Proteine können z. B. zur Energiegewinnung abgebaut werden. Viele dieser Abbau- und Synthesewege stehen mit dem Zitronensäurezyklus in Verbindung. Besonders bedeutsam sind die Anschlüsse an den Fettstoffwechsel. Alle Fettsäuren werden letztendlich zu Acetyl-Coenzym A abgebaut. Sie können auf diese Weise z. B. über den Zitronensäurezyklus zum Energiegewinn herangezogen werden. Auch aus dem Abbau von Nahrungsproteinen, der u. a. im Harnstoffzyklus erfolgt, können einzelne Substanzen in den Zitronensäurezyklus eingeschleust und verwertet werden.

1 Nennen Sie die wesentlichen Schritte beim Ablauf des Zitronensäurezyklus.

2 Erstellen Sie eine Summenformel unter Einschluss der Coenzyme.

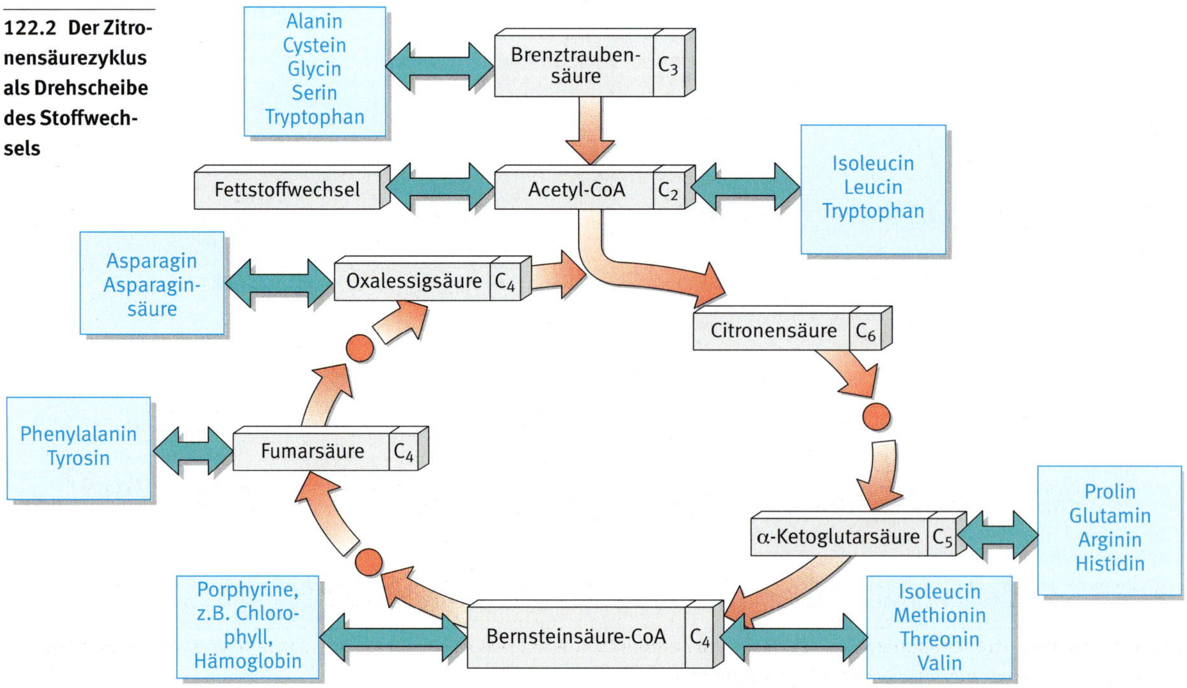

122.2 Der Zitronensäurezyklus als Drehscheibe des Stoffwechsels

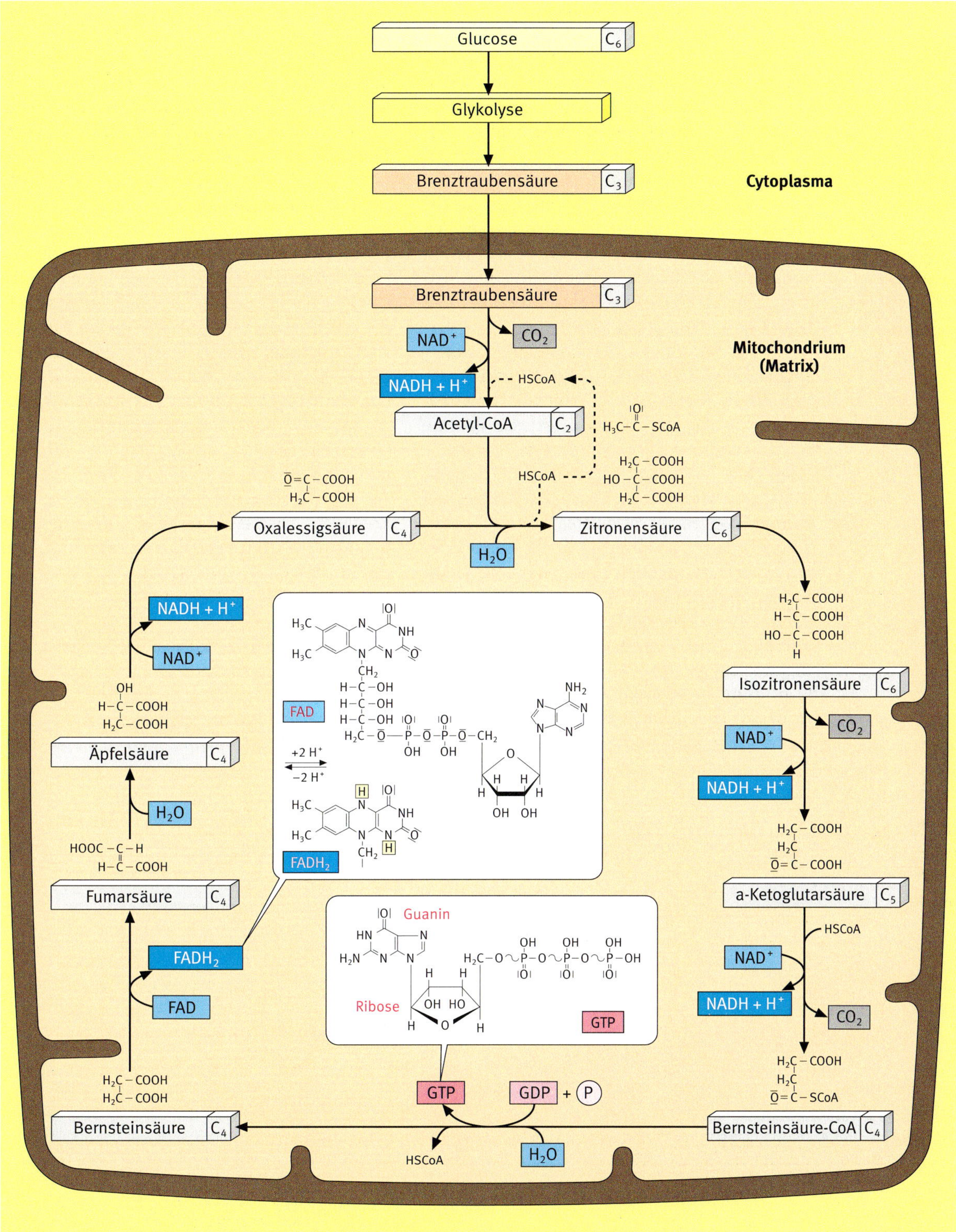

Brenztraubensäure + 4 NAD^+ + FAD + GDP + (P) + 3 H_2O ⟶ 3 CO_2 + 4 $NADH + H^+$ + $FADH_2$ + GTP + CoA

123.1 Ablauf des Zitronensäurezyklus. Zur vereinfachenden Darstellung werden hier die undissoziierten Säuren verwendet, obwohl diese beim pH-Wert der Zelle als Ionen vorliegen.

2.4 Atmungskette

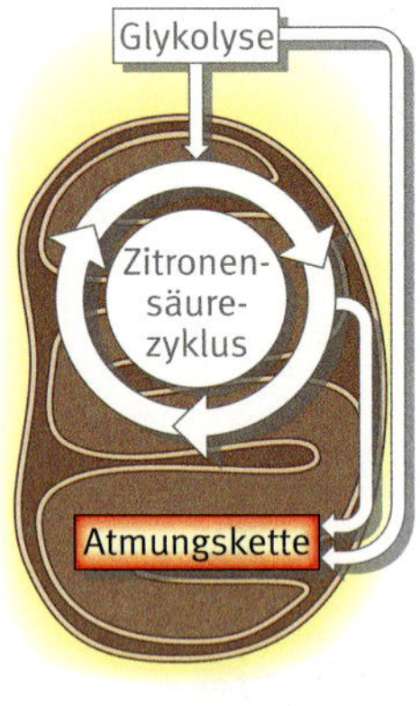

124.1 Glucoseabbau im Überblick

Im Verlauf der Glykolyse und des Zitronensäurezyklus wurde ein Molekül Glucose vollständig zu 6 CO_2 Molekülen abgebaut. Dabei sind gleichzeitig zehn Moleküle NAD^+ und zwei Moleküle FAD zu NADH + H^+ bzw. $FADH_2$ reduziert worden. Diese reduzierten Coenzyme enthalten noch einen Großteil der Energie, die bei der völligen Oxidation von Glucose zu CO_2 frei würde. Durch Reaktion mit molekularem Sauerstoff werden die Coenzyme wieder oxidiert. Die frei werdende Energie wird als ATP festgelegt und dient der Zelle als Energiereserve für viele Energie verbrauchende Prozesse.
Formal entspricht diese Reaktion einer Knallgasreaktion, bei der H_2 und O_2 zu Wasser reagieren. Damit nun in der Zelle die Energie nicht schlagartig frei wird und als Wärme verloren geht, ist die Coenzymoxidation in mehrere kleine Schritte zerlegt. Die Energie wird in kleinen Portionen frei und kann in ATP konserviert werden. Diesen Vorgang bezeichnet man als **Atmungskette** oder als **oxidative Phosphorylierung.** Er umfasst zwei Prozesse, die an der inneren Mitochondrienmembran ablaufen: einen *chemischen Vorgang,* bei dem die energiereichen Elektronen von NADH + H^+ und $FADH_2$ über Transportproteine (Carrier) weitergegeben werden. Bei dem zweiten Vorgang handelt es sich um einen *Membrantransportprozess,* bei dem Protonen (H^+-Ionen) durch die innere Mitochondrienmembran in den Intermembranraum befördert werden. Diese heute allgemein anerkannte Vorstellung heißt **chemi-osmotische Hypothese.**
Bei der Weitergabe der Elektronen über eine Kette von Transportproteinen, die in drei Atmungsenzymkomplexen zusammengefasst sind, werden Protonen durch die innere Mitochondrienmembran in den Intermembranraum gebracht. Dadurch entstehen an dieser Membran ein *pH-Gradient* (außen niedriger als innen) und ein *Membranpotenzial* (außen positiv, innen negativ). Der Protonengradient wird in einem eigenen komplexen Molekül, der *ATP-Synthase,* zur Synthese von ATP verwendet. Dabei gleicht sich der Protonengradient wieder aus, d. h., die Protonen fließen aus dem Intermembranraum wieder in den Innenraum des Mitochondriums zurück. Dabei entstehen pro NADH + H^+-Molekül 3 ATP und pro $FADH_2$-Molekül 2 ATP.
Der Glucoseabbau ist damit abgeschlossen. Die Energie ist in ATP festgelegt worden und kann für Energie verbrauchende Stoffwechselvorgänge verwendet werden. Das ATP ist sozusagen die universelle Energiewährung der Zelle.

1 Fassen Sie den Ablauf der Atmungskette zusammen.

2 Stellen Sie den Umsatz von ADP/ATP und von Coenzymen des Wasserstofftransports bei Glykolyse, Zitronensäurezyklus und Atmungskette zusammen.

124.2 Energiebilanz des vollständigen Glucoseabbaus

Glykolyse $C_6H_{12}O_6 + 2\,NAD^+ + 2\,ADP + 2\,Ⓟ \rightarrow$ Glucose $2\,CH_3-CO-COOH + 2\,NADH + 2\,H^+ + 2\,ATP$	Bis zur Brenztraubensäure werden 2 Moleküle ATP und 2 Moleküle NADH + H^+ gebildet. Die zwei Moleküle NADH + H^+ ergeben nach Transport in die Mitochondrien, abhängig von der Transportform, entweder je drei oder nur noch je zwei Moleküle ATP.
Zitronensäurezyklus $2\,CH_3-CO-COOH + 8\,NAD^+ + 2\,FAD + 2\,GDP + 2\,Ⓟ + 6\,H_2O \rightarrow$ $6\,CO_2 + 8\,NADH + H^+ + 2\,FADH_2 + 2\,GTP$	Brenztraubensäure, die in den Zitronensäurezyklus eingeschleust wird, ergibt neben 2 GTP (≙ 2 ATP) 8 NADH + H^+ und 2 $FADH_2$. Der hauptsächliche ATP-Gewinn erfolgt in der Atmungskette.
Atmungskette $10\,NADH + H^+ + 2\,FADH_2 + 34\,ADP + 34\,Ⓟ + 6\,O_2 \rightarrow$ $12\,H_2O + 10\,NAD^+ + 2\,FAD + 34\,ATP$	Dort werden die 2 NADH + H^+ aus der Glykolyse, die 8 NADH + H^+ und die 2 $FADH_2$-Moleküle aus dem Zitronensäurezyklus oxidiert. Dabei entstehen 2 x 3 + 8 x 3 + 2 x 2 Moleküle ATP.

	Moleküle ATP/Moleküle Glucose
Glykolyse	**2**
Zitronensäurezyklus	**2** (als GTP)
Atmungskette	**34**
Summe	**38**

Insgesamt ergibt also ein Molekül Glucose beim Abbau zu CO_2 und H_2O inklusive der direkt entstandenen ATP- bzw. GTP-Moleküle
38 Moleküle ATP.

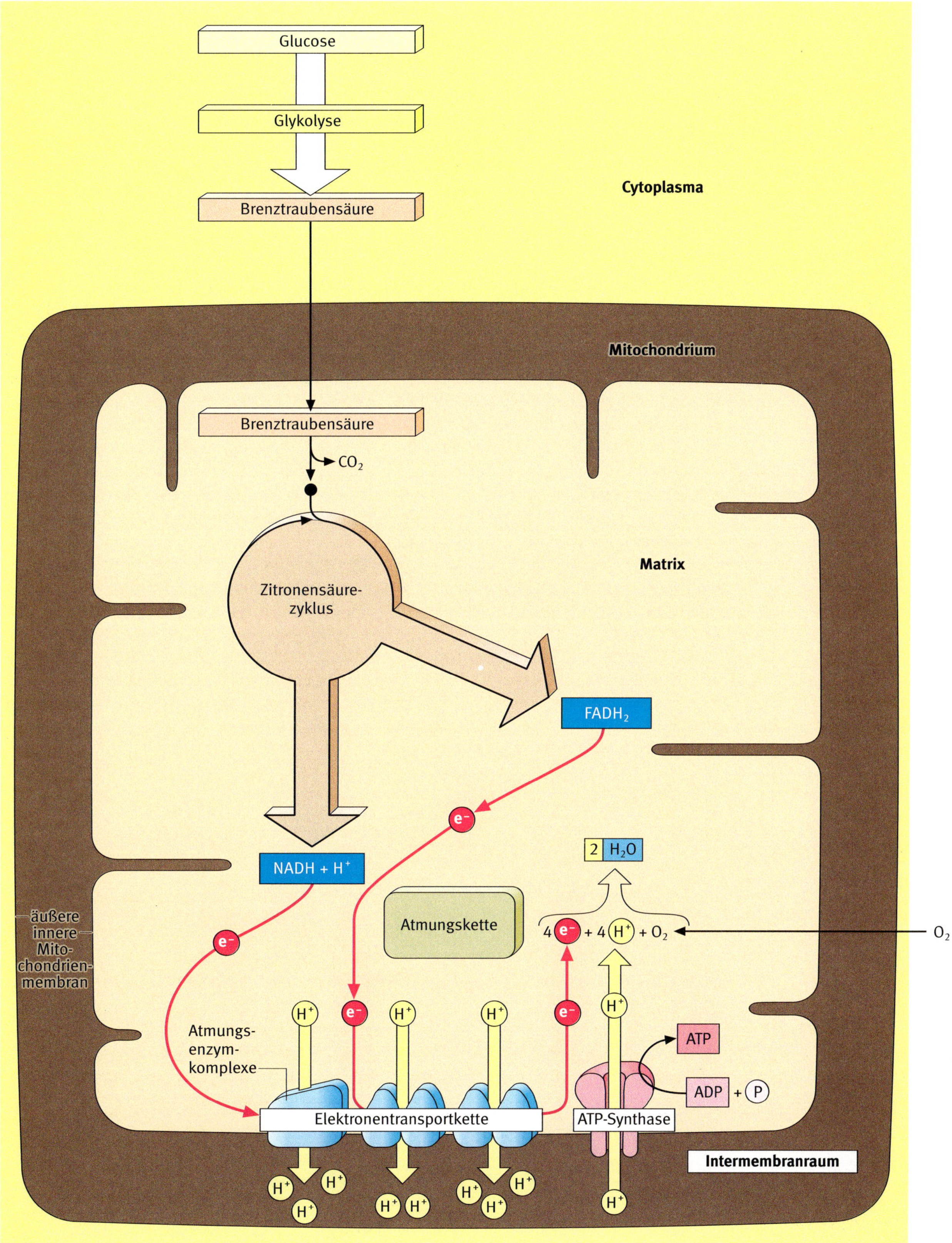

125.1 Atmungskette – Produktionsstätte von ATP

2.5 Gärung – Leben ohne Sauerstoff

126.1 Bier – ein Gärungsprodukt

Seit mindestens 5000 Jahren, seit man Bier und Wein bereitet, weiß man, ohne damals die biochemischen Hintergründe zu kennen, dass Mikroorganismen wie Hefen und Bakterien auch ohne Sauerstoff leben können. Sie führen dann zwei Gärungsformen durch. Die eine ist als **alkoholische Gärung** bekannt. Die andere ist als **Milchsäuregärung** für die vielfältigen Sauermilchprodukte verantwortlich.
Die Stoffwechselphysiologen, die die biochemischen Hintergründe dieser Vorgänge untersuchten, entdeckten dabei, dass der Großteil der Gärungsvorgänge genauso verläuft wie die Abbauschritte der Glykolyse. Auch hier ist die Brenztraubensäure das zentrale Zwischenprodukt. Über Ethanal bilden die Hefen dann aber Ethanol. Die Milchsäurebakterien produzieren ohne Zwischenschritt aus Brenztraubensäure Milchsäure (2-Hydroxy-Propansäure).

Gärung ist eine „Notlösung" der Zelle, um unter Sauerstoffmangel den Kohlenhydratstoffwechsel aufrechtzuerhalten. Vom Ablauf der Glykolyse ist bekannt, dass bis zur Brenztraubensäure zwei Moleküle ATP gebildet werden und dazu auch zwei Moleküle NADH + H^+. Um das dabei verbrauchte NAD^+ zu regenerieren, eignen sich beide Stoffwechselwege, sowohl die alkoholische Gärung als auch die Milchsäuregärung. Bei diesen Stoffwechselvorgängen wird nämlich NADH + H^+ gebraucht und somit NAD^+ gebildet, das dann beim Glucoseabbau wieder verwendet werden kann.

PASTEUR-Effekt. Der französische Naturwissenschaftler LOUIS PASTEUR (1822–1895) entdeckte vor über hundert Jahren, dass Hefen, wenn man sie unter Sauerstoffabschluss hält, Ethanol bilden, dafür aber wenig Hefezellen. Wenn man sie belüftet, d. h. Sauerstoff zuführt, bilden sie keinen Alkohol, dafür aber viel Zellmaterial.
Je nach äußeren Bedingungen können also beide Stoffwechselwege ablaufen. Über Atmung wird deutlich mehr Energie bereitgestellt als über Gärung.

1 Begründen Sie, warum über Atmung mehr Energie bereitgestellt wird als über Gärung.

126.2 Alkoholische Gärung und Milchsäuregärung

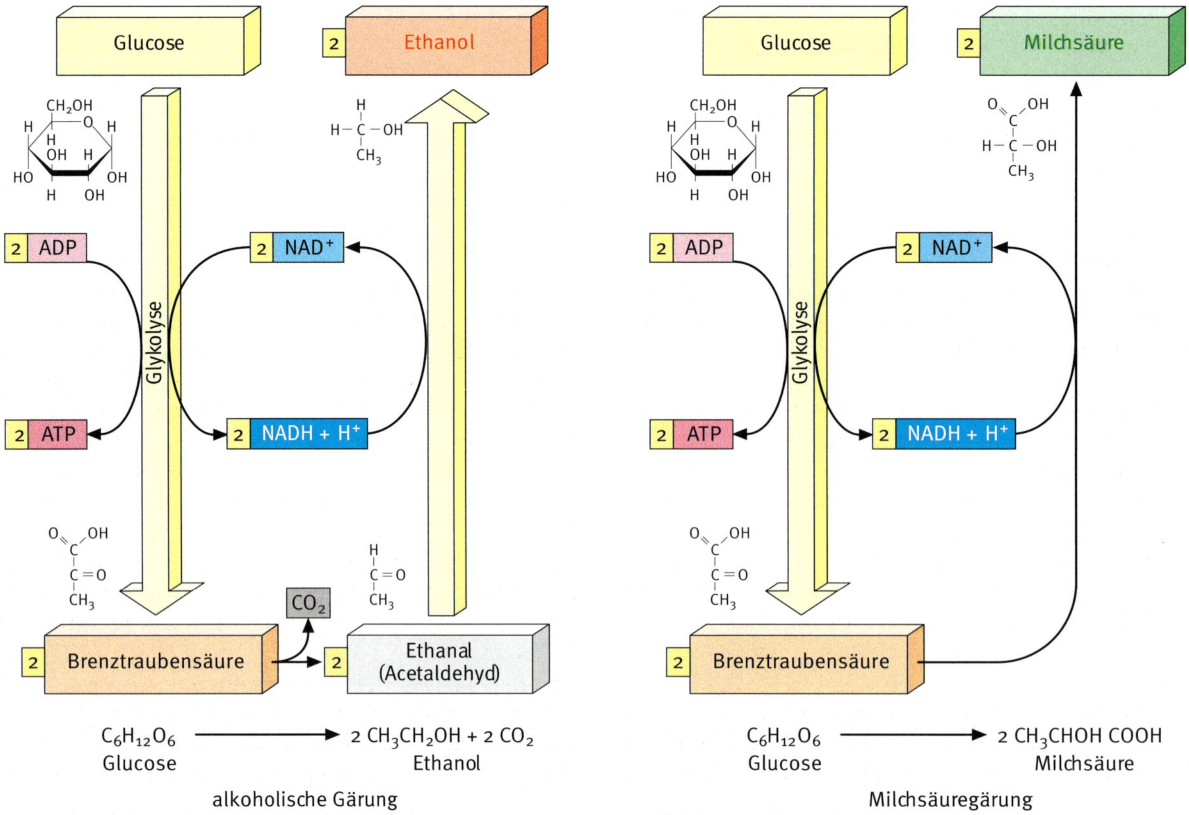

STECKBRIEF

Milchsäurebakterien

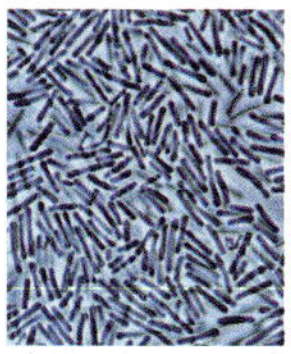

Ein ganzer Wirtschaftszweig, die Milch verarbeitende Industrie, lebt zu einem großen Teil davon, Milchsäurebakterien einzusetzen. Unter der Bezeichnung Milchsäurebakterien wird eine große Anzahl von kugel- und stäbchenförmigen unbeweglichen Bakterien zusammengefasst.
Man gliedert sie in zwei große Gruppen, die *homofermentativen Milchsäurebakterien* und die *heterofermentativen Milchsäurebakterien.* Erstere bilden allein Milchsäure als Stoffwechselendprodukt, bei Letzteren kommt noch Ethanol, Essigsäure und manchmal auch Kohlenstoffdioxid dazu.

STECKBRIEF

Hefen

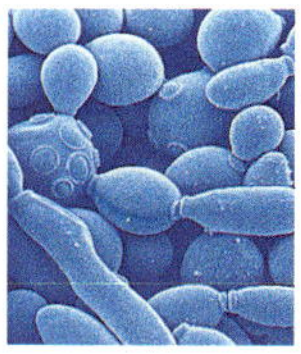

Hefen spielen in der Nahrungs- und Genussmittelindustrie als Ethanolproduzenten, aber auch als Verderber von zuckerhaltigen Nahrungsmitteln eine große Rolle. Es gibt etwa 600 Arten dieser einzelligen Pilze. Typisch für sie ist ihre charakteristische vegetative Vermehrungsweise, die *Sprossung.* Dabei bildet die Mutterzelle eine Ausstülpung, die später abgeschnürt wird, selbstständig weiterlebt, um zur Größe der Mutterzelle heranzuwachsen. Hefen kommen überall in der Natur vor. Wegen ihrer Kleinheit werden sie leicht durch den Wind verbreitet.

BIOTECHNOLOGIE

Bakterien und Hefen als Helfer bei biochemischen Prozessen

Vor allem unter anaeroben Bedingungen bilden Bakterien und Hefen Substanzen, die von großer wirtschaftlicher Bedeutung sind. Ganze Industriezweige leben von der Milchsäuregärung und von den Alkoholprodukten der Mikroorganismen.

Aus Milch oder Sahne werden unter Verwendung von Milchsäurebakterien **Sauermilchprodukte** hergestellt. Dazu gehören *Dickmilch-* und *Jogurterzeugnisse* – alles in unterschiedlichen Fettgehaltsstufen. Sauermilchkäse wird durch Reifung aus Sauermilchquark hergestellt.

Verderbliches Pflanzenmaterial kann vom Landwirt als **Silofutter** gelagert werden. Auch hier erzeugen Milchsäurebakterien unter Luftabschluss Milchsäure, z. B. unter Folien. Die Milchsäure hat einen konservierenden Effekt.

Bier und Wein sind die bedeutendsten **alkoholischen Getränke.** Der darin enthaltene Alkohol wird durch Hefen, z. B. aus Glucose gebildet. Bierhefen sind Reinzuchtrassen von *Saccharomyces cerevisiae.* Nach ihrem Sedimentationsverhalten unterscheidet man untergärige Hefen (für „normale“ Biere, z. B. Exportbier oder Pils) und obergärige Hefen (für Weißbier, Ale). Untergärige Hefen gären bei einer Temperatur zwischen 5 und 10 °C und setzen sich nach der Hauptgärung auf dem Boden ab. Obergärige Hefen brauchen zur Gärung 20 bis 25 °C und steigen während des Gärvorgangs an die Oberfläche. Bakterien können ebenfalls Alkohol bilden. Ein interessantes Beispiel dafür ist *Zygomonas mobilis,* das in gärendem Agavensaft vorkommt. Der entstehende Agavenwein ist das Nationalgetränk der Mexikaner. *Zygomonas* baut die Glucose anders ab als die Hefen, d. h., dieses Bakterium verwendet aus der Glucose andere C-Atome, um daraus Alkohol zu bilden.

Biologische Abwasser- und Bodenreinigung sind wichtige Technologien, bei denen Bakterien und Pilze zum Einsatz kommen. Bei der **Abwasserreinigung** spielen der „Abwasserpilz“ *Sphaerotilus natans,* der ein Bakterium ist, und die Pilzgattung *Fusarium* eine wichtige Rolle.
Auch für die **Bodensanierung** vertraut man auf die Stoffwechselleistungen von Mikroorganismen. Die biologische Abbaubarkeit ist z. B. für die ökologische Beurteilung von Industriechemikalien wichtig. Ihre Prüfung und Festlegung ist gesetzlich vorgeschrieben. Abwasserreinigung und Bodensanierung laufen aerob ab.

Essigsäurebakterien werden für viele technologische Prozesse in großem Maßstab eingesetzt. Dabei kommen vor allem Bakterien der Gattung *Acetobacter* zum Einsatz. Namensgebend ist die Herstellung von Essigsäure aus Alkohol bei der **Essigsäuregärung.** Da dieser Vorgang strikt aerob, also unter Sauerstoffbeteiligung, abläuft, ist der Begriff „Gärung“ eigentlich nicht zutreffend. Bei Bier, Wein und Most können Essigsäurebakterien durch den unerwünschten „Essigstich“ eine Geschmacksveränderung erzeugen.

SPORT

Sport stoffwechselphysiologisch betrachtet

Weltklassesprinter brauchen für die Strecke von 100 Metern weniger als zehn Sekunden. Ein sehr guter Läufer überwindet 10 000 Meter in etwa 27 Minuten. Könnte ein Sprinter seine Kurzstrecken-Leistung auf zehn Kilometer durchhalten, käme er schon nach etwa 17 Minuten ins Ziel.

Beide Laufdisziplinen stellen stoffwechselphysiologisch ganz unterschiedliche Anforderungen an die Muskulatur. Eine Muskelkontraktion ist immer von der Spaltung von ATP abhängig. Für die ATP-Bildung stehen in den Muskelzellen zwei Stoffwechselwege zur Verfügung.

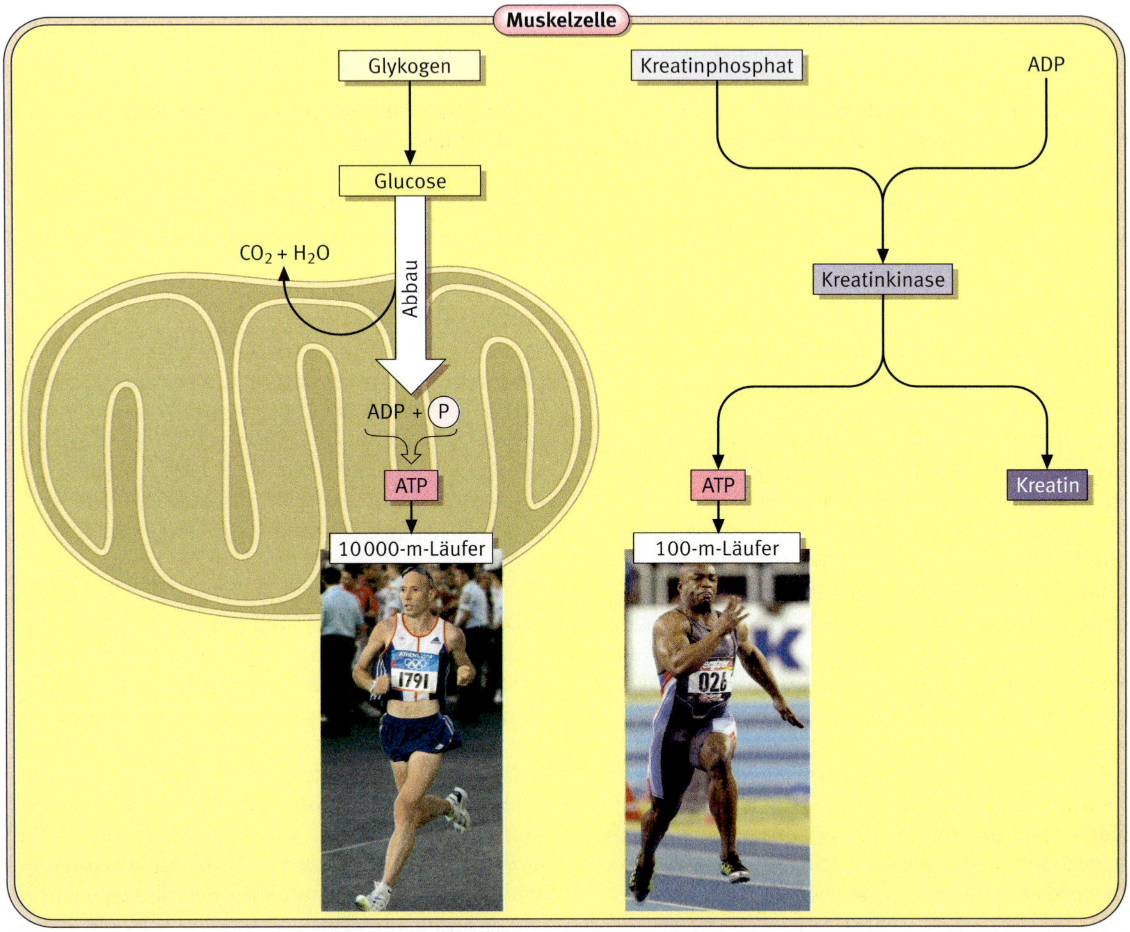

128.1 Zwei Wege der ATP-Gewinnung in der Muskelzelle

10 000-m-Läufer. Bei Ausdauerleistungen wird das großmolekulare *Glykogen* aus der Muskulatur in den Einfachzucker Glucose gespalten. Dazu werden aus dem Glykogenmolekül die jeweils endständigen Glucosemoleküle abgespalten. Dabei wirken Enzyme wie die Amylase mit. Die Glucose wird anschließend in der Glykolyse, im Zitronensäurezyklus und in der Atmungskette unter ATP-Gewinn weiter abgebaut. Dieser Abbau über viele Stoffwechselschritte dauert einige Zeit. Er ist deshalb für eine rasche Energiegewinnung nicht geeignet.

100-m-Läufer. Der Muskel eines Kurzstreckenläufers benötigt schnell Energie, daher wird ein anderer Weg zur ATP-Gewinnung eingeschlagen. Im Muskel gibt es ein „Reservephosphat", das *Kreatinphosphat.* Es wird in Ruhezeiten gebildet. Bei Bedarf wird in der Kreatin-Kinase-Reaktion (benannt nach dem Enzym, das den Umsatz katalysiert) eine Phosphatgruppe vom Kreatinphosphat auf ADP übertragen. Der aktuelle ATP-Vorrat und das aus Kreatinphosphat und ADP gebildete ATP reichen dem 100-m-Läufer, um ins Ziel zu kommen.

Atmung und Gärung

1 Atmung und Gärung im Vergleich

Material: 500 ml 5%ige Glucoselösung, Hefe, 2 Messzylinder (500 ml), Gäraufsatz mit passendem Stopfen, Aquarienpumpe mit Schlauch und Sprudelstein

Durchführung: In der Glucoselösung wird ein Päckchen Hefe suspendiert und zu gleichen Teilen auf die Messzylinder aufgeteilt. Einer der Messzylinder wird mit einem Gärrohr versehen, der andere wird über einen Sprudelstein belüftet. Der Versuch sollte etwa eine Woche laufen. Verdunstetes Wasser wird nachgefüllt.
Nach dem Ende des Versuchs lässt man die Hefe sedimentieren.

Aufgabe:
Was beobachten Sie und wie lässt sich dies deuten?

2 Milchsäuregärung – Jogurtherstellung

Einführung: Milchsäurebakterien, z. B. *Lactobacillus acidophilus, Lactobacillus bulgaricus oder Streptococcus thermophilus,* vergären hauptsächlich Milchzucker (Lactose), den sie zunächst in Glucose und Galactose spalten.

Material: H-Milch, frischer nicht pasteurisierter Jogurt gleicher Fettgehaltsstufe, mehrere kleine Schraubgläser, evtl. Wärmeschrank oder Jogurtbereiter, pH-Papier

Durchführung: Ein Liter H-Milch wird mit einem Becher frischem Jogurt vermischt und dann bei 35 bis 40 °C aufbewahrt.

Aufgaben:
a) Messen Sie stündlich den pH-Wert und erstellen Sie ein Diagramm über den Verlauf.
b) Leiten Sie aus dem Kurvenverlauf die zugrunde liegenden biochemischen Reaktionen ab.

3 Alkoholische Gärung

Material: Bäckerhefe, Erlenmeyerkolben mit Gäraufsatz, Glucose, Calciumhydroxidlösung, langes Glasrohr mit passendem Gummistopfen, Heizplatte

Durchführung: 10 g Bäckerhefe werden in 200 ml Leitungswasser suspendiert, in einen Erlenmeyerkolben gegeben und mit etwa 20 g Glucose versetzt. Der Kolben wird mit einem Gärröhrchen verschlossen, das Calciumhydroxidlösung zum Nachweis des gebildeten CO_2 enthält. Nach Beendigung der Gärung wird ein langes Glasrohr auf das Gärgefäß aufgesetzt und durch Erwärmen der gebildete Alkohol destilliert. Am Ende des Glasrohrs wird der Alkohol entzündet.

Aufgabe:
Erklären Sie den biochemischen Hintergrund des Versuchs.

4 Vergärbarkeit verschiedener Mono- und Disaccharide durch Bäckerhefe

Material: Bäckerhefe, Glucose, Fructose, Saccharose, Maltose, Lactose, Erlenmeyerkolben, mehrere Gärröhrchen

Durchführung: Stellen Sie von jedem der Zucker eine 10%ige Lösung her. Versetzen Sie diese 1 : 1 mit einer Hefesuspension (20 g Hefe in 500 ml Leitungswasser). Füllen Sie die beschrifteten Erlenmeyerkolben und messen Sie über einige Stunden die CO_2-Entwicklung.

Aufgabe:
Stellen Sie das Ergebnis als Säulendiagramm dar und interpretieren Sie.

5 Essigsäuregärung

Einführung: Bei der Essigsäuregärung wird Ethanol über Ethanal (Acetaldehyd) zu Ethansäure (Essigsäure) oxidiert.

Material: Rotwein oder Weißwein, Becherglas, pH-Papier, Mikroskop mit Zubehör

Durchführung: Lassen Sie Wein in einem Becherglas offen stehen, bis er „sauer“ ist. Prüfen Sie den pH-Wert und untersuchen Sie die gebildete Kahmhaut aus Essigsäurebakterien mikroskopisch. Neben den stäbchenförmigen Essigsäurebakterien können auch ovale Hefezellen vorkommen, sie werden als Kahmhefen bezeichnet.

Aufgaben:
a) Zeichnen Sie ein Formelschema der Reaktion von Ethanol zur Essigsäure.
b) Warum ist der Name Essigsäure-Gärung irreführend?
c) Stellen Sie Vermutungen an, warum sich in der Kahmhaut auch wenige Hefezellen befinden können.

3 Fotosynthese

3.1 Bedeutung der Fotosynthese

Wenn man Pflanzen in einer Nährlösung kultiviert, die keine Kohlenstoffverbindungen enthält, entwickeln sie sich ohne Beeinträchtigung. Trotz der fehlenden Kohlenstoffverbindungen beträgt der Anteil des Kohlenstoffs an der Trockensubstanz der Pflanze 40 bis 50 %. Daraus können wir schließen, dass die Pflanze den Kohlenstoff der Luft entnimmt. Hier kommt er in Form des Kohlenstoffdioxids in einem Anteil von 0,03 % vor. Zu ihrem Gedeihen ist die Pflanze ausschließlich auf anorganische Stoffe angewiesen, nämlich Wasser, Mineralsalze, Kohlenstoffdioxid und Sauerstoff. Aus ihnen baut die Pflanze alle in ihr vorkommenden organischen Verbindungen auf. Der grundlegende Vorgang ist der Aufbau von Kohlenhydraten aus Kohlenstoffdioxid und Wasser. Diesen Prozess, der nur in den grünen Teilen der Pflanze und nur am Licht abläuft, nennt man **Fotosynthese.**

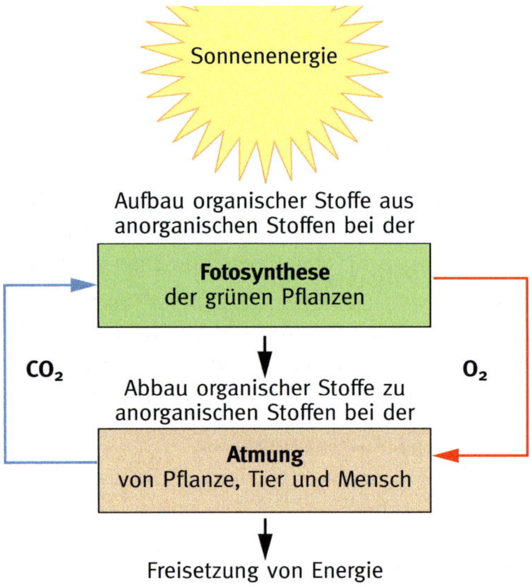

130.1 Energiefluss und der Kreislauf von Kohlenstoff und Sauerstoff in der Biosphäre

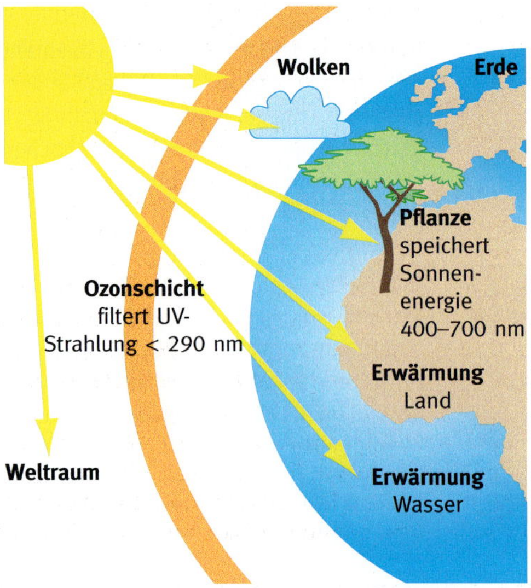

130.2 Sonnenstrahlung und Fotosynthese. Die Pflanze verwertet Sonnenenergie im Bereich von 400 bis 700 nm.

Die Fotosynthese ist zweifellos der wichtigste biochemische Synthesevorgang auf der Erde. In der Biomasse der gesamten Organismen der Erde sind schätzungsweise 500 bis 1000 Milliarden Tonnen des fotosynthetisch fixierten Kohlenstoffs gebunden. Alle Organismen, die nicht selbst Fotosynthese durchführen können, sind – unmittelbar oder mittelbar – auf organische Stoffe angewiesen, die die grünen Pflanzen erzeugen. Die Fotosynthese ist daher die **Grundlage für alles Leben auf der Erde.**

Durch die Fotosynthese wird ständig kosmische Strahlungsenergie in chemische **Energie** umgewandelt. Diese steht dann für andere biochemische Reaktionen in der Zelle zur Verfügung. Durch die Fotosynthese wird außerdem der **Sauerstoff der Atmosphäre** ständig regeneriert, der durch die Atmung aller Organismen verbraucht wird.

Die Fotosyntheseleistung der Pflanze ist beträchtlich. Eine Blattfläche von 1 m^2 erzeugt pro Stunde etwa 1 g Glucose. Der jährliche Zuwachs an organisch gebundenem Kohlenstoff infolge der Fotosynthese allein der Landvegetation beträgt schätzungsweise 20 Milliarden Tonnen.

Das Gleichgewicht zwischen dem Kohlenstoffdioxid der Luft und dem organisch gebundenen Kohlenstoff wird gegenwärtig durch die intensive industrielle Mobilisierung der fossilen Brennstoffe verändert. Auf die Dauer kommt es dadurch zu einer Erhöhung des CO_2-Gehalts der Atmosphäre und infolgedessen möglicherweise zu einer Klimaveränderung.

1 Erläutern Sie die Aussage: „Alles Leben geht von der Sonne aus."

3.2 Bedingungen bei der Fotosynthese

Summarisch lässt sich der Fotosyntheseprozess in folgender Gleichung darstellen:

$$6\,CO_2 + 12\,H_2O \xrightarrow[\text{Chlorophyll}]{\text{Lichtenergie}} C_6H_{12}O_6 + 6\,O_2 + 6\,H_2O$$

Pro Mol erzeugter Glucose wird eine Energiemenge von 2875 kJ benötigt. Fünf Bedingungen sind für den Ablauf der Fotosynthese wichtig:

Kohlenstoff. Die Kohlenstoffquelle für die Landpflanzen ist das CO_2 der Atmosphäre, für Wasserpflanzen das im Wasser gelöste CO_2 sowie gelöste Carbonate. Die CO_2-Aufnahme aus der Luft und damit die Fotosyntheserate wird quantitativ auf folgende Weise bestimmt: Über den beblätterten Zweig einer Pflanze wird in einer klimatisierten Glaskammer ein Luftstrom geleitet, dessen CO_2-Gehalt vorher und nachher gemessen wird. Eine andere Nachweis- und Messmethode beruht auf dem Einbau von radioaktiv markiertem $^{14}CO_2$. Das ^{14}C kann in den Fotosyntheseprodukten nachgewiesen und quantitativ bestimmt werden.

Wasser. Die Notwendigkeit des Wassers als ein Ausgangsstoff für die Fotosynthese lässt sich mit einfachen Mitteln nicht nachweisen. In wissenschaftlichen Laboratorien wird dazu schweres Wasser, $H_2{}^{18}O$, verwendet.

Lichtenergie. Die Synthese von Kohlenhydraten aus CO_2 und H_2O ist ein Energie verbrauchender Vorgang. Als Energiequelle dient die Sonnenstrahlung.

Chlorophyll. Dass nur chlorophyllhaltige Zellen zu assimilieren vermögen, lässt sich an panaschierten, d. h. grünweiß oder grüngelb gefleckten Blättern zeigen. Nur in den grünen Teilen des Blattes sind die Fotosyntheseprodukte nachweisbar. Die Fotosyntheseorte in den Zellen sind die Chloroplasten. In ihnen sind nach Belichtung Stärkekörnchen mikroskopisch erkennbar.

131.1 Panaschierte Blätter

Sauerstoff. Die Bildung von Sauerstoff kann man leicht bei Wasserpflanzen demonstrieren und messen, da die O_2-Bläschen an den Schnittstellen der Stängel austreten und gezählt werden können. Auch die grünen Landpflanzen bilden Sauerstoff.

Wie andere biologische Vorgänge ist auch die Fotosynthese als Gesamtvorgang **temperaturabhängig.** Unterhalb eines Temperaturminimums findet keine Fotosynthese statt. Mit steigender Temperatur nimmt dann die Fotosyntheseleistung zu, bis bei einer bestimmten Temperatur, dem Temperaturoptimum, das Maximum der Leistung erreicht ist. Danach fällt die Leistung ab und erreicht im Temperaturmaximum den Nullwert.

Entdeckungsgeschichte der Fotosynthese

GESCHICHTE

Der Niederländer VAN HELMONT (1577–1644) pflanzte einen „fünf Pfund" schweren Weidenbaum in einen Kübel mit einer abgewogenen Menge Erde, den er nur mit Regenwasser goss. Nach fünf Jahren wog der Baum „169 Pfund", die Erde hatte nur etwa 60 g an Gewicht verloren. Er schloss daraus, dass die Pflanzen ihre Stoffmasse allein aus Wasser bilden.
Der Engländer PRIESTLEY zeigte 1771/72, dass Tiere die Luft in einem abgeschlossenen Gefäß durch Ausscheidung eines Gases „verderben", in welchem eine Kerzenflamme erlischt und in welchem sie selber ersticken. Brachte er jedoch in das Gefäß mit der verbrauchten Luft eine grüne Pflanze ein, vermochte eine Kerze nach einiger Zeit darin wieder zu brennen. PRIESTLEY folgerte daraus, dass die Pflanze die verbrauchte Luft wieder „verbessert". Er zeigte experimentell, dass Pflanze und Tier in einem abgeschlossenen Raum zusammen leben können. Er erkannte aber das Licht noch nicht als den entscheidenden Faktor. Die Entdeckung der Lichtabhängigkeit gelang dann 1779 dem holländischen Arzt INGENHOUSZ. Nachdem der französische Chemiker LAVOISIER herausgefunden hatte, dass es sich bei den entscheidenden Luftbestandteilen um Kohlenstoffdioxid und Sauerstoff handelt, wies der Schweizer SENEBIER 1783 nach, dass der O_2-Abgabe eine CO_2-Aufnahme vorangehen muss.
ROBERT MAYER erkannte 1845 die energetischen Zusammenhänge bei der Fotosynthese. Dem deutschen Botaniker SACHS gelang 1862 der Nachweis, dass in den Chloroplasten Stärke gebildet wird.
Aufgrund der Arbeiten von WILLSTÄTTER und STOLL sowie von FISCHER ist seit 1939 die Struktur des Chlorophylls bekannt. Die Forschungsarbeit der letzten Jahrzehnte, z. B. durch den Amerikaner CALVIN, galten der Biochemie der Fotosynthese.

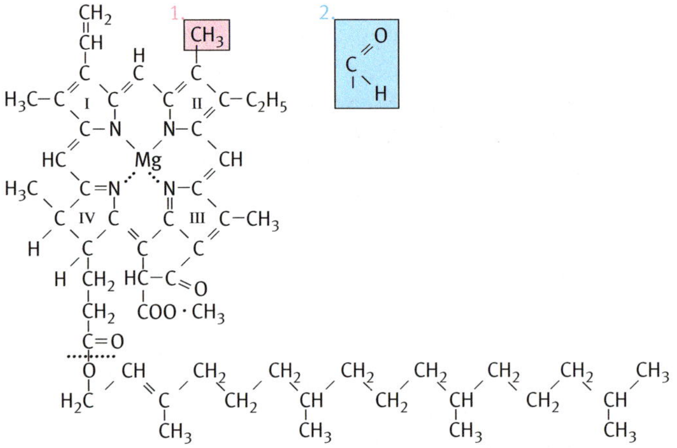

132.1 Chlorophyll a (1.) und **b** (2.)

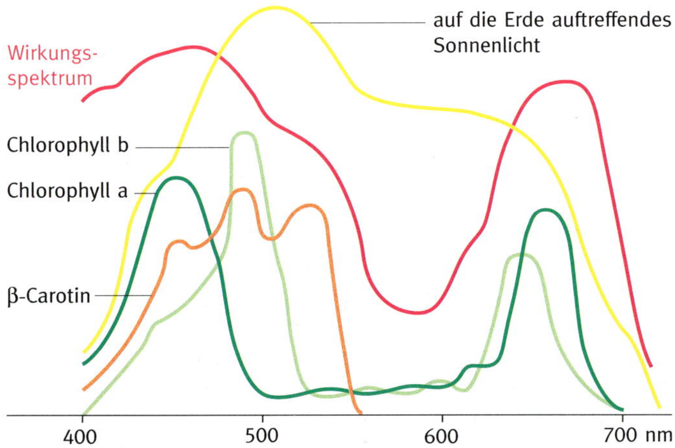

132.2 Absorptionsspektren der Fotosynthesepigmente. Chlorophyll a und b, β-Carotin und Wirkungsspektrum der Fotosynthese

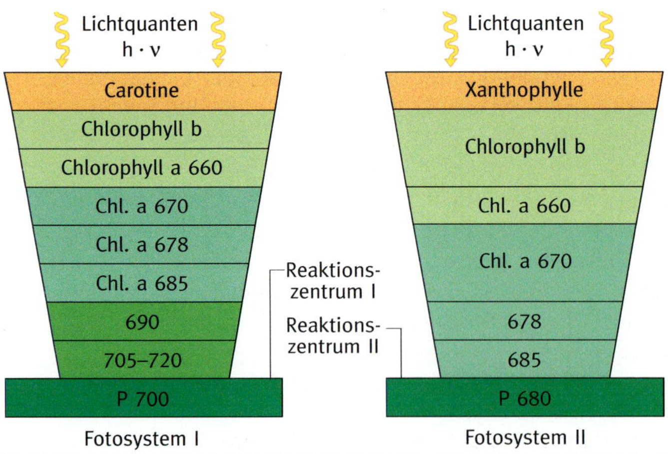

132.3 Zusammensetzung der Fotosysteme I und II

1 Entnehmen Sie der Literatur die Formel für β-Carotin. Informieren Sie sich über die Verwendung von β-Carotin im Alltag.

3.3 Lichtabsorption

Das Licht kann nur dann fotosynthetisch wirksam werden, wenn es durch bestimmte Moleküle absorbiert wird. Diese Absorption erfolgt durch *Chromatophorenpigmente,* in erster Linie durch das **Chlorophyll a.** Daneben absorbiert auch das **Chlorophyll b.** Die beiden Chlorophyllarten absorbieren das Licht in den verschiedenen Wellenlängenbereichen unterschiedlich stark. Die Absorptionsmaxima liegen im Rot und im Blau. Die beiden Maxima von Chlorophyll b liegen etwas näher beieinander als die von Chlorophyll a. Die Maxima zeigen die Spektralbereiche mit bevorzugter Absorption an. Eine gewisse Absorption findet auch im mittleren Spektralbereich statt. Am geringsten ist die Absorption im langwelligen Rot.

Die Funktion des Chlorophylls b und der Carotinoide besteht darin, Lichtenergie aufzunehmen, die vom Chlorophyll a nicht absorbiert werden kann. Sie übertragen dann die aufgenommene Strahlungsenergie auf bestimmte Moleküle des Chlorophylls a. Man bezeichnet sie deshalb als *Antennenpigmente* oder auch als *akzessorische Pigmente.*

Jeweils mehrere Hundert Chlorophyllmoleküle und andere Pigmentmoleküle sind in der Thylakoidmembran der Chloroplasten zu einer *fotosynthetischen Elementareinheit* zusammengeschlossen. Vermutlich ist nur eines der Chlorophyll-a-Moleküle darin fotochemisch aktiv und stellt das *Reaktionszentrum* dar. Alle übrigen Pigmentmoleküle übertragen die absorbierte Lichtenergie auf dieses zentrale Molekül. In jedem Chloroplasten sind über eine Million solcher Systeme vorhanden.

Bei der Fotosynthese wirken stets zwei dieser Systeme zusammen, sie sind hintereinandergeschaltet. Im **Fotosystem I** ist das Reaktionszentrum ein Chlorophyllmolekül a_I, das bei 700 nm absorbiert. Es wird daher auch Pigment 700 (P 700) genannt. Das Reaktionszentrum im **Fotosystem II** ist ein Chlorophyllmolekül a_{II}, es absorbiert bei 680 nm und heißt deshalb Pigment 680 (P 680). Die beiden Systeme enthalten in unterschiedlichem Mengenverhältnis Chlorophyll a und b sowie Carotinoide. Alle diese Moleküle außer den Reaktionszentren haben Antennenfunktion, d. h., sie „fangen“ Strahlungsenergie ein und übertragen die absorbierte Energie auf das Reaktionszentrum.

3.4 Biochemie der Fotosynthese

Die Herkunft des Sauerstoffs. Bei der Fotosynthese wird Sauerstoff freigesetzt. Dieser Sauerstoff entsteht durch *Wasserspaltung* (Fotolyse des Wassers), stammt also aus dem H_2O und nicht, wie ursprünglich angenommen, aus dem CO_2. Diese Auffassung wird durch folgende Versuchsergebnisse und Befunde gestützt:

1. Die grünen und roten Schwefelbakterien sind durch den Besitz von *Bacteriochlorophyll* zur Fotosynthese befähigt. Wegen dieser Tätigkeit sind sie licht-, aber nicht sauerstoffbedürftig, sie leben anaerob. Sie verwenden bei der Fotosynthese nicht CO_2 und H_2O, sondern CO_2 und H_2S als Ausgangsstoffe. Anstelle von O_2 wird elementarer Schwefel freigesetzt. Die Fotosynthese verläuft hier nach der folgenden Gleichung:

$$6\,CO_2 + 12\ H_2\mathbf{S} \xrightarrow[\text{Bakterio-chloro-phyll}]{\text{Licht-energie}} C_6H_{12}O_6 + 12\,\mathbf{S} + 6\,H_2O$$

   Wegen der Analogie zur Fotosynthese grüner Pflanzen liegt die Vermutung nahe, dass das H_2S und das H_2O als Wasserstoffquelle oder H-Donatoren einander entsprechen, dass also bei den grünen Pflanzen das Wasser gespalten wird, so wie bei den Schwefelbakterien das H_2S.

2. Dass der Sauerstoff dem Wasser entstammt, wurde durch Markierungen des Wassers mit dem Sauerstoffisotop ^{18}O weitgehend bestätigt. Verwendete man $H_2{}^{18}O$, wurde markierter Sauerstoff ausgeschieden:

$$6\,CO_2 + 12\,H_2{}^{18}\mathbf{O} \xrightarrow[\text{Chloro-phyll}]{\text{Licht-energie}} C_6H_{12}O_6 + 6\,{}^{18}\mathbf{O}_2 + 6\,H_2O$$

3. Aus lebenden Zellen isolierte Chloroplasten entwickeln bei Abwesenheit von CO_2 im Licht Sauerstoff aus Wasser, wenn man ihnen als Wasserstoffakzeptor $NADP^+$ zusetzt. Dieser Vorgang wird als HILL-Reaktion bezeichnet. Hierbei findet keine CO_2-Assimilation und keine Zuckersynthese statt. Das $NADP^+$ wird zu $NADPH + H^+$ reduziert. $NADPH + H^+$ ist als reduziertes Coenzym wichtig für den Ablauf der Fotosynthese.

$$H_2O + 2\,NADP^+ \xrightarrow{\text{Licht-energie}} 2\,NADPH + H^+ + \tfrac{1}{2}O_2$$

Die HILL-Reaktion zeigt, dass die Wasserspaltung auch ohne Anwesenheit von CO_2 abläuft. Die Wasserspaltung steht also nicht in unmittelbarem Zusammenhang mit der Reduktion des Kohlenstoffdioxids. Man vermutete daher, dass die Fotosynthese aus zwei hintereinandergeschalteten Reaktionsfolgen besteht. Sie werden als die *Primär-* und die *Sekundärreaktionen* bezeichnet.

Weiteren Aufschluss über den Ablauf der Fotosynthese gibt folgendes Versuchsergebnis: Isolierte Chloroplasten besitzen die Fähigkeit, bei Belichtung aus ADP und anorganischem Phosphat ATP aufzubauen, ohne dass CO_2 vorhanden sein muss.

Primärreaktionen (lichtabhängige Reaktionen). Bei Belichtung einer Pflanze werden Lichtquanten von den Chlorophyllmolekülen des Reaktionszentrums absorbiert. Dadurch werden Elektronen in den Molekülen auf ein höheres Energieniveau gehoben. Die Chlorophyllmoleküle gehen in einen angeregten Zustand über. Schon nach 10^{-9} s kehrt das Elektron in den Grundzustand zurück. Der größte Teil der aufgenommenen Strahlungsenergie wird dabei in chemische Energie umgesetzt. Dieser Vorgang vollzieht sich in zwei hintereinandergeschalteten lichtabhängigen Reaktionen, der Lichtreaktion I und der Lichtreaktion II. Sie laufen an den Fotosystemen I und II ab und sind durch eine Elektronentransportkette miteinander verbunden.
In der **Lichtreaktion II** wird durch die Wirkung eines Lichtquants dem Chlorophyll a_{II} (P 680) des Fotosystems II ein Elektron entrissen. Dieses wird auf einen noch nicht genau bekannten Akzeptor A_{II} übertragen und wandert über eine Kette von Redoxsystemen zum Chlorophyll a_I des Fotosystems I, energetisch gesehen gewissermaßen „bergab“. Diese Redoxsystemkette besteht aus Plastochinon, Cytochrom b_6, Cytochrom f und Plastocyanin. Ein Teil der Energie des Elektrons wird dabei zur Bildung von ATP aus ADP und anorganischem Phosphat verbraucht. Diese Art der Energiebindung wird, weil sie durch Lichtenergie hervorgerufen wird, als **Fotophosphorylierung** bezeichnet.
In der Lichtreaktion II entsteht im Chlorophyll a_{II} eine Elektronenlücke. Diese wird ausgefüllt durch ein Elektron eines OH^--Ions des Wassers. Durch die Elektronenabgabe wird das Ion zum OH-Radikal. Zwei OH-Radikale reagieren

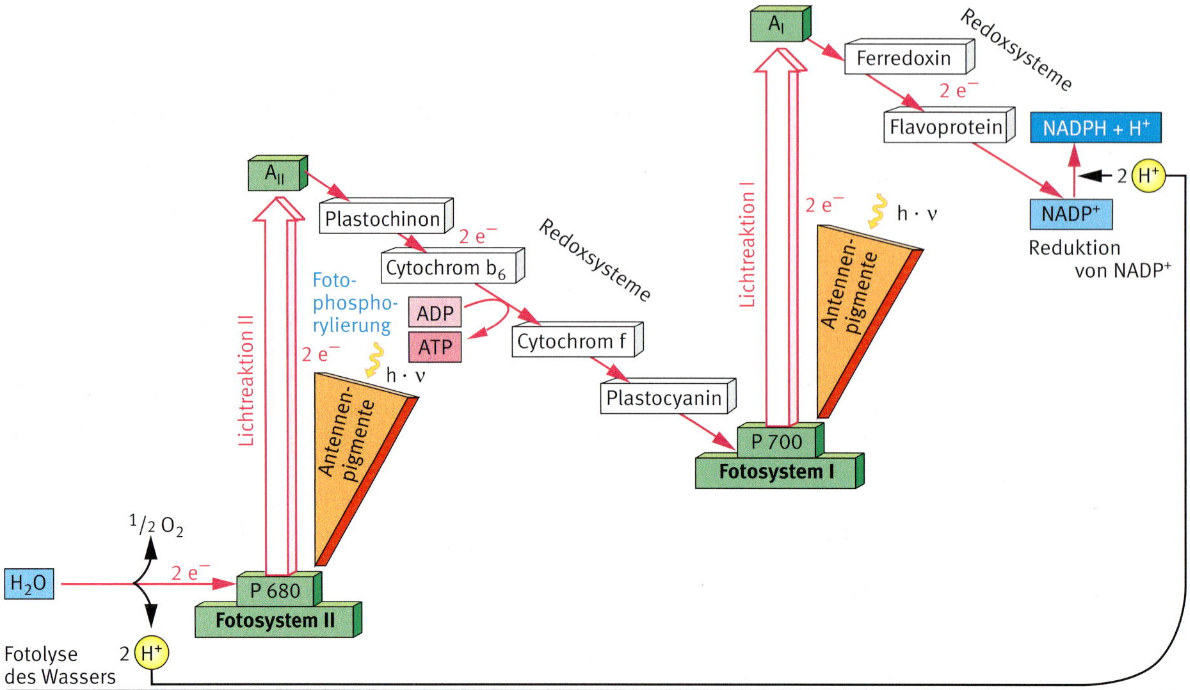

134.1 Lichtabhängige Reaktionen

Die zyklische Fotophosphorylierung

Außer dem nichtzyklischen gibt es noch einen zyklischen Elektronentransport, an dem nur das Fotosystem I beteiligt ist. Hierbei werden die energiereichen Elektronen über den Akzeptor A_I, das Ferredoxin, das Plastochinon, den Cytochrom b_6/f-Komplex und das Plastocyanin zum P 700 zurückgeführt. Auch dabei wird ATP gebildet. Eine Reduktion des $NADP^+$ zu $NADPH + H^+$ findet nicht statt.

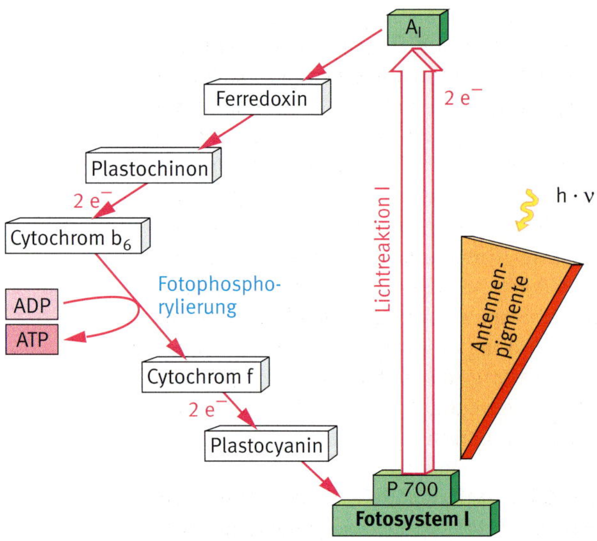

miteinander zu Wasser und elementarem Sauerstoff. Dieser wird als **Assimilationssauerstoff** frei. Diese Reaktion, bei der Protonen, Sauerstoff und Elektronen freigesetzt werden, findet unter der Einwirkung des Lichts statt. Sie wird deshalb als *Wasserspaltung* oder auch als **Fotolyse des Wassers** bezeichnet.

Im Fotosystem I findet die **Lichtreaktion I** statt. Durch Belichtung des Chlorophylls a_I (P 700) werden Elektronen zunächst auf einen noch nicht sicher bekannten Akzeptor A_I übertragen und von dort über Ferredoxin und ein weiteres Redoxsystem (Flavoprotein) auf das Coenzym $NADP^+$. Dieses geht unter Aufnahme zweier aus der Wasserspaltung stammender Protonen in die reduzierte Form $NADPH + H^+$ über.

Betrachtet man zusammenfassend den Weg der Elektronen während der beiden Lichtreaktionen, so ergibt sich also ein nichtzyklischer Elektronentransport vom OH^--Ion über das Fotosystem II, die Redoxsystemkette, das Fotosystem I und eine weitere Redoxsystemkette zum $NADP^+$. Das $NADPH + H^+$ steht nun mit der darin investierten Energie als *Reduktionsäquivalent* für die lichtunabhängigen Reaktionen bereit. Außerdem steht mit dem während der Lichtreaktionen gebildeten ATP ein *Energieäquivalent* für die lichtunabhängigen Reaktionen zur Verfügung.

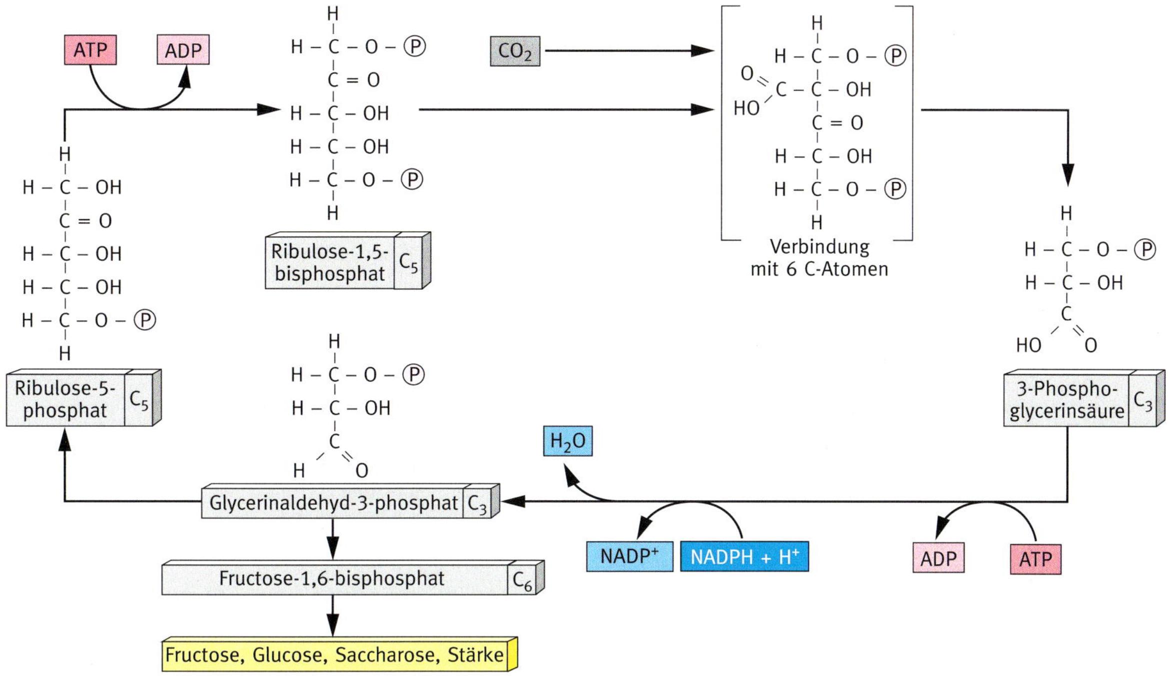

135.1 Lichtunabhängige Reaktionen

Sekundärreaktionen (lichtunabhängige Reaktionen). In der lichtunabhängigen Phase wird das CO_2 mit Hilfe von NADPH + H^+ und ATP, die in der lichtabhängigen Phase gebildet wurden, reduziert. Das CO_2 wird nicht als solches reduziert, sondern es wird zunächst an einen unabhängig vom Licht gebildeten *Akzeptor,* das *Ribulose-1,5-bisphosphat,* gebunden. Der dabei gebildete instabile C_6-Körper wird sofort in zwei C_3-Körper, die 3-Phosphoglycerinsäure, zerlegt. Diese wird nun durch NADPH + H^+ zu Glycerinaldehyd-3-phosphat reduziert, wobei die im ATP deponierte Energie verbraucht wird. Dabei werden $NADP^+$ und ADP regeneriert. Zwei Moleküle Glycerinaldehyd-3-phosphat werden dann in einen C_6-Körper, das *Fructose-1,6-bisphosphat,* umgewandelt. Aus ihm entstehen die Fotosyntheseprodukte wie Glucose, Saccharose und Stärke.
Ribulose-1,5-bisphosphat muss als CO_2-Akzeptor fortwährend neu gebildet werden, da es selber in die Synthese eingeht. Es wird in einem als **CALVIN-Zyklus** bezeichneten Kreisprozess aus weiteren C_3-Körpern auf dem Weg über C_3-, C_4-, C_5- und C_7- Körpern wiederhergestellt. Der genaue Reaktionsverlauf des CALVIN-Zyklus ist in der Abb. 137.1 im Rahmen der lichtunabhängigen Reaktionen dargestellt. Dabei wird noch einmal ATP verbraucht. Nur ein Sechstel der gebildeten C_3-Körper wird direkt zur Bildung der Fotosyntheseprodukte verwendet und kann als Fotosynthesegewinn betrachtet werden. Die übrigen fünf Sechstel gehen in den CALVIN-Zyklus ein.

Für die Fixierung und Reduktion des CO_2 ist also das Licht nicht notwendig. Dies darf aber nicht zur falschen Vorstellung führen, dass die Sekundärvorgänge nur in Dunkelheit stattfinden. Tatsächlich laufen sie neben den Primärreaktionen auch im Licht ab. Sie sind lediglich *lichtunabhängig.*
Die beiden Reaktionsfolgen der Fotosynthese lassen sich zusammenfassend also folgendermaßen charakterisieren: In der lichtabhängigen Phase erfolgt zunächst nur die *Energieumwandlung,* nämlich die Umwandlung von Strahlungsenergie in chemische Energie. Erst in der lichtunabhängigen Phase erfolgt die eigentliche *Substanzumwandlung,* nämlich die Umwandlung anorganischer in organische Stoffe. Die beiden Vorgänge sind auch räumlich voneinander getrennt: Die Energieumwandlung findet in den Thylakoiden der Chloroplasten statt, die Reduktion des CO_2 im Chloroplastenstroma.

1 Das Kohlenstoffisotop ^{14}C wurde zur Klärung von Fragen zum Verlauf der Fotosynthese herangezogen. Stellen Sie die Versuche kurz dar.

Fotoreaktionen – physikalisch-chemisch betrachtet

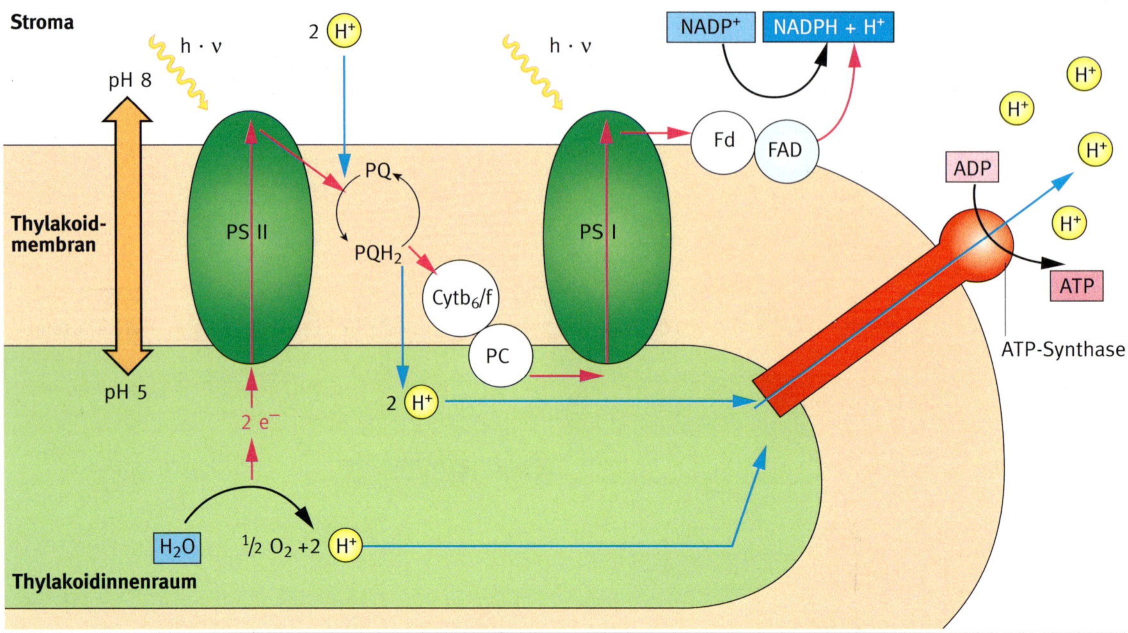

136.1 Bildung von ATP im Chloroplasten

In der Abbildung sind die Komponenten der Elektronentransportkette den elektrochemischen Potenzialänderungen entsprechend in einem Redoxpotenzial-Diagramm dargestellt. Man bezeichnet es auch als Zick-Zack-Schema oder Z-Schema. Am Anfang der Elektronentransportkette steht in dieser Darstellung die Fotolyse des Wassers, von der aus Elektronen über zahlreiche Zwischenstationen schließlich zum Endakzeptor $NADP^+$ geleitet werden. Auf welche Weise wird dabei die für die ATP-Synthese benötigte Energie verfügbar gemacht?

Den beiden Fotosystemen I und II eng assoziiert ist jeweils ein *Lichtsammelkomplex,* der aus Proteinen besteht, an die Chlorophyll a und b sowie Carotinoide gebunden sind. Der Lichtsammelkomplex gibt die eingefangene Energie an PS I bzw. PS II weiter. Die beiden Fotosysteme mit den assoziierten Lichtsammelkomplexen sitzen so in der Thylakoidmembran, dass die Elektronendonatoren auf der Innenseite, die Akzeptoren auf der Außenseite der Membran liegen. Infolgedessen werden in den Lichtreaktionen Elektronen durch die Thylakoidmembran hindurch von innen nach außen transportiert. Dieser lichtgetriebene Elektronentransport führt auf folgende Weise zu einer Protonenanreicherung an der Innenseite der Thylakoidmembran:

Bei der Wasserspaltung werden an der Thylakoidinnenseite (zwei) Protonen freigesetzt. An der Außenseite werden (zwei) Protonen durch die Reduktion von $NADP^+$ zu $NADPH + H^+$ gebunden. Zusätzlich werden durch die Reduktion des Plastochinons (PQ), das man sich innerhalb der Thylakoidmembran beweglich vorstellt, an der Außenseite Protonen aufgenommen und bei dessen Oxidation an der Innenseite abgegeben. Vom PQH_2 werden hierbei die Elektronen auf den Cytochrom-b_6/f-Komplex übertragen. Sie wandern dann vom Cytochrom f zu dem im Thylakoidlumen löslichen Plastocyanin (PC). Dieses diffundiert entlang der Innenseite der Thylakoidmembran und gibt seine Elektronen an P 700 im PS I ab. Nach Absorption eines Photons durch den mit dem PS I verbundenen Lichtsammelkomplex wandert ein Elektron vom P 700 über Ferredoxin (FD) und FAD an der Außenseite der Thylakoidmembran zum $NADP^+$. Zwei Elektronen bilden zusammen mit einem Proton aus dem Stroma $NADPH + H^+$.

Die bei der Wasserspaltung entstandenen Protonen erzeugen zusammen mit den vom PQH_2 abgegebenen Protonen einen Protonengradienten an der Thylakoidmembran. Dieser **Protonengradient** mit einer pH-Differenz von drei bis vier pH-Einheiten zwischen Thylakoidinnenraum und Stroma wird zur *Synthese von ATP* benutzt. Durch die ATPase werden die Protonen dabei durch die Thylakoidmembran von innen nach außen geschleust. Dieser Protonenfluss ist der Motor für die ATP-Synthese.

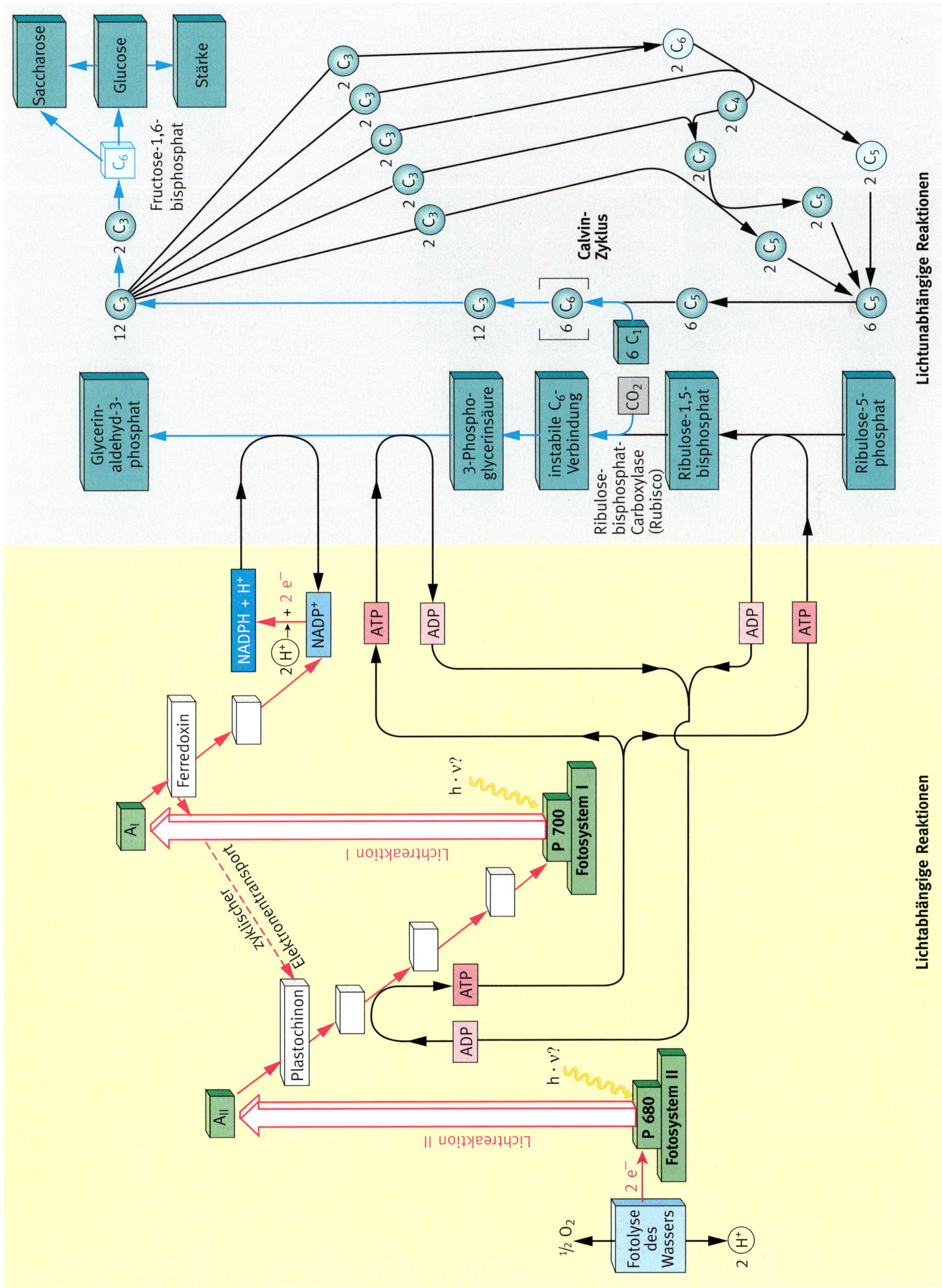

137.1 Übersicht über die Fotosynthese-Reaktionen

138.1 Abhängigkeit der Fotosynthese von der Lichtintensität

138.2 Abhängigkeit der Fotosynthese von der Kohlenstoffdioxidkonzentration

3.5 Abhängigkeit der Fotosynthese von Außenfaktoren

Drei Faktoren bestimmen im Wesentlichen den Ablauf der Fotosynthese:

- die Energie des Sonnenlichtes
- der Kohlenstoffdioxidgehalt der Luft
- die Temperatur der Umgebung.

In Gewächshauskulturen kann man diese Faktoren verändern und so sehr viel höhere Erträge als in Freilandkulturen erzielen.

Lichtenergie. Die Fotosynthese ist als lichtabhängiger Vorgang von der Lichtintensität abhängig. Die Fotosyntheseleistung steigt bei sehr geringen Lichtintensitäten proportional zur Lichtintensität an. Bei höheren Lichtintensitäten wird eine *Lichtsättigung* erreicht. Das bedeutet, dass durch eine weitere Steigerung der Lichtintensität keine Erhöhung der Fotosyntheseleistung mehr erreicht wird. Gemessen wird die Fotosyntheseleistung an der Kohlenstoffdioxidaufnahme.
Bei sehr geringen Lichtintensitäten ist die Kohlenstoffdioxidaufnahme durch die Fotosynthese kleiner als die Kohlenstoffdioxidabgabe infolge der Zellatmung. Der Wert der Lichtintensität, bei der die Kohlenstoffdioxidaufnahme genauso groß ist wie die Kohlenstoffdioxidabgabe, heißt *Lichtkompensationspunkt.* Erst oberhalb des Lichtkompensationspunktes erfolgt eine Nettofixierung von Kohlenstoffdioxid (Nettofotosynthese). Die für die Pflanze unbedingt nötige Zellatmung vermindert also die Nettofotosyntheserate um einen bestimmten Betrag. Die tatsächliche Leistung der Fotosynthese (Bruttofotosynthese) ist demnach um den Betrag der Kohlenstoffdioxidverluste durch die Zellatmung größer als die Nettofotosynthese.
Die große Abhängigkeit der Fotosyntheseleistung von der Lichtintensität nutzt man bei Gewächshauskulturen aus ökonomischen Gründen, indem man die Belichtung so wählt, dass die Lichtintensität der Lichtsättigung der jeweiligen Pflanzenart entspricht.

Kohlenstoffdioxid. Mit 0,03 % liegt der Kohlenstoffdioxidanteil am Gesamtvolumen der Luft meist unter dem Optimum für das Pflanzenwachstum. Er stellt also einen begrenzenden Faktor der Fotosynthese dar. Im Freiland allerdings ist dicht über dem Boden der Koh-

lenstoffdioxidgehalt infolge der Atmung der Bodenorganismen, besonders der Bakterien, erhöht. Daraus ziehen besonders niederwüchsige Pflanzen, wie die Pflanzen der Krautschicht eines Laubwaldes, einen Vorteil.
Erhöht man im Gewächshaus den Kohlenstoffdioxidgehalt von 0,03 % auf 0,1 %, so lässt sich bei Kulturen von Tomaten und Gurken die Fotosyntheseleistung nahezu verdreifachen. Eine weitere Erhöhung des Kohlenstoffdioxidgehalts über das Optimum hinaus kann die Pflanzen jedoch schädigen.

Temperatur. Auch die Fotosynthese ist wie andere biologische Vorgänge von der Temperatur abhängig. Dabei sind die fotochemischen Reaktionen wie die Lichtreaktionen weitgehend temperaturunabhängig. Die biochemischen Reaktionen wie der CALVINzyklus dagegen werden von der Temperatur stärker beeinflusst. Unterhalb eines Temperaturminimums findet keine Fotosynthese statt. Mit steigender Temperatur nimmt dann die Fotosyntheseleistung zu, bis bei einer bestimmten Temperatur, dem *Temperaturoptimum*, ein Maximum erreicht wird. Bei noch höheren Temperaturen nimmt wegen der zunehmenden Schädigung einzelner Enzyme die Fotosyntheseleistung wieder ab und erreicht bei einer bestimmten Temperatur den Nullwert.
Das Temperaturoptimum liegt für die meisten einheimischen sommergrünen Pflanzen zwischen 20 °C und 30 °C. Das Temperaturminimum liegt um 0 °C. Lediglich einige wintergrüne Pflanzen, wie Nadelhölzer, der Feldsalat und das Wintergetreide, sind auch unterhalb des Gefrierpunkts noch fotosynthetisch aktiv.

Bei tropischen Pflanzen liegt das Temperaturoptimum bei 30 °C bis 40 °C. Die Pflanzen der verschiedenen Klimazonen sind also durch die Lage ihrer Temperaturoptima an die dort jeweils herrschenden Temperaturverhältnisse angepasst.

Die Temperaturabhängigkeit der Fotosynthese wird bei den meisten Pflanzen bei hoher Lichtintensität besonders deutlich. Es hat sich gezeigt, dass bei Starklicht die Fotosyntheseleistung mit zunehmender Temperatur stark ansteigt, ein Maximum erreicht und dann wieder abfällt. Bei Schwachlicht hat eine Erhöhung der Temperatur praktisch keinen Einfluss auf die Fotosynthese.

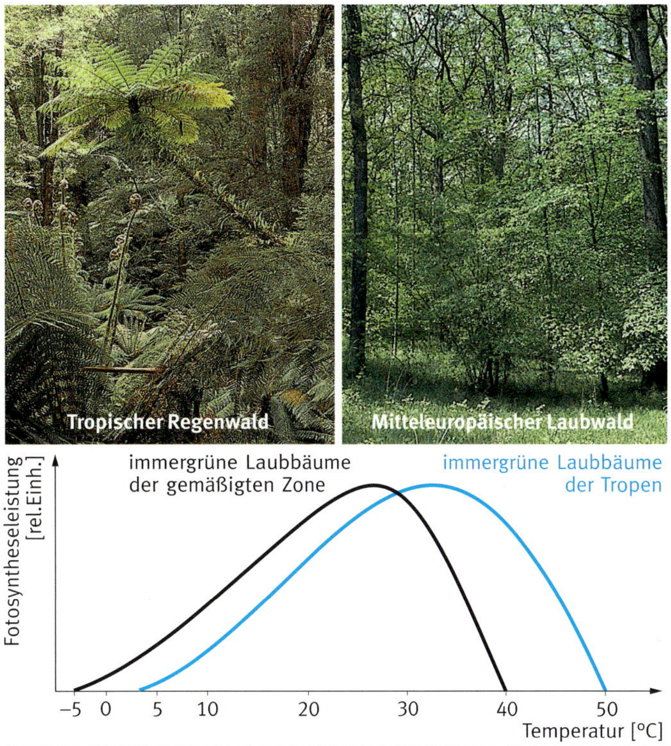

139.1 Abhängigkeit der Fotosynthese von der Temperatur

139.2 Abhängigkeit der Fotosynthese von der Temperatur bei verschiedenen Lichtintensitäten

Fotosynthese

1 Nachweis von Stärke und Notwendigkeit des Chlorophylls

Material: grüne Blätter, z. B. von Kapuzinerkresse, Flieder oder Bohne, großes und kleines Becherglas, Heizplatte, Brennspiritus (F), Iod-Kaliumiodid-Lösung

Durchführung 1: Tauchen Sie gut belichtete Blätter kurz in kochendes Wasser und erhitzen Sie diese in Brennspiritus im Wasserbad, bis das Chlorophyll vollständig entzogen ist. Die bleichen, spröde gewordenen Blätter tauchen Sie kurz in heißes Wasser. Breiten Sie diese dann in einer Petrischale aus und übergießen Sie sie mit Iod-Kaliumiodid-Lösung. Spülen Sie die Blätter nach einigen Minuten ab.

Aufgabe 1:
Begründen Sie, warum Sie zum Stärkenachweis die Blätter zuerst vom Chlorophyll befreien müssen.

Durchführung 2: Pflücken Sie nach einigen Stunden Belichtung einige Blätter ab und behandeln Sie sie weiter wie in Durchführung 1. Zeichnen und vergleichen Sie die Blätter vor und nach der Behandlung.

Aufgabe 2:
Wie fällt das Versuchsergebnis aus, wenn Sie die Blätter vor dem Versuch längere Zeit abdunkeln? Begründen Sie.

2 Notwendigkeit des Lichts

Material: Kapuzinerkresse oder Flieder, Alufolie, großes und kleines Becherglas, Heizplatte, Brennspiritus (F), Iod-Kaliumiodid-Lösung

Durchführung: Decken Sie am Vorabend oder am frühen Morgen eines Sonnentages Blätter an der Pflanze mit einem Streifen Alufolie ab, aus der Sie Figuren oder eine Schrift herausgeschnitten haben. Die Schablone sollte das Blatt auch an der Unterseite ganz bedecken. Pflücken Sie nach einigen Stunden die Blätter ab und behandeln Sie sie weiter wie in Durchführung 1 von Versuch 1.

Aufgabe:
Was ist mit der Stärke passiert, die vor dem Abdecken auf der ganzen Fläche der Blätter vorhanden war?

3 Lichtabsorption in grünen Blättern und in Chlorophyll

Material: frische grüne Blätter, Lichtquelle (Taschenlampe, Projektor, evtl. UV-Lampe), Brennspiritus (F), Reibschale, Quarzsand, Filtrierpapier, Trichter, Glasgefäß, Schere oder Messer, Rohchlorophylllösung (vgl. folg. Versuch)

Durchführung 1: Halten Sie in einem verdunkelten Raum nacheinander ein oder mehrere Blätter unmittelbar vor eine Lichtquelle. Seitlich sollte kein Licht austreten. Stellen Sie jeweils die Farbe des durchgelassenen Lichts fest.

Aufgabe 1:
Wie ist das Ergebnis zu deuten? Ziehen Sie zur Erklärung die Abb. 132.2 heran.

Durchführung 2 (Herstellung einer Rohchlorophylllösung): Zerschneiden Sie die Blätter in kleine Stückchen. Zerreiben Sie diese mit Quarzsand unter schrittweisem Zusatz von Brennspiritus. Filtrieren Sie die Lösung. Sie kann nun im Dunkeln mehrere Stunden aufbewahrt werden.

Aufgabe 2:
Begründen Sie, warum die Rohchlorophylllösung im Dunkeln aufbewahrt werden muss.

Durchführung 3 (Lichtabsorption in einer Rohchlorophylllösung): Stellen Sie in einem verdunkelten Raum auf eine nach oben gerichtete Lichtquelle ein Becherglas, das mindestens so breit ist wie die Lichtquelle. Gießen Sie die Rohchlorophylllösung nach und nach zunächst in dünner, dann in zunehmend dickerer Schicht ein und stellen Sie jeweils die Farbe des (nach oben) durchgelassenen Lichts fest.

Aufgabe 3:
Erklären Sie das Ergebnis. Vergleichen Sie mit dem Ergebnis von Durchführung 1.

Durchführung 4 (Fluoreszenz des Chlorophylls): Betrachten Sie die Rohchlorophylllösung im verdunkelten Raum im auffallenden Licht einer Lampe. Der Effekt ist noch eindrucksvoller bei Verwendung einer UV-Lampe (Vorsicht! UV-Brille aufsetzen). Gießen Sie nach Feststellung der Farbe des von der Lösung zurückgestrahlten Lichts etwas Wasser in die Lösung und stellen Sie wieder die Farbe fest.

Aufgabe 4:
Erklären Sie physikalisch, wie Fluoreszenz zustande kommt. Warum fluoreszieren grüne Blätter im UV-Licht nicht?

Fotosynthese

1 Beim ENGELMANNschen Bakterienversuch wird auf eine grüne Fadenalge ein durch ein Prisma erzeugtes Spektrum projiziert. Durch den Fotosynthesesauerstoff angelockte Sauerstoff liebende Bakterien sammeln sich längs des Fadens an.

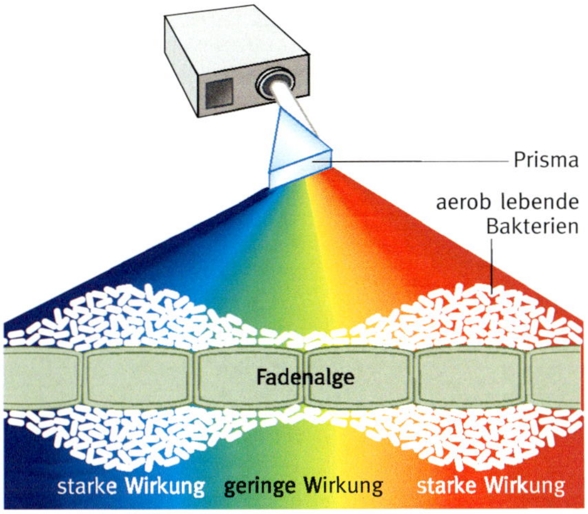

Erläutern Sie das Versuchsergebnis unter Bezug auf die Abb. 132.2.

2 Die Abbildung zeigt die Abhängigkeit der Fotosynthese von der Lichtintensität bei einer Sonnen- und einer Schattenpflanze. Bei k1 und k2 handelt es sich jeweils um Lichtkompensationspunkte. Der Lichtkompensationspunkt bezeichnet diejenige Lichtintensität, bei der sich die CO_2-Aufnahme durch die Fotosynthese und die CO_2-Abgabe infolge der Atmung ausgleichen.

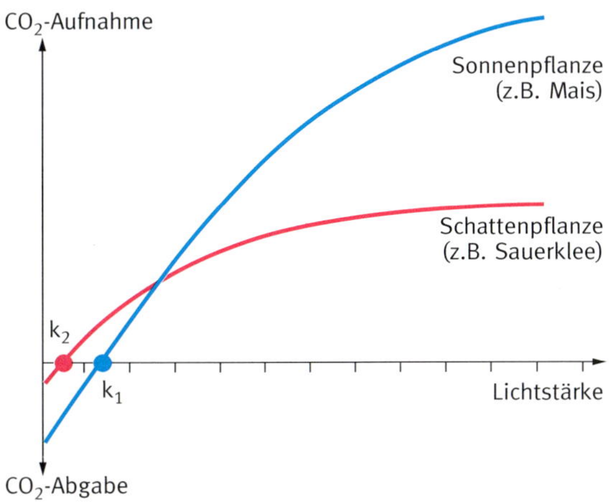

Erläutern Sie die Kurven im Hinblick auf Anpassung der Sonnen- und Schattenpflanzen an ihren Standort.

3 Zeichnen Sie ein Schema, das den Zusammenhang zwischen Fotosynthese und Atmung als geschlossenen Kreislauf darstellt. Berücksichtigen Sie dabei auch die energetischen Aspekte.

4 Kohlenstoff, Wasser, Licht und Chlorophyll sind für die Fotosynthese notwendig.

a) Nennen Sie das Reaktionsschema dieses Vorgangs.
b) Beschreiben Sie die Bedeutung der genannten Bestandteile für den Ablauf der Fotosynthese.
c) Beschreiben Sie, wie die Bedeutung der einzelnen Bestandteile nachgewiesen wurde.
d) Nicht alle Bestandteile kommen in der Natur in optimalen Mengen vor. Wie begegnet man dieser Tatsache in der gärtnerischen Praxis?

5 Es war lange Zeit ein Streitpunkt, ob der Sauerstoff, der bei der Fotosynthese frei wird, aus dem CO_2 oder aus dem Wasser stammt.

a) Wie hat man diese Frage geklärt?
b) Schreiben Sie die Reaktionsgleichung dieses Vorgangs auf.

6 Man kann die Lichtreaktion der Fotosynthese durch das so genannte Z-Schema veranschaulichen.

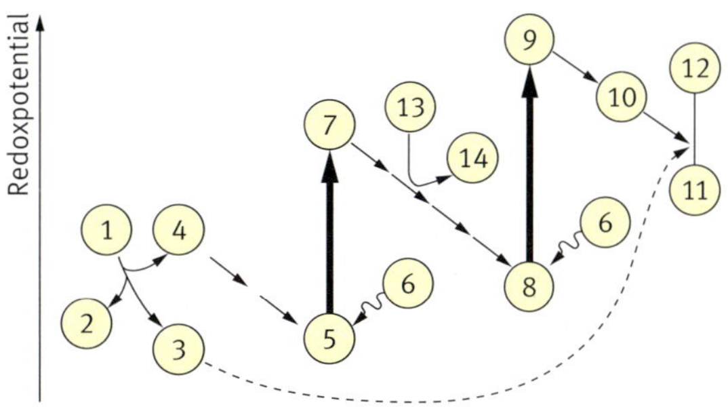

a) Ordnen Sie den Ziffern die entsprechenden Begriffe zu.
b) Erläutern Sie, welche Bedeutung die Angabe des Redoxpotenzials in diesem Schema hat.
c) Welches sind für die Pflanze die beiden wichtigsten Produkte der Fotosynthese?

7 Es gibt Vorgänge bei der Fotosynthese, die benötigen kein Licht, sie sind lichtunabhängig.

a) Welches ist das Ziel der lichtunabhängigen Reaktionen?
b) Vergleichen Sie die lichtabhängigen und die lichtunabhängigen Reaktionen der Fotosynthese hinsichtlich Energieumwandlung und Substanzumwandlung.

4 Stoffwechsel im Überblick

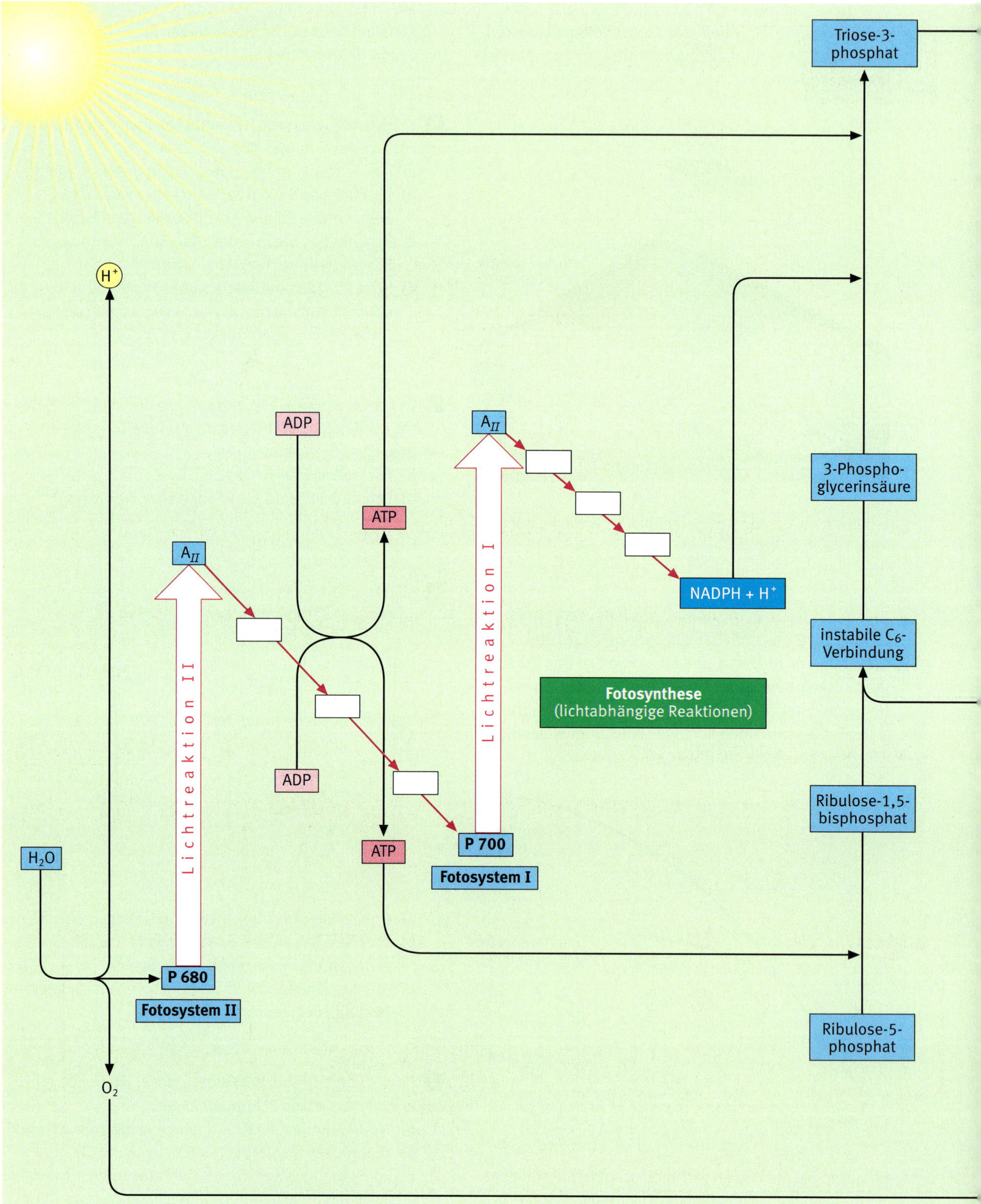

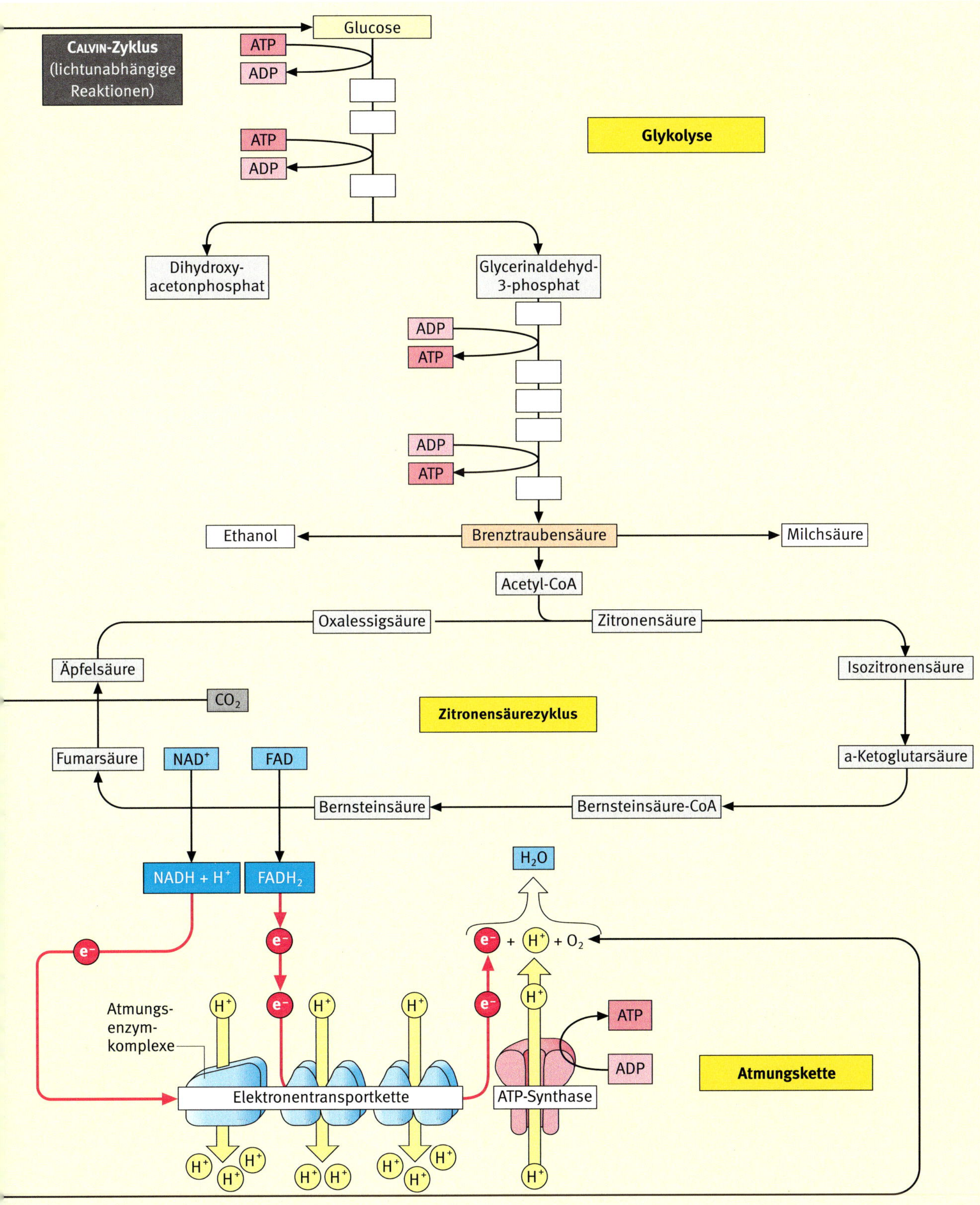

CALVIN-Zyklus (lichtunabhängige Reaktionen)
Glucose
ATP
ADP
ATP
ADP
Glykolyse
Dihydroxy-acetonphosphat
Glycerinaldehyd-3-phosphat
ADP
ATP
ADP
ATP
Ethanol
Brenztraubensäure
Milchsäure
Acetyl-CoA
Oxalessigsäure
Zitronensäure
Äpfelsäure
Isozitronensäure
CO_2
Zitronensäurezyklus
Fumarsäure
NAD^+
FAD
a-Ketoglutarsäure
Bernsteinsäure
Bernsteinsäure-CoA
H_2O
$NADH + H^+$
$FADH_2$
e^- + H^+ + O_2
Atmungs-enzym-komplexe
ATP
ADP
Atmungskette
Elektronentransportkette
ATP-Synthase

Glossar

Absorptionsspektrum: Ermittlung der relativen Absorption der verschiedenen Wellenlängen des Lichts durch die Fotosynthesepigmente

Actin: Muskelprotein aus kugelförmigen Einheiten aufgebaut; Hauptbestandteil der dünnen Filamente; etwa 2000 Actinmoleküle ergeben das F-Actin (Faden-Actin)

Actinfilament: Bauelement der quer gestreiften Muskelfaser; das Einzelelement hat die Form zweier umeinandergewundener Perlenketten

aktiver Transport: durch → Carrier vermittelter, Energie verbrauchender Stofftransport durch eine → Biomembran entgegen dem Konzentrationsgefälle

aktives Zentrum: Bindungsstelle für das → Substrat am → Enzym

Aktivierungsenergie: Energiebetrag, der aufgebracht werden muss, damit eine chemische Reaktion in Gang kommt

Alkaloid: stickstoffhaltige Verbindung im → Zellsaft, die bitter schmeckt und alkalisch reagiert

Aminosäure (Aminocarbonsäure): Baustein der Eiweißstoffe, Carbonsäure mit einer oder mehreren Aminogruppen

Amöbe: Wechseltierchen, tierischer Einzeller ohne feste Gestalt, Fortbewegung durch → Scheinfüßchen (Pseudopodien)

amöboide Bewegung: durch Plasmaströmung hervorgerufene Fließbewegung einer → Zelle, die deren fortlaufende Gestaltveränderung zur Folge hat

Anthocyan: im → Zellsaft gelöster blauer bis roter Farbstoff

Antiport: gleichzeitiger Transport zweier Substrate (Ion oder Molekül) durch eine → Biomembran in gegenläufiger Richtung

Apoptose: genetisches Programm zur Selbstzerstörung von → Zellen

Auflösungsvermögen: Mindestabstand zweier Objektpunkte, die im Mikroskop gerade noch getrennt wahrgenommen werden

Augenfleck: durch Carotin rot gefärbtes Körperchen bei Geißelalgen (Flagellaten), dient in Zusammenwirken mit einem → Fotorezeptor der Wahrnehmung der Lichtrichtung

Augentierchen: Euglena, grüner Einzeller (Flagellat) von spindelförmiger Gestalt, beweglich durch → Geißel

Bakteriengeißel: der Fortbewegung dienender, peitschenartiger Zellfortsatz bei Bakterien, im Unterschied zu Eukaryotengeißeln aus dem globulären Protein Flagellin aufgebaut

Bakteriophage (Phage): Virus, welcher Bakterien befällt

Basalkörper: zylinderförmige, aus → Mikrotubuli aufgebaute, in der Zelloberfläche steckende Cytoplasmastruktur, aus der → Geißeln und → Cilien entspringen

Basensequenz: Abfolge der Basen in der DNA bzw. RNA

Basentriplett: kleinste Einheit (von drei Basen) der DNA und RNA, die als „Codewort" für eine → Aminosäure steht

Bildungsgewebe: → Gewebe aus undifferenzierten → Zellen, aus denen sich verschiedene Dauergewebe entwickeln

Binde- und Stützgewebe: die → Zellen liegen in einer von ihnen ausgeschiedenen Zwischenzellsubstanz; Bindegewebe dient der Umhüllung und Unterteilung der Organe, Stützgewebe der Festigung

Biomembran: aus einer bimolekularen Lipidschicht mit ein- oder aufgelagerten Proteinen bestehende cytoplasmatische Grenzschicht

BROWNsche Bewegung: im Mikroskop erkennbare unregelmäßige Bewegung feinster Teilchen, beruht auf der Stoßwirkung der Moleküle des Lösungsmittels

CALVIN-ZYKLUS: wesentlicher Teil der lichtunabhängigen Reaktionen der → Fotosynthese; nachdem Kohlenstoffdioxid an den Akzeptor Ribulose-1,5-bisphosphat gebunden und zu Kohlenhydraten reduziert worden ist, wird in einem Kreisprozess dieser Akzeptor regeneriert

Carotinoid: lipidlöslicher gelber und orangeroter Farbstoff in → Chromoplasten

Carrier: → Membranprotein, das unter Konformationsänderung Stoffe durch eine Membran in ein anderes → Kompartiment der → Zelle oder in eine andere Zelle transportiert

Cellulose: pflanzliches → Polysaccharid, aus Glucoseeinheiten aufgebaut

Centriol (Zentralkörperchen): zylindrische Struktur aus → Mikrotubuli, bildet → Basalkörper von → Geißeln und → Cilien, bei tierischen → Zellen an der Bildung der Kernspindel beteiligt

Centromer (Kinetochor): Ansatzstelle der Spindelfaser am → Chromosom

Chlorophyll: grüner Farbstoff in den → Chloroplasten, notwendig für die → Fotosynthese

Chloroplast: → Plastid, der → Chlorophyll enthält und der → Fotosynthese dient

Chromatide: Spalthälfte, z. B. eines Metaphasechromosoms

Chromatin: färbbare fädige Struktur im → Zellkern, besteht aus DNA und Proteinen, bildet die Grundsubstanz der → Chromosomen

Chromoplast: → Plastid, der → Carotinoide enthält

Chromosom: Bestandteil des → Zellkerns, der auf einer mehrfach spiralisierten DNA-Doppelhelix in linearer Anordnung die Gene trägt; wegen des Gehalts an → Chromatin stark färbbar

Chromosomensatz: Gesamtheit der → Chromosomen eines → Zellkerns

Cilie: (Wimper): kurze → Geißel, die bei Wimpertierchen in großer Zahl auf der Zelloberfläche sitzt und bei vielzelligen Tieren innere Hohlräume auskleidet

coated vesicle: von der → Zellmembran in die → Zelle abgeschnürtes, von einem besonderen Protein umhülltes Vesikel, das aufgenommene Flüssigkeit enthält

Coenzym (Cosubstrat/Cofaktor): Ionen oder Moleküle, die zur Funktion mancher → Enzyme nötig sind

Cytoplasma: Inhalt der → Zelle ohne den → Zellkern

Cytoskelett: Gesamtheit der Proteinfilamente des Grundplasmas, vorwiegend → Mikrotubuli und → Mikrofilamente

Deckgewebe: lückenloser Zellverband, überzieht bei Tier und Mensch äußere und innere Oberflächen

Deplasmolyse: rückläufige → Plasmolyse

Desmosomen: dient der mechanischen Verbindung von tierischen → Zellen

Desoxyribonucleinsäure (DNA): aus Zuckermolekülen (Desoxyribose), Phosphorsäure und organischen Basen (Adenin, Cytosin, Guanin und Thymin) aufgebautes Makromolekül, Trägermolekül der Erbinformation

Desoxyribose: Kohlenhydratbaustein der → Desoxyribonucleinsäuren (DNA) in → Zellkernen aller tierischen und pflanzlichen → Zellen

Dictyosom: Membranstapel, die Bläschen abschnüren (GOLGI-Vesikel), bilden Sekrete und → Membranen

Differenzierung: Entwicklung junger → Zellen zu Dauerzellen verschiedener Struktur und Funktion

Diffusion: allmähliche Vermischung von Flüssigkeiten oder Gasen bis zur gleichmäßigen Verteilung

diploid: → Zellkern enthält einen doppelten → Chromosomensatz

Dipol: Molekül, bei dem der positive und der negative Ladungsschwerpunkt nicht zusammenfällt; so haben z. B. Wassermoleküle ständig zwei verschieden geladene Pole (sie sind permanente Dipole)

Disaccharid: „Zweifachzucker" wie Maltose, Lactose und Saccharose, in denen zwei Einfachzucker (Monosaccharide) durch eine glykosidische Bindung verknüpft sind

Ectoplasma: äußere Schicht des → Cytoplasmas

Elektronenmikroskop: Gerät mit elektrischen Feldern als Linsen; zur Abbildung werden Elektronenstrahlen, die aus einer Glühkathode stammen, verwendet (Vergrößerung maximal ca. 2 000 000-fach)

Elektronentransportkette: in mehreren Stufen über Redoxsysteme erfolgende Übertragung von Elektronen; führt in lichtabhängigen Reaktionen der Fotosynthese zum Aufbau von $NADPH + H^+$ und von ATP (bei der zyklischen → Fotophosphorylierung nur von ATP)

Endocytose: Aufnahme von Stoffen in die Zelle durch Vesikel, die an der → Zellmembran gebildet werden

Endoplasma: innere Schicht des → Cytoplasmas

Endoplasmatisches Retikulum: Membransystem in der Zelle, das Zellbereiche abgrenzt, hat Transport- und Stoffumwandlungsfunktion

Enzym: Eiweißstoff mit katalytischer Funktion

Enzym-Substrat-Komplex: Zustand, bei dem zu Beginn der Enzymreaktion das → Substrat kurzzeitig an der aktiven Stelle des → Enzyms gebunden wird

Epidermis: bei Pflanzen die äußere, meist einzellige Schicht von krautigen Teilen, beim Menschen die äußerste Schicht der Haut

Epithel: ein- oder mehrschichtige Lage von → Zellen, die äußere oder innere Oberflächen bei Tier und Mensch bedeckt

Erythrocyt: Rote Blutzelle, kernlose, scheibenförmige, bikonkave → Zelle

Eucyte: Organisationsform der → Zellen, die einen von einer Kernhülle umschlossenen → Zellkern besitzen

Exocytose: Ausschleusung von Stoffen aus der → Zelle durch Vesikel, die sich nach außen entleeren

Festigungsgewebe: besteht aus → Zellen mit verdickten → Zellwänden, dient der Biegungs- und Zugfestigkeit von Pflanzenteilen

Flagellat: → Geißeln tragender Einzeller, z. B. Geißelalge

Flavon: gelber Blütenfarbstoff

Fotolyse: Spaltung des Wassers durch Lichteinwirkung in den lichtabhängigen Reaktionen der → Fotosynthese, wobei Protonen, Sauerstoff und Elektronen freigesetzt werden

Fotophosphorylierung: durch die Lichtenergie hervorgerufene Bildung von ATP aus ADP und Phosphat in den lichtabhängigen Reaktionen der → Fotosynthese

Fotorezeptor: Licht absorbierendes Körperchen bzw. Pigmentmoleküle im → Cytoplasma

Fotosynthese: Aufbau von Kohlenhydraten aus Kohlenstoffdioxid und Wasser unter Verwendung von Lichtenergie

Fotosystem: aus → Antennenpigmenten und einem Reaktionszentrum bestehendes Pigmentkollektiv, das Lichtenergie für die → Fotosynthese absorbiert

Fraktale: Geometrie, die sich mit komplexen Gebilden, wie sie in der Natur vorkommen, beschäftigt

freie Diffusion: Durchtritt von lipophilen und kleinen hydrophilen Molekülen und Ionen durch eine Membran

gap junction: Proteinkanal, der Stoffaustausch zwischen benachbarten → Zellen erlaubt

Gefrierätzung: Methode zur Herstellung von plastischen Präparaten für die → Elektronenmikroskopie; vom eingefrorenen und geschnittenen (gebrochenen) Material wird das Eis sublimiert; es bleiben wasserarme nicht sublimierbare Strukturen zurück.

Gefrierbruchtechnik: Schneidemethode für gefrorenes biologisches Material, das anschließend gefriergeätzt wird

Geißel: der Fortbewegung von Einzellern, Spermatozoen und Spermatozoiden dienender, aus → Mikrotubuli aufgebauter, peitschenartiger Zellfortsatz

Geißelalge: → Flagellat

Gerbstoff: pflanzlicher Stoff, der tierische Haut in Leder verwandeln kann

Gesamtvergrößerung: Produkt aus den Einzelvergrößerungen von Objektiv und Okular eines Mikroskops

Gewebe: durch Teilung aus nicht spezialisierten → Zellen hervorgegangener Verband gleichartiger Zellen mit gleicher Funktion

Gewebekultur: → Zellkultur

glatte Muskulatur: Muskeltyp ohne auffällige Querstreifung aus spindelförmigen → Zellen; die Muskulatur der Darmwand besteht z. B. aus glatter Muskulatur

Glykogen: „tierische Stärke", → Polysaccharid aus Glucoseeinheiten (α-glykosidisch verbunden), Reservestoff der Tiere z. B. in Leberzellen

Glykokalyx: aus Kohlenhydratketten von Glykoproteinen und Glykolipiden bestehende Schicht an der Außenfläche der tierischen → Zellmembran

Glykosid: Verbindung von Zuckern mit anderen Stoffen

GOLGI-Apparat: Gesamtheit der → Dictyosomen

Grana (Ez. Granum): Thylakoidstapel in → Chloroplasten

Grundgewebe: aus nicht oder wenig spezialisierten → Zellen bestehendes Dauergewebe bei Pflanzen

haploid: Zellkern enthält einen einfachen → Chromosomensatz

homologe Chromosomen: die einander entsprechenden → Chromosomen jeweils eines Paares im → diploiden → Zellkern; je eines stammt vom väterlichen und vom mütterlichen Organismus

Hydrathülle: Wasserhülle um geladene Teilchen

hydrophil: „wasserliebend", Eigenschaft von polaren Teilchen, die Wassermoleküle anlagern und gut löslich in Wasser sind

hydrophob: „wasserfeindlich", Eigenschaft von unpolaren Teilchen, die keine Wassermoleküle anlagern und in Wasser schlecht löslich sind

hypertonisch/hypotonisch: stärker/schwächer konzentriert gegenüber einer anderen Lösung

Immersionsobjektiv: Objektiv, bei dem der Raum zwischen Deckglas und Objektiv zur Erhöhung der → numerischen Apertur mit Öl ausgefüllt ist

integrale Proteine: in die Lipiddoppelschicht einer → Biomembran eingelagerte Proteine

Interphase: Zustand des → Zellkerns zwischen zwei mitotischen Kernteilungen

Ionophoren: kanalbildende oder mobile Proteine mit antibiotischen Eigenschaften in der → Zellmembran, die bestimmte Ionen selektiv und beschleunigt durch die Membran schleusen

isotonisch: gleich stark konzentriert

Kallus: Gewebewulst aus undifferenzierten → Zellen

Karyogramm: paarweise Zusammenstellung der → Chromosomen eines diploiden → Chromosomensatzes, nach Größe und Form geordnet

Karzinogen: ein äußerer Faktor, der → Krebs hervorrufen kann

Karzinom: bösartige Geschwulst

Katalysator: Stoff, der die Aktivierungsenergie einer Reaktion herabsetzt und die Reaktionsgeschwindigkeit erhöht

Kernkörperchen: vgl. → Nucleolus

Kern-Plasma-Relation: Größenbeziehung zwischen → Zellkern und → Protoplasma

Klon: durch ungeschlechtliche Vermehrung entstandene Menge erbgleicher Individuen/ → Zellen

Kompartiment: gegen den übrigen Zellraum abgegrenzter Reaktionsraum einer → Zelle

Kompartimentierung: Aufgliederung des → Cytoplasmas in unterschiedliche Reaktionsräume

kompetitive Hemmung: strukturell dem Substrat ähnlich aufgebautes Molekül, das den Umsatz am Enzymmolekül hemmt, weil es das → aktive Zentrum besetzt

Konjugation: Form der geschlechtlichen Fortpflanzung bei Wimpertierchen, vorübergehende Paarung mit Austausch von → Zellkernen

Krebs: Erkrankung aufgrund einer bösartigen Geschwulst

Labenzym (Chymosin): → Enzym aus dem Labmagen von Kälbern, wichtig zur Vorbereitung der Milch bei der Käseherstellung

Leitbündel: aus den Wasser leitenden Gefäßen und den Stoff leitenden Siebröhren bestehende Gewebestränge in der Pflanze

Leitgewebe: → Gewebe aus röhrenartigen Zellen der Pflanze, in denen Wasser und gelöste Stoffe transportiert werden

Leukoplast: farbloser Plastid, bildet in Speicherorganen aus Zucker Stärke

Lichtmikroskop: Gerät mit Glaslinsen zur Sichtbarmachung von Strukturen, die mit dem bloßen Auge nicht zu sehen sind; zur Abbildung benutzt man sichtbares Licht (Vergrößerung max. ca. 2000-fach)

Lipide: Sammelbezeichnung für Stoffe, die in allen → Zellen vorkommen; zu den Lipiden gehören die eigentlichen Fette und die fettähnlichen Stoffe (auch Lipoide genannt)

Meiose: Kernteilung mit Reduktion des → diploiden zum → haploiden → Chromosomensatz

Membranlipide: Lipide, die die bimolekulare Lipidschicht der → Biomembran bilden

Membranproteine: vgl. → periphere und → integrale Proteine

messenger-RNA (mRNA): Boten-RNA, überträgt die Information der DNA aus dem → Zellkern ins → Cytoplasma; an den → Ribosomen wird die mRNA-Information in → Aminosäuren übersetzt

Metastase: Tochtergeschwulst bei Krebserkrankung, die sich an einem anderen als dem Ursprungsort des → Tumors entwickelt

Mikrofibrille: fädiges, aus → Cellulose bestehendes Bauelement der → Zellwand, das seinerseits aus den Elementarfibrillen besteht

Mikrofilamente: sehr dünne, lange Proteinfäden im → Cytoplasma (hauptsächlich → Actin, daneben auch → Myosin), die durch Gleitbewegungen Plasmabewegungen hervorrufen

Mikromanipulator: Gerät, mit dem feinste Messer, Nadeln und Pipetten unter dem Mikroskop zu mikrochirurgischen Eingriffen betätigt werden können

Mikrotom (Ultramikrotom): Gerät zur Herstellung von Dünnschnitten für die Licht- (und Elektronen-) mikroskopie

Mikrotubuli: röhrige Proteinfasern im → Cytoplasma von ca. 25 nm Durchmesser

Mitochondrien: „Kraftwerke der → Zelle", Orte der Energiegewinnung (ATP)

Mitose: Teilung eines → diploiden Zellkerns in zwei diploide Zellkerne

Mittellamelle: bei Teilung der Pflanzenzelle entstehende erste Wandschicht aus pektinartigen Stoffen

Monosaccharid: „Einfachzucker" wie Glucose, Fructose und Galaktose, chemisch gesehen Polyhydroxyaldehyde bzw. Polyhydroxyketone (Aldosen bzw. Ketosen), meist aus 5 (Pentosen) oder 6 (Hexosen) C-Atomen

Motorprotein: Proteinmolekül, das mit → Mikrotubuli oder → Mikrofilamenten verbunden ist und gerichtete Bewegungen bewirkt

Muskelgewebe: besteht aus Muskelfasern; diese sind bei der glatten Muskulatur einkernig, bei der quer gestreiften vielkernig

Mycoplasmen: kleinste bisher bekannte, bakterienartige Zellen, Minimalgröße ca. 0,3 µm, ohne Zellkern und Zellwand, überwiegend Krankheitserreger bei Pflanze, Tier und Mensch

Myofibrille: kleinster lichtmikroskopisch sichtbarer Muskelbauteil aus → Actin- und → Myosinfilamenten

Myosin: Muskelprotein aus zwei Proteinmolekülen, die Enden der Proteinketten tragen jeweils ein Köpfchen; etwa 100 Molekülpaare bauen ein → Myosinfilament auf; Myosin ist Hauptbestandteil der dicken Filamente

Myosinfilament: Bauelement der Muskelfaser; das Einzelmolekül hat die Form zweier an den Stielen umeinandergewundener Golfschläger

Nahrungsvakuole: membranumkleideter Hohlraum im → Cytoplasma von Einzellern, dient der Verdauung aufgenommener Nahrung

Nervengewebe: besteht in der Hauptsache aus Nervenzellen und ihren langen Fortsätzen

nichtkompetitive Hemmung: ein strukturell dem → Substrat nicht ähnliches Molekül, hemmt den Umsatz eines Substratmoleküls, wird jedoch nicht ans → aktive Zentrum gebunden

Nucleolus (Kernkörperchen): Baustein des → Zellkerns, Syntheseort für Ribosomenbausteine

Nucleosom: aus DNA und Histonen bestehende Untereinheit eines → Chromosoms

Nucleotid: Baustein der DNA und RNA aus einem Zuckermolekül, einem Phosphorsäuremolekül und einem organischen Basenmolekül

Nucleus (Zellkern): Steuerzentrale der → Zelle, enthält → Chromosomen, die die Erbinformation speichern

numerische Apertur: Produkt aus Brechungsindex des Mediums zwischen Deckglas und Objektiv und dem halben Öffnungswinkel (Aperturwinkel) des Objektivs

Objektmikrometer: Objektträger mit aufgebrachtem Maßstab von 1 mm Länge in 100 Teilen zu je 10 µm

Okularmikrometer: Glasscheibchen mit Maßstab von meist 1 mm Länge eingeteilt in 100 Teile zu je 10 Teilstrichen, das auf die Sehfeldblende des Okulars gelegt wird

Oligosaccharid: Kohlenhydratkette aus definitonsgemäß zwei bis zehn Monosaccharidbausteinen

Osmometer: Gerät zur Messung des → osmotischen Drucks

Osmose: einseitig gerichtete → Diffusion des Lösungsmittels zweier verschieden konzentrierter Lösungen durch eine → semipermeable Membran von der schwächer konzentrierten zur stärker konzentrierten Lösung

osmotischer Druck: der bei der → Osmose entstehende Druck

Pantoffeltierchen: tierischer Einzeller von ovaler Form, besitzt feste, jedoch elastische Gestalt durch verdichtetes Außenplasma (Pellicula), Oberfläche von Wimpern (Cilien) bedeckt

Papain: Enzym (Protease) aus dem Milchsaft oder den unreifen Früchten des tropischen Melonenbaumes Carica papaya; Verwendung in der Lebensmittel-Biotechnologie

passiver Transport: durch → Carrier vermittelter, dem Konzentrationsgradienten folgender Stofftransport durch eine → Biomembran

Peptidbindung: Bindung von → Aminosäuren über die OH-Gruppe einer COOH-Gruppe der einen und die NH_2-Gruppe der anderen Aminosäure

periphere Proteine: der Lipiddoppelschicht einer → Biomembran aufgelagerte Proteine

PFEFFERsche Zelle: künstliche osmotische Zelle als Funktionsmodell für die Pflanzenzelle

Phagocytose: Aufnahme fester Nahrung ins → Cytoplasma und Verdauung in Nahrungsvakuolen

pH-Optimum: pH-Wert, bei dem ein → Enzym am besten arbeitet

Pinocytose: Aufnahme flüssiger Nahrung ins → Cytoplasma und Verdauung in Nahrungsvakuolen

Plasmalemma: die das → Cytoplasma nach außen abgrenzende Membran

Plasmolyse: Ablösung des → Protoplasten von der → Zellwand nach Zusatz einer → hypertonischen Lösung

Plastid: der Produktion und Speicherung von Stoffen dienendes Organell der Pflanzenzelle, Vermehrung durch Teilung oder Entstehung aus → Proplastiden

Polysaccharid: „Vielfachzucker" wie → Stärke und → Cellulose, aus einer großen Zahl (mind. 10) von → Monosacchariden aufgebaut

Primärstruktur: Bauprinzip der Proteine; Kette von → Aminosäuren

Primärwand: Zellwandschicht, die beim Dickenwachstum der → Zellwand beiderseits auf die → Mittellamelle aufgelagert wird

Procyte: Organisationsform der → Zellen, deren DNA nicht von einer Kernhülle umschlossen ist

Proplastide: Vorstufe der → Plastiden

Protonengradient: höhere Konzentration von Protonen im Thylakoidinnenraum gegenüber dem Stroma; wird zum Aufbau von ATP genutzt

Protoplasma: die lebende (Grund-) Substanz jeder → Zelle

Protoplastenfusion: experimentell erzeugte Verschmelzung zweier → Protoplasten

Pseudopodium: vgl. → Scheinfüßchen

pulsierendes Bläschen (pulsierende Vakuole): wassergefüllter Hohlraum im → Cytoplasma von Einzellern, dient durch rhythmische Entleerung der Osmoregulation

Quartärstruktur: Bauprinzip der Proteine; mehrere in Tertiärstruktur vorliegende Aminosäureketten sind zu einem komplexen Riesenmolekül vereinigt (Beispiel: Hämoglobin)

quer gestreifte Muskulatur: Muskeltyp, der im Mikroskop dunkle und helle Querstreifung zeigt; die Streifung hat ihren Grund im Bau der Muskelfasern; alle Skelettmuskeln sind vom quer gestreiften Typ

Rasterelektronenmikroskop: Gerät zur Erzeugung plastischer elektronenoptischer Bilder; die Oberfläche des Präparats wird mit einem Elektronenstrahl abgetastet; Vergrößerung maximal etwa 100 000-fach, nur im Extrem bis zu 1 000 000-fach

Reaktionsspezifität: Spezifität von → Enzymen in Bezug auf die Art der katalysierten Reaktion (Oxidation, Reduktion, hydrolytische Spaltung, …)

Reizbarkeit: Fähigkeit, äußere Reize wahrzunehmen und darauf zu reagieren

Ribonucleinsäure (RNA): aus Zuckermolekülen (Ribose), Phosphorsäure und organischen Basen (Adenin, Cytosin, Guanin und Uracil) aufgebautes Makromolekül

Ribosomen: Orte der Proteinbiosynthese

Rotation: Fließbewegung des → Cytoplasmas um die Zentralvakuole in gleich bleibender Richtung entlang der → Zellwand

Sarkomer: zylindrischer Baustein der quer gestreiften Muskelfaser von etwa 2,5 µm Länge und 1,5 µm Durchmesser

Sarkoplasmatisches Retikulum: Form des → Endoplasmatischen Retikulums in Muskelzellen

Scheinfüßchen (Pseudopodium): Ausstülpung des → Cytoplasmas bei Amöben zur Fortbewegung und zur Aufnahme fester Nahrung

Sekundärstruktur: Bauprinzip der Proteine; Raumstruktur aus α-Helix und (oder) β-Faltblatt

Sekundärwand: beim Dickenwachstum der → Zellwand beiderseits auf die → Primärwand aufgelagerte Schicht

selektiv permeabel: Auswahlvermögen von → Biomembranen beim Durchtritt von Stoffen durch die Membran

semipermeabel: durchlässig für das Lösungsmittel, undurchlässig für den gelösten Stoff

Spaltöffnung: durch zwei Schließzellen gebildete, dem Gasaustausch dienende Pore in der Blattepidermis

spezifischer Transport: durch → Carrier vermittelter Stofftransport eines bestimmten Substrats durch eine → Biomembran

Spindelapparat (Kernteilungsspindel): von Zellpol zu Zellpol verlaufende Fasern, die bei der Verteilung der → Chromosomen auf die Tochterkerne mitwirken

Stammzelle: → Zelle, deren Differenzierungsprozess noch nicht abgeschlossen ist

Stärke: → Polysaccharid aus Glucoseeinheiten (α-glycosidisch verknüpft), Reservekohlenhydrat der Pflanzen

Stroma: chlorophyllfreie Grundsubstanz der → Chloroplasten

Substrat: Molekül, das am → Enzym umgesetzt wird

Substratspezifität: Spezifität von → Enzymen in Bezug auf die Umsetzung von → Substrat, sie kann unterschiedlich gut ausgeprägt sein

Symport: gleichzeitiger Transport zweier → Substrate (Ion oder Molekül) durch eine → Biomembran in derselben Richtung

Temperaturoptimum: Temperatur, bei der ein → Enzym am besten arbeitet

Tertiärstruktur: Bauprinzip der Proteine α-Helix- und β-Faltblattstrukturen sind zu komplexen Strukturen gefaltet

Thylakoid: Membranstapel in → Chloroplasten

tight junction: dichtet benachbarte → Zellen gegeneinander ab

Tonoplast: die das → Cytoplasma nach innen gegen die → Vakuole abgrenzende Plasmamembran

Transfer-RNA (tRNA): Transportmoleküle für → Aminosäuren mit Erkennungstripletts für mRNA; jede Aminosäure hat eine eigene tRNA

Transkription: Umschreiben der DNA-Information (Basentripletts) in eine Abfolge von → Basentripletts der → mRNA

Translation: Übersetzung der mRNA-Information (Basentripletts) in eine Abfolge von → Aminosäuren an den → Ribosomen

Trichocyste: nadelartig, starrer Plasmafaden, der bei starker Reizung aus der Pellicula des → Pantoffeltierchens ausgeschleudert wird

Tumor: Geschwulst; man unterscheidet gutartige von bösartigen Tumoren

Turgor: durch → Osmose hervorgerufener Innendruck der Pflanzenzelle

Uniport: Transport eines einzelnen → Substrats (Ion oder Molekül) durch eine → Biomembran in einer Richtung

Vakuole: mit → Zellsaft gefüllter, vom → Tonoplasten umschlossener Hohlraum im → Cytoplasma der Pflanzenzelle

Virus: nichtzellulärer Partikel, der aus DNA oder RNA besteht, welche von einer Proteinhülle umschlossen ist; benötigt zu seiner Reproduktion eine Wirtszelle

Viroid: sehr kurzes, einsträngiges, ringförmiges RNA-Stück, das nur

300-400 Nucleotide enthält und keine Proteinhülle besitzt

Wirkungsspektrum (Aktionsspektrum): Ermittlung der relativen fotosynthetischen Wirksamkeit der verschiedenen Wellenlängen des Lichts; Darstellung in einem Kurvenbild

Zelle: kleinste lebensfähige Einheit; alle Organismen sind aus Zellen und ihren Produkten aufgebaut

Zellkern (Nucleus): gegen das → Cytoplasma durch Kernhülle abgegrenztes, mit Kernplasma gefülltes Steuerungszentrum der → Zelle

Zellkolonie: miteinander nur mechanisch verbundene → Zellen, die durch Teilung aus einer einzigen Zelle hervorgegangen sind

Zellkultur: Tier- oder Pflanzenzellen, die einem lebenden Organismus entnommen werden und in einer künstlichen Umgebung, z. B. einer Kulturflüssigkeit, zum Wachsen und zur Zellteilung gebracht werden

Zellmembran: Membran, die jede → Zelle umgibt; bei Pflanzen als → Plasmalemma bezeichnet (vgl. → Biomembran)

Zellorganell: von → Membran begrenzter Reaktionsraum der → Zelle mit bestimmter Funktion

Zellsaft: flüssiger Inhalt der → Vakuole

Zellwand: feste, vorwiegend aus → Cellulose bestehende Umhüllung pflanzlicher → Protoplasten

Zell-Zell-Erkennung: gegenseitige Erkennung von → Zellen aufgrund von Oberflächenstrukturen der → Zellmembran

Zirkulation: Fließbewegung des → Cytoplasmas in Plasmasträngen im Zellraum und in strangförmigen Bahnen des Wandbelags in unterschiedlicher Richtung

Z-Scheibe: mikroskopisch sichtbarer dunkler Streifen im Muskellängsschnitt des quer gestreiften Muskels

Bildquellen

Umschlag E. Grave / PR ScienceSc. / Okapia; 6.1 KHS-Bildarchiv, Finningen; 6.2 Karly; 6.3 Mauritius; 6.4 aus: Ude / Koch: Die Zelle, 1994 © Elsevier GmbH, Spektrum Akademischer Verlag, Heidelberg; 7.1 Lieder; 7.2 KHS-Bildarchiv, Finningen; 7.3 Zeiss, Jena; 7.4 Mauritius; 7.5 Aribert Jung / Ernst Klett Verlag GmbH, Stuttgart; 8.0 KHS-Bildarchiv, Finningen; 8.1 A Karly; 8.2 A Karly; 9.2 A Biophoto Associates / Photo Researchers, Inc.; 9.2 B Ed Reschke / P. Arnold, Inc. / Okapia; 9.2 C NAS / Eric Grave / Okapia; 9.2 D Dr. David M. Phillips / Visuals Unlimited; 10.1 A + B Dr. Möllring / Carl Zeiss Oberkochen GmbH; 10.2 A Deutsches Museum; 10.2 B Lieder; 10.2 C Okapia; 11.2 A + B Lichtbildarchiv Dr. Keil; 11.3 Aribert Jung / Ernst Klett Verlag GmbH, Stuttgart; 11.4 KHS-Bildarchiv, Finningen; 12.2 Lieder; 13.1 A – D KHS-Bildarchiv, Finningen; 14.1 A KHS-Bildarchiv, Finningen; 14.1 B Lieder; 14.1 C Dr. Kramel / Karly; 14.1 D Lieder; 14.1 E Karly; 14.1F Kjell-Arne Larsson / Okapia; 15.1 A + B Lieder; 15.1 C Karly; 15.1 D + E Lieder; 15.1 F Manfred Kage / Okapia; 17.1 NAS / R. Simons / Okapia; 17.2 Karly; 17.3 Lieder; 18.1 Karly; 18.2 Prof. Dr. G. Wanner / Karly; 19.1 Schroedel Archiv; 20.1 D Schroedel Archiv; 20.2 Prof. Wanner / Karly; 21.1 A Okapia; 21.2 A – C aus: Alberts et al: Molecular Biology of the Cell, Courtesy of Richard Jacobs and James Hudspeth; 22.1 A dpa / picture-alliance; 22.1 B S. Camacine / Science Source / Okapia; 22.1 C Xeniel – Dia; 22.1 D Norbert Lange / Okapia; 22.1 E K. Porter / NAS / Okapia; 22.1 F Phototake / Mauritius; 23.1 Manfred Kage / Okapia; 23.2 Karly; 23.3 Manfred Kage / Okapia; 23.4 Lieder; 24.0 Karly; 24.1 floramedia AG; 25.1 A Schroedel Archiv; 25.1 B Lichtbildarchiv Dr. Keil; 25.2 Lieder; 26.1 A Okapia; 27.1 A Berkaloff u. a., Biologie und Physiologie der Zelle / Vieweg Verlag, Wiesbaden; 27.1 B Okapia; 28.1 A Okapia; 28.1 B aus: Gunning / Steer: Bildatlas zur Biologie der Pflanzenzelle, 1996 © Elsevier GmbH, Spektrum Akademischer Verlag, Heidelberg; 29.2 J Cell Sci 1979 39: 257–272; Company of Biologists LTD.; 30.1 A K. Porter / NAS / Okapia; 30.2 aus: Christian de Duve: Die Zelle, Spektrum Akademischer Verlag, Heidelberg; 31.1 li. Prof. Hafner; 31.1 Mi. Aribert Jung / Ernst Klett Verlag GmbH, Stuttgart; 31.1 re. Karly; 32.1 Schroedel Archiv; 33.1 A – C Karly; 34.1 A – C Hans D. Frey; 36.1 A + B aus Sitte et al.: Strasburger Lehrbuch der Botanik, Aufnahmen D. G. Robinson, 1998 © Elsevier GmbH, Spektrum Akademischer Verlag, Heidelberg; 36.2 A Photo Researchers, Inc.; 37.1 A Huntington Potter / David Dressler; 37.2 Karly; 38.1 A Dr. Bernd Nussinger; 39.1 A Wanner / Karly; 41.1 dpa / picture-alliance; 42.1 A Prof. Wanner / Karly; 43.1 A Biophoto Ass. / ScienceSou / Okapia; 43.1 B Schroedel Archiv; 43.1 C K. Porter / NAS / Okapia; 43.1 D Schroedel Archiv; 44.0 Mauritius; 45.2 George Bernard / Animals Animals / Okapia; 46.2 A Dr. Jeremy Burgess / SPL / Focus; 46.2 B aus: Ude / Koch: Die Zelle, 1994 © Elsevier GmbH, Spektrum Akademischer Verlag, Heidelberg; 46.2 C M. Wendler / Wildlife; 48.1 aus: Ude / Koch: Die Zelle, 1994 © Elsevier GmbH, Spektrum Akademischer Verlag, Heidelberg; 52.2 Focus; 53.1 Professor Hennig, Nijmegen; 53.3 B Mauritius; 56.0 aus: Ude / Koch: Die Zelle, 1994 © Elsevier GmbH, Spektrum Akademischer Verlag, Heidelberg; 56.1 aus: Sitte et al.: Strasburger Lehrbuch der Botanik, 1998 © Spektrum Akademischer Verlag, Heidelberg, Berlin; 56.2 A aus: Kleinig/Sitte: Zellbiologie, 1999 © Elsevier GmbH, Spektrum Akademischer Verlag, Heidelberg; 56.2 B aus: Ude / Koch: Die Zelle, 1994 © Elsevier GmbH, Spektrum Akademischer Verlag, Heidelberg; 56.2 C Lichtbildarchiv Dr. Keil; 59.1 aus: Kleinig / Sitte: Zellbiologie, Aufnahme: V. Speth 1999, © Elsevier GmbH, Spektrum Akademischer Verlag, Heidelberg / ; 60.1 A + B Karly; 61.1 Karly; 62.1 B Tegen; 68.0 Lieder; 69.1 A Professor Hennig, Nijmegen; 69.1 B Lehninger, Biochemie, Spektrum der Wissenschaft; 69.1 C Barbara Hamkolo / Dept. of Molecular Biology, University of California Irvine; 69.1 D Meckes / eye of science; 69.1 E Lehninger, Biochemie, Spektrum der Wissenschaft; 70.1 Lieder; 72.1 NAS / David M. Philips / Okapia; 72.2 A – F Lieder; 74.3 Lichtbildarchiv Dr. Keil; 75.1 li. Mauritius; 75.1 Mi. G. Kozeny / Silvestris; 75.1 re. Okapia; 75.2 Lieder; 77.2 Minkus; 78.1 A Karly; 78.1 B Lieder; 78.1 C Manfred Kage / Okapia; 80.2 li. ob. Innerspace Imaging / SPL / Focus; 80.2 li. unt. John Durham / SPL / Focus; 80.2 re. ob. Lieder; 80.2 re. unt. Xeniel – Dia; 81.2 Günter Albrecht-Bühler / Northwester University; 81.3 Bio-Tissue Technologies GmbH, Freiburg; 82.1 A Xeniel – Dia; 82.1 C ob. SPL / Focus; 82.1 C Mi. aus: Ude / Koch: Die Zelle , 1994 © Elsevier GmbH, Spektrum Akademischer Verlag, Heidelberg; 82.1 C unt. Phototake / Mauritius; 84.0 KHS-Bildarchiv, Finningen; 84.1 ob. Aribert Jung / Ernst Klett Verlag GmbH, Stuttgart; 84.1 Mi. Aribert Jung / Ernst Klett Verlag GmbH, Stuttgart; 84.1 unt. Aribert Jung / Ernst Klett Verlag GmbH, Stuttgart; 85.1 A Manfred Kage; 85.2 Lichtbildarchiv Dr. Keil; 86.1 A Aribert Jung / Ernst Klett Verlag GmbH, Stuttgart; 88.1 + 2 A Karly; 88.2 B Lieder; 89.1 A KHS-Bildarchiv, Finningen; 89.2 A Lichtbildarchiv Dr. Keil; 90.1 Ernst-Haeckel-Haus Jena; 91.1 A – D Lieder; 91.1 E Lichtbildarchiv Dr. Keil; 91.1 F Lieder; 92.1 Lieder; 93.2 Lieder; 95.2 Manfred Kage; 96.1 + 2 Lieder; 97.1 A Tierbildarchiv Angermayer; 97.1 B Hollweck / Mauritius; 97.1 C Prof. Dr. U. Kull; 97.1 D Naroska / Silvestris; 98.1 + 2 Prof. Dr. Rainer Stripf; 99.1 A – C Lieder; 99.2 eye of science; 99.3 A Prof. G. Wanner / Karly; 100.0 Zeiss, Jena; 100.1 Prof. Emeritus M.V. Parthasarathy / Plant Biology / Cornell Integrated Microscopy Center, Cornell University, Ithaca, NY 14853 USA; 101.1 aus: Biologie von Neil A. Campbell, Jane B. Reece, 2003, Spektrum Akademischer Verlag, Heidelberg; 102.2 Lieder; 102.3 A Prof. Dieter O. Fuerst, PhD / Universität Potsdam; 102.4 aus: Einführung in die Feinstruktur von Zellen und Geweben von Porter & Bonneville, Springer Verlag, Heidelberg, New York; 104.1 A Prof. P. Motta / Dept. of Anatomy / University "La Sapienza", Rome / SPL / Focus; 104.1 B Manfred Kage; 104.2 A aus: Sitte et al.: Strasburger Lehrbuch der Botanik, Aufnahme: H. Melkonian, 1998 © Elsevier GmbH, Spektrum Akademischer Verlag, Heidelberg / ; 104.2 B Berkaloff u. a., Biologie und Physiologie der Zelle / Vieweg Verlag, Wiesbaden; 105.1 Prof. Dieter O. Fuerst, PhD / Universität Potsdam; 106.0 Mauritius; 107.1 Prof. T. A. Steitz / Yale University; 114.1 B Minkus; 116.0 Aribert Jung / Ernst Klett Verlag GmbH, Stuttgart; 117.1 NAS G. K. Scott / Okapia; 126.1 Poehlmann / Mauritius; 127.1 Meckes / eye of science; 127.2 Scharf / Arnold Ins. / Okapia; 128.1 dpa-Sportreport / picture-alliance; 131.1 Prof. Dr. Weber; 138.1 Sylke Brünn, Institut für Waldbau / Georg-August-Universität, Göttingen; 138.2 Bildagentur Schuster GmbH; 139.1 li. A.N.T / Silvestris; 139.1 re. Prof. Dr. U. Kull; 139.2 li. floramedia AG; 139.2 re. Prof. Dr. W. Probst. Es war uns nicht bei allen Abbildungen möglich, den Inhaber der Rechte ausfindig zu machen. Berechtigte Ansprüche werden selbstverständlich im Rahmen der üblichen Vereinbarungen abgegolten.

Register

Fette Seitenzahlen weisen auf ausführliche Behandlung im Text hin; ein * hinter den Seitenzahlen verweist auf das Glossar; f. = die folgende Seite; ff. = die folgenden Seiten.